安徽省规划教材
"十三五"普通高等教育本科规划教材
高等院校物流专业"互联网＋"创新规划教材

企业物流管理

王晓艳　主　编
刘景东　范荣华　副主编

内 容 简 介

本书按照企业物流系统生命周期的思想，全面系统地介绍了企业物流管理的基本知识及其在物流领域的应用。全书共 4 篇 12 章，主要内容包括：绪论（企业物流管理概论），企业物流的规划（企业物流战略与物流组织、企业物流系统规划与设计），企业物流的运营（企业供应物流管理、企业生产物流管理、企业销售物流管理、企业回收与废弃物物流管理、企业物流信息管理、企业物流项目管理）和企业物流的控制（企业物流质量管理、企业物流成本管理、企业物流绩效管理）。

本书提供了丰富的企业物流管理案例、补充阅读资料和视频，供学习者参考。每章章首都有相应的教学要点、能力要求和知识架构，章末有小结、形式多样的思考与练习题，便于学习者理解和巩固各章学习内容。

本书既可作为高等院校物流管理、物流工程、工业工程、工商管理及相关专业的教材，也可作为工商企业及物流企业管理人员和技术人员的参考书籍。

图书在版编目(CIP)数据

企业物流管理/王晓艳主编. —北京：北京大学出版社，2020.6
高等院校物流专业"互联网+"创新规划教材
ISBN 978-7-301-29964-7

Ⅰ. ①企… Ⅱ. ①王… Ⅲ. ①企业管理—物流管理—高等学校—教材 Ⅳ. ①F273.4

中国版本图书馆 CIP 数据核字(2018)第 233717 号

书　　　名	企业物流管理 QIYE WULIU GUANLI
著作责任者	王晓艳　主编
策 划 编 辑	王显超
责 任 编 辑	李娉婷
数 字 编 辑	金常伟
标 准 书 号	ISBN 978-7-301-29964-7
出 版 发 行	北京大学出版社
地　　　址	北京市海淀区成府路 205 号　100871
网　　　址	http://www.pup.cn　新浪微博：@北京大学出版社
电 子 信 箱	pup_6@163.com
电　　　话	邮购部 010-62752015　发行部 010-62750672　编辑部 010-62750667
印 刷 者	河北滦县鑫华书刊印刷厂
经 销 者	新华书店
	787 毫米×1092 毫米　16 开本　26.5 印张　620 千字 2020 年 6 月第 1 版　2020 年 6 月第 1 次印刷
定　　　价	68.00 元

未经许可，不得以任何方式复制或抄袭本书之部分或全部内容。
版权所有，侵权必究
举报电话：010-62752024　电子信箱：fd@pup.pku.edu.cn
图书如有印装质量问题，请与出版部联系，电话：010-62756370

前　言

物流是经济运行的润滑剂和加速剂。物流业已经成为支撑国民经济发展的动脉和基础性、战略性产业，是21世纪的黄金产业之一。从发展趋势来看，如何培养适应经济社会发展需求的创新型应用物流人才已成为各类院校亟须解决的一个课题。

企业物流是以企业经营为核心的物流活动，是具体的、微观的物流活动，是社会物流的基础。企业物流管理研究从组织内部的运营到进入供应链各环节的物流运作与管理问题，所涉及的活动范畴和管理领域十分宽泛。科技与经济的发展推动了企业物流管理理论的丰富与实践的创新，催生了众多新颖的企业物流管理理念和方法。编者结合当前国内外企业物流管理理论与实践的最新成果，对企业物流管理的知识体系进行了整合与优化，以"创新型应用"为主旨编写了本书，力求结构合理、内容丰富、语言流畅、实践性强，以培养学生解决企业物流管理实践问题的能力和综合管理素质。

教育信息化给传统的教育带来巨大的影响，其技术特点是数字化、网络化、智能化和多媒体化。如果能将大数据、智能化学习、智能教室、游戏化教学等新技术、新理念融入教学活动，让教师和学生都感觉到学习的乐趣，让学习不再是负担，而且让学生更快、更容易地学到知识和技能，那将是一件令人愉快的事情。

本书具有以下特点。

（1）内容丰富，逻辑性强。本书按照企业物流系统生命周期的思想对企业物流管理知识体系进行构建，围绕企业物流的规划、企业物流的运营和企业物流的控制，将企业物流管理活动有机地组织起来，形成一个整体，而且篇章之间内在逻辑性较强。与其他同类教材相比，本书增加了企业物流系统规划与设计、企业物流质量管理和企业物流项目管理等知识，丰富了学习内容。

（2）理论联系实践，强化应用性。本书注重跟踪企业物流管理领域发展前沿的理论和实践，并重视对物流技术、工具和方法的使用，强化对学习者创新应用能力的培养。各章按照"案例—理论—方法—实践"的思路进行设计，理论紧密联系实践，环环相扣。本书提供了大量不同类型的企业物流管理案例供学生参考；章节内设有紧密结合相应知识点的导入案例、小案例、小知识等应用性教学资料；设计了一系列的实践和实验项目及形式多样的思考与练习题，方便学生巩固所学知识，培养物流实践能力。

（3）确保准确性，提升可读性。本书力求概念准确、素材翔实、逻辑严谨、数据可靠、结构合理；提供了丰富的实践案例、知识资料、应用实例等，增加了趣味性和可读性。

（4）"互联网＋"和数字化。本书是基于"互联网＋"的数字化、立体化教材，配有丰富的图文、音视频等立体化的补充资料。

本书由合肥学院、安徽大学、南阳理工学院、惠州学院、铜陵学院和淮北师范大学等高校多年从事物流管理教学与科研工作的教师共同编写。合肥学院王晓艳教授担任本书的主编，负责全书的结构安排和最后统稿，安徽大学的刘景东和南阳理工学院的范荣华担任本书的副主编。本书的具体编写分工如下：第 1、5 章由王晓艳编写，第 2 章由范荣华编写，第 3 章由刘征编写，第 4、6 章由刘景东编写，第 7 章由王晓艳和李晓征共同编写，第 8 章由刘玉编写，第 9 章由胡中峰编写，第 10 章由李蓉编写，第 11 章由胡晓宇编写，第 12 章由疏蕾编写。中国烟草总公司职工进修学院的胡红春博士从企业物流实践的角度对本书提出了编写建议，在此表示感谢。

编者在编写本书的过程中借鉴和吸收了国内外大量专家、学者的研究成果，引用了其中的相关概念及国内外一些企业的实例，并通过互联网引用了一些网站信息和相关报道资料，已尽可能在书中列出，在此，对这些文献资料的作者表示衷心的感谢。同时，对由于编者疏忽而没有列出其研究成果的专家学者，在此表示诚挚的歉意。本书的出版得到了安徽省教育厅和合肥学院"十三五"规划教材项目的资助和北京大学出版社的大力支持，在此一并表示衷心的感谢。

由于编者的学识和实践知识所限，书中难免有疏漏和不妥之处，恳请广大读者批评指正。

编 者

2020 年 2 月

【资源索引】

目 录

第1篇 绪 论

第1章 企业物流管理概论 …… 2
- 1.1 企业物流概述 …… 4
  - 1.1.1 物流和企业物流的概念 …… 4
  - 1.1.2 企业物流的分类 …… 8
  - 1.1.3 企业物流的内容和结构 …… 11
  - 1.1.4 企业物流的特征 …… 14
- 1.2 企业物流管理概述 …… 15
  - 1.2.1 企业物流管理的产生和发展 …… 15
  - 1.2.2 企业物流管理的内容 …… 16
  - 1.2.3 企业物流管理的目标 …… 18
  - 1.2.4 企业物流管理的重要性 …… 19
  - 1.2.5 企业物流合理化 …… 21
- 1.3 企业物流管理的创新与发展 …… 23
  - 1.3.1 企业物流管理创新 …… 23
  - 1.3.2 企业物流管理新发展 …… 24
- 1.4 企业物流管理研究 …… 28
  - 1.4.1 企业物流管理研究应遵循的基本观点 …… 28
  - 1.4.2 企业物流管理研究的主要方法 …… 29
- 小结 …… 29
- 思考与练习 …… 30

第2篇 企业物流的规划

第2章 企业物流战略与物流组织 …… 38
- 2.1 企业物流战略概述 …… 40
  - 2.1.1 企业战略的含义和层次 …… 40
  - 2.1.2 企业物流战略的含义 …… 42
  - 2.1.3 企业物流战略的目标 …… 42
- 2.2 企业物流战略规划 …… 43
  - 2.2.1 企业物流战略规划的层次 …… 43
  - 2.2.2 企业物流战略规划的主要领域 …… 44
  - 2.2.3 企业物流战略规划的动因 …… 46
- 2.3 企业物流环境分析 …… 48
  - 2.3.1 企业物流宏观环境分析 …… 48
  - 2.3.2 行业环境分析 …… 48
  - 2.3.3 企业内部物流环境分析 …… 50
  - 2.3.4 企业物流体系环境分析 …… 50
- 2.4 企业物流战略选择 …… 51
  - 2.4.1 企业物流战略选择的基本原则 …… 51
  - 2.4.2 企业物流战略与企业战略的匹配 …… 55
- 2.5 企业物流战略的实施与控制 …… 57
  - 2.5.1 企业物流战略的实施 …… 57
  - 2.5.2 企业物流战略的控制 …… 58
- 2.6 企业物流组织概述 …… 59
  - 2.6.1 企业物流组织的概念 …… 59
  - 2.6.2 企业物流组织的演变过程 …… 60
- 2.7 企业物流组织结构的类型 …… 63
  - 2.7.1 直线型物流组织形式 …… 63
  - 2.7.2 参谋型物流组织形式 …… 64
  - 2.7.3 直线参谋型物流组织形式 …… 64
  - 2.7.4 事业部型物流组织形式 …… 65
  - 2.7.5 矩阵型物流组织形式 …… 65
  - 2.7.6 物流子公司型物流组织形式 …… 66
- 2.8 企业物流组织设计 …… 67
  - 2.8.1 企业物流组织设计应考虑的有关因素 …… 67
  - 2.8.2 企业物流组织设计的步骤 …… 68
  - 2.8.3 企业物流组织设计的原则 …… 68
- 小结 …… 69
- 思考与练习 …… 70

第3章 企业物流系统规划与设计 …… 74
- 3.1 企业物流系统规划与设计概述 …… 76
  - 3.1.1 企业物流系统规划的概念 …… 76
  - 3.1.2 企业物流系统规划的层次 …… 77

3.1.3 企业物流系统规划与设计的
　　　　 原则和策略 …………… 77
　　3.1.4 企业物流系统规划与
　　　　 设计的流程 …………… 78
3.2 企业生产物流系统规划与设计 …… 79
　　3.2.1 企业生产物流系统规划与
　　　　 设计的原则 …………… 79
　　3.2.2 企业生产物流系统规划与
　　　　 设计的内容 …………… 80
3.3 企业仓储系统与配送中心规划与
　　设计 ……………………………… 92
　　3.3.1 企业仓储系统规划与设计 …… 92
　　3.3.2 企业配送中心规划与设计 …… 97
　　3.3.3 仓库和配送中心选址决策 …… 100
　　3.3.4 配送模式的选择 …………… 105
3.4 企业运输系统规划与设计 ………… 107
　　3.4.1 运输方式选择 ……………… 107
　　3.4.2 运输线路选择 ……………… 108
　　3.4.3 供应与销售物流网络规划 … 110
3.5 企业逆向物流系统规划与设计 …… 113
小结 ……………………………………… 116
思考与练习 ……………………………… 117

第3篇　企业物流的运营

第4章　企业供应物流管理 ………… 122
4.1 供应物流管理概述 ……………… 124
　　4.1.1 供应物流的概念 …………… 124
　　4.1.2 采购物流与供应物流的统一 … 124
　　4.1.3 供应物流管理的内容及目标 … 125
4.2 供应计划 ………………………… 127
　　4.2.1 物料需求计划 ……………… 127
　　4.2.2 准时供应计划 ……………… 128
　　4.2.3 看板管理 …………………… 129
4.3 采购物流管理 …………………… 131
　　4.3.1 采购业务流程 ……………… 131
　　4.3.2 采购物流的组织 …………… 132
　　4.3.3 进货运输 …………………… 133
4.4 仓储管理与库存控制 …………… 136
　　4.4.1 仓储管理 …………………… 136
　　4.4.2 库存管理与控制方法 ……… 139
　　4.4.3 供应商管理库存 …………… 146
4.5 供料管理 ………………………… 149
小结 ……………………………………… 150
思考与练习 ……………………………… 151

第5章　企业生产物流管理 ………… 156
5.1 企业生产物流管理概述 ………… 158
　　5.1.1 生产物流的内涵 …………… 158
　　5.1.2 影响生产物流的主要因素 … 161
　　5.1.3 生产物流的类型 …………… 162
　　5.1.4 生产物流管理的概念、
　　　　 内容及目标 …………… 163
5.2 生产物流的特征及管理重点 …… 164
　　5.2.1 项目型、离散型和连续型生产物流
　　　　 的特征及管理重点 …………… 164
　　5.2.2 备货型和订货型生产物流的特征
　　　　 及管理重点 ………………… 165
　　5.2.3 单件生产、成批生产和大量生产
　　　　 物流的特征及管理重点 …… 166
　　5.2.4 单元化生产物流的特征及
　　　　 管理重点 …………………… 169
5.3 企业生产物流的组织 …………… 170
　　5.3.1 合理组织生产物流的
　　　　 基本要求 …………………… 170
　　5.3.2 生产物流的空间组织 ……… 171
　　5.3.3 生产物流的时间组织 ……… 177
　　5.3.4 生产物流的人员组织 ……… 180
5.4 企业生产物流的计划与控制 …… 181
　　5.4.1 企业生产物流的计划与
　　　　 控制概述 …………………… 181
　　5.4.2 以 MRP、MRPⅡ和 ERP 原理为
　　　　 指导的生产物流计划与控制 … 188
　　5.4.3 以 JIT 思想为指导的生产物流
　　　　 计划与控制 ………………… 188
　　5.4.4 以约束理论为依据的生产物流
　　　　 计划与控制 ………………… 190
　　5.4.5 MRPⅡ、JIT、TOC 的对比
　　　　 分析 ………………………… 191
小结 ……………………………………… 193
思考与练习 ……………………………… 194

第6章　企业销售物流管理 ………… 202
6.1 企业销售物流管理概述 ………… 204
　　6.1.1 企业销售物流的概念 ……… 204
　　6.1.2 企业销售物流的重要性 …… 204

6.1.3 企业销售物流的基本内容和
　　　　主要环节 …………………… 206
　　6.1.4 企业销售物流管理的概念 …… 207
　　6.1.5 企业销售物流合理化实现的
　　　　措施 …………………………… 208
6.2 需求预测 ……………………………… 208
　　6.2.1 预测分析 …………………… 209
　　6.2.2 预测方法 …………………… 210
6.3 销售订单管理 ………………………… 212
　　6.3.1 订单处理过程 ……………… 212
　　6.3.2 订单处理方法 ……………… 214
　　6.3.3 影响订单处理时间的因素 … 215
6.4 销售运输与配送管理 ………………… 216
　　6.4.1 销售运输与配送计划管理 … 216
　　6.4.2 销售运输与配送服务的选择 … 216
　　6.4.3 销售运输与配送路线的选择 … 218
　　6.4.4 销售配送类型 ……………… 221
　　6.4.5 销售配送合理化实现措施 … 222
6.5 物流服务管理 ………………………… 223
　　6.5.1 物流服务的重要性 ………… 223
　　6.5.2 衡量物流服务水平 ………… 224
小结 ………………………………………… 225
思考与练习 ………………………………… 226

第7章　企业回收与废弃物物流
　　　　 管理 ……………………………… 232
7.1 企业回收物流管理 …………………… 234
　　7.1.1 企业回收物流概述 ………… 234
　　7.1.2 企业回收物流的分类管理 … 237
7.2 企业废弃物物流管理 ………………… 243
　　7.2.1 废弃物的含义与分类 ……… 243
　　7.2.2 废弃物物流的概念及
　　　　运作流程 …………………… 244
　　7.2.3 废弃物物流的价值分析 …… 245
　　7.2.4 废弃物物流的处理方法 …… 246
　　7.2.5 企业废弃物物流合理化 …… 246
7.3 企业回收与废弃物物流管理实践 …… 248
　　7.3.1 生产者责任延伸制 ………… 248
　　7.3.2 产品召回 …………………… 249
　　7.3.3 绿色物流管理 ……………… 250
小结 ………………………………………… 252
思考与练习 ………………………………… 253

第8章　企业物流信息管理 …………… 257
8.1 企业物流信息管理概述 ……………… 259
　　8.1.1 企业物流信息的概念、
　　　　特征与分类 ………………… 259
　　8.1.2 企业物流信息管理的
　　　　概念和内容 ………………… 262
8.2 现代物流信息技术 …………………… 263
　　8.2.1 物流信息技术的概念和内容 … 263
　　8.2.2 物流信息采集技术 ………… 264
　　8.2.3 地理分析和动态跟踪技术 … 268
　　8.2.4 智能物流技术 ……………… 270
8.3 企业物流信息系统 …………………… 277
　　8.3.1 物流信息系统 ……………… 277
　　8.3.2 订单管理系统 ……………… 279
　　8.3.3 仓储管理系统 ……………… 281
　　8.3.4 运输管理系统 ……………… 284
　　8.3.5 典型企业物流信息系统分析 … 288
小结 ………………………………………… 290
思考与练习 ………………………………… 291

第9章　企业物流项目管理 …………… 295
9.1 企业物流项目管理概述 ……………… 297
　　9.1.1 物流项目的定义、特点和
　　　　分类 ………………………… 297
　　9.1.2 企业物流项目管理的定义和
　　　　特殊性 ……………………… 299
9.2 企业物流项目的策划与评价 ………… 300
　　9.2.1 企业物流项目的可行性研究 … 300
　　9.2.2 企业物流项目的评价 ……… 302
　　9.2.3 企业物流项目的不确定性
　　　　分析 ………………………… 307
9.3 企业物流项目的实施与控制 ………… 308
　　9.3.1 企业物流项目的实施计划 … 308
　　9.3.2 企业物流项目的组织 ……… 313
　　9.3.3 企业物流项目的控制 ……… 315
9.4 企业物流项目的综合管理 …………… 316
　　9.4.1 企业物流项目招标与
　　　　合同管理 …………………… 316
　　9.4.2 企业物流项目变更管理 …… 319
　　9.4.3 企业物流项目现场管理 …… 320
　　9.4.4 企业物流项目验收管理 …… 321
小结 ………………………………………… 323
思考与练习 ………………………………… 324

第4篇　企业物流的控制

第10章　企业物流质量管理 … 328
- 10.1　企业物流质量管理概述 … 330
  - 10.1.1　企业物流质量和企业物流质量管理的含义 … 330
  - 10.1.2　企业物流质量管理的目标 … 331
  - 10.1.3　企业物流质量管理的主要内容 … 332
  - 10.1.4　企业物流质量管理的原则 … 334
  - 10.1.5　企业物流组织性质量管理方法 … 336
- 10.2　企业物流质量控制 … 338
  - 10.2.1　企业物流质量控制的含义及实施步骤 … 338
  - 10.2.2　运输质量控制 … 339
  - 10.2.3　仓储质量控制 … 340
  - 10.2.4　装卸搬运质量控制 … 342
  - 10.2.5　包装质量控制 … 342
  - 10.2.6　企业物流质量成本控制 … 343
- 10.3　企业物流质量保证体系 … 345
  - 10.3.1　企业物流质量保证的含义 … 345
  - 10.3.2　建立企业物流质量保证体系 … 345
- 10.4　企业物流质量改进 … 346
  - 10.4.1　企业物流质量改进的含义 … 346
  - 10.4.2　企业物流质量改进的基本过程——PDCA循环 … 347
  - 10.4.3　企业物流质量改进的工具与技术 … 349
- 小结 … 359
- 思考与练习 … 360

第11章　企业物流成本管理 … 363
- 11.1　企业物流成本管理概述 … 365
  - 11.1.1　企业物流成本的含义 … 365
  - 11.1.2　企业物流成本的构成 … 365
  - 11.1.3　企业物流成本的特征及其影响因素 … 367
  - 11.1.4　企业物流成本管理的概念及意义 … 369
- 11.2　企业物流成本的核算 … 369
  - 11.2.1　企业各系统物流成本的核算内容 … 369
  - 11.2.2　企业物流成本核算的基本思路 … 373
  - 11.2.3　作业成本法在企业物流成本核算中的基本思路 … 374
- 11.3　企业物流成本控制 … 376
  - 11.3.1　企业物流成本控制的含义 … 376
  - 11.3.2　企业物流成本控制方法 … 376
  - 11.3.3　企业物流成本控制过程 … 378
- 小结 … 386
- 思考与练习 … 387

第12章　企业物流绩效管理 … 390
- 12.1　企业物流绩效管理概述 … 392
  - 12.1.1　企业物流绩效管理的内涵 … 392
  - 12.1.2　企业物流绩效管理的原则 … 393
  - 12.1.3　企业物流绩效管理的意义 … 394
  - 12.1.4　企业物流绩效管理合理化 … 394
- 12.2　企业物流绩效评价 … 394
  - 12.2.1　企业物流绩效评价的概念 … 394
  - 12.2.2　企业物流绩效评价的原则 … 394
  - 12.2.3　企业物流绩效评价体系的构成 … 395
  - 12.2.4　企业物流绩效评价标准的建立 … 396
- 12.3　企业物流绩效管理方法 … 401
  - 12.3.1　目标管理法 … 401
  - 12.3.2　关键绩效指标法 … 402
  - 12.3.3　标杆管理法 … 404
  - 12.3.4　平衡计分卡法 … 405
  - 12.3.5　360度评价法 … 407
- 12.4　企业物流绩效管理的持续改进 … 408
  - 12.4.1　完善物流管理绩效评价标准 … 408
  - 12.4.2　控制物流运作成本 … 408
  - 12.4.3　建立多重权重评价体系 … 409
- 小结 … 409
- 思考与练习 … 410

参考文献 … 412

第1篇

绪论

第1章 企业物流管理概论

【本章教学要点】

知识要点	掌握程度	相关知识
物流与企业物流的知识	掌握	物流的概念,企业物流的概念,企业物流的分类,企业物流的发展阶段,企业物流的内容,企业物流的结构,企业物流的特征
企业物流管理的基础知识	重点掌握	企业物流管理的产生和发展阶段,企业物流管理的概念、内容、目标,企业物流合理化的原则
企业物流管理创新与发展	了解	企业物流管理的创新及发展新趋势
企业物流管理研究	基本掌握	企业物流管理研究应遵循的基本观点,研究方法

【本章能力要求】

能力要点	掌握程度	应用能力
企业物流的结构	掌握	能够分析不同类型企业物流系统的水平结构和垂直结构
企业物流管理的目标	掌握	能够依据企业物流管理的目标科学设计企业物流系统的作业目标
企业物流合理化的原则	重点掌握	能够遵循企业物流合理化原则来设计和评价企业物流系统,解决企业物流管理中的具体问题
企业物流管理的研究方法	基本掌握	具备运用合适的方法来研究企业物流管理理论和实践的能力

【本章知识架构】

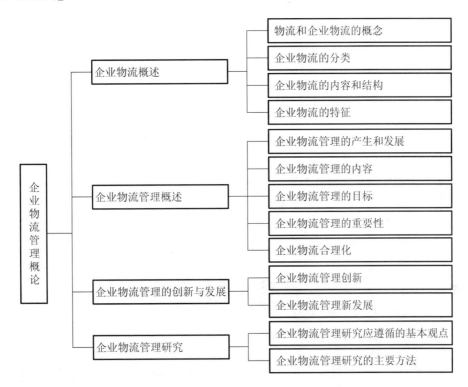

导入案例

苏州 SEW 工厂的智能化物流系统建设

苏州 SEW 工厂为 SEW 在华东地区的装配和技术服务中心，可以为客户提供从机械到电子的全套驱动解决方案服务。

苏州 SEW 工厂为典型的按单装配型工厂，其规划布局采用了环形设计，按照生产工艺流程，依次设置了相应的区域。作业流程设计上，工厂内部物流系统不仅应用了自动化立体库、自动输送线，还采用了自主研发的无接触供电自动导引小车（AGV）、无接触供电电动单轨小车等智能化物流设备。装配完成的小型产品直接放在输送线上送至 EMS 上货站，再经过长达 380 米的贯穿整个工厂的空中输送线运至喷漆房；大型产品装配完成后，工作人员按下按钮，无接触供电的 AGV 会自动到达装配工位取走并送到 EMS 上货站，再送至喷漆房。在信息技术方面，从零部件入场到成品出库整个生产与物流流程，都采用了先进的 SAP 系统进行统一管理。销售人员签订合同后，将合同录入 SAP 系统，即自动生成物料清单（BOM）并关联到自动化仓库系统。零部件到达工厂后，通过手持终端扫描条码信息，收货信息实时自动录入 SAP 系统，SAP 系统与自动化立体库 IWMS 实时关联，IWMS 为入库零件按不同的质量、高度、规格自动分配货位。根据生产计划，BOM 部件会自动从立体仓库中被取出，送至拣选区，工作人员扫描托盘或托箱上的条形码，系统会提示相关信息和明确指令，工作人员按指令拣选零部件，然后配送至所需装配工位。在现场运营管理方面，苏州 SEW 工厂不仅采用了看板管理、超市货架管理等先进的物料配送方式，而且其现场工程师也在每天的工作中不断寻找瓶颈工序进行分析并解决，不断改善生产线布局，减少装配动作。

> 合理的工厂布局、智能化的物流系统、先进的运营管理理念，使苏州 SEW 工厂的装配效率得到极大提升，同时还大幅减少了单位产量的用工数量。
>
> 资料来源：王玉．苏州 SEW 工厂的智能化物流系统建设［J］．物流技术与应用，2016（2）：68－72．
>
> 思考：
> （1）苏州 SEW 工厂在智能化物流系统建设上采取了哪些策略？对其他企业有何借鉴作用？
> （2）企业物流包括哪些内容？

【拓展案例】

物流业是支撑国民经济和社会发展的基础性、战略性产业，随着新技术、新模式、新业态不断涌现，物流不再只是联结生产端与销售端的工具，而逐渐成为联结企业和终端消费者、虚拟经济和实体经济的重要链条，物流在社会系统中的作用和角色不断升级，正在经历巨大的变革。这些将深刻影响社会生产和流通方式，为企业物流发展带来新机遇和挑战。

1.1 企业物流概述

1.1.1 物流和企业物流的概念

现代文明开始以来，物流就已经存在了。当今，实现最佳的物流规划和物流运营，已成为企业管理最激动人心和最富挑战性的活动之一，那么我们应当如何理解物流这个古老而又现代的概念呢？

1. 物流的产生与发展

"物流"的英文原词是 Physical Distribution（实物分销）。美国是物流认识和实践的发源地，1901 年，约翰·F. 格鲁威尔（John F. Crowell）在《农产品流通产业委员会报告》中第一次论述了影响农产品配送成本的各种因素，揭开了认识物流的序幕。1905 年，美国少校琼斯·B. 贝克尔（Chauncey B. Baker）提出军事物流（Logistics），认为"那个与军备的移动和供应相关的战争艺术的分支就叫物流"。1915 年，阿奇·W. 萧（Arch W. Shaw）提出商业物流（Physical Distribution），他在《市场流通中的若干问题》（Some Problems in Market Distribution）一书中，从市场营销的角度提出"物流是与创造需求不同的一个问题"，并指出"物流经过时间和空间的转移会产生附加价值"。1927 年，拉尔夫·博索迪（Ralph Borsodi）在《流通时代》一书中，用 Logistics 来称呼物流，为物流概念的产生奠定了基础。

物流的概念产生以后，经过了缓慢的、长期的发展时期，直到第二次世界大战期间，为解决军需品及时供给问题，物流才得到迅猛的发展。所谓"兵马未动，粮草先行"，体现的就是军事家重要的"后勤"战略思想。它主要强调军队在作战时，如何能以最快的速度、最高的效率，安全无误地将武器、弹药及军队吃、住、行等所有必需物资按要求供给前线。

第二次世界大战后，物流这一概念被广泛应用于经济领域。1962 年，著名经济管理学家彼得·德鲁克（Peter Drucker）在《财富》杂志上，以"经济领域的黑暗大陆"为题，讨论了物流这一领域，首次明确提出物流是节约成本的最后领域，并将其视为企业的"第三利润源泉"。物流概念的产生与发展如表 1.1 所示。

表 1.1 物流概念的产生与发展

时 间	创 立 者	具 体 概 念
1901 年	约翰·F. 格鲁威尔	第一次论述了影响农产品配送成本的各因素和费用
1905 年	琼斯·B. 贝克尔	从军事后勤角度提出军事物流
1915 年	阿奇·W. 萧	从市场营销的角度提出商业物流
1927 年	拉尔夫·博索迪	用 Logistics 来称呼物流，为物流概念的产生奠定了基础
1962 年	彼得·德鲁克	首次明确提出物流是节约成本的最后领域，并将其视为企业的"第三利润源泉"

 小知识

物流活动的早期文献记载

1918 年，英国的利费哈姆勋爵成立了一家即时送货股份有限公司。该公司的宗旨是在全国范围内把商品及时送到批发商、零售商及用户的手中。这家公司的成立被一些物流学者称为是"物流活动的早期文献记载"。

1964 年，日本开始使用"物流"这一概念。我国使用"物流"一词始于 1979 年。1989 年 4 月，第八届国际物流会议在北京召开，从此，"物流"一词的使用开始日益普遍。

2. 物流的概念和内涵

物流经历了从 Physical Distribution 到 Logistics 两个重要时期，随着人们对物流认识的不断深入，物流的概念不断地进化和完善，物流概念的内涵和外延也在不断地发生变化。

1981 年，日本综合研究所编著的《物流手册》对物流的定义为：物流是物质资料从供应者向需求者的物理性转移，是创造时间性、空间性价值的经济活动。从物流的范畴来看，物流包括包装、装卸、保管、库存管理、流通加工、运输、配送等活动。

1994 年，欧洲物流协会（European Logistics Association，ELA）对物流的定义是：物流是在一个系统内对人员和（或）商品的运输、安排，以及与此相关的支持性活动的计划、执行和控制，以达到特定的目的。

1996 年，我国台湾物流协会对物流的定义是：物流是一种物的实体流通活动的行为，在流通过程中，通过管理程序有效地结合运输、仓储、包装、流通加工、资讯等相关物流机能性活动创造价值，以满足顾客及社会性需求。

2003 年，美国物流管理协会（Council of Logistics Management，CLM）对物流的定义是：物流是供应链活动的一部分，是为满足顾客需要对商品、服务及相关信息从产地到消费地高效、低成本流动和储存而进行的计划、执行和控制过程。

我国国家标准《物流术语》（GB/T 18354—2006）中，对物流的定义是：物流是物品从供应地向接收地的实体流动过程，根据实际需要，将运输、储存、装卸、搬运、包装、流通加工、配送、信息处理等基本功能实施有机结合。

尽管物流的概念至今尚未统一，但人们对物流本质的认识基本上是一致的：①物流是由一系列创造时间价值和空间价值的活动组成的；②物流活动是为了满足顾客的需求；③物流活动包括运输、储存、包装、流通加工及信息处理等；④物流是供应链的一个组成部分。

3. 企业物流的概念和内涵

（1）企业物流的概念

随着经济的发展，企业物流（Enterprise Logistics）的概念不断地被丰富和完善。美国物流管理协会指出，企业物流是研究对原材料、半成品、产成品、服务及相关信息从供应始点到消费终点的流动与储存进行有效计划、实施和控制，以满足客户需要的科学。

1992年，日本后勤系统协会（Japan Institute of Logistics Systems，JILS）将物流改称为"后勤"，认为后勤是一种对原材料、半成品和成品的有效率流动进行计划、实施和管理的活动，它同时协调供应、生产和销售各部门的利益，最终达到满足客户的需求。

我国国家标准《物流术语》（GB/T 18354—2006）对企业物流的定义是：货主企业在经营活动中所发生的物流活动。

我国物流专家崔介何认为，就生产企业而言，企业物流是指企业在生产经营过程中，物品从原材料供应，经过生产加工，到产成品的销售，以及伴随着生产消费过程中所产生的废弃物的回收及再利用的完整循环过程。

我国物流专家赵启兰认为，企业物流是生产和流通企业在其生产经营过程中，物品从采购、供应、生产、销售，以及废弃物的回收及再利用所发生的物流活动，包括供应物流、生产物流、销售物流、回收物流及废弃物物流等活动。

（2）企业物流的内涵和范畴

企业物流是以企业经营为核心的物流活动，一般可以分为企业内部物流和企业外部物流。企业内部物流是指在企业生产经营活动过程中发生的物料的实体流动及其相关活动，如加工、检验、搬运、储存、包装、装卸等物流活动。企业外部物流是指企业生产经营活动中与其所处的供应链节点企业之间所发生的物流活动，如采购、运输、配送、回收和废弃物处理等。

企业物流是从企业角度研究与之有关的物流活动，是具体的、微观的物流活动的典型领域。社会物流研究再生产过程中（流通领域）随之发生的物流活动，研究国民经济中的物流活动，因此具有综合性、宏观性和广泛性。企业物流是社会物流的基础，社会物流是企业物流赖以生存的外部条件。只有企业之间有"物"不断地流动，社会物流才能联动起来。企业物流又是社会物流系统网络中的一个子系统和网络上的一个个节点，只有将社会物流和企业物流联系起来，才能构成完整的物流网络体系。企业物流活动与社会物流活动所涉及的领域如图1.1所示。

企业物流包括对整个企业的物流成本、客户服务水平和企业投资收益的权衡取舍。具体而言，即通常所言的7R：在恰当的时间（Right Time）、恰当的条件（Right Condition）、恰当的地点（Right Place）以恰当的成本（Right Cost）得到恰当的数量（Right Quantity）的恰当产品（Right Product）和将恰当数量的恰当产品提供给恰当的客户（Right Customer）。

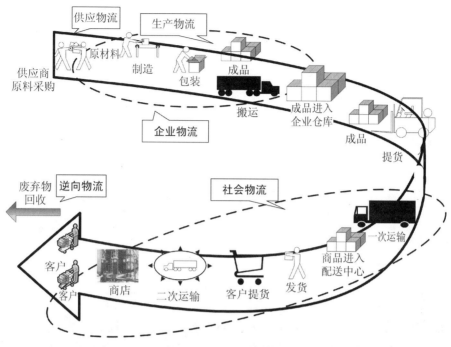

图 1.1 企业物流活动与社会物流活动所涉及的领域

小思考

生产制造企业和流通企业的物流活动分别涉及哪些领域？

4. 企业物流的发展阶段

在早期实践中，企业物流的各项活动是被分散管理的，后来，协调管理物流相关活动的理念被普遍接受，1961 年出现了提出协调物流管理会带来收益的书籍。随着企业物流理论和实践的进一步发展，企业管理者逐渐认识到企业物流能增加产品和服务价值，且物流增加的价值对提高顾客满意度和促进销售十分重要。

美国等发达国家企业物流的发展过程大致可以分为以下三个阶段：产品物流阶段（产品配送阶段）、综合物流阶段和供应链管理物流阶段。具体如表 1.2 所示。

表 1.2 企业物流发展阶段的演变

阶 段	时 间	特 征
产品物流阶段（产品配送阶段）	20 世纪 60 年代初至 70 年代后期	注重产品到消费者的物流环节
综合物流阶段	20 世纪 70 年代中后期至 80 年代后期	集中表现为原材料物流和产品物流的融合
供应链管理物流阶段	20 世纪 90 年代初至今	企业将着眼点放在物流活动的整个过程，关注整个供应链

物流是一项十分复杂但又十分重要的企业管理活动,其跨度之大、功能范围之广是其他任何活动所无法比拟的。20世纪90年代以来,越来越多的企业正在改变传统的物流体制,逐渐向现代物流与供应链管理方向发展,物流和供应链已经成为企业寻求长远发展、增强竞争力的主要源泉。近年来,随着物联网、云计算、大数据和人工智能等新技术的迅速发展,由数据驱动的商业模式推动产业智能化变革,将大幅度提高企业生产效率。智能制造离不开智能物流,智能物流又助推了供应链升级,这将深刻影响社会生产和流通方式,为企业物流的发展带来新的机遇。

小思考

结合表1.2,分析当前我国企业物流的发展所处的阶段。

1.1.2 企业物流的分类

1. 按企业性质不同分类

按照企业性质不同,企业物流可以分为生产企业物流和流通企业物流两大类。其中,生产企业物流主要包括工业生产企业物流和农业生产企业物流,流通企业物流主要包括批发企业物流和零售企业物流。

(1)生产企业物流

生产企业物流是以购买生产所需的原材料、零部件和设备为起点,经过生产加工成产成品,以销售给顾客为终点的全过程。根据生产企业物流活动产生的经营领域和环节,可以将其划分为供应物流、生产物流、销售物流、回收物流、废弃物物流等。

① 工业生产企业物流。工业生产企业种类非常多,物流活动有一定的差异,按主体物流活动区别,可大体分为以下四种类型。

a. 供应物流突出的类型。这种企业物流系统供应物流比较复杂,供应物流组织的操作难度较大,而其他物流较为简单。例如,采取外协方式生产的汽车、家电、大型机械装备等工业企业就属于这种类型。一辆汽车需要几千甚至上万个零部件,这些零部件可能来自全球各地,因此,供应物流涉及的范围广、品种多、难度大、成本高,但一辆汽车完成生产环节后,其销售物流便相对简单了。

b. 生产物流突出的类型。这类企业物流系统的生产物流突出,供应和销售物流较为简单,如冶金、化工、炼油、钢铁等生产企业。生产冶金产品的工业企业,其供应物料是大宗矿石,销售物料是大宗冶金产品,而从矿石原料转化为产品的生产过程及伴随的物流过程都很复杂。

c. 销售物流突出的类型。例如,很多小商品、小五金类、食品类生产企业,大宗购进原材料,生产过程不算复杂,但销售却遍及全国或全球,这类企业属于销售物流突出的类型。另外,如玻璃、化工危险品等生产企业,虽然生产物流比较复杂,但其销售物流难度更大,问题更严重,因而也属于销售物流突出的类型。

d. 废弃物物流突出的类型。有些工业企业废弃物物流特别突出,如选煤、造纸、印染等企业。

② 农业生产企业物流。农业生产企业物流主要有农业种植企业物流和农业加工企业物流两种类型。农业加工企业的性质及对应的物流与工业生产企业是相同的。农业种植企业的物流是农业生产企业物流的代表，其供应物流、生产物流、销售物流和废弃物物流有其特殊性。

a. 供应物流。供应物流以组织农业生产资料的物流为主要内容，与工业企业供应物流类似。

b. 生产物流。农业种植企业生产物流与工业企业生产物流差异较大，主要区别有：种植业生产物流的对象不需要像工业企业生产物流的对象那样反复被搬运、装卸和存储；种植业一个周期的生产物流活动停滞时间长且运动时间短，而工业企业生产物流几乎是不停滞的；一般情况下，工业企业生产物流周期较短，而种植业生产物流周期长且有季节性。

c. 销售物流。销售物流以组织农产品的销售为主要内容。粮食、棉花等农产品销售物流的最大特点是储存保管条件要求较高，储存量大且时间长。尤其是生鲜、冷冻产品，对销售物流的运输、储存保管条件要求更高。

d. 废弃物物流。种植业废弃物物流的流量相应要高于甚至远高于其销售物流流量。种植业废弃物的处理非常重要，处理得好，既保护了环境，又可以实现资源循环利用，如用秸秆等种植业废弃物作为原料制造环保托盘；若处理不好，可能会给环境带来较大的危害，如秸秆焚烧。

（2）流通企业物流

流通企业物流是指以从事商品流通的企业和专门从事实物流通的企业的物流。

① 批发企业物流。批发企业物流是指以批发点为核心，由批发经营活动所派生的物流活动。这一物流活动对于批发的投入是组织大量物流对象的运进，产出是组织总量相同物流对象的运出，但是批量变小、批次变多。商品在批发点中的转换是包装形态及包装批量的转换，以及经过其他流通加工作业产生的附加值增加。

② 零售企业物流。零售企业物流是以零售商店为核心，以实现零售销售为目的的物流活动。零售企业的类型有多品种零售企业、专用品零售企业、连锁型零售企业、直销企业和网络零售企业等。

 小思考

从事物流运输业务的公司属于商品流通企业吗？

2. 按物流活动的主体分类

按物流活动的主体进行分类，企业物流可以分为企业自营物流、企业外包物流和专业子公司物流等。

（1）企业自营物流

企业自营物流主要指企业拥有一个自我服务的物流体系，自备库场、运力和人员等。

自营物流实际上是企业物流的纵向一体化行为，企业通过自营物流直接支配物流资产，控制物流职能，保证物流畅通和顾客服务质量，从而有利于保持企业和顾客的长期关系，并有利于企业掌握对顾客的控制权。此外，企业通过自营物流，可以更好地防止企业商业秘密的外泄和扩散。尽管如此，企业仍然应该审慎对待自营物流，这是因为自营物流需要大量的资金购买物流设备、建设物流仓库和构建物流网络，这不仅会分散企业的资金，影响核心能力的构建，而且这些资金一般占用率较高，并且投资回收期较长。

（2）企业外包物流

第三方物流、物流联盟和第四方物流均属于企业外包物流，它们的区别在于外包业务中企业之间的合作程度存在差异。第三方物流是指企业利用外部的物流公司完成其全部或部分物流职能。物流联盟是以物流为合作基础的企业战略联盟，它是指两个或多个企业之间，为了实现自己物流战略目标，通过各种协议和契约而结成的优势互补、风险共担、利益共享的松散型网络组织。第四方物流是指一个物流集成商，它调集和管理自己的和具有互补性的物流服务提供商的资源、能力和技术，以提供一个综合的物流解决方案。

在物流服务走向专业化、综合化和网络化的过程中，企业物流外包，不需要内部维持设备、人员来满足需求，从而使固定成本转化为可变成本，为企业减负；企业物流外包，利用物流服务商的规模化和专业化优势，可以降低库存、提高商品周转率，降低或分散一部分风险。

（3）专业子公司物流

专业子公司物流是一种将自营与外包特性相结合的组织形式，一般是指将物流运作职能从企业母体中剥离出来，成立一个独立的物流子公司。它与母公司之间的关系是服务与被服务的关系，以专业化的管理为母公司提供专业化的物流服务。例如海尔的日日顺物流公司、美的的安得物流公司，它们既作为集团的一个独立子公司，又作为专业物流公司向外发展业务。

企业物流分类汇总如图1.2所示。

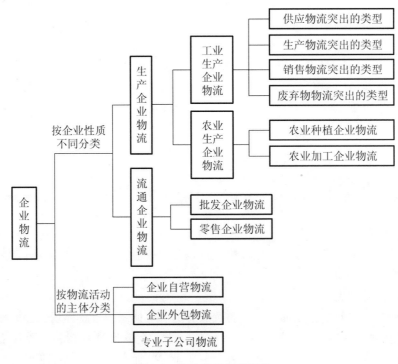

图 1.2　企业物流分类汇总

1.1.3 企业物流的内容和结构

1. 企业物流的内容

企业经营活动的基本结构是输入—转换—输出,物流活动是伴随着企业经营活动而发生的,贯穿于企业的整个运营过程,其主要内容包括以下几个方面。

(1) 采购(Purchasing)

采购活动是企业物流之源,没有采购,企业就无物可流。采购地点、采购数量、采购周期直接影响企业原料物流的运输方式、运输成本、存储方式和存储成本。

(2) 运输(Transportation)

运输是企业物流活动中非常重要的一个环节,也是企业物流活动最为直接的表现形式,因为企业原材料的购进和产成品分销都需要通过运输来实现物品的实体流动。

(3) 存储(Warehousing and Storage)

存储包括两个既独立又密切联系的物流活动:库存管理与仓储。购进的原料和生产的产成品均需临时储存和保管。仓库和配送中心的选址、数目、空间布局和大小等决策均与存储活动有关。

(4) 物料搬运(Material Handling)

物料搬运的距离、次数,采用的搬运设备和技术等直接影响企业的仓库作业效率、生产效率。同样,规划合理的生产空间、设施和设备的合理布局可以减少物料搬运的次数和距离,提高搬运效率。

(5) 需求预测(Demand Forecasting)

规划和控制企业物流活动需要准确预测企业产品和服务的数量、时间等。对备货型生产企业来说,准确预测需求更加重要。需求预测与企业的库存控制、运输计划和仓库装卸计划等物流活动关系密切。

(6) 订单处理(Order Processing)

订单处理的效率直接影响产品的订货周期,进而影响客户服务的满意度。

(7) 生产计划(Production Plan)

企业生产中,生产计划与物流的关系越来越密切。计划是龙头和指挥棒,物料依据计划而流动,生产计划的实现又依赖于企业物流能力和效率。

(8) 包装(Packaging)

运输方式的选择直接影响产品的包装。一般来说,水运和铁路运输引起货损的可能性比较大,因此需要增加包装费用。

(9) 客户服务(Customer Service)

企业物流活动的订单处理、存储、运输、配送等决策都取决于客户服务要求。

企业物流活动的内容还包括工厂和仓库选址、零部件和服务支持、退货处理、废弃物处理等。当然,不同类型的企业或企业物流运营的模式不同,其物流活动不一定会涉及上述所有内容,如流通企业的物流不涉及生产计划。

2. 企业物流的结构

企业物流的结构包括水平结构和垂直结构两种。

(1) 企业物流的水平结构

企业物流系统中最为典型的就是生产企业物流系统。根据企业物流活动发生的先后次序，可以将生产企业物流活动划分为供应物流、生产物流、销售物流、回收物流和废弃物物流五个部分。其中，生产物流处于中心地位，供应物流和销售物流是生产物流的外延部分（上伸和下延），它们受企业外部环境影响较大。生产企业物流活动的水平结构如图1.3所示。

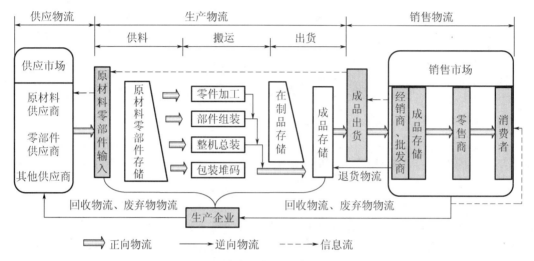

图1.3 生产企业物流活动的水平结构

① 供应物流（Supply Logistics）。供应物流是指为企业提供原材料、零部件或其他物品时所发生的物流活动。这种物流活动对企业正常高效的生产起着重要作用，是保证企业生产经营活动正常进行的前提条件。供应物流具体包括企业经营活动所需物料的采购、进货运输、仓储、库存管理、用料管理和供料等。其中，采购是供应物流与社会物流的衔接点，供料是供应物流与生产物流的衔接点。库存管理是企业供应物流的核心，通过库存控制，指导供应物流的合理运行；同时，完成购入物料的接货、验收、保管、保养等任务。生产企业供应物流主要包括两个部分：根据企业生产经营计划，组织生产物资外购并运送到本企业的外部采购物流（实现物资的空间价值）和组织企业仓库将生产物料送达生产岗位的企业内部供料物流（实现物资的时间价值）。生产企业供应物流结构如图1.4所示。

② 生产物流（Production Logistics）。生产物流是指生产过程中发生的涉及原材料、在制品、半成品、产成品等所进行的物流活动。生产物流是生产企业物流的核心，这种物流活动是伴随着整个生产过程的，实际上已构成了生产过程的一部分。生产物流活动包括企业生产中各种半成品和成品在企业内不同空间的转移、存放，以及产成品的包装、存放、发运和回收等。不同的生产过程由不同的生产物流构成。影响生产物流构成的主要因素有企业的生产类型、生产规模、生产工艺、专业化和协作水平及技术管理水平。生产物流还与生产环境有着密切的关系。根据企业规模不同，生产物流可以分为工序内部物流、企业内部物流（厂区物流）、企业之间的物流和生产组织之间的物流。

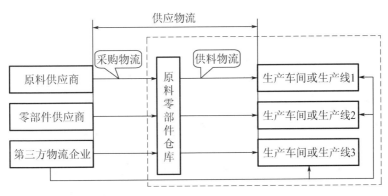

图 1.4　生产企业供应物流结构

③ 销售物流（Distribution Logistics）。销售物流是指企业产品销售过程中发生的物流活动，包括成品的存储与库存管理、订单处理、发货运输、终端配送、销售退货和客户服务等活动。销售物流既是企业物流的终点，又是社会物流的起点。销售物流的空间范围很大，这是销售物流的难度所在。销售物流是服务于客户的物流，其运行的优劣对企业物流经济效益的影响非常大，是企业物流研究和改进的重点。

④ 回收物流（Returned Logistics）。回收物流是指企业在供应、生产和销售活动中，不合格物品的返修、退货及周转使用的包装容器从需方返回到供方所引发的物流活动。回收物流中物料从供应链的下游向上游运动，属于逆向物流（Reverse Logistics）。

⑤ 废弃物物流（Waste Material Logistics）。废弃物物流是企业在生产和销售过程中，以及用户在使用过程中产生的、基本或完全失去原有使用价值的物品，根据实际需要进行收集、分类、加工、包装、搬运、储存等，并分送到专门处理场所的物流活动。对不能回收利用的废弃物，要通过销毁、掩埋等方式处理。企业在生产经营过程中，要尽可能减少废弃物的排放量，在排放前，要对废弃物进行预处理，并做好废弃物的最终处理，以减轻环境的负担和压力。

流通企业一般不生产具体的产品，其物流活动不包括生产物流。根据流通企业物流活动发生的先后次序，可以将流通企业物流活动划分为采购物流、企业内部物流、销售物流、回收物流和废弃物物流五个部分。采购物流是流通企业组织货源，将物资从生产企业或种植地集中到流通企业的物流。流通企业内部物流，包括流通企业内部的储存、保管、装卸、搬运、流通加工等各项物流活动。销售物流是流通企业将物资转移到消费者手中的物流活动。

（2）企业物流的垂直结构

根据企业物流活动的功能和作用不同，可以把企业物流从高到低划分为管理层、控制层和作业层三个层次。企业物流就是通过这三个层次的协调配合而实现其总体功能的。企业物流的垂直结构如图 1.5 所示。

【拓展案例】

① 管理层。管理层对整个企业物流系统进行统一的计划、实施和控制。其主要内容有物流系统战略规划、物流系统控制与绩效评估，以形成有效的反馈约束机制和激励机制。

② 控制层。控制层对企业供应物流、生产物流、销售物流等过程进行控制，主要

包括订单处理、顾客服务、生产/回收计划与控制、成品/原材料库存计划与控制、采购和物料管理。

③ 作业层。作业层完成物料在企业生产经营过程中的时间和空间转移,主要包括进货/发货运输,物料搬运、包装,原材料/在制品/成品仓储,回收运输与仓储。

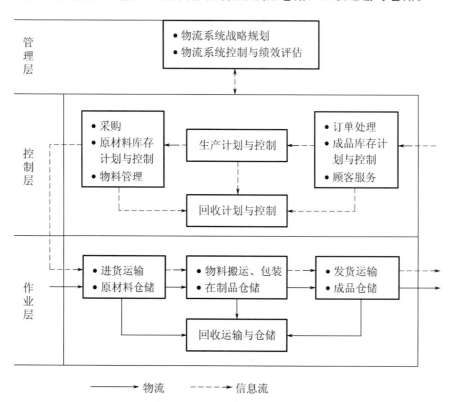

图 1.5 企业物流的垂直结构

1.1.4 企业物流的特征

供应物流和销售物流是企业物流向外的两个延伸,其特征和社会物流比较相近。生产物流是生产企业物流的核心,真正反映企业物流特征的是企业内部生产物流。与社会物流相比,企业物流具有以下特征。

(1) 企业物流是以实现加工附加价值为主的经济活动,社会物流是以实现时间价值和空间价值为主的经济活动。这是企业物流最本质的特征。企业物流在一个相对较小的空间内完成,物料不断地被加工,产生了价值增值,但物料空间转移消耗不大,产生的空间价值也不大。同样,企业内部的储存是为了保证生产,而不是像社会储存那样主要是为了追求利润,因此,其时间价值不但不高,反而会降低企业的经营效率和效益。

(2) 企业物流的主要功能要素是搬运活动,社会物流的主要功能要素是运输、存储和配送。生产型企业物料流转的主要手段是搬运,在不断搬运过程中,物料不断地被加工,改变了形态。流通型企业的内部物流,也是通过不断地搬运来完成收货、拣选、配货等活动的。因此,物料的有序流转是企业内部物流的关键特征。

(3) 企业物流运行具有伴生性和工艺过程性。企业生产物流往往是生产过程的一个组成部分或一个伴生部分，其物流的流向、流量和流速均取决于企业生产工艺、生产流程和生产设备。因此，企业生产物流很难与生产分开而形成独立的系统。企业内部只有局部的物流活动和生产工艺过程可以分开，如仓库的储存活动、收货活动，车间或分厂之间的运输活动等。

(4) 企业生产物流具有连续性。企业内部所有生产作业点和作业区域被企业生产物流这条动态的"线"有机地连接成一个整体。企业生产物流在这个有机体内稳定、连续地流动，从而完成了企业生产运营活动。

(5) 企业物流成本具有二律背反性。企业物流运营中往往是一方成本降低了，另一方成本就会增加，即存在二律背反现象。例如，追求较低的库存水平，必然要增加运输频次，牺牲运输成本；追求包装费用的节省，会影响其在运输、保管过程中的保护功能和方便功能，从而造成经济损失。企业物流管理肩负着降低企业物流成本和提高物流服务水平两大任务，二者本身就是对立统一的关系。因此，企业物流管理要有整体物流的概念，要追求物流总成本最低，而不是局部物流成本最低。

小知识

二律背反又称效益背反。物流二律背反是指一种物流活动的高成本，会因另一种物流活动成本的降低或效益的提高而抵消的相互作用关系。

1.2 企业物流管理概述

1.2.1 企业物流管理的产生和发展

20世纪初，在弗雷德里克·温斯洛·泰勒（Frederick Winslow Taylor）科学管理学说的指导下，企业产生了三大基本职能：市场营销、生产运营和财务管理。物流管理并没有被列入其中。此时，物流业务分散在采购、制造和市场营销等部门，各部门各司其职。采购经理关心的是供应商的选择、采购谈判，希望获得尽可能低的采购价格，而忽略了采购产品的质量和采购批量，采购价格上的节约往往被高额的原料库存费用所抵消；制造经理感兴趣的是生产计划的稳定性、连续性和批量生产，因此，维持了大量的在制品库存；销售经理考虑更多的是保证供货、扩大销量，而不关注成品仓库的选址和数量、库存量的控制、运输方式的选择等，这往往造成了大量的物流费用和成品库存。可见，20世纪初的"物流黑洞"吞噬了企业大量的利润。

后来，随着新的管理技术和管理理念的不断出现，物流管理受到了越来越多企业的关注和重视，企业管理者逐渐把企业的物流管理当作一个战略新视角。近年来，物流管理已经成为现代企业战略管理的一个新的着眼点。企业物流管理的发展历程，如表1.3所示。

表 1.3　企业物流管理的发展历程

时间	20世纪初	20世纪40年代	20世纪60年代	20世纪80年代	21世纪初
主要特征	没有独立的物流业务部门，物流分散在采购、制造和市场营销等部门	随着系统论的产生，人们开始用系统的观点来解决分散在各环节中的大量库存问题	对物流管理有了一定的认识，物料管理和配送管理开始受到企业的关注	企业的输入、输出及制造环节的物流业务被集成起来，物流管理真正受到企业重视	企业物流管理已经成为现代企业战略管理的一个新的着眼点

我国国家标准《物流术语》（GB/T 18354—2006）对物流管理（Logistics Management）的定义是：物流管理指为了以合适的物流成本达到用户满意的服务水平，对正向及反向的物流活动过程及相关信息进行的计划、组织、协调与控制。

企业物流管理是企业管理的重要组成部分，它是指依据物资实体流动规律，应用管理学的基本原理和方法，对生产和流通企业在经营活动中所发生的采购、运输、仓储、配送、装卸和搬运等物流活动进行计划、组织、指挥、协调和控制。在保证用户满意的服务水平的前提下，实现物流成本的最小化，提高物流效率和企业经济效益，这也是现代企业物流管理的根本任务。

1.2.2　企业物流管理的内容

企业物流管理属于微观层次的应用管理学，其内容涉及物流的很多领域，不同类型企业，其物流管理所包含的活动和侧重点也有所不同。目前，企业物流管理的内容主要包括以下四个方面：对物流活动诸要素的管理；对物流系统诸要素的管理；对物流活动中具体职能的管理；对物流过程的管理。

1. 对物流活动诸要素的管理

企业物流活动的构成要素如图1.6所示。从物流活动要素的角度出发，企业物流管理的内容包括搬运装卸管理、仓储管理、运输管理、包装管理、流通加工管理、配送管理、物流信息管理和客户服务管理等。下面简单介绍下搬运装卸管理和客户服务管理。

（1）搬运装卸管理

企业物流管理中，搬运装卸管理与运输管理、仓储管理一样重要，它们都是企业物流活动的核心要素。不论是生产型企业还是流通型企业，都通过搬运活动来实现物料的有序流转。搬运装卸管理的主要内容包括搬运装卸系统的设计、搬运装卸设备的规划与配置、搬运装卸作业的组织等。

（2）客户服务管理

客户服务管理主要是对企业物流活动中相关服务的组织、监督和考核，如调查和分析顾客对物流活动的反映，确定最佳的物流服务水平，制定顾客所需的物流服

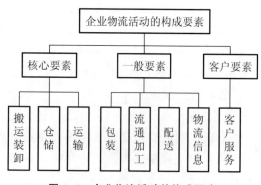

图1.6　企业物流活动的构成要素

务项目等。企业物流活动，特别是销售物流活动与顾客联系密切，会直接影响顾客对企业的满意度，因此，客户服务管理非常重要。

2. 对物流系统诸要素的管理

企业物流系统是企业系统中的一个子系统，从系统的角度来看，企业物流管理的内容包括人的管理、物的管理、财的管理、设备管理、方法管理和信息管理等。

（1）人的管理

人力资源是物流系统中最活跃、最重要的要素。对人的管理包括企业物流人力资源的规划与开发、招聘与录用、培训与指导、绩效和薪酬管理等。

（2）物的管理

物是物流活动的客体，即物料实体。物的管理贯穿于企业物流活动始终，涉及物流活动诸要素。

（3）财的管理

财的管理主要是指如何降低企业物流成本，提高企业经济效益，它是企业物流管理的主要目标之一，也是企业物流管理的出发点和归宿。财的管理主要包括企业物流成本的核算与控制、物流经济效益指标体系的建立、物流经济效益的提高、物流资金的筹措与合理使用等。

（4）设备管理

物流设备管理主要包括搬运、装卸、包装、存储等物流设备的选型和优化，以及物流设备的维护、保养和更新改造等。

（5）方法管理

方法管理的主要内容有各种物流新技术的研究与推广普及和现代企业物流管理方法的应用等。

（6）信息管理

信息是企业物流系统的神经中枢，只有做到有效地处理并及时传输物流信息，才能对企业物流系统中的人、物、财、设备和方法这五个要素进行有效的管理。

3. 对物流活动中具体职能的管理

物流活动从职能上划分，主要包括物流计划、物流质量、物流技术和物流经济。相应的职能管理介绍如下。

（1）物流计划管理

物流计划管理是对物料供应、生产、销售和回收整个过程的每个环节进行计划的编制、执行、修正和监督的过程，包括原料供应计划、供料上线计划、产成品配送计划、废旧物料的回收计划，以及原料和产成品的库存计划等。物流计划管理是企业物流管理的首要职能。

（2）物流质量管理

物流质量管理包括对物流服务质量、物流工作质量、物流工程质量等的管理。较高的物流质量管理水平有利于提升客户的满意度和企业的竞争力，因此，物流质量管理是企业物流管理的重要职能。

（3）物流技术管理

物流技术管理包括物流硬技术和物流软技术的管理。物流硬技术的管理就是对物流设施和设备的管理。物流软技术管理包括对物流技术的开发、应用、推广和引进,物流作业流程的制订和完善,物流技术文件和技术情报的管理,物流技术人员的培训和开发等。物流技术管理是企业物流管理工作的依托。

(4) 物流经济管理

物流经济管理包括各种物流费用的核算与控制,物流价格的确定和管理,各种物流活动的经济核算、分析等。物流经济管理是企业物流管理的核心职能。

4. 对物流过程的管理

企业物流过程管理包括企业供应物流管理、生产物流管理、销售物流管理、回收和废弃物物流管理。

1.2.3 企业物流管理的目标

在物流管理中必须正确处理服务与成本二者的关系,合理兼顾这两个方面的需要。从物流服务的角度来看,物流系统提供的服务水平和服务标准越高越好,而从企业经济效益的角度来看,物流成本的耗费越低越好,这样就在高水平的物流服务和低水平的物流成本之间产生了矛盾。当管理的两个目标不能同时实现时,可以用效率系统的概念来进行综合分析,即能以最低的物流成本达到所要求的物流服务水平的物流系统就是一个有效率的系统。

企业物流管理的目标是在尽可能低的总物流成本下实现所期望的服务水平,即寻求服务优势和成本优势之间的动态平衡,并由此创造企业在竞争中的战略优势。企业物流管理的目标主要表现在降低物流成本、减少资金占用、提高服务水平和提升竞争优势四个方面。

企业物流管理的目标可以通过以下物流作业目标的达成来实现。

1. 快速反应

快速反应是关系到企业能否及时满足客户服务需求的能力。信息技术和物流技术的进步为企业在尽可能短的时间内完成物流作业创造了条件。例如,订单管理系统可以大大缩短订单处理时间;射频识别(Radio Frequency Identification,RFID)技术提升了仓库管理时效和准确度;运输管理信息系统可以缩短运输计划制订时间,优化运输线路从而及时完成运输任务。

2. 最小变异

最小变异就是要尽可能地控制任何会破坏物流系统表现的、意想不到的事件。这些事件包括客户收到订货的时间被延迟、制造中发生意想不到的损坏、货物交付到不正确的地点等。随着互联网、大数据、云计算和人工智能等物流新技术的运用,精准的物流预测和积极的物流控制成为可能。例如,菜鸟网络推出的智能路由分单,实现包裹与网点的精准匹配,准确率达98%以上,分拣效率提高50%以上。

3. 最低库存

最低库存的目标是减少资金负担和提高周转速度,从而将库存减少到与客户服务目标相一致的最低水平。

4. 物流质量的持续改善

追求物流质量的持续改善，使客户服务水平具有竞争优势，是企业物流质量管理的目标。随着物流信息化、自动化、智能化水平的提高，企业越来越能够以高质量的物流服务来满足客户的需求。

5. 协同共享运输与配送

对于企业而言，最重要的物流成本之一是运输和配送费用。一般来说，运输规模越大且需要运输的距离越长，每单位的运输成本就越低。这就需要有创新的规划，把小批量的装运聚集成集中的、具有较大批量的整合运输。通过搭建互联网平台，实现货运供需信息的在线对接和实时共享，将分散的货运市场有效整合起来。借助互联网平台，搭建配送运力池，开展共同配送、集中配送、智能配送等先进模式，可以有效解决小批量配送的难题。

6. 全生命周期的物流支持

随着绿色物流的发展和人们环保意识的增强，回收和废弃物物流逐渐成为重要的企业物流作业内容，因此，企业不仅要重视正向物流作业效果，还要形成完整的全生命周期物流支持系统。

1.2.4 企业物流管理的重要性

1. 物流管理是企业降低成本的一个重要手段

根据国际货币基金组织的研究，当前物流成本约占全球国内生产总值的12%。据中国物流与采购联合会统计，2015年中国重点工业、批发和零售业企业物流成本占销售额的比重为8.2%。因此，企业的物流成本依然很高。对大多数企业而言，物流成本仅次于采购成本，排在第二位。任何一个企业的发展都离不开物流这一环节。科学的物流管理有利于人力、物力和财力的最优配置，为企业节约了成本、创造了价值。

2. 物流管理能有效地提升企业的竞争力

面对激烈的市场竞争，越来越多的企业开始关注客户服务，主动靠近顾客，并以顾客的需求和利益为中心，最大限度地满足顾客的需求，客户服务成为企业竞争力的重要表现。作为客户服务主要构成部分的物流服务，则成为企业提升竞争力的关键。特别是随着网络技术的发展，企业之间的竞争已突破了地域的限制，竞争的中心逐步转移为物流服务的竞争。目前，许多大型制造业、零售业的跨国公司，为争夺全球市场，把物流服务作为自己的竞争优势。同时，它们也从高效率、优质的客户服务中获得巨额利润。

随着经济全球化进程的不断加深，企业更多地从全球视角来看待经营，世界各国的全球化和国际化都极大地依赖于物流管理水平和管理成本。此时，物流成本，特别是运输成本在企业总成本构成中所占的比重越来越大，物流管理在企业里起着越来越重要的作用。例如，如果企业为了降低成本，从国外购进生产原材料或在国外设厂生产产品，原材料和劳动力成本可能降低，但由于运输和库存成本的增加，物流成本将上升。如图1.7所示，从低成本的海外供应商采购和从高成本的本地供应商采购的经济收益比较来看，原材料成

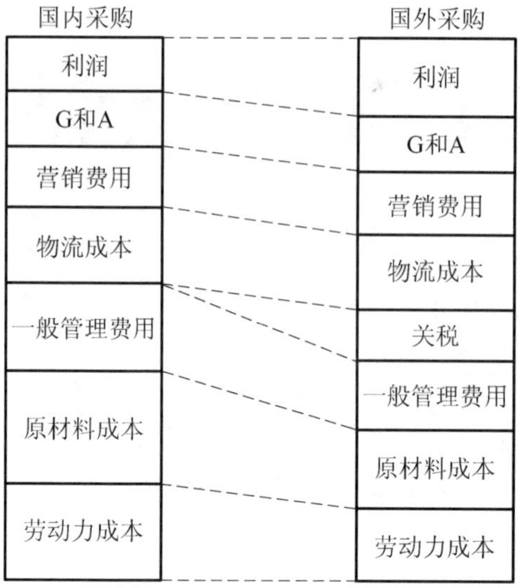

本、劳动力成本和一般管理费用下降，物流成本和关税上升，结果可能会带来利润增加，但如果物流管理不好，也可能会导致利润减少。因此，完善的物流管理是保证企业全球化运营的一个重要因素。

3. 物流管理对企业战略意义重大

当管理者认识到物流是企业成本的重要组成部分，且不同的物流决策会导致客户服务水平的差异时，管理者就会将高效的物流管理和优质的物流服务作为竞争的重要手段，并有效地利用它进入新市场，扩大市场份额或增加利润。这对企业来说，战略意义重大。例如，沃尔玛就是以物流管理为竞争战略的核心，来保持低价，赢得顾客，并成为全球最大的零售企业的。再如，京东通过自建物流系统，能够快速满足顾客需求，全面提升了企业竞争力。

图 1.7 从低成本的海外供应商采购和从高成本的本地供应商采购的经济收益比较

4. 物流管理能显著增加顾客价值

物流是创造价值的活动——为企业的客户、供应商和股东创造价值。物流的价值表现为时间价值、空间价值和加工附加价值。通常，企业创造产品和服务有四种价值，即形态价值、时间价值、空间价值和占有价值。物流直接创造了时间价值和空间价值。形态价值是通过将投入转化为产出，即将原材料生产加工成产品创造出来的。在这个转化过程中，物流起到了很大的作用。占有价值是由营销部门、技术部门和财务部门创造的。因此，四种价值中的前三种都属于物流管理者的责任范畴。

只有当顾客在希望进行消费的时间和地点拥有产品和服务时，产品和服务才有价值，物流活动必须为顾客在恰当的时间、恰当的地点提供恰当的产品和服务。目前，物流日益成为企业越来越重要的价值增值过程。例如，盒马生鲜运用大数据、移动互联网、智能物联网、自动化等技术及先进设备，实现人、货、场三者之间的最优化匹配，从供应、仓储到配送，盒马生鲜都有自己的完整物流体系，通过物流创造价值。盒马生鲜最大的特点之一就是快速配送，即门店附近 3 千米范围内，30 分钟送货上门。

5. 物流管理是企业协调各种管理的核心

物流是企业的生命线，企业生产的任何一个环节都离不开物流的支持，物流就如同一条线，贯穿于企业生产的始终。如果说企业的采购、供应、生产和销售等部门的管理是点，那么企业的物流管理就是线，通过物流管理将企业管理的各个组成部分有机地联系起来，使企业的整体结构得到优化。失去了物流管理这条"生命线"的衔接，企业的各个组成部分就无法顺畅地运转。只有企业的物流管理在各个方面都得到优化，才能真正地发挥好企业物流管理这条"生命线"的作用，从而真正地将企业的其他管理部分联系起来，最终促进企业管理体系的建立和健全。

1.2.5 企业物流合理化

1. 企业物流合理化的概念

物流合理化是物流管理追求的总目标，是对物流设备配置和物流活动组织进行改善，实现物流系统整体优化的过程。物流合理化具体表现在兼顾成本与服务上，即以尽可能低的物流成本，获得可以接受的物流服务，或以可以接受的物流成本达到尽可能高的服务水平。

企业物流合理化就是指企业物流活动中各要素、各环节、各功能之间的优化组合，协调运行，以使企业物流系统整体最优，从而取得最佳效益的一种经济准则。即在一定的条件下，企业物流系统的运行速度最快，资源消耗最低，服务最优，效率最高，对各种物流要素的组合带有规范性、综合性的合理标志。企业物流合理化包括物流过程合理化、物流结构合理化和物流体制合理化。

小知识

物流结构既指物流网点的布局构成，也泛指物流各个环节（装卸、运输、仓储、加工、包装、发送等）的组合情况。物流网点在空间上的布局，很大程度上影响着物流的路线、方向和流程，而物流各环节的内部结构模式又直接影响着物流运行的成效。

物流合理化的一个基本标准就是均衡。物流合理化是不求极限但求均衡，均衡造就合理。在企业物流管理实践中，把握好物流合理化的原则和均衡的思想，有利于防止"只见树木，不见森林"，做到不仅要注意局部的优化，还要注重整体的均衡。物流合理化对企业的可持续发展意义重大。合理的企业物流可以降低物流费用、减少产品成本，缩短生产周期、加快资金周转，压缩库存、减少流动资金的占用，进而提高整个企业的管理水平。

2. 企业物流合理化的原则

企业物流合理化的原则建立在物流系统低成本、高效率、高效益的基础上，主要包括以下原则。

（1）近距离原则

运输与搬运装卸只能增加产品成本，而不会增加产品价值，因此，在条件允许的情况下，应使物流流动的距离最短，以减少运输与搬运装卸量。

小案例

海尔集团的物流合理化

海尔集团的两个国际物流中心，全部建在海尔工业园区内，与海尔产品配套的大部分零部件生产企业都集中在一处。这不仅提高了库存周转和配送效率，也大幅度节约了运输费用。

（2）优先原则

在进行物流系统的规划与设计时，应将彼此之间物流量大的设施布置得近一些，而物流量小的设施与设备可以布置得远一些。

（3）避免迂回和倒流原则

迂回与倒流严重影响物流系统的效率和效益，甚至干扰生产过程的顺利进行，必须使其降到最低程度。

（4）在制品库存最小原则

企业生产过程中的在制品并没有完成其价值，应维持在最低库存水平。

【拓展知识】

（5）集装单元化和标准化搬运原则

物流过程中使用的各种包装器具、托盘、货架等，要符合集装单元化和标准化原则，以提高装卸搬运的效率、物料活性指数、装卸搬运质量、物流系统机械化和自动化水平。

（6）简化搬运原则

搬运装卸作业的环节应尽量减少，以提高搬运装卸效率和物流系统的可靠性，减少搬运装卸中造成的物料损毁。利用物料自身的重力进行物料搬运是最经济的方法。

（7）合理提高物料活性指数原则

物料活性指数是指在搬运装卸作业中的物料进行搬运装卸作业的难易程度。在条件允许的情况下，应尽量提高其活性指数。

根据物料所处的状态，即物料搬运装卸的难易程度，物料活性指数可以分为不同的级别，如图1.8所示。

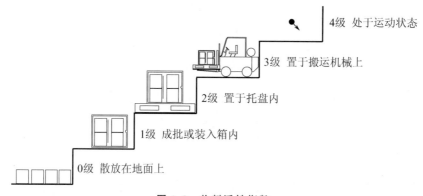

图1.8 物料活性指数

小思考

现实中，物料活性指数是不是越高越好？为什么？

（8）合理提高搬运机械化水平原则

机械化装备可以提高搬运装卸的质量和效率。实际运营中，应根据物流量、物流的距离及资金等合理地选择搬运装卸装备。物流量小且距离短，选择简单搬运设备；物流量小但距离长，选择简单运输设备；物流量大但距离短，选择复杂搬运设备；物流量大且距离长，选择复杂运输设备。

（9）人机工程原则

进行物流系统的设计、规划和布局时，要运用人机工程原则，使操作者省力、安全高效。

（10）提高自动化、智能化和信息化水平原则

搬运装卸自动化和信息化是物流现代化的重要标志。因此，在条件具备的情况下，可以应用信息技术整合企业物流资源，提高企业物流系统的自动化、智能化水平。

【拓展视频】

（11）系统化原则

要做到不仅注意局部的优化，还要注重整体的均衡，使整个物流系统达到最优。

（12）柔性化原则

物流系统要具备柔性，以适应不断调整和变动的需要。

（13）满足生产工艺和管理要求原则

企业物流系统首先要满足生产工艺和生产管理的要求，并与其他系统相互协调、相互配合，使生产系统发挥出最大的价值。

（14）满足环境要求原则

企业物流系统的规划、设计和改造，应符合可持续发展战略思路和绿色制造的要求，与其他系统相互协调，绝不能为了追求物流系统的效益而损害环境。

1.3 企业物流管理的创新与发展

1.3.1 企业物流管理创新

当今时代，以电商为代表的流通模式变革和"工业4.0"对制造业发展的深度影响，使物流业正在成为创新的热点领域。企业物流管理创新主要包括企业物流管理理念创新、企业物流管理模式创新、企业物流管理技术创新和企业物流管理战略创新四个方面的内容。

1. 企业物流管理理念创新

物流理念是企业物流活动的指南，物流管理创新的灵魂是物流理念的创新。对于企业的物流管理来说，需要不断地引进各种先进的管理经验和管理思想，使世界上先进的管理理念与企业的管理现状相融合，促进企业物流管理在理念上得到创新。例如，生产制造企业选择物流外包、创建物流联盟、实施共同配送等就是物流管理理念的创新。

2. 企业物流管理模式创新

完善的企业物流管理模式对于企业来说是十分重要的，通过管理模式的创新，最终促进企业物流系统的创新，为企业发展保驾护航。目前，比较典型的企业物流管理新模式有一体化的物流管理模式、精益化的物流管理模式、服务导向的物流管理模式、"互联网＋"物流管理模式等，这些物流模式的创新在很大程度上能够提高物流管理水平，降低物流成本，最大限度地满足客户需求。

例如，精益化物流管理模式在很大程度上减少了浪费，降低了库存成本，同时，通过不断改善服务，最大限度地满足了消费者的需求。再如，服务导向的物流管理模式，不仅

考虑到消费者的需求，还将市场竞争环境和市场竞争格局的变化考虑在内，从综合的角度去思考物流管理客观存在的问题，通过从企业物流管理的实际问题出发，对物流管理所处环境的分析，从而获取最佳的管理途径和管理方案。以信息技术（大数据、物联网等）为驱动，以消费者体验（满足消费者各种各样需求的购物场景）为核心，将线上和线下的人、货、场三要素重构，形成商品通、会员通、支付通的新零售就是服务导向的物流管理模式的典范。

3. 企业物流管理技术创新

经济全球化造就了世界范围对技术创新的普遍关注。全球物流技术发展日新月异，以自动化、智能化为代表的物流网络及流程设计、物流规划与咨询、供应链金融、物流运输技术、物流仓储技术、物流包装技术等在内的现代物流技术成为推动物流业发展进步和变革的基础力量。新技术在企业物流中的应用越来越广泛。目前国内许多有代表性的企业在广泛应用机器人、人工智能、云计算、大数据、区块链等先进技术，从而使企业物流的发展更加智慧、高效、可靠、绿色环保。物流发展的目标也出现了质的变化，不仅要求降低成本，还要求创造新的价值。物流管理技术创新途径主要有：积极采用高科技物流设施设备，利用信息网络技术优化供应链管理，以物流管理信息化、智能化带动物流管理现代化。例如，企业可以利用智能化设施设备，推动智能仓储、智能交通、智能配送等智能物流发展。

4. 企业物流管理战略创新

从当今企业物流管理战略来看，即时物流战略、一体化物流战略、绿色物流战略和智能物流战略成为企业进行物流管理的亮点。传统的物流配送系统中，由于商品的需求量及种类较少，零售商可凭借较多的存货及较长的订货周期来减少供货商的配送频率，以降低运输成本。但是现代物流系统中，物流配送将朝着少批量、多品种、多批次的即时配送方向发展，企业应根据客户的个性化需求，提供量体裁衣式的优质、灵活的物流配送服务。在"互联网＋"大形势下，信息化已成为各行各业不可逆转的发展趋势，用互联网思维、信息化技术来改造物流服务亦势在必行。对于企业物流而言，"互联网＋物流"的顺利融合将改变传统的物流运作模式，在新的领域创造一种新的物流生态，最终达到实现智慧物流的目标。

物流管理创新对于企业来说无疑是一个机遇，通过物流管理创新，能够促进企业在复杂的经济环境竞争中获得一席之地，随着经济的发展、环境的变化和技术的进步，企业的物流管理也面临着前所未有的挑战。

1.3.2 企业物流管理新发展

1. 一体化物流管理

一体化物流管理充分考虑整个物流过程及影响此过程的各种环境因素，对实物流动进行整体规划和运行，实现整个系统的最优化。企业物流一体化的模式主要有三种：物流纵向一体化模式、物流横向一体化模式和基于第三方物流的一体化模式。

（1）物流纵向一体化模式

物流纵向一体化模式要求企业将提供产品或运输服务等的上游供应商和下游用户纳入

管理范围，对从原材料采购到产品销售全过程的物流实施一体化管理。物流纵向一体化模式如图1.9所示。

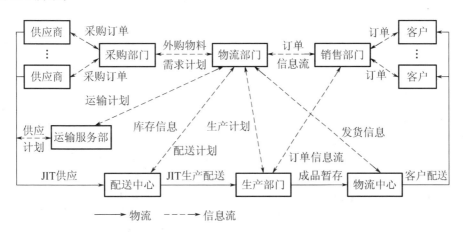

图1.9 物流纵向一体化模式

基于自营的物流纵向一体化模式最大的优势在于企业能对整个供应链有较多的控制权，不会因为环境的变化而丧失抢占市场的主动权；其次是易与其他环节密切配合与衔接，全力专注于服务本企业。该模式的不足之处在于物流设施、设备、人员、信息系统的投资庞大，而且物流组织管理较复杂。

(2) 物流横向一体化模式

物流横向一体化指通过同一行业中多个企业在物流方面的合作而获得规模经济效益和物流效率。例如，不同的企业可以用同样的装运方式进行不同类型商品的共同运输或共同配送。当物流范围相近，而某个时间内物流量较少时，几个企业同时分别进行物流操作显然不经济。于是就出现了一个企业在配送本企业商品的同时，也配送其他企业商品。从企业经济效益上看，这样能降低企业物流成本；从社会效益来看，这样能减少社会物流过程的重复劳动。显然，不同商品的物流过程不仅在空间上是矛盾的，在时间上也是有差异的。要解决这些矛盾和差异，必须借助信息技术以共享物流需求和物流供应信息。此外，实现物流横向一体化的另一个重要的条件，就是要有大量的企业参与并且有大量的商品存在，这时企业之间的合作才能提高物流效益。当然，产品配送方式的集成化和标准化等问题也不能忽视。

(3) 基于第三方物流的一体化模式

随着第三方、第四方物流服务功能的不断完善，企业越来越多地将物流业务外包给第三方或第四方，让第三方或第四方物流服务商对企业的内外物流进行一体化的管理。基于第三方物流的一体化模式如图1.10所示。

基于第三方物流的一体化模式的特点是企业与第三方或第四方物流企业结成长期稳定的战略联盟，签订物流服务合同，在充分沟通协调的基础上由第三方或第四方物流服务商全面负责企业的物流运营管理。物流外包使企业可以利用的物流资源呈级数倍增长，经过整合的物流资源可降低企业自身的投资成本，提高物流设施的利用率，优化资源配置，节约物流费用。例如，风神汽车将其供应物流、生产物流和销售物流等辅助功能均外包给专业的汽车物流服务商——风神物流有限公司，这大大降低了风神汽车的物流成本，提高了运营效率和效益。近年来，出现的"无车承运人"等物流平台服务商，即第四方物流服务商，他们借助物流大数据和云平台等技术的支撑，整合第三方物流服务商的资源，为企业客户服务，为第三方物流服务商赋能。但这种物流外包模式也会使企业失去对物流活动的控制力，削弱企业与用户的联系。

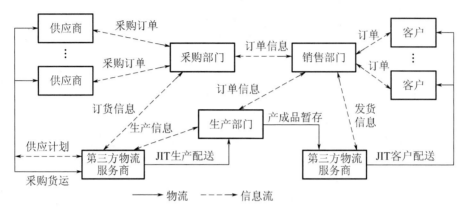

图 1.10 基于第三方物流的一体化模式

小案例

菜鸟联盟

2016 年 13 月，阿里巴巴组建菜鸟联盟，主打大数据和协同，吸引了很多第三方物流机构加盟。菜鸟联盟将为物流方提供基础设施、网状供应链、大数据、云计算、品牌背书、云客服等服务。与此对应的是，物流合作商需要保证服务的确定性，提供分层的物流服务，并改善数据化管理及精细化运营能力。

2. 绿色物流管理

绿色物流管理是指为了实现绿色物流目标，以绿色消费需求为导向，运用现代绿色物流理论对绿色生产和绿色流通领域的物流活动进行计划、组织、协调与控制，从而形成有效、快速的绿色商品流动体系的绿色经济管理活动过程。绿色物流管理以可持续发展、生态经济学和生态伦理学的思想为理论基础，从环境角度对物流体系进行改进，形成物流与环境之间相辅相成的推动和制约关系，在抑制物流对环境造成危害的同时达到环境与物流的共生，建立起环境共生型的物流管理系统。绿色物流管理包括绿色供应物流管理、绿色生产物流管理、绿色包装物流管理、绿色储存物流管理、绿色运输物流管理、绿色搬运装卸物流管理和绿色流通加工物流管理等。

3. 精益物流管理

精益物流起源于精益制造，它运用精益思想对物流活动进行管理。精益物流的根本目的就是要消除物流活动中的浪费现象。企业物流活动中的浪费现象很多，常见的有不满意的客户服务、无需求造成的积压和多余的库存、实际不需要的流通加工、不必要的物料移动、因供应链上游不能按时交货或提供服务而等候、提供客户不需要的服务等，努力消除这些浪费现象是精益物流最重要的内容。

精益物流从客户的角度而不是从企业的角度来研究什么可以产生价值；按整个价值流来确定供应、生产和配送产品中所有必需的步骤和活动；创造无中断、无绕道、无等待、无回流的增值活动流；及时创造仅由顾客拉动的价值；不断消除浪费，追求完善。精益物流作为一种全新的现代管理思想，它所强调的客户至上、及时准确、整体优化、不断改善与勇于创新的理念，符合企业物流的发展趋势。

【拓展案例】

【拓展视频】

4. 物流管理信息化

市场的瞬息万变要求企业提高快速反应能力，以信息技术和网络技术为支撑的信息化管理成为企业参与市场竞争的一个必不可少的条件。物流管理信息化主要是指建立高效畅通的物流信息系统，实现从物流决策、业务流程、客户服务的全程信息化，对物流进行科学管理。物流信息系统增强了物流信息的透明度和共享性，使企业与上下游节点形成紧密的物流联盟，从而大大提高企业物流服务水平。企业物流信息化发展的趋势必然是一体化、集约化、智能化和操作便捷化。例如，在中国的汽车运输中，离散的社会运输车辆较多，如果各离散的社会运输车辆间不能实现信息共享，那么运输资源不能进行有效整合和利用，往往会造成车辆产生配载效率问题、线路优化问题、空驶率问题、安全问题，还有恶性竞价问题、行业规范问题、多式联运的衔接与协同问题等。

在企业物流信息系统的建设中，一方面要重视新的信息技术的应用，提高信息技术的水平；另一方面也要重视物流信息系统和物流管理的互动，既要根据企业自身的物流管理流程来选择合适的物流信息系统，也要通过物流信息系统来优化和再造企业的物流管理流程。

5. 智能物流管理

近年来，随着物联网、大数据、云计算和人工智能的快速发展，以及"工业4.0"和"中国制造2025"的推进，企业物流已经进入智能物流阶段。智能物流是利用集成智能化技术，使物流系统能模仿人的智能，具有思维、感知、学习、推理判断和自行解决物流中某些问题的能力。智能物流的未来发展将会体现出以下特点：智能化、一体化和层次化、柔性化与社会化。具体表现为：在物流作业过程中的大量运筹与决策的智能化；以物流管理为核心，实现物流过程中运输、存储、包装、装卸等环节的一体化和智能物流系统的层次化；智能物流的发展会更加突出以顾客为中心的理念，根据消费者需求变化来灵活调节生产工艺；智能物流的发展将会促进区域经济的发展和世界资源的优化配置，实现社会化。

智能物流又进一步推动了智能制造的发展。要实现智能制造，除了要突破各种制造业的关键核心技术，研发核心设备之外，物流信息化也必不可少，特别是通过物流信息系统打通供应链上下游，实现透明的连接，使信息交换更通畅，效率更高。没有独立于物流而存在的智能制造，无论何种制造方式，都是从原材料经过制造环节再到成品的过程，物流始终贯穿其中。智能制造模式下，原材料供应物流、生产物流、销售物流等物流各环节都产生了飞跃性的变化，其中又以

【拓展案例】

生产物流发生的变化最大。自动化的工业生产减少了在工厂内的物料搬运、生产线库存管理等环节对人工的依赖。例如，在自动化生产车间，仓库管理系统与生产制造执行系统完全被打通，并采用系统管理机器人设备进行调度，节约了人力成本，提高了生产效率。

 信息化支撑汽车智能制造

> 实现大规模个性化定制是"工业4.0"重要的愿景之一，大规模个性化定制的背后非常复杂和关键的是物流，物流的本质是信息。对接"中国制造2025"，江淮汽车提出了"智慧JAC"的总体规划。这个规划包含了信息化和智能化的深度融合、智能制造、智能汽车、数据应用、质量品牌、绿色制造、"互联网+"等。江淮汽车的目标是到2025年建成一批智能制造的样板工厂，初步建成智慧企业，实现企业的新的转型升级。

1.4 企业物流管理研究

物流管理具有跨学科、跨功能、体系结构松散的特征。企业物流管理作为企业管理学的一个分支，拥有特定的研究对象、研究理论和研究观点。作为综合性的应用学科，企业物流管理也有相应的研究方法。研究企业物流管理必须以物流实践为基础，广泛吸纳已有的研究成果，以系统学的思想方法为指导，采用恰当的方式使整体效果最为满意或达到最佳。

1.4.1 企业物流管理研究应遵循的基本观点

企业物流管理研究应遵循以下基本观点。

1. 系统的观点

系统论是物流系统分析的基本理论，物流是服务于社会生产和生活的，物流总是与其他事物相互联系、相互作用。企业物流系统涉及的因素众多，它们相互依赖、相互作用，关系比较复杂。例如，考察物流系统要用总物流费用的方法选择研究课题、分析所存在的问题，发现其内在规律和进行系统优化的途径和方法，都应当使整体效果最为满意或达到最佳效益。

2. 均衡的观点

进行物流系统规划与设计、运作和管理，常常遇到两难选择，如物流质量与成本、物流服务水平与成本、内向物流成本与外向物流成本、运输批量与库存量、效率与效益、经济与环保等的权衡，通常称为二律背反现象。需要在比较、交替作用过程中进行均衡与选择，选择的基本依据是系统整体绩效最佳。

3. 发展的观点

现代物流技术突飞猛进，物流新模式和新理念层出不穷。因此，对企业物流管理的理论和实践研究要本着发展的观点，适时把握物流发展的前沿。

4. 融合的观点

企业物流管理是综合性学科，既不能完全采用理论经济学的抽象推理、定性论证的方法，也不能完全采用技术科学经常采用的技术设计、实验、推导的方法，而应该兼收并蓄，相互融合，注重多学科知识的融合，并与物流战略研究、物流系统规划和组织设计等有机结合起来。

5. 实践的观点

企业物流管理是应用性学科，国内外的企业物流实践是深入研究的基础，因此，要注意理论联系实际，注重实际操作；要结合中国国情，进行理论和实践相结合的研究。

6. 超前的观点

企业物流管理依据的技术发展很快，实践需紧紧跟着现代技术的发展步伐，虽然中国在某些现代技术应用领域还落后于一些发达国家，但是，现代技术的应用使我们完全可以采用跨越式的发展模式或途径，即抛掉即将过时的部分而直接采用最新、最适用的技术是完全可行的。所以，超前研究的观点是必要的。

学习和研究企业物流管理的理论应保持一定的超前性，注重实践性，才能对我国不同层次的物流实践活动有一定的指导作用。

1.4.2 企业物流管理研究的主要方法

【拓展视频】

物流是一门综合学科，可以从多个视角研究。研究者从不同的角度入手，可以使用不同的方法，制定不同的技术路线。有时，为了解决一个复杂的问题，还要用到多种方法。物流问题结构性不强，框架松散，且是纷繁复杂的真实管理问题，所以物流管理常使用多学科和跨功能的方法进行研究，同时还要紧密结合现实世界的研究背景。企业物流管理理论需要运用综合集成方法、总物流成本法、案例分析研究法、定量分析与定性分析相结合方法等方法和工具进行研究。

小 结

企业物流管理的理论和实践在发达国家已经有80多年的历史，在供应链管理思想中具有举足轻重的地位。本章主要介绍了企业物流、企业物流管理、企业物流管理创新和发展、企业物流管理研究四项基本内容。

企业物流是生产和流通企业在经营活动中所发生的物流活动。企业物流是以企业经营为核心的物流活动，一般可以分为企业内部物流和企业外部物流。按照企业性质不同，企业物流可以分为生产企业物流和流通企业物流两大类。企业物流的结构包括企业物流的水平结构和垂直结构。生产企业物流活动的水平结构包括供应物流、生产物流、销售物流、回收物流和废弃物物流。企业物流的垂直结构从高到低可以分为管理层、控制层和作业层三个层次。

企业物流管理是指依据物流运行规律，应用管理学的基本原理和方法，对生产和流通企业在经营活动中所发生的采购、运输、仓储、配送、装卸和搬运等物流活动进行计划、组织、控制和协调。企业物流管理的内容主要包括对物流活动中诸要素的管理；对物流系统中诸要素的管理；对物流活动中具体职能的管理；对物流过程的管理。企业物流管理的目标是在尽可能低的总物流成本下实现所期望的服务水平，即寻求服务优势和成本优势之间的动态平衡，并由此创造企业在竞争中的战略优势。

企业物流合理化就是指企业物流活动中各要素、各环节、各功能之间的优化组合，协调运行，以使企业物流系统整体最优，从而取得最佳效益的一种经济准则。企业物流合理化包括物流过程合理化、物流结构合理化和物流体制合理化。

企业物流管理思想和理论正在向一体化物流管理、绿色物流管理、精益物流管理、物流管理信息化和智能物流管理等方向发展。

物流管理具有跨学科、跨功能、体系结构松散的特征。企业物流管理作为企业管理学的一个分支，拥有特定的研究对象、研究理论和研究观点。作为综合性的应用学科，企业物流管理也有相应的研究方法。

 关键词

企业物流（Enterprise Logistics）　　企业物流管理（Enterprise Logistics Management）
供应物流（Supply Logistics）　　生产物流（Production Logistics）
销售物流（Distribution Logistics）　　回收物流（Returned Logistics）
废弃物物流（Waste Material Logistics）　　物流合理化（Logistics Rationalization）

思考与练习

1. 选择题

（1）（　　）是指生产和流通企业在其生产经营过程中，物品从采购供应、生产、销售及废弃物的回收和再利用所发生的物流活动。

　　A. 企业物流　　B. 社会物流　　C. 宏观物流　　D. 微观物流

（2）企业物流的发展过程大致可以分为（　　）、（　　）和（　　）三个阶段。

　　A. 产品物流阶段　　　　　　B. 综合物流阶段
　　C. 一体化物流阶段　　　　　D. 供应链管理物流阶段

（3）企业物流的垂直结构从高到低划分为（　　）、（　　）和（　　）三个层次。

　　A. 管理层　　B. 控制层　　C. 作业层　　D. 战略层

（4）企业物流合理化包括（　　）。

　　A. 物流过程合理化　　　　　B. 物流结构合理化
　　C. 物流体制合理化　　　　　D. 物流组织合理化

（5）企业物流管理属于（　　）管理学。

　　A. 应用　　B. 理论　　C. 基础　　D. 以上表述都对

（6）企业物流管理研究应遵循的基本观点包括（　　）。

　　A. 均衡的观点　　B. 系统的观点　　C. 融合的观点　　D. 实践的观点

2. 判断题

（1）企业物流是以企业经营为核心的物流活动，一般可以分为企业内部物流和企业外部物流。（　　）

（2）社会物流是企业物流的基础，是企业物流赖以生存的外部条件。（　　）

（3）按照企业所处的行业不同，企业物流可以分为生产企业物流和流通企业物流两大类。（　　）

（4）流通企业的物流内容不涉及生产计划。（　　）

（5）生产企业物流活动的水平结构包括供应物流、生产物流、销售物流、回收物流和废弃物物流。（　　）

（6）企业物流管理的目标是在尽可能低的总物流成本下实现所期望的服务水平，即寻求服务优势和成本优势之间的动态平衡，并由此创造企业在竞争中的战略优势。（　　）

（7）搬运装卸管理不是企业物流管理的核心要素。（　　）

（8）企业物流合理化是指企业物流活动中各要素、各环节、各功能之间的优化组合，协调运行，以使企业物流系统整体最优，从而取得最佳效益的一种经济准则。（　　）

3. 简答题

（1）简述企业物流管理的产生与发展过程。

（2）企业物流管理的关键活动包括哪些？分析其对以下机构的重要性：
A. 海尔冰箱生产商　　B. 医院　　C. 华联超市　　D. 快餐连锁店　　E. 阿里巴巴

（3）与社会物流相比，企业物流具备哪些特征？

（4）企业物流合理化包括哪些原则？

（5）画出生产企业物流的水平结构图。

（6）企业物流管理的重要性体现在哪些方面？

4. 思考题

（1）通过文献研究法，分别了解一家生产企业和流通企业物流管理的现状及存在的问题，并提出改进建议。

（2）分析企业物流管理思想和理论的发展趋势。

（3）在你心目中，下列国家和地区企业物流管理实践应该是怎样的？试进行说明。
A. 美国　　B. 中国　　C. 欧盟　　D. 澳大利亚　　E. 南非　　F. 巴西　　G. 印度

5. 案例分析题

2017年全国重点企业物流统计调查报告

根据《社会物流统计核算与报表制度》的要求，国家发展和改革委员会、中国物流与采购联合会对2016年全国重点工业、批发和零售业企业物流状况和物流企业经营情况进行了统计调查。

1. 调查样本概况

本次调查共收到1 417家企业资料，其中工业企业659家，占46.5%；批发和零售业企业88家，占6.2%；物流企业670家，占47.3%。

2. 工业、批发和零售业企业物流情况

2016年，随着供给侧结构性改革的推进，工业、商贸领域重点改革任务取得积极进展，物流成本稳中趋缓，物流专业化维持较高水平，物流费用率连续四年有所下降。

（1）企业物流成本缓中趋稳

2016年，工业、批发和零售业企业物流成本同比增长3.7%，2015年为下降1.2%，物流成本增速虽由下降转为增长，但仍保持低速增长，延续了近年来总体回落的走势。

其中，运输成本由下降0.3%转为增长4.8%；保管成本由下降3.1%转为增长2.0%；管理成本增长4.8%，增速提高4.1个百分点。2016年工业、批发和零售业企业物流成本增长情况如图1.11所示。

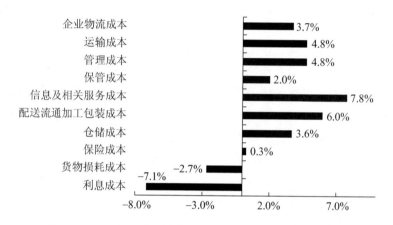

图1.11 2016年工业、批发和零售业企业物流成本增长情况

在保管成本中，仓储成本由下降1.0%转为3.6%；利息成本下降7.1%，降幅提高6.1个百分点；配送及流通加工包装成本、信息及相关服务成本有所增长，分别增长6.0%和7.8%。

2016年，工业、批发和零售业企业运输成本占企业物流成本的47.6%，按可比口径计算，比2015年提高0.2个百分点；保管成本占36.8%，下降0.6个百分点；管理成本占15.6%，提高0.2个百分点。

（2）行业物流效率持续改善

2016年，被调查企业物流效率持续改善，物流费用率延续了下降走势，但各行业水平仍存在较大差异。

① 企业物流费用率下降。2016年，工业、批发和零售业企业物流费用率（物流费用占销售额的比重）为8.1%，比2015年下降0.1%。其中，工业企业物流费用率为8.6%，下降0.1个百分点；批发和零售业企业物流费用率为7.4%，下降0.2个百分点。整体上看，我国工业、批发和零售业企业物流费用率延续近年来的回落走势，但回落幅度有所趋缓。2015年和2016年工业、批发和零售业企业物流费用率情况如图1.12所示。

2007—2016年工业、批发和零售业企业物流费用率情况如图1.13所示。

② 各行业物流费用率涨跌不一。近年来，工业、批发和零售各行业物流费用率差异较大，工业企业总体高于批发和零售企业，从2016年看，有以下几个特点。

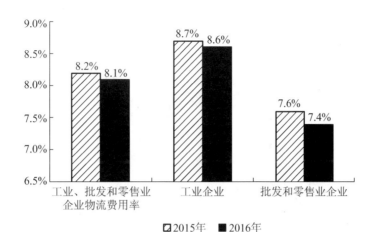

图 1.12　2015 年和 2016 年工业、批发和零售业企业物流费用率情况

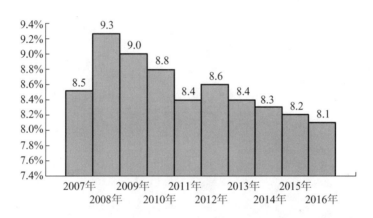

图 1.13　2007—2016 年工业、批发和零售业企业物流费用率情况

a. 大宗商品行业物流费用率明显趋缓，但仍处于较高水平。在工业行业中，造纸及纸制品业、非金属矿物制品业、农副食品加工业、黑色金属冶炼及压延加工业的物流费用率较高，大宗商品行业合计物流费用率为 11.6%，比 2015 年下降 0.5 个百分点。2016 年虽有所回落，但仍高于工业企业平均水平。

b. 汽车、医药等高附加行业物流费用率小幅回升。在工业行业中，医药制造业、汽车制造业等高附加值产业物流费用率小幅回升，比 2015 年分别提高 0.3 个百分点和 0.4 个百分点。一方面，近年医药冷链行业物流设施设备投入增加。另一方面，《超限运输车辆行驶公路管理规定》等新政出台，对汽车物流特别是运输成本产生一定影响。综合来看，高附加产业物流费用率短期虽有所回升，但仍低于工业企业平均水平。2015 年和 2016 年工业主要行业物流费用率情况如图 1.14 所示。

（3）物流专业化、社会化仍是主流

近年来，工业、批发和零售业企业物流专业化水平总体趋升，2016 年仍维持较高水平，工业、批发和零售业企业对外支付的物流成本占企业物流成本的 65.3%，同比回落 0.1 个百分点，占比近七成是行业物流发展的趋势。

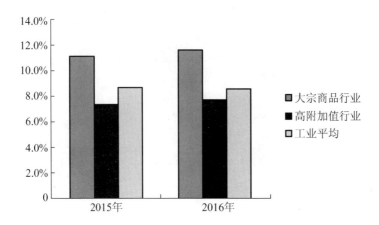

图1.14　2015年和2016年工业主要行业物流费用率情况

① 运输物流外包比例稳中有升。其中，特别是运输外包比率持续提升。2016年，工业、批发和零售业企业委托代理货运量比上年增长7.9%，占货运量的83.0%。企业物流过程中，运输量外包比例持续提高，同比提高2.4个百分点。2011—2016年工业、批发和零售业企业对外支付物流成本占比情况如图1.15所示。

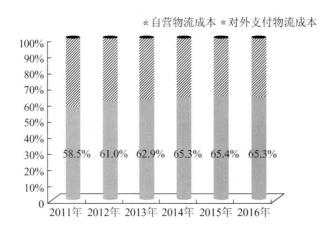

图1.15　2011—2016年工业、批发和零售业企业对外支付物流成本占比情况

2007—2016年工业、批发和零售业企业委托代理货运量占比情况如图1.16所示。

② 行业仓储物流向社会化转型。2016年，工业、批发和零售业企业平均仓储面积为3.4万平方米，比2015年下降24%，连续两年有所回落。企业平均仓储面积的连续回落表明企业仓储自我管理占比有所减少，也反映出当前产业组织模式的转变，仓储物流社会化程度提升，企业内部和企业之间的组织更趋协同。

在企业仓储面积中，自有仓储面积平均为1.7万平方米，比2015年下降5.5%；租用仓储面积平均为1.8万平方米，下降33%。但租用仓储面积占比连续两年小幅回落，但仍超过五成，为51.2%，下降8.3个百分点。2011—2016年工业、批发和零售业企业仓储面积情况如图1.17所示。

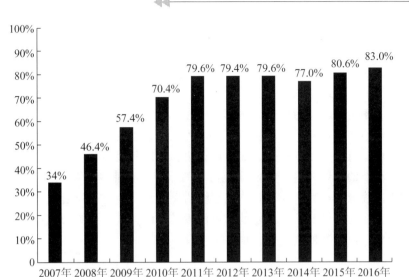

图 1.16 2007—2016 年工业、批发和零售业企业委托代理货运量占比情况

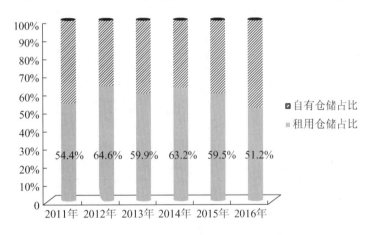

图 1.17 2011—2016 年工业、批发和零售业企业仓储面积情况

资料来源：2017 年全国重点企业物流统计调查报告．

分析：

（1）根据案例资料，分析当前我国重点企业物流经营管理现状及存在的主要问题，并思考如何解决这些问题。

（2）与发达国家相比，我国企业物流费用率较高，这说明什么问题？结合企业物流管理的目标，思考如何降低企业物流费用率。

（3）近年来，我国重点企业对外支付物流成本逐年增长，但增长的幅度不大，这说明什么问题？

 应用训练

实训项目：某企业物流管理的内容、流程和结构分析。

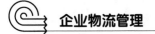

实训目的：了解该企业物流管理所涉及的主要内容，掌握该企业物流活动的流程，学会绘制企业物流的结构图。

实训内容：了解该企业物流管理所涉及的主要内容，分析该企业物流活动的流程，并绘制该企业物流的水平结构图和垂直结构图。

实训要求：学生以小组为单位，每组5～7人，每组推荐一名组长；每组自由选择当地的一家企业作为调研对象；了解被调研企业的性质、经营范围、主营产品、所处的产业环境和宏观环境；通过文献分析法、实地调查法、采访和观察法等方法，搜集、整理该企业物流管理所涉及的主要内容、企业物流活动的流程、企业物流的水平结构和垂直结构，并分析其物流流程上存在哪些问题，物流系统的设计与管理是否符合企业物流合理化的基本原则，对于存在的问题及不合理之处，提出改进建议；以小组为单位将上述调研、分析及改进建议形成一份完整的调研分析报告。

第2篇

企业物流的规划

第2章 企业物流战略与物流组织

【本章教学要点】

知识要点	掌握程度	相关知识
企业战略	了解	企业战略的含义和层次
企业物流战略规划	掌握	企业物流战略规划的层次，企业物流战略规划的主要领域，企业物流战略规划的动因
企业物流战略选择	重点掌握	企业物流战略选择的原则，企业物流战略环境分析，企业物流战略与企业战略的匹配
企业物流战略的实施	熟悉	企业物流战略实施的内容，企业物流战略实施的方法，企业物流战略资源的配置
企业物流战略的控制	熟悉	企业物流战略控制的定义、标准、特点和步骤
企业物流组织概述	掌握	企业物流组织的演变过程，企业物流组织的概念
企业物流组织结构的类型	掌握	直线型物流组织形式，参谋型物流组织形式，直线参谋型物流组织形式，事业部型物流组织形式，矩阵型物流组织形式，物流子公司型物流组织形式
企业物流组织设计	重点掌握	企业物流组织设计应考虑的有关因素，企业物流组织设计的步骤，企业物流组织设计的原则

【本章能力要求】

能力要点	掌握程度	应用能力
企业物流战略规划	掌握	具备进行企业物流战略规划的基本能力
企业物流战略选择	重点掌握	能够根据企业物流战略选择的原则开展企业物流战略的选择
企业物流战略的实施	重点掌握	能够根据物流战略实施的内容选择合适的实施方法；具备对物流战略资源的合理配置能力
企业物流战略的控制	掌握	能够根据物流战略控制的标准和步骤对企业物流战略的实施进行控制
企业物流组织结构的类型	掌握	能够结合具体的企业根据所学理论选择合适的企业物流组织结构
企业物流组织设计	重点掌握	能够结合具体的企业依据所学理论对其物流组织进行设计

【本章知识架构】

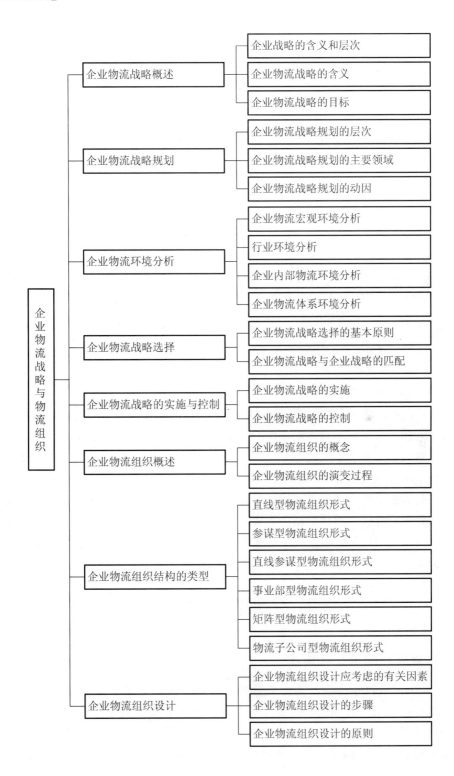

企业物流管理 导入案例

国分株式会社的物流战略

国分株式会社是日本一家知名的批发企业，自1712年成立以来，已有三百多年的历史，年营业额达8 000亿日元。国分株式会社的成功在很大程度上取决于物流管理的成功，国分株式会社在确定其中长期战略规划时，更是将物流摆在了最为重要的位置，不仅在组织管理层中明确了物流管理者的责任，还赋予物流管理者更大的责任权限。

在物流节点的设置安排上，国分株式会社的长远规划是在全国建立自己的物流网络，它将物流节点进行了分类，并规划出短期物流节点设置的计划。在物流人才培养上，国分株式会社确立了物流人才战略规划，通过定期的集中教育和设定管理指标的计数管理系统而实现其目标。在物流合作企业的选择上，国分株式会社正在探索寻找新伙伴的途径，方法之一就是成立拥有道路运输许可证的子公司，走行业化或业务协作之路；而如何建立低成本高效率的配送体制来满足顾客的愿望，以及使从生产到消费的总成本最低等则是今后的重要课题。同许多企业一样，国分株式会社也意识到物流信息技术对当今企业竞争成功的重要性，因此在国分株式会社战略规划中还包括对物流的信息化、智能化、电子化的建设，目的是提升国分株式会社的管理效率。

国分株式会社正是根据自身发展的需要，制定了适于企业发展的物流战略，并考虑长期战略与短期战略的利益平衡，保证企业良好运转。

资料来源：张理，梁丽梅. 现代企业物流管理 [M]. 2版. 北京：中国水利水电出版社，2014：21.

思考：
(1) 企业战略规划在企业管理中有什么重要作用？
(2) 企业物流的战略规划应包括哪些方面的基本内容？

确定企业的战略方向，以实现其财务、发展、市场份额及其他方面的目标是管理层应考虑的首要问题。这是一个具有创造性的、前瞻的过程，通常由企业高层管理者决定。

战略规划勾勒出企业发展的总方向，随后被转化成企业具体的行动计划。接着，企业计划被分解成不同职能部门（如营销、生产和物流部门）的子计划。在这些子计划中，需要做出许多具体的决策。在物流方面，需要做出的决策包括仓库选址、确定库存政策、设计订单及选择运输方式。然后根据企业战略设计其组织结构，为保证企业物流战略的实施也应设计相应的企业物流组织。其中，很多决策取决于不同的物流理念和供应链管理人员所运用的决策手段。

2.1 企业物流战略概述

2.1.1 企业战略的含义和层次

"战略"一词来自希腊语，其含义是将军指挥军队的艺术。战略管理作为企业管理的一个科学分析工具，并不是一个简单的概念，要用多维视角来理解它。回顾不同学派的重要研究成果，可以看到，战略是要确定企业的使命和目标、活动程序、资源配置方案，它是一种计划、一种模式、一种定位、一种观念和一种计谋，是对内外环境的积极反应。

在企业的经营管理中,"战略"一词用来描述一个组织计划如何实现其目标和使命。

1. 企业战略的含义

企业战略是以企业未来为主导,为了建立和维持持久的竞争优势而做出的有关全局的重大筹划和谋略。企业战略是对企业各种战略的统称,其中既包括竞争战略,也包括营销战略、发展战略、品牌战略、融资战略、技术开发战略、人才开发战略、资源开发战略、物流战略等。企业战略是层出不穷的,如信息化就是一个全新的战略。企业战略虽然有多种,但基本属性是相同的,都是对企业的谋略,都是对企业整体性、长期性、基本性问题的谋划。

2. 企业战略的层次

企业战略是一个分层次的逻辑结构,它可分为三个层次,即公司战略、经营战略和职能战略。这三个层次的战略都是与从事多元化经营的公司组织机构相对应的,如图2.1所示。

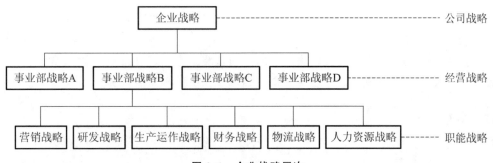

图 2.1 企业战略层次

(1) 公司战略

公司战略又称总体战略,是企业最高层次的战略。公司战略关系到企业未来的发展方向。它需要根据企业的目标,选择企业可以竞争的经营领域,合理配置企业经营所必需的资源,使各项经营业务相互支持、相互协调,如在劳动成本低的国家建立海外制造工厂的决策。这个层次的战略要回答以下问题:公司的使命及方针是什么?公司总体目标是什么?公司应该采取什么样的战略态势?应该有什么样的事业组合?各种事业地位如何?等等。

(2) 经营战略

经营战略属于支持战略,即在公司战略的指导下,为保证完成公司制订的战略规划而制订的战略计划。公司的经营战略常作为二级战略,又称竞争战略。经营战略涉及各业务单位的主管及辅助人员,这些经理人员的主要任务是将公司战略所包括的企业目标、发展方向和措施具体化,形成本业务单位具体的竞争与经营战略,如推出新产品或服务、开展研究与开发等。

(3) 职能战略

职能战略是职能部门为支撑经营战略而制定的本职能部门的战略,主要涉及企业各职能部门,如营销、质量、财务、物流和生产等部门,如何更好地为各级战略服务,从而提高组织效率。这个层次的战略要回答的问题是:为支持和配合经营战略,本部门应该采取什么行动?

2.1.2 企业物流战略的含义

小知识

未来学家阿尔文·托夫勒（Alvin Toffler）指出："对没有战略的企业来说，就像是在险恶气候中飞行的飞机，始终在气流中颠簸，在暴风雪中沉浮，最后很可能迷失方向。"

通用电气公司的看法是在其所服务的每个市场争第一或第二，否则就退出该市场，这就是所谓领导者战略。

企业战略是企业为实现长期经营目标，适应经营环境变化而制订的一种具有指导性的经营规划。

企业物流战略是企业为实现其经营目标，通过对企业外部环境和内部资源的分析，针对企业物流目标而制订的、较长期的、全局性的重大物流发展决策，是企业指导物流活动更为具体、操作性更强的行动指南。它作为企业战略的组成部分，必须服从于企业战略的要求，与之相一致。

企业物流战略是企业物流管理决策层的一项重要工作。选择好的物流战略和制订好的企业战略一样，需要很多创造性过程，创新思维往往能带来竞争优势。

小思考

你的发展战略是什么？你打算采取什么方法、手段和措施实现自己的发展战略？

2.1.3 企业物流战略的目标

企业物流战略的目标与企业物流管理的目标是一致的，即在保证物流服务水平的前提下，实现物流成本的最低化。具体而言可以通过以下各个目标的实现来达到。

1. 降低成本

降低成本战略实施的目标是将搬运、运输和存储相关的可变成本降到最低。实施这一战略目标通常要评价各备选的行动方案，如在不同的仓库选址中进行选择，或者在不同的运输方式中进行选择，以形成最佳战略。服务水平一般保持不变，与此同时，需要找出成本最低的方案。利润最大化是该战略的首要目标。

2. 减少投资

减少投资战略实施的目标是使物流系统的投资最小化。减少投资战略的根本出发点是投资回报的最大化。例如，为避免仓储活动而直接将产品送达客户，放弃自有仓库选择公共仓库，选择及时供给的办法而不采用储备库存的办法，或者是利用第三方物流服务商提供的物流服务。与需要高额投资的物流战略相比，减少投资战略可能导致可变成本增加，尽管如此，但投资回报率会提高。

3. 改进服务

改进服务战略的目标基于认为企业收入取决于所提供的物流服务水平。尽管提高物流服务水平将大幅度提高物流成本，但收入的增长可能会超过成本的上涨。

4. 提升竞争力

在市场经济条件下，企业物流战略是企业在一定时期内的市场定位、产品定位、利润定位、资源定位、技术定位、战略定位的整合。企业只有具备完善而科学的发展战略，并对企业发展战略随时组织实施、校正和管理，确保企业的发展战略科学合理和切实可行，才能为企业培养核心竞争力提供最基本的条件。

总之，企业物流战略作为企业总体战略的重要部分，要服从于企业目标和一定的顾客服务水平，企业总体战略决定了其在市场上的竞争能力。

【拓展案例】

2.2 企业物流战略规划

2.2.1 企业物流战略规划的层次

企业物流战略规划是有层次的，即战略层次、战术层次和运作层次。物流战略规划各层次之间在时间跨度上有明显区别。战略层次是长期的、指导性的，是时间跨度通常超过一年的决策。战术层次是中期的，是一般短于一年的决策。运作层次是短期的，是每天或者每小时都要频繁进行的决策。决策的重点在于如何利用战略规划的物流渠道快速、有效地进行物流作业。

表2.1说明了不同规划层次的若干典型物流问题。

【拓展案例】

表2.1 企业物流战略、战术和运作层次的典型物流问题

决策类型	决策层次		
	战略层次	战术层次	运作层次
选址决策	仓库、工厂、中转站的数量、规模和位置	货物储存定位	线路选择、发货、派车
库存决策	存货点和库存控制方法	安全库存的水平	补货数量和时间
运输决策	运输方式的选择	临时租用运输设备	运输线路，发货安排
订单处理决策	订单录入、传输和订单处理系统的设计	确定处理客户订单的先后顺序	发出订单
客户服务	设定服务标准	确定客户订单的处理顺序	加急送货
存储决策	选择搬运设备，设计仓库布局	季节性存储空间选择，充分利用自己的存储空间	拣货和再存储
采购决策	发展与供应商的关系	洽谈合同，选择供应商，先期购买	发出订单，加急供货

2.2.2 企业物流战略规划的主要领域

企业物流战略规划主要解决四个方面的问题：客户服务目标、设施选址战略、库存决策战略、运输战略。除了设定所需的客户服务目标（客户服务目标取决于其他三方面的战略设计）之外，物流战略规划可以用物流决策三角形表示。这些领域是相互联系的，应该作为整体进行规划。物流决策三角形模型如图 2.2 所示。

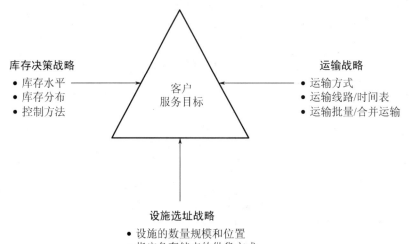

图 2.2 物流决策三角形模型

1. 客户服务目标

客户服务水平的决策比任何其他因素对系统设计的影响都要大。如果服务水平定得较低，可以在较少的存储地点集中存货，选用较廉价的运输方式；服务水平定得较高，则相反。但当服务水平接近上限时，物流成本的上升比服务水平上升更快。例如，隔夜航空服务速度快但价格高昂，而卡车运输可能需要较长时间，但成本较低。在亚马逊或其他网上零售商（他们通常提供不同的运输方案）订货的人都非常清楚：交货越快，通常运费也越高。因此，物流战略规划的首要任务是确定客户服务水平。

 小案例

Paker Hannifin 的个性化物流服务

Paker Hannifin 是生产封铅和 O 形圈的企业，该企业凭借个性化的物流服务赢得了市场。

某客户的采购人员曾经向公司的销售人员展示了同一产品的两张发票，一张来自 Paker Hannifin，另一张来自其竞争对手。竞争对手的价格比 Paker Hannifin 低 8%。

但是，如果 Paker Hannifin 为客户保有服务中心（某储存点，包括额外的增值服务），那么 Paker Hannifin 就可以高价赢得 100 万美元的生意。Paker Hannifin 满足了客户的要求，建立了服务中心，赢得了合同。客户非常满意，Paker Hannifin 获得了丰厚的利润，因为服务中心的营运成本只有销售额的 3.5%。

资料来源：[美] 罗纳德·H. 巴罗. 企业物流管理——供应链的规划、组织和控制 [M]. 王晓东，胡瑞娟，等译. 北京：机械工业出版社，2002：28.

 小案例

物流集群对成本与服务的影响

物流作业的高度集中意味着大规模的商品流动。承运人可以通过使用更大的运输工具、提高利用率、采用高效的取货和送货路径、争取联程货物等方法来降低成本。货主企业也可以降低成本，因为如果公司在物流集群中，它就有能力根据业务状况调整运输模式。因为大型集群享有较高频率的服务，可以更直接地连接更多的目的地，随着物流集群的成长，集群服务会因此得到不断改善。

物流集群的规模弱化了货流量的波动，这些优势多数来源于物流集群能够吸引为数众多的承运人，并创造了竞争性的环境。此外，物流集群里有大量的、多样化的产品，意味着一家公司处在高峰时，另一家公司正处在低峰，让物流资产的共享得以实现。

资料来源：[美] 尤西·谢菲. 物流集群 [M]. 岑雪品，王徽，译. 北京：机械工业出版社，2015.

2. 设施选址战略

存货地点及供货地点的地理分布构成物流战略规划的基本框架。其内容主要包括确定设施的数量、地理位置、规模并分配各设施所服务的市场范围，这样就确定了产品到市场之间的路线。正确的设施选址应考虑所有的产品移动过程及相关成本，包括从工厂、供货商或港口经中途存储点，然后到达客户所在地的产品移动过程及成本。采用不同渠道满足客户需求，其总的物流成本是不同的，如直接由工厂供货、供货商或港口供货，或经选定的存储点供货等方法，物流成本是有差别的。寻求成本最低的配送方案或利润最高的配送方案是选址战略的核心。

 小案例

重 心 模 型

利斯维运输公司（Leaseway Transportation Corporation）能使用精确重心模型来确定波士顿卡车维修站的位置。该公司对遍布波士顿的众多客户出租数量不同的卡车，因此要选在对所有客户都很方便的地方来修建卡车维修站。客户的地址、出租卡车的数量已知，本区内运价一样，可以利用重心模型得出维修站的大体定位，并选择其中某一具体位置。

> 某石油公司用重心模型来确定墨西哥湾石油开采平台的位置。在墨西哥湾底部分布着许多油井，这些油井被分成组，各组之间由管道连接，开采出的石油被送往海面上的采油平台。可用重心法来找出采油平台的最佳位置，使所需的管道总长度最短。
>
> 资料来源：[美] 罗纳德·H. 巴罗. 企业物流管理——供应链的规划、组织和控制 [M]. 王晓东，胡瑞娟，等译. 北京：机械工业出版社，2002.

公 司 选 址

> 当有人问温迪公司的创始人戴夫·托马斯（Dave Thomas），他的公司如何决定新餐厅的选址时，他答道："我们看哪里有麦当劳的餐厅，然后把我们的餐厅尽量靠近它。"
>
> 美国最大的床垫生产商希尔丽床垫公司的前任CEO创建了欧瑞吉纳尔床垫工厂。该工厂新建了一家工厂和零售店，通过广播和电视对其床垫进行大规模的广告促销。不久，竞争对手就在该店的隔壁或街对面开设了床垫零售店。
>
> 资料来源：[美] 罗纳德·H. 巴罗. 企业物流管理——供应链的规划、组织和控制 [M]. 王晓东，胡瑞娟，等译. 北京：机械工业出版社，2002.

3. 库存决策战略

库存决策战略是指库存管理的方式，基本上可以分为将存货分配（推动）到存储点与通过补货自发拉动库存的两种战略。其他方面的决策内容还包括产品系列中的不同品种分别选在工厂、地区性仓库或基层仓库存放，以及运用各种方法来管理存货的库存水平。因为企业采用的具体存货战略政策将影响设施选址决策，所以必须在物流战略规划中予以考虑。

4. 运输战略

运输战略包括运输方式、运输批量、运输时间及路线的选择。这些决策受仓库与客户及仓库与工厂之间距离的影响，反过来又会影响设施选址决策；库存水平也会通过影响运输批量，从而影响运输决策。

客户服务、选址战略、库存战略和运输战略是物流战略规划的主要内容，因为这些决策都会影响企业的赢利能力、现金流和投资回报率。其中，每个决策都与其他决策互相联系，规划时必须对决策彼此之间存在的权衡关系予以考虑。

2.2.3 企业物流战略规划的动因

企业物流战略规划过程中的第一个问题就是什么时候应该进行规划。然而，大多数情况下，物流系统已经存在，需要决定的是修改现有系统与继续运行旧有系统（尽管现有系统可能并非最优的设计）孰是孰非的问题。在进行实际规划之前，无法对此给出明确的答案，但可以提出企业物流战略规划的一般动因，这些动因包括五个核心方面：需求变动、客户服务、产品特征、物流成本和定价策略。

1. 需求变动

需求的水平和需求的地理分布极大地影响着物流网络的结构。通常，企业在国内某一个区域的销售会比其他区域增长或下降得更快。虽然从整个系统的总需求水平来看，可能只要在当前设施的基础上略微进行扩建或压缩，但是需求分布的巨大变化可能要求在需求增长较快的地区建造新的仓库或工厂，而在市场增长缓慢或萎缩的地区，则可能要关闭相关设施。每年几个百分点的异常增长，足以说明需要对物流网络进行重新规划。例如，随着我国加快沿边开放步伐、扩大内陆地区对外开放及推进"西部大开发"，将会增加我国西向国际物流规模和一些重要节点城市物流发展机会，为我国国际物流发展带来新的机遇，在这种大的需求变化下，往往要求企业对物流网络进行新的规划。

2. 客户服务

客户服务的内容很广，包括库存可得率、送货速度、订单履行的速度和准确性。随着客户服务水平的提高，与这些因素相关的成本会以更快的速率增长。因此，分拨成本受客户服务水平的影响很大，尤其是当客户服务水平已经很高时。

由于竞争的压力、政策的修改或主观确定的服务目标已不同于制定物流战略最初所依据的目标，物流服务水平发生了改变，这时企业通常需要重新规划物流战略。但是，如果服务水平本身很低，变化的幅度也很小，就不一定需要重新规划物流战略。

3. 产品特征

物流成本受某些产品特征影响很大，如产品的质量、规格（体积）、价值和风险。在物流渠道中，类似产品特征可以因包装设计或产品储运过程中的完工状态而发生改变。例如，将货物拆散运输可以极大地影响产品的质量体积比和与之相关的运输和存储费率。因为变化产品特征可以极大地改变物流组合中的某一项成本，而对其他各项成本影响很小，所以可能形成物流系统内新的成本平衡点。因此，当产品特征发生大的变化时，重新规划物流系统可能是有益的。

4. 物流成本

企业实物供给、实物分拨过程中产生的成本往往决定着物流系统重新规划的频率。如果其他因素都相同，生产高价值产品（如机床或计算机）的企业由于物流成本只占总成本的很小比重，那么企业很可能并不关心物流战略是否优化。然而，对于像生产带包装的工业化产品和食品这样物流成本很高的企业，物流战略将是其关注的重点。由于物流成本很高，即使多次重构物流系统只带来稍许改进，也会引起物流成本的大幅度下降。

5. 定价策略

商品采购或销售的定价政策发生变化，也会影响物流战略，主要是因为定价政策决定了买方/卖方是否承担某些物流活动的责任。供应商定价由出厂价格（不含运输成本）改为运到价格（含运输成本）一般意味着采购企业不需要负责提供或安排内向物流。同样，定价策略也影响着商品所有权的转移和分拨渠道内运输责任的划分。

不论价格机制如何影响定价，成本都可以通过物流渠道进行转移，然而，还是有一些企业会根据它们直接负担的成本进行物流系统规划。如果按照企业的定价政策，由客户支付商品运费，那么，只要没有来自客户的压力要求增加网点，企业在制定战略时就不会设置较多的网点。由于运输成本在物流总成本中举足轻重，定价策略的改变一般会导致物流战略的重构。

当上述某一个或几个方面发生变化时，企业就应该考虑重新规划物流战略。

2.3 企业物流环境分析

制定物流战略，必须首先立足于其所处的环境。这里的环境包括企业物流宏观环境、行业环境、企业内部物流环境和企业物流体系环境。

2.3.1 企业物流宏观环境分析

宏观环境指的是以国家宏观社会经济要素为基础，结合企业的行业特点而制定的指标，所针对的是行业而不是单个企业，如目标市场的经济发展状况、政治稳定情况、社会结构状况、文化和亚文化、技术水平、法律及政策稳定性等。表2.2列出了一些可能影响企业物流战略的宏观环境因素。

表2.2 影响企业物流战略的宏观环境因素

政治因素	经济因素	社会文化因素
政治的稳定	经济周期	人口分布
外贸法规	国内生产总值的变化趋势	生活方式
社会福利政策	利率	收入分配
反垄断法	通货膨胀率	社会流动性
政府的研发投入	失业率	人口增长率
新技术的发展	产业结构	年龄分布
科技的转化速度	市场需要	文化及亚文化
科技的淘汰速度	劳动法规	环境保护立法
特殊的经济政策	科学技术	废弃物处理
	医疗和安全法规	资源消耗
……	……	……

2.3.2 行业环境分析

企业在建立物流系统时，除了要分析物流系统所处的宏观环境外，还要分析行业的现状和发展。行业的现状和发展是制定物流战略必须研究的重要方面，因为它会直接影响企业物流经营的外部环境。

1. 市场规模与发展状况

市场规模与发展状况决定了此行业的发展空间和潜力。市场规模大，则企业的投资规模和经营规模可以定在一个比较高的层面。行业的成长性会影响企业的投资方式，企业采取大规模投资还是小规模投资的经营决策，必须考虑行业是否处于快速成长阶段。

2. 技术和新技术

物流技术包括信息技术、物料处理技术、包装技术及包装材料技术、运输技术，以及大数据技术、云计算技术和人工智能等新技术，它们对降低物流成本、提高物流服务水平均起着重要作用。新技术、新产品有可能会引起整个物流系统的革命，使整个社会的物资供应实现准时化，大大缩短物流周期，减少全社会的库存量，使全球的资源得到充分的利用。

3. 竞争因素

对大部分企业来说，需要考虑的一个很重要的方面就是行业或部门内的竞争。如图2.3所示，在行业竞争中，远不止在原有竞争对手间进行，而是存在着五种基本的竞争力量，即潜在的市场进入者的威胁、替代品/服务的威胁、购买者的讨价还价能力、供应商的讨价还价能力和现有企业之间的竞争。

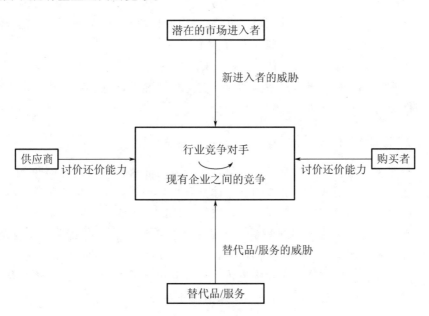

图 2.3　决定行业竞争的五种力量

行业环境分析是企业物流环境分析的重要组成部分，准确地识别和把握行业机会，是企业利用有利因素进入一个新行业或在原行业中找准定位、建立优势竞争地位并最终赢利的重要前提。上述五种力量虽然是对行业竞争程度和威胁程度的评价，但同样是机会和威胁并存，威胁本身也是一种机会。因此，行业环境分析的目的就是要通过选择削减威胁的战略而使威胁转化为机会。

2.3.3 企业内部物流环境分析

不同的企业拥有不同的资源和能力，有些资源和能力使企业能够选择并实施能创造价值的战略，形成竞争优势。进行企业内部物流环境分析的目的就是通过对企业物流资源和能力的分析，找准自身优势，特别是明确作为企业竞争优势根源和基础的特殊能力。

美国战略管理的资源管理学派的代表人物杰伊·B. 巴尼（Jay B. Barney）在他的《战略管理：获得持续竞争优势》一书中，建立了一个内部分析框架——VRIO。他针对企业所拥有的某种资源或能力，提出四个问题：价值（Value）问题、稀有性（Rareness）问题、可模仿性（Imitability）问题和组织（Organization）问题。这四个问题的答案决定了该资源或能力是企业的一项优势还是弱势。

（1）如果一种资源或能力是无价值的，则企业利用它将会处于竞争劣势，且绩效会降低。企业在选择和实施战略时，应淡化或避免使用这些资源。

（2）如果一种资源或能力有价值但不稀缺，利用这一资源或能力制定和实施战略将会产生竞争均势。这些有价值但不稀缺的资源或能力是必要的，因为利用它们虽然不会为企业创造高于正常的绩效，但不利用它们则会使企业处于竞争劣势。

（3）如果一种资源或能力有价值、稀缺但模仿成本并不昂贵，利用这一资源或能力将使企业产生暂时竞争优势和高于正常水平的绩效。率先利用这些资源或能力的企业会取得先动优势，但一旦竞争对手观察并掌握了这一点，就可能通过与先动企业相比没有成本劣势的直接复制或替代来获取这些资源或能力。

（4）如果一种资源或能力有价值、稀缺且模仿成本昂贵，利用这类资源或能力将使企业产生持续竞争优势和高于正常水平的绩效。在这种情况下，竞争对手在模仿一个成功企业的资源或能力时将面临严重的成本劣势。

2.3.4 企业物流体系环境分析

企业的战略体系环境问题通常被认为只是一个方向性选择的问题，即向下、向上或旁向发展的问题。从外在形式看，企业的战略体系环境表现为：企业与其业务的输入端或输出端的企业联合，或与相同的企业联合，形成统一的经济组织。但是，企业物流体系环境并不只是表现为企业与企业之间的联系，这是因为物料流动不仅存在于企业与企业之间，在企业的内部的不同车间和部门也同样存在，所以企业物流一体化战略具有企业一体化战略的一般特征，还有不同之处。企业物流体系环境应包含四种类型：内部体系环境、纵向（外部）体系环境、横向（外部）体系环境和网络体系环境。

1. 内部体系环境

内部体系环境分析要求企业树立物流一体化理念，物流一体化机制健全，企业内部物流设施齐全，功能要素完备，从而达到物流过程协调、物流效率高的目的。

2. 纵向体系环境

纵向体系环境分析要求企业与自身业务经营活动相关的输入端和输出端企业联合，就物流运作达成协调、统一运营的机制，从而达到提高物流效率和获得系统收益的目的。从获取原材料开始到最终产品的销售和分配过程，称为纵向链条。纵向体系战略环境是企业向生产活动的上游和下游环节的扩展形成的。

3. 横向体系环境

横向体系环境是由同一行业或不同行业的多个企业进行物流合作，就物流运作达成协调、统一的运营机制，从而达到节约资源、提高物流效率和获得规模效益的目的而形成的。

【拓展案例】

4. 网络体系环境

物流网络体系环境是物流纵向体系和横向体系环境的结合体。物流网络是一个开放的系统，所有企业可自由地加入或者退出，特别是在业务最忙的时间段，最有可能利用这个系统。一体化、标准化和模块化是物流网络发挥其规模经济作用的条件。物流网络体系环境分析要求首先必须有一批具有优势的物流企业率先和生产企业结合形成市场共享同盟。与此同时，优势物流企业应该与中小型物流企业结合成为市场开拓的同盟者，并利用相对稳定且完整的市场营销体系来帮助生产企业开拓新的销售市场。这样，竞争对手就形成了同盟军，物流网络也就成为生产企业与物流企业从多方位、多角度、互相渗透的协作有机体。

2.4　企业物流战略选择

【拓展案例】

2.4.1　企业物流战略选择的基本原则

企业物流战略选择的基本原则包括客户服务驱动原则、总成本最优原则、多样化分拨原则、混合战略原则、延迟原则、合并原则和标准化原则。

1. 客户服务驱动原则

在当今消费者占主导地位的客户经济时代，企业的一切经济活动必须时刻以客户为中心。客户服务驱动原则要求企业在进行内部供应链物流规划设计时应以客户为中心，站在客户的立场看问题，要考虑给客户提供时间、地点和交易上的方便，尽可能增大产品或服务的额外附加价值，从而提高客户的满意度和忠诚度。因此，企业物流规划应该首先识别客户的服务需求，然后定义客户服务目标，再进行物流系统设计。

2. 总成本最优原则

物流成本背反是指各种物流活动成本的变化模式常常表现出相互冲突的特征。例如，关于产品运输政策的调整，可能会影响产品库存持有成本；产品外包装设计的改变会对运输成本和产品的运输、仓储质量维护等产生直接的影响。同样地，以提高生产效率为目的的生产进度的改变会导致产成品库存的波动，从而影响客户服务。因此，在进行企业供应链物流规划时，应追求系统总成本最优，而不能是单项成本最优；不能只考虑到某个部门、某项物流活动的效益，而应该追求供应链系统的整体效益。

3. 多样化分拨原则

不要对所有产品提供同样水平的客户服务。这是物流规划的一条基本原则。一般的企业分拨多种产品,因此要面对各种产品不同的客户服务要求、不同的产品特征、不同的销售水平,也就意味着企业要在同一产品系列内采用多种分拨战略。管理者正是利用这一原则,对产品进行粗略分类,如按销量分为高、中、低三组,并分别确定不同的库存水平。这一原则偶尔也应用于库存地点的选择。如果企业的每一个库存地点都存放所有品种的产品,或许可以简化管理,但这一战略否认了不同产品及其成本的内在差异,将导致过高的分拨成本。

小案例

配送系统的多样化分拨战略

> 某生产金属防腐涂料的公司在地点 A 生产产品。在通过对当前配送网络进行研究后,发现可以采用与过去不同的配送方案。该方案是将可以组成整车批量的产品直接从工厂送达客户所在地,占企业销售前十名的大客户也由工厂直接向客户供货;其他批量较小的订单,则从两个战略性配送中心发运。这个多样化的配送系统可以在保持客户服务水平不变的情况下,为公司节约 1/5 的物流配送成本。
>
> 资料来源:赵启兰. 企业物流管理 [M]. 2 版. 北京:机械工业出版社,2011.

4. 混合战略原则

【拓展案例】

混合战略概念与多样化分拨战略相类似:混合分拨战略的成本会比纯粹的或单一战略的成本更低。虽然单一战略可以获得规模经济效益,简化管理,但如果不同品种产品的体积、质量、订单的规模、销量和客户服务要求差异巨大,就会出现不经济的情况。混合战略使企业针对不同产品分别确立最优战略,这样往往比在所有产品类别之间取平均后制定的单一的、全球性战略成本要低。

5. 延迟原则

延迟原则可以概括为:分拨过程中运输的时间和最终产品的加工时间应推迟到收到客户订单之后。这一思想避免了企业根据预测在需求没有实际产生的时候运输产品(时间推迟),以及根据对最终产品款式的预测生产不同款式的产品(样式推迟)。

辛恩(Zinn)和唐纳德·鲍尔索克斯(Donald Bowersox)将延迟分成五种情形,向对这些原则的运用感兴趣的企业提出建议。其中有四种是形式延迟(贴标签、包装、组装和生产),另一种是时间延迟。可能对延迟原则感兴趣的企业类型如表 2.3 所示。当企业生产具有表 2.3 中所列的属性时,应用延迟战略将收到效益。

表 2.3 可能对延迟原则感兴趣的企业类型

延迟种类	可能感兴趣的企业
贴标签①	以不同品牌销售同一产品的企业
	产品单位价值高的企业
	产品价值波动大的企业

续表

延迟种类	可能感兴趣的企业
包装①	以几种规格的包装销售同一产品的企业
	产品单位价值高的企业
	产品销量波动大的企业
组装①	销售不同样式产品的企业
	所销售的产品若在组装前运输，体积将大大减少的企业
	产品单位价值高的企业
	产品销量波动大的企业
生产①	所销售产品的大部分原材料随处可得的企业
	产品单位价值高的企业
	产品销量波动大的企业
时间②	产品单位价值高的企业
	有众多分拨仓库的企业
	产品销量波动大的企业

注：①形式延迟；②时间延迟。

 小案例

相关公司的延迟原则

> 贝纳通（Benetton，一家意大利服装制造商）将染色环节延迟到缝制之后，这样可以在获取更准确的颜色需求信息后再将成衣染色，降低了需求不确定性所带来的风险，也可降低安全库存量。当今很多服装企业采用了这一延迟策略。
>
> 戴尔公司是一家生产电子计算机的企业，它接受邮寄的、网上的订单，并按照顾客从现有选项中挑选出的组合方案来配置电子计算机，从而实现形式延迟。
>
> 宣威-威廉斯公司（Sherwin-Williams）是油漆零售商店，它们用较少的几种基本颜色调制出各种颜色的油漆，提供给消费者，而不是存储已经调制好的各种颜色的油漆。
>
> 钢铁服务中心将标准形状和规格的钢铁制品切割成客户所需形状、规格的产品。
>
> 延迟是惠普公司进行产品设计时的关键要素——设计与最终按多个市场区域定制、分拨和运送产品之间关系密切。
>
> SW是一家生产绘图软件的公司，其总部位于美国。为节约运输和库存成本，该公司将写有软件的母盘运往欧洲进行复制，最终完成为欧洲市场的定制过程。
>
> 资料来源：[美] 罗纳德·H.巴罗.企业物流管理——供应链的规划、组织和控制 [M].王晓东，胡瑞娟，等译.北京：机械工业出版社，2002.

6. 合并原则

战略规划中，将小运输批量合并成大批量（合并运输或拼货）的经济效果非常明显，

企业物流管理

其产生的原因是现行的运输成本费率结构中存在大量规模经济。管理人员可以利用这个概念来改进战略。例如，到达仓库的客户订单可以和稍后到达的订单合并在一起。这样做可以使平均运输批量增大，进而降低平均的单位货物运输成本。但需要平衡由于运送时间延长而可能造成的客户服务水平下降与订单合并、成本节约之间的利害关系。

通常，当运量较小时，订单合并对制定战略是最有效的，即运输批量越小，订单合并后的收益就越大。

小案例

相关公司的合并原则

Caladero 把所有的非洲鱼源整合到最近的大机场——南非约翰内斯堡的国际机场，这样的拼货整合实现两个重要目标：第一，它降低了每千克货物的飞行成本，从而证明，使用大型货机运送非洲多个港口的渔获到西班牙还是经济、合理的；第二，非洲多个港口的众多船只的捕捞量合并后，其数量往往能弱化每条渔船捕获量的日常性波动。不同港口和渔船的高点与低点通常会相互抵消，让 Caladero 在规划运输需求时更有信心。

斯道拉恩索（Storaenso）、挪斯·斯科格（Norske Skog）和芬欧汇川（UPM）把它们的进货运输整合起来，共同使用一艘专门的短途海运船进行运送。这艘船在瑞典和芬兰接货，每两周送一次到安特卫普港的物流群，在那里有这三家公司的配送中心。通过合作，这三家公司都降低了运输和装卸成本，而且因为有了更加频繁和可靠的补货，三家公司在安特卫普的配送中心也提高了服务水平。

普利司通（Bridgeston）和大陆（Continental）这两家轮胎制造企业决定合作管理它们的出货配送系统，以与同市场的领先企业米其林轮胎更好地进行竞争。为此，两家公司在法国奥尔良市建立了一个 H 形的联合配送中心，每家公司各占 H 形的一边，中间的横杠部分用来堆存、装卸需要整合出运的货物。和独立运作相比，两家公司协作运营的配送中心可以用更低的成本、更频繁地给经销商提供送货服务。

资料来源：[美] 尤西·谢菲. 物流集群 [M]. 岑雪品，王徽，译. 北京：机械工业出版社，2015.

7. 标准化原则

物流渠道提供多样化的服务也会付出相应代价。产品品种的增加会提高库存，减少运输批量。即使总需求不变，在原有产品系列中增加一个与现有某品种类似的新品种也会使综合产品的总库存水平增加 40%，甚至更多。战略制定的核心问题就是如何为市场提供多样化的产品以满足客户需求，同时，又不使物流成本显著增加。标准化和延迟战略的综合运用常常可以有效解决这一问题。

生产中的标准化可以通过可替换的零配件、模块化的产品和给同样产品贴加不同品牌的标签而实现。这样可以有效地控制供应渠道中必须处理的零部件、供给品和原材料的种类。通过延迟也可以控制分拨渠道中产品多样化的弊端。例如，汽车制造商可以通过在销售地增加种类或使各选项具有可替换性及为同样的基本元件创立多个品牌，从而创造出无数种产品，同时不增加库存。服装制造商不会去存储众多客户需要的确切号码的服装，而是通过改动标准尺寸的产品来满足消费者的需求。

2.4.2 企业物流战略与企业战略的匹配

【拓展案例】　【拓展案例】

1. 不同竞争战略下物流战略的特征

企业竞争战略是指企业企图通过其产品和服务来满足顾客需求。企业的所有职能都会对企业的价值链的成功与否产生影响,任何企业要获得成功,物流战略作为重要的职能战略必须与竞争战略相匹配。表 2.4 列出了物流战略的基本特征及其与成本领先战略和差异化战略的关系。从表 2.4 中可以看出,如果企业实行总成本领先战略,就要求在物流战略选择上以低成本为目标,保持低的库存水平和成本,采用大批量配送策略,在供应商的选择上主要考虑成本,而不是时间。如果选择差异化战略,物流就要围绕顾客要求进行,满足顾客的个性化需求。

表 2.4　物流战略的基本特征及其与成本领先战略和差异化战略的关系

物流战略的特征要素	成本领先战略下的物流战略	差异化战略下的物流战略
主要目标	低成本满足	满足顾客特定要求
库存特征	最低化库存以降低运输成本	保持较高的缓冲库存满足顾客要求
运输特征	尽可能大批量以降低运输成本	顾客要求
时间特征	不增加成本的前提下缩短提前期	顾客要求
物流信息特征	稳定可靠、成本低廉	准确、及时
采购特征	以成本为导向	基于顾客要求
运作过程特征	精细、高效	模块化、规模定制

2. 实现物流战略与竞争战略的匹配

物流战略与竞争战略匹配意味着物流战略和竞争战略具有相同的目标,竞争战略所要满足的客户目标和物流战略所要建立的物流能力之间要保持一致。要做到这一点,有三个基本步骤。

(1) 确定企业的基本竞争战略

企业必须通过分析企业外部环境的机会和威胁,以及内部资源的优势和劣势,确定企业的基本竞争战略。一般而言,有四种可用的竞争战略供企业选择,为了形象地表述,可以通过竞争战略谱来描述。图 2.4 列举了一些典型企业采取的竞争战略。不同的企业竞争战略有各自的适用条件,实现物流战略和竞争战略匹配的第一步是确定竞争战略,并找出其在战略谱上的位置。

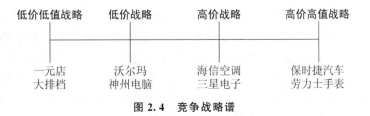

图 2.4　竞争战略谱

(2) 理解企业物流战略

物流战略类型很多，每一种都被设计来执行不同的任务，企业必须明确自己的物流系统将被设计来完成什么样的工作。企业可以建立各种类型的物流系统，它们与顾客需求一样，虽然具备许多不同的特征，但可以用响应力和效率这两个衡量指标来描述这些区别。响应力概括了物流系统的四种能力：满足大范围变化需求的能力、在较短提前期内提供多样性产品的能力、产品的创新能力和提供高服务水平的能力。这些能力越强，就代表着物流系统的响应力越强。但要提高这四种能力，就可能要增加成本。对所有的企业来说，定位其主物流系统的响应能力是其一项关键战略选择。如果用效率这一指标来表示成本，成本越低则代表效率越高。物流战略和竞争战略匹配的第二步是理解物流系统并在响应谱上定位，如图2.5所示。

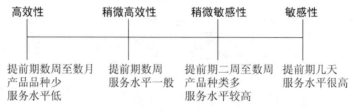

图 2.5 响应谱

(3) 实现战略匹配

如果物流系统运作与期望的顾客需求之间存在不匹配，则企业或是重构物流战略来支持竞争战略，或是更改其竞争战略。如何使物流系统很好地适应竞争战略所描述的顾客需求？如果以竞争战略谱作为横轴，以响应谱作为纵轴，则图中的一点代表响应和企业竞争战略的一种结合。这样一来，实现战略匹配的问题就变成找出图中战略吻合区，如图2.6所示。

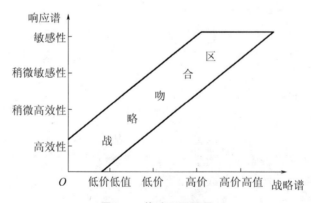

图 2.6 战略匹配区图

为了实现战略匹配，企业价值链中所有职能战略都必须支持企业的竞争战略；物流战略的职能层战略，如库存策略、提前期策略、采购策略和运输策略，都必须与物流系统的响应能力相协调。高响应能力的物流系统，其所有职能策略，都要专注于提高响应能力；而高效率物流系统的所有职能策略，都要专注于降低成本以提高效率。美国休闲服装零售商GAP公司的关键战略要素之一，是让消费者在门店内购买到各种产品。GAP公司通过店内库存或仓库补货的方式保证产品的供应。它几乎每天都从三个仓库补货，以减少店内的存货数量，优化各种活动的效果。GAP 公司之所以强调补货，是因为它的商业战略始终以提供少数几种颜色的基本款式服饰为核心。

战略就是在企业的各项职能活动之间建立匹配。建立战略匹配，不仅是获得竞争优势的关键，也是保持这一优势的关键。一项战略的成功，取决于妥善处理和整合多项活动。如果各项活动之间未能匹配，该战略就没有独特性，也就几乎不具备可持续性。

2.5 企业物流战略的实施与控制

2.5.1 企业物流战略的实施

1. 企业物流战略实施的内容

（1）总体物流战略说明

总体物流战略说明，即说明什么是企业的总体物流战略，为什么做这些选择，实现此战略将会给企业带来什么样的重大发展机遇。这种说明还包括总体物流战略目标和实现总体物流战略的方针政策。被说明的物流战略目标是总体物流战略所预期的未来的目的地。对这些目的地可以进行定量地描述，也可以进行定性地描述。

（2）企业分阶段物流目标

企业分阶段物流目标是企业向总目标前进时，欲达到的有时间限制的里程碑。分阶段目标一般需要加以尽可能具体且定量地阐述，这也是保障实现物流总目标的依据。企业的分阶段物流目标常常与具体的行动计划和项目捆绑在一起，而这些行动计划与项目均为达成总目标的具体工具。

（3）企业物流战略的行动计划和项目

行动计划是组织为实施其物流战略而进行的一系列资源重组活动的汇总。各种行动计划往往通过具体的项目（通过具体的活动来进行资源分配以实现企业总目标）来实施。

（4）企业物流的资源配置

物流战略计划的实施需要设备、资金、人力资源等。因此，对各种行动计划的物流资源配置的优先程度应在战略计划系统中得到明确规定。物流战略计划系统应指明在实施物流战略中需要的各种资源。另外，所有必要的资源应尽可能折算成货币价值，并以预算和财务计划的方式表达出来。预算及财务计划对理解物流战略计划系统具有重要意义。

（5）企业组织结构的物流战略调整及物流战略子系统的接口协调

为了实现企业的物流战略目标，必须有相应的组织结构来适应企业物流战略发展的要求。由于企业物流战略需要适应动态发展的环境，因此组织结构必须具备相当的动态弹性。另外，企业物流战略计划系统往往包括若干子系统，如何协调、控制这些子系统，以及计划系统对这些子系统间接口处的管理、控制均应相当明确。

（6）应变计划

有效的物流战略计划系统要求一个企业必须具备较强的适应环境的能力。要获得这种能力，就要有相应的应变计划作为保障。要看到各种可能条件在一定时间内可能发生的突如其来的变化，不能仓促应战。

2. 企业物流战略实施的方法

（1）指令型

指令型方法的特点是高层管理人员或者其委托者制定战略，并且下属的主要任务是实施，高层往往不参与实施。这种方法的优点是在原有战略或常规战略变化的条件下，企业实施物流战略时不需要有较大的变化，实施的结果也就比较明显。不足之处在于不利于调动企业职工的积极性。

（2）转化型

转化型方法的特点是高层管理人员重点研究如何在企业内实施物流战略，并且要为有效地实施战略而设计适当的行政管理系统。因此要进行一系列变革和转换，如建立新的物流组织结构、优化物流业务流程等，以增加战略成功的机会。这种方法的优点是从企业行为角度出发考虑战略实施问题，可以实施较为困难的战略。不足之处在于：一是企业的变革和转换可能来不及适应环境的变化；二是企业的内部流程可能由于经常处于变革中而变得不稳定甚至无所适从；三是高层主管的时间精力被牵制，不利于企业物流战略管理。

（3）合作型

合作型方法的特点是战略制定者能充分调动各方面的积极性，各方在战略制定中可以充分发表自己的意见并提出方案，战略制定者实际上是一个协调员的角色。这种方法的优点是决策具有科学性和民主性，能充分调动人员的积极性。不足之处在于：一是讨论时间可能过长甚至争执不下，以致错过战略机会；二是战略的稳定性和全局性容易受到职能部门倾向性和局部性的影响。

（4）文化型

文化型方法扩大了合作型方法作用的范围，可以将企业基层的职工也包括进来。企业的战略制定者主要倡导企业使命、价值观，并引导员工建立正确的价值、态度取向，然后鼓励企业员工根据企业使命去设计自己的工作活动，甚至让个人做决策。这种方法能够集思广益，充分调动员工的积极性，但是前提是企业要有良好的文化氛围，员工有较高的素质，受过良好的教育，否则很难使企业战略获得成功。

（5）增长型

增长型方法是指为了使企业获得更好的发展，企业高层管理人员鼓励中下层管理人员制定并实施自己的战略，不存在灌输。这种方法集中了来自实践第一线的管理人员的经验与智慧，而高层管理人员只是在这些战略中做出自己的判断，并不将自己的意见强加在下级身上。

企业物流战略实施的各种方法有自己的特点和优势劣势，关键是要根据企业自身的情况选择合理的战略实施方法。例如，员工素质低时，采用指令型方法；员工素质高时，采用文化型方法或增长型方法；企业经营环境稳定时，采用指令型方法或转化型方法等。此外，企业规模大小、经营范围宽窄、企业发展阶段等都是影响战略实施方法的因素。

2.5.2 企业物流战略的控制

1. 企业物流战略控制的定义

企业物流战略控制是指依据战略计划的目标和行动方案，对企业物流战略的实施状况进行全面的评价，发现偏差并纠正偏差的活动。明确而有效的控制不仅可以纠正偏差，还可以确立新的目标，提出新的计划，改变组织结构，以及在指导和领导方法上做出巨大转变。企业物流战略控制行动可能会产生两种结果：一是物流战略的顺利进行；二是物流战略的结构性调整或新物流战略的实施。

【拓展案例】

2. 企业物流战略控制的过程

企业物流战略控制的过程主要包括物流战略绩效评价标准的确定、物流战略控制过程和对评估结果的反馈。

（1）物流战略绩效评价标准的确定

物流战略绩效评价标准是评价物流系统工作绩效的规范，它用来确定战略措施或计划是否达到战略目标。不同层次的物流战略有不同的战略绩效评价标准，这些评价标准要求是可定量的、易于衡量的。评价标准体系合适与否主要取决于具体的战略目标。定量的评价标准有劳动生产率、销售利润率、市场占有率、资金周转率、成本、质量等指标。

（2）物流战略控制过程

① 设定绩效标准。根据企业战略目标，结合企业内部人力、物力、财力及信息等具体条件，确定企业绩效标准，作为战略控制的参照系。

② 绩效监控与偏差评估。通过一定的测量方式、手段、方法，检测企业的实际绩效，并将企业的实际绩效与标准绩效对比，进行偏差分析与评估。

③ 设计并采取纠正偏差的措施，以顺应变化着的条件并保证企业战略的圆满实施。

④ 监控外部环境的关键因素。外部环境的关键因素是企业战略赖以存在的基础，外部环境的关键因素的变化意味着战略前提条件的变动，必须给予足够的注意。

⑤ 激励战略控制的执行主体，以调动其自控制与自评价的积极性，从而保证企业战略实施的切实有效。

（3）对评估结果的反馈

将评估结果反馈到战略制定和实施的不同阶段与预定的目标进行比较，全面分析检验评价结果并进行监控。监控是控制系统的核心，它负责搜集有关执行情况的信息，与参与目标积极比对，并负责启动修正措施。监控者得到的信息基本上采用定期报告和审计的形式。系统中的监控者是管理者、顾问或计算机程序。通过报告，将实施绩效与目标绩效进行比较，判断实施结果是否失控，以便采取适当措施使实施的效果与目标相符。

2.6 企业物流组织概述

2.6.1 企业物流组织的概念

组织是由在共同目标指导下协同工作的人群所构成的社会实体单位，又是通过分工协调配合人们行为的组合活动过程，因此组织可以说是相对动态的组合活动和相对静态的人群社会实体单位的统一。

企业物流组织是现代物流管理的重要组成部分，是指企业内一个以物流管理中枢部门为核心,把责任和权限进行分解组合,以履行物流管理各项职能所形成的一定的组合结构。

企业物流配送

> 某商店每天送一次货(竞争对手每五天送一次货),一天至少送货一次意味着可以减少商店或者零售店里的库存。这就使得零售场地和人力管理成本都大大降低。要达到这样的目标就要通过不断完善组织结构,建立一种运作模式能够满足这样的需求。
>
> 1990年,沃尔玛在全球有14个配送中心,而2010年沃尔玛一共建立了123个配送中心。作为世界500强企业,沃尔玛只在几个它看准有发展潜力的地区经营,在这样的情况下将配送中心发展到123个,说明它的物流配送中心的组织结构调整做得比较到位。

2.6.2 企业物流组织的演变过程

20世纪60年代,艾尔弗雷德·D.钱德勒(Alfred D. Chandler)出版的《战略与结构》一书,提出环境决定战略,组织结构要服从企业战略的思想。根据西方国家物流发展的历史和实践,企业物流组织的演进经历了职能分离、职能聚合、过程整合和供应链联盟四个阶段。

1. 职能分离阶段

在20世纪50年代以前,物流观念还处于萌芽阶段,各个物流活动分散于企业不同的职能部门,物流作为一种辅助性和支持性的工作并不被企业所重视。此时,企业物流组织结构处于职能分离阶段,如图2.7所示。

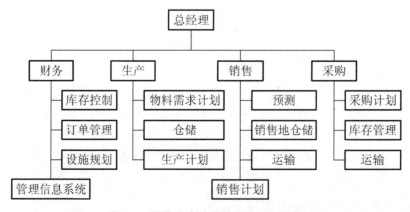

图2.7 职能分离阶段的物流组织结构

在这个阶段,由于物流的组织职能常常被分割到整个公司,即各个物流职能分别分布在财务、生产、销售和采购等部门中。这种分割局面意味着在执行物流各方面的工作时缺乏职能部门之间的协调,从而导致重复和浪费,并且由于各职能部门之间的权力和责任界限是模糊的,所以信息经常会失真或者延迟。同时,各部门有限的职责使得管理者往往只追求本部门效率的提高,不顾及整个组织范围内成本的降低,从而导致企业成本居高不下。

2. 职能聚合阶段

20 世纪 60 年代以后,物流得到了快速的发展。这一时期很多企业为了进行有效的成本集中管理,将物流管理分为物资管理和配送管理两个功能。这个阶段又分为两个时期。第一个时期的组织表现为物资配送和物料管理已完全被分离出去,即企业里有一个或两个物流运作集中点的出现,这是最初的一种功能分离;第二个阶段最早出现在 20 世纪 60 年代末 70 年代初,这一时期的重要性在于物流被单独地挑选出来,并被提升到一个更高的组织层次。物流作为企业的一种核心能力,被提升到组织更高地位的关键是物料管理还是物资配送,这通常取决于企业主要业务的性质。职能聚合阶段的物流组织结构如图 2.8 所示。

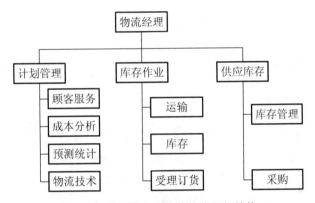

图 2.8　职能聚合阶段的物流组织结构

职能聚合阶段的优势主要体现在以下三个方面。

(1) 将物流定位在一个更高、更直观的组织层次上,增强了其战略影响力和沟通协调能力。

(2) 物流部门下面又有各分部门的职能划分,既保证了整个部门的命令和指挥的统一性,又保证了各分部门的权力和责任的明确性。

(3) 由于物流活动可以在整合的基础上进行计划和协调,因此可以开发地区之间小的协同运作。

3. 过程整合阶段

20 世纪 80 年代至 21 世纪初是物流信息化阶段。知识经济和现代信息技术特别是网络技术的发展为物流发展提供了强有力的支撑,物流向信息化、网络化、智能化方向发展。物流管理的重点开始由职能转换到过程上,并关注物流能力在创造客户价值的整个过程中所发挥的作用。过程整合阶段的物流组织结构如图 2.9 所示。

过程整合的优势主要体现在以下三点。

(1) 可以针对不同的物流绩效目标组成不同的过程整合工作小组,其组织结构和组织成员是根据需求变动的,具有灵活性和多样性。

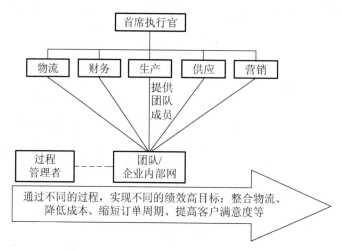

图 2.9 过程整合阶段的物流组织结构

（2）基于过程整合的运作贯通了整个物流流程，各部门衔接紧密，加快了物流和信息流的流动速度，减少了信息失真和延误，从而降低了物流成本。

（3）由于职能聚集有建立权力集团的嫌疑而遭到众多反对，因此把重点转移到过程上来，从而减少了将职能转换到无所不包的组织单位中的压力。

4. 供应链联盟阶段

随着供应链思想的逐步发展，企业物流组织结构也正在转变为供应链联盟结构，即组织开始从总公司占支配地位的结构转变为联盟、共享服务，以及业务外包等实体的网络结构，其实质是从原来单个企业内部的物流过程整合扩展到企业外部多个企业之间的物流过程整合。供应链动态联盟结构如图 2.10 所示。

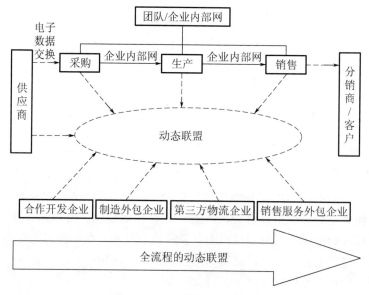

图 2.10 供应链动态联盟结构

企业物流组织结构演变规律如表 2.5 所示。

表 2.5 企业物流组织结构演变规律

时　　期	物流组织结构	物流发展	企业管理技术	信息技术
20 世纪 50 年代之前	职能分离	物流观念萌芽	小规模、强调责任和分工的管理	独立大型主机
20 世纪 50 年代至 80 年代	职能聚合	物流管理战略化	大规模、垂直一体化、强调命令和控制的管理	集中微型机
20 世纪 80 年代至 21 世纪初	过程整合	物流管理过程化	小规模、分解、强调过程效率和核心竞争力的管理	局域网/互联网(Intranet/Internet)
21 世纪初之后	供应链动态联盟	供应链管理	全球化、系统一体化、强调协同和战略的管理	局域网/互联网(Intranet/Internet)

2.7　企业物流组织结构的类型

在不同的发展阶段，每个企业都需要根据自身的规模、战略、技术和生产方式来选择切实可行的物流组织结构的形式。结合企业的具体实践，下面介绍几种比较典型的物流组织结构的类型：直线型、参谋型、直线参谋型、事业部型、矩阵型和物流子公司型。

2.7.1　直线型物流组织形式

直线型物流组织形式是一种简单的组织形式，它的特点是不存在职能分工，物流管理的指挥和监督职能基本上完全由行政负责人独自执行，各种物流部门的职位均按直线排列，一个下属只接受一个上级领导的指挥，物流经理对所有的物流活动具有管理权和指挥权。物流经理不仅对所有的物流活动负责，而且对企业物流质量、物流成本和物流绩效的控制负责。在这种结构中，物流管理的各要素不再作为其他的职能部门的从属职能而存在，物流部门与其他部门处于并列地位。在解决企业部门之间的冲突时，物流经理可以和其他各部门经理平等磋商，共同为企业的总体目标服务。当物流活动对企业的经营较为重要时，企业一般会采用这种组织形式。直线型物流组织形式如图 2.11 所示。

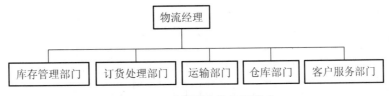

图 2.11　直线型物流组织形式

直线型物流组织形式的优、缺点如下。

（1）优点：机构简单、权力集中、命令统一、决策迅速，有利于集中领导和统一指挥；物流经理全权负责所有的物流活动，互相牵连、相互推诿的现象不会存在，效率高、责权明晰。

（2）缺点：所有管理职能都集中在一个人身上，需要全能的管理者，决策风险比较大。

2.7.2 参谋型物流组织形式

参谋型物流组织形式是一种按照职能来进行规划的组织形式，它只把有关物流活动的参谋职能单独抽取出来，由物流经理负责管理，基本的物流活动还分散在各部门进行。物流经理在这种结构中只是起到参谋作用，负责与其他职能部门的协调合作，而没有最终的决策权。这种组织结构适合刚开始实施综合物流管理的企业采用。参谋型物流组织形式如图 2.12 所示。

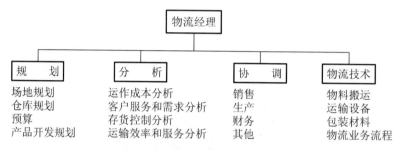

图 2.12 参谋型物流组织形式

参谋型物流组织形式的好处在于能够在较短的时期内，使企业经营顺利地采用最新的物流管理手段，因此往往作为一种过渡性的组织形式。

2.7.3 直线参谋型物流组织形式

直线参谋型物流组织形式是一种物流经理对业务部门和职能部门均实行垂直领导，均具有指挥权和命令权的组织形式。物流经理全权负责所有的物流活动，对业务运作和整体物流的规划、分析、协调等均实行垂直式领导。在直线参模型物流组织形式中，物流部门分成两层。处于第一层的是物流参谋部门，其职责是对现有的物流系统进行分析、规划和设计，并向相关负责人提出改进意见。处于第二层的是物流业务部门，负责物流业务的日常运作和管理。第一层的物流参谋部门对第二层的物流业务部门没有管理权和指挥权，只起到检查和监督的作用。直线参谋型物流组织形式如图 2.13 所示。

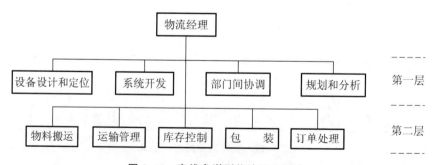

图 2.13 直线参谋型物流组织形式

直线参谋型物流组织形式的优、缺点如下。

（1）优点：既保持了直线型物流组织形式集中统一指挥的优点，又吸收了参谋型物流组织形式发挥专业管理职能作用的长处，从而能够做到指挥权集中，决策迅速，分工细密，责任明确。在外部环境变化不大的情况下，易于发挥组织的集团效率。

（2）缺点：不同的直线部门和参谋部门之间的目标不容易统一，增加了高层管理人员的协调工作。

2.7.4 事业部型物流组织形式

事业部型物流组织形式是指对内部具有独立运营的对象实行分权管理的一种组织形式，物流活动的管理被分配到各个事业部单独进行。在事业部型物流组织形式中，处于第一层的部门仍然是参谋部门，起到规划、设计和提出改进意见的作用，而第二层的部门是根据不同的服务对象或者不同的专业特长划分的业务部门，这些业务部门实行自治管理、自负盈亏。事业部型物流组织形式如图2.14所示。

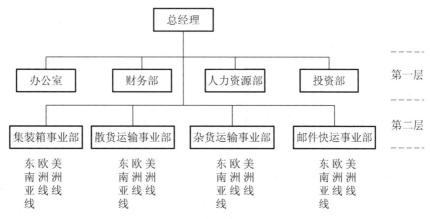

图 2.14 事业部型物流组织形式

事业部型物流组织形式的优、缺点如下。

（1）优点：既保持了公司管理的灵活性和适应性，又发挥了各事业部的主动性和积极性，有助于不同物流事业部之间进行竞争，克服组织的僵化。

（2）缺点：各事业部往往只重视眼前利益，本位主义严重。

2.7.5 矩阵型物流组织形式

矩阵型物流组织形式是由纵横两套管理系统组成的组织形式。企业为了完成某项任务或目标，从直线职能制的纵向职能系统中抽调专业人员，组成临时或较长期的专门的项目小组，由小组进行横向系统联系，协同各有关部门的活动，并有权指挥参与规划的工作人员。小组成员接受双重领导，但以横向为主，任务完成后便各自回原单位。

 小知识

> 矩阵型物流组织形式是由美国学者丹尼尔·W. 蒂海斯和罗伯特·L. 泰勒于1972年提出的。它的设计原理是将物流作为思考问题的一种角度和方法，而不把它作为企业内的另一种功能。

矩阵型物流组织形式如图 2.15 所示。

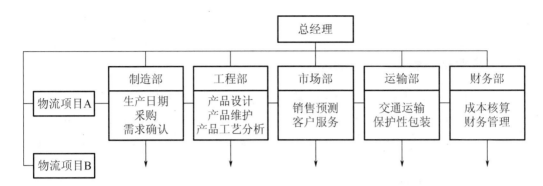

图 2.15　矩阵型物流组织形式

矩阵型物流组织形式的优、缺点如下。

（1）优点：物流部门作为一个负责中心，允许其基于目标进行管理，可以提高物流运作效率；这种形式比较灵活，适合任何企业的各种需求；可以允许物流经理对物流进行一体化的规划和设计，提高物流的整合效应。

（2）缺点：由于采取双轨制管理，职权关系受纵、横两个方向的控制，所以可能会导致某些冲突和不协调。

2.7.6　物流子公司型物流组织形式

企业物流管理组织的设置，有在企业内部或在企业外部的差别，企业除了对内部物流功能进行整合外，还有另一种选择，即在外部设置物流管理组织——物流子公司。物流子公司（或称物流管理公司）是企业物流管理组织的一种新形式，其特点是物流一部分从原企业中分离出来，作为一个独立公司，专门负责物流工作。物流子公司处于能够代替母体企业物流部门全部或部分组织的地位，把企业物流管理组织"另外公司化"。

企业物流管理采用物流子公司型，与企业内的物流组织相比，具有以下几个方面的优点。

（1）物流费用明确化。物流单独公司化，物流费用的核算更加简单而明确，同时，母体企业也容易以交易方式来控制物流成本。更进一步，企业的物流不但可以作为费用控制中心，而且可以作为利润中心来进行管理。

（2）能减少阻碍物流改善的因素。作为独立的子公司，物流的合理化就容易通过市场交易的手段得以完成，回避了外界对物流的冲击。

（3）能提高企业物流人员的工作积极性，也有利于选拔和培养物流人员，还有利于推动物流设备的更新。

（4）能扩大物流活动的领域。物流子公司是从母体企业独立出来的法人，其工作对象跟内部物流部门相比要广泛得多。

2.8 企业物流组织设计

2.8.1 企业物流组织设计应考虑的有关因素

1. 企业所属行业类型的差异性因素

不同类型的企业,物流管理的侧重点不同,物流管理组织的结构设计也相应各有特点。例如,原材料生产型的企业是其他企业原材料的供应者,其产品种类虽然一般较少,但通常却是大批量装卸和运输,因此,一般须成立正式的物流管理部门与之适应。销售型的企业没有生产活动,其经营集中在销售和物流活动上,一般从分布广泛的供应商采购商品并通常相对集中在较小的领域内零售商品,主要的物流活动有采购运输、库存控制、仓储、订货处理及销售运输等。物流组织对这类企业极为重要,而且组织结构主要以销售运输为重点。

2. 企业的战略因素

企业组织是帮助企业管理者实现管理目标的手段。因为目标产生于组织的总战略,因此,组织的设计应该与企业的战略紧密配合,特别是组织结构应当服从企业战略。如果一个企业的战略发生了重大调整,毫无疑问,组织的结构就需要进行相应的变动以适应和支持新的战略。

3. 企业的规模因素

企业规模的大小对企业的组织结构有明显的影响。例如,大型企业的组织比小型企业的组织具有更高程度的专业化和横向、纵向的分化,规章条例也更多。而小型企业的组织结构就显得简单,通常只需两三个纵向层次,形成扁平的模式,员工管理相对灵活。对于大型企业,目前流行一种新形式的组织设计,把组织设计的侧重点放到顾客需要或工作过程方面,用跨职能的项目小组取代僵硬的部门设置,在提高效率方面发挥了作用。

4. 企业的技术因素

以追求利润为目标的企业(特别是生产制造企业)都需要采取一定的技术,将投入转换为产出。这些企业在进行组织设计时,不可忽视技术对组织结构提出的要求。研究表明,制造业的组织并不存在一种最好的方式。单件生产和连续性生产采用有机式结构最为有效;而大量生产企业若与机械式结构相匹配则是最为有效的。研究还表明,越是常规的技术,组织结构就越应该标准化,即采用机械式的组织结构;越是非常规的技术,组织结构就越应该是有机式的。

5. 企业环境的因素

企业环境也是组织结构设计的一个主要影响力量。从本质上说,较稳定的企业环境,采用机械式组织更为有效;而动态的、不确定的环境,则采用有机式组织更佳。由于现今企业面临的竞争压力增大,企业环境也不似从前稳定,因此企业物流组织应该能够对环境的变化做出有益于企业运行的反应,设计要充分体现出柔性。

总之，企业物流管理组织设计一定要从企业的实际出发，综合考虑企业的规模、产权制度、生产经营特点、企业组织形态及实际管理水平等多种因素，以建立最适宜的组织。物流管理组织的调整，要适应企业经营方式变革和企业内部管理向集约化转换的需要。

2.8.2 企业物流组织设计的步骤

设计企业物流组织时，可以采用下面的步骤：①研究公司的战略目标；②确定与公司结构相融合的职能部门；③定义自己所负责的部门职责；④熟知自己的管理模式；⑤确定自身的适应性；⑥了解自己的支持系统；⑦制订既满足个人又满足公司目标的计划。

其中，步骤①确保物流部门的长远方向和公司目标相一致；步骤②使职能部门设置与公司结构相对应也是十分重要的，除非整个公司的结构需要重新设计；步骤③界定职责是必要的，因为物流活动的横向性质有时会产生混淆；步骤④要求管理者认识到自己的态度和行动将怎样影响其下属的适应变化；步骤⑤中的灵活性可以确保组织适应将来的变化；步骤⑥了解自己的支持系统，有助于准确知道新系统能干什么和不能干什么；步骤⑦保证使用者接受新系统，因为使用者在实施过程中的抵触会迅速导致失败。

2.8.3 企业物流组织设计的原则

在企业物流组织建立过程中，应从具体情况出发，根据物流管理的总体需要，体现专业职能管理部门合理分工、密切协作的原则，使其成为一个有秩序、高效率的物流管理组织体系。具体来说，建立与健全物流管理组织必须遵循下述基本原则。

1. 有效性原则

有效性原则是企业组织基本原则的核心，是衡量组织机构合理与否的基础。

有效性原则要求企业组织必须是有效率的。物流组织的效率表现为组织内各部门均有明确的职责范围，节约人力、时间，有利于发挥管理人员和业务人员的积极性。

有效性原则要求物流组织在实现物流活动的目标方面是富有成效的。有效性原则要贯穿于物流组织的动态过程中，组织机构要反映物流管理的目标和规划，要能适应企业内部条件和外部环境的变化，并随之选择最有利的目标，保证目标实现。物流组织的结构形式、机构的设置及其改善，都要以是否有利于推进物流合理化这一目标的实现为衡量标准。

2. 合理管理幅度原则

管理幅度是指一名管理者能够直接而有效地管理其下属的可能人数和业务范围，它表现为管理组织的水平状态和组织体系内部各层次的横向分工。管理幅度与管理层次密切相关，管理幅度大就可以减少管理层次；反之，则要增加管理层次。

管理幅度的合理性是一个十分复杂的问题。管理幅度大小涉及许多因素，如管理者及下属人员素质、管理活动的复杂程度、管理机构各部门在空间上的分散程度等。管理幅度过大，会造成管理者顾此失彼，同时因为管理层次少而导致事无巨细、鞭长莫及；反之，则必然会增加管理层次，造成机构庞杂，增加管理上的人力、财力支出，并会导致部门之间的沟通及协调复杂化。因此，合理管理幅度原则一方面要求适当划分物流管理层次，精简机构；另一方面要求适当确定每个层次管理者的管辖范围，保证管理的直接有效性。

3. 职责与职权对等原则

无论是管理组织的纵向环节还是横向环节，都必须贯彻职责与职权对等原则。职责即职位的责任。职位是指组织机构中的位置，它是组织内纵向分工与横向分工的结合点。在组织内职责是单位之间的连接环，把组织机构的职责连接起来，就是组织的责任体系。如果一个组织没有明确的职责，这个组织就不牢固。

4. 协调原则

物流管理的协调原则是指物流管理各层次之间的纵向协调、物流系统各职能要素之间和部门之间的横向协调。在这里，横向协调更为重要。

改善物流企业组织的横向协调关系可以采取下列措施：①建立职能管理横向工作流程，使业务管理工作标准化；②将职能相近的部门组织成系统，如供、运、需一体化；③建立横向综合管理机构。

5. 稳定与适应结合原则

企业组织的结构要有一定的稳定性，即相对稳定的组织结构、权责关系和规章制度，有利于生产经营活动的有序进行和效率的提高；同时，组织结构又必须有一定的适应性和灵活性，以适应迅速发生的外部环境和内部条件的变化。

小　　结

本章主要介绍了企业战略的含义和层次、企业物流战略的含义和目标、企业物流战略规划层次、企业物流战略规划的主要领域、企业物流战略规划的动因、企业物流战略选择的原则、企业物流战略的实施和控制、企业物流组织的概念、企业物流组织存在的必要性、企业物流组织设计应考虑的有关因素，以及企业物流组织设计的步骤及原则等基本内容。

企业物流战略目标是：降低成本、减少投资、改进服务、提升竞争力。物流战略规划涉及三个层次：战略层次、战术层次和运作层次。企业物流战略规划的主要领域：库存决策战略、运输战略、设施选址战略和客户服务目标。企业物流战略规划的动因一般包括五个核心方面：需求、客户服务、产品特征、物流成本和定价策略。企业物流战略选择的基本原则：客户服务驱动原则、总成本最优原则、多样化分拨原则、混合战略原则、延迟原则、合并原则和标准化原则。

企业物流组织是执行物流管理职能的物流组织结构，而组织结构则是描述组织的基本框架体系，一个组织通过对自身任务及职权进行分解、组合，形成一定的结构体系。依据组织结构设计理论，组织结构设计过程就是一个组织的组织化过程。企业物流组织设计应考虑以下因素：企业的所属类型因素、企业的战略因素、企业的规模因素、企业的技术因素、企业环境的因素等。建立与健全物流管理组织必须遵循下述基本原则：有效性原则、合理管理幅度原则、职责与职权对等原则、协调原则及稳定与适应结合原则。

关键词

战略规划（Strategic Planning） 　　企业物流战略（Corporate Logistics Strategy）
公司战略（Corporate Strategy） 　　战术层次（Tactical Planning）
职能战略（Functional Strategy） 　　运作层次（Operational Planning）
组织结构（Organizational Structure） 　　组织设计（Organizational Design）
企业物流组织（Corporate Logistics Organization）
企业物流组织结构（Corporate Logistics Organization Structure）

思考与练习

1. 选择题

（1）根据决策内容的特点，企业战略可以分为（　　）。
A. 职能级战略　　　　　　　　B. 业务战略或竞争战略
C. 公司级战略　　　　　　　　D. 一体化战略

（2）企业物流战略目标有（　　）。
A. 降低成本　　B. 减少资本　　C. 改进服务　　D. 提升竞争力

（3）（　　）不属于企业物流战略规划的制约因素。
A. 供给变动　　B. 客户服务　　C. 产品特征　　D. 物流成本

（4）做好企业物流组织的设计工作应考虑的因素包括（　　）。
A. 企业类型　　B. 企业规模　　C. 企业技术　　D. 企业环境

（5）企业物流组织的演进经历了（　　）。
A. 职能分离阶段　　B. 职能聚合阶段
C. 过程整合阶段　　D. 供应链联盟阶段

（6）典型的企业物流组织结构形式包括（　　）。
A. 直线型　　B. 事业部型　　C. 参谋型　　D. 矩阵型

（7）做好企业物流组织的设计工作应考虑的因素包括（　　）。
A. 企业类型　　B. 企业规模　　C. 企业技术　　D. 企业环境

（8）企业物流组织结构设计的原则包括（　　）。
A. 职责与职权对等　　　　　　B. 适度分权原则
C. 控制幅度原则　　　　　　　D. 系统效益原则

2. 判断题

（1）物流战略属于公司级战略。（　　）
（2）物流战略包含在公司整体战略之中，因此构建物流战略不仅要考虑公司整体的组织目标，还要考虑生产、营销、财务等部门的相关战略。（　　）
（3）企业物流战略的目标和企业物流管理的目标是不一致的。（　　）
（4）物流战略主要解决四个方面的问题：客户服务、设施选址战略、存货战略和运输战略。（　　）

(5) 物流经理在参谋型物流组织结构中既起到参谋作用,负责与其他职能部门的协调合作,又具有决策权和指挥权。（   ）

(6) 虚拟型组织不具有法人资格,也没有固定的组织层次和内部命令系统,而是一种开放的组织结构。（   ）

(7) 实现一定的客户服务水平及所需的服务成本之间的均衡对一个企业的运作十分重要,必须有人总体负责整个产品生产和流通的过程。（   ）

(8) 物流总部的设立并不一定是将物流现场作业全部集中到总公司进行,一般物流现场作业仍由各事业部独自展开。（   ）

3. 简答题

(1) 什么是现代企业物流战略?
(2) 现代企业物流战略的目标有哪些?
(3) 企业物流战略规划层次有哪些?
(4) 企业物流战略规划的一般动因是什么?
(5) 现代企业物流战略的实施方法有哪些?
(6) 现代企业物流战略的控制步骤是什么?
(7) 企业物流战略规划主要领域有哪些?
(8) 企业物流组织设计应考虑哪些因素?
(9) 设计企业物流组织时应采用哪些步骤?
(10) 建立与健全物流管理组织必须遵循哪些基本原则?

4. 案例分析题

中远集团物流战略规划

为了贯彻落实"由拥有船向控制船转变,由全球航运承运人向全球物流经营人转变"的发展战略目标,更好地适应国际物流市场需求,进一步增强市场竞争力,中远集团对公司的物流发展采取了一系列的措施。

1995年,中远集团开始对所属陆上货运公司进行了重大改组和调整,这次整合从根本上解决了中远陆上货运资源布局不合理、利用不充分、重复投资、内部竞争、发展缓慢等弊病。1997年,中远集团对中远船队按照专业生产要求又进行了经营战略调整。同时,对海外地区的众多业务机构进行了归口管理并成立了几大区域公司,通过理顺新体制,形成了优势,改变了中远集团在计划经济下形成的企业组织结构,实现了中远集团跨国经营的总体构架有全球业务分布的新格局。中远集团还以国际化的远洋船队为依托,以科技创新和管理创新为突破口,不断加强服务体系建设,在全国29个省、自治区、直辖市建立了包含300多个站点的物流服务网络体系,形成了功能齐全的信息系统;拥有运营车辆1 222辆,其中集装箱货车850辆,物流车辆339辆(配备GPS的为94辆),大件运输车32辆;仓储和堆场154万平方米;成功开行了六条以"中远号"命名的集装箱"五定班列",并且培养了一支有多年实际经营和运作物流业务丰富经验的专业人才队伍。

为迎接加入世界贸易组织(World Trade Organization,WTO)的挑战,推进其"由全球承运人向全球物流经营转变"战略目标,2002年1月8日,中远集团在北京正式组建中国远洋物流公司。重组的中国远洋物流公司下设大连、北京、青岛、上海、宁波、厦门、广州、武汉八个区域公司,并确定中远物流的目标是"做中国最好的物流服务商、最好的船务代理人",为国内外广大船东和货主提供更优质的服务。

虽然中远物流已与40多个国家的货运机构相互签订代理协议,但是为拓展物流业务范围,树立中远物流品牌,中远公司还增强了物流项目设计和管理、重点拓展汽车、家电、项目和展品物流市场,积极开拓冷藏品、危险品等专项物流领域。目前,中远物流已分别与上海别克、一汽捷达、神龙富康、上海桑塔纳、沈阳金杯等汽车厂商及海尔、科龙、小天鹅、海信、澳柯玛、长虹等家电企业建立了紧密的合作关系。中远物流与科龙和小天鹅合资成立的安泰达物流有限公司是我国首家由生产商与物流服务商组建的家电物流企业。在国家重大建设项目方面,中远物流在两年中先后中标并承担了秦山核电三期工程、江苏田湾核电站和长江三峡工程的物流运输项目,为国家重点工程建设做出了重要贡献。中远物流还将开辟两条铁路专线;依托高速公路网,逐渐建立完整、全方位的国内干线配送和城际快运通道;发展国际航运代理市场,促进以北京、上海、广州为三大集散中心的中远物流空运网络建设。

现代物流是以现代技术为支撑的行业,没有科技支撑,物流业务将寸步难行。对此,中远物流重点抓了两方面的工作。第一方面的工作是在建立完整的网上货运服务的基础上,建立中远物流船队数据中心,强化中远物流的客户服务水平,拓展中远物流的服务范围。第二方面的工作是完善现代物流应用系统,包括两个内容。一是完善"5156"公共信息平台,为客户提供全面的物流服务。中远物流已经拥有了一套比较成熟的信息技术系统。他们将网上仓储管理信息系统、网上汽运高度信息系统、网上结算等功能模块进行集成,建成了"5156com.cn"物流网站,能够为客户提供便捷的网上物流交易电子商务平台,为物流项目的开发和运作提供了强有力的技术支持。同时,建立以北京物流总部为中心、覆盖八个区域公司的中远物流专网,逐步将"5156"物流平台建设成为中远物流业务操作、项目管理、客户服务及应用服务的公共信息平台。二是开发个性化物流信息系统,为重要客户提供物流服务。中远物流已经开始为厦华三宝计算机、百事可乐、本溪钢铁、上海通用汽车提供物流信息服务,并且正在为安泰达(科龙、小天鹅)物流项目实施物流信息系统规划设计。

为了推动中远物流系统的管理创新,激发企业的活力,增强竞争力,公司始终坚持"以人为本"的宗旨,建立完善了新的绩效评价体系,并加快了培养物流骨干人才力度,以期有效促进传统业务的稳定增长和新业务的快速增长。

近年来,中远船队船舶载重吨位由过去的1 700万吨增加到2 300万吨,平均船龄由15.1年降低到11年,物流服务能力与水平实现了质的飞跃。

分析:
(1) 简述物流战略的含义及其内容。
(2) 中远集团的物流战略目标是什么?
(3) 中远集团为迎接加入WTO的挑战,采取了哪些战略举措推进其战略目标?
(4) 中远物流为厦华三宝计算机、百事可乐、本溪钢铁、上海通用汽车提供物流信息服务,并且为安泰达物流(科龙、小天鹅)项目实施物流信息系统。这样做是否可以实现"双赢"?

 应用训练

（一）**实训项目**：某企业物流战略的分析。

实训目的：了解该企业物流战略的相关内容，掌握该企业制定战略的相关过程。

实训内容：调研某企业的物流战略，并对该物流战略定位进行分析，提出改进的方案或建议。

实训要求：首先，将学生进行分组，每五人一组；各组成员自行联系，并调研当地生产或流通企业，分析目前该企业所处的产业环境及采取的相应企业战略；针对企业发展的相关制约因素，分析该企业物流战略在企业战略中的层次和作用，并分析该物流战略定位的合理之处及不太合理的地方，并提出本组认为合理的物流战略方案；针对本组的分析和设计结果，与企业管理人员沟通，听取他们对分析结果的建议，之后改进相应的方案，如此反复直至得到管理人员的认可。每个小组针对上述调研、分析、改进物流战略的内容做出一个完整的分析报告。

（二）**实训项目**：某企业物流组织结构的分析。

实训目的：了解该企业物流组织结构的相关内容和设计物流组织结构的部门，掌握该部门设计企业物流组织结构的相关流程，并分析该企业物流组织结构调整的过程。

实训内容：调研某企业的物流组织结构，并对该企业的物流组织结构进行分析，提出改进的方案或建议。

实训要求：首先，将学生进行分组，每五人一组；各组成员自行联系，并调查当地的一家生产企业的物流部门，了解该企业的物流组织结构，并分析该物流组织结构中相关人员的主要职责；分析该企业或物流部门物流组织的合理之处及不太合理的地方，并提出本组认为合理的物流组织结构，改进或设计部门人员相应的职责；针对本组的分析和改进结果，与企业物流组织结构的设计部门的相关人员沟通，听取他们对分析和设计结果的建议，之后改进相应的方案，如此反复直至得到该部门管理人员的认可。每个小组针对上述调研、分析、改进企业物流组织的过程和内容做出一个完整的分析报告。

第3章 企业物流系统规划与设计

【本章教学要点】

知识要点	掌握程度	相关知识
企业物流系统规划与设计基础知识	掌握	企业物流系统规划的概念、层次,企业物流系统规划与设计的原则、策略、流程
企业生产物流系统规划与设计	重点掌握	生产物流系统设计的原则和内容,生产设施布置设计,物料搬运系统设计
企业仓储系统与配送中心规划与设计	重点掌握	普通仓库的布置,仓库配送中心选址的常用方法,配送模式的选择
企业运输系统规划与设计	掌握	运输方式,运输路线优化

【本章能力要求】

能力要点	掌握程度	应用能力
生产设施布置设计	重点掌握	能够运用SLP法对生产设施进行布置设计
物料搬运系统设计	重点掌握	能够运用SHA相关理论对生产物料搬运系统进行设计
仓库的布置	重点掌握	能运用相关理论对仓库进行合理布置
仓库配送中心选址	掌握	能够运用合适的方法来对仓库配送中心选址进行分析
运输路线优化	掌握	能够使用合适的方法对运输路线进行优化

【本章知识架构】

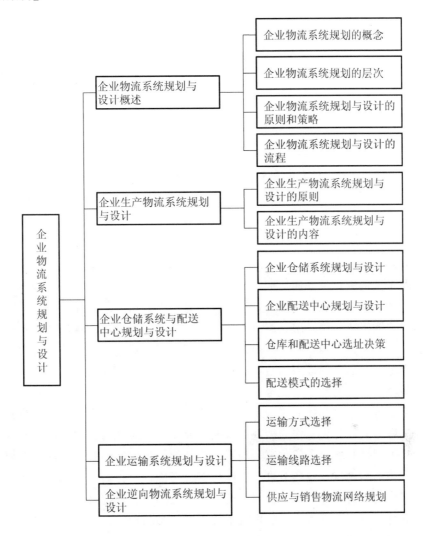

导入案例

跨 境 物 流

2017年3月28日,阿里全球速卖通"3·28大促"正式开启,在下单5小时后,来自马德里的杰玛·帕特里夏就收到了本次大促的首单商品,她购买的是来自中国的红米手机。

据了解,"3·28大促"是阿里在海外仅次于"双十一"的大促活动,在欧洲、南美洲、北美洲等地都有大量用户参与,也是中国电商出海的典型大促案例。

同"双十一"一样,"3·28大促"也会带来订单激增的物流问题,以往的订单配送动辄需要一个月,对购物体验造成了巨大伤害。2016年9月,菜鸟网络正式上线"AliExpress无忧物流"服务,通过跨境全链路一站式物流服务大幅提升了物流效率。

> 随着马德里海外仓的正式运营,跨境物流的体验又得到了进一步升级。通过海外仓的运营,大促期间的潜在热卖商品早已提前入仓,在帕特里夏早上下单后,商品便从本地出发配送,在下午便能送到她的手中。据菜鸟网络的相关负责人介绍,"3·28大促"在西班牙当地的当日/次日达比例已达到85%,也就是说八成以上的西班牙用户都能在24小时内收到自己在中国电商平台上购买的商品。
>
> 资料来源:[2020-01-06].http://blog.sina.com.cn/s/blog_c04b652a0102x4oy.html.
>
> 思考:
> 为提升跨境物流效率,菜鸟网络的物流网络布局进行了哪些改变?对此你有何想法?

3.1 企业物流系统规划与设计概述

3.1.1 企业物流系统规划的概念

企业物流系统是社会物流系统的一个分支,是由参与企业物流活动全过程的所有物流要素为了实现企业的物流目标而形成的一个整体。企业物流系统包括三层基本内涵:第一层,企业物流系统是一个有机的整体;第二层,这个整体由参与企业的物流活动全过程的所有物流要素共同组成;第三层,组成整体的目的在于完成物流系统的总体目标。一般认为,企业物流系统的目标包括两方面内容:一是物流服务目标,即在适当的时间,将适当数量、适当质量的产品送到适当的地点;二是物流成本目标,即在提高系统所需的服务水平的同时,使企业物流系统的总成本达到最低。

企业物流系统是一个开放的复杂系统,在全球供应链一体化环境下,影响其发展的内外因素进一步增多且变化大,作为微观层次的企业物流系统规划也就显得越来越重要。

企业类型不同,其所包含的物流活动不完全相同,规划的内容和目的也有所差异。生产企业是要将传统的物流运行环节进行一体化综合考虑,使生产系统、仓储系统、运输系统及回收与废弃物物流系统形成综合的物流系统,其作用是通过物流系统规划来降低成本和提高自身的物流效率。而商业企业物流系统中的商品品种多,而且是小批量多批次,面对的又是终端消费者,其物流系统规划侧重仓储与配送系统的规划,所以更注重配送的及时性和准确性。

一般而言,企业物流系统规划是指立足于企业物流战略目标,将企业范围的所有物流活动视为一个大系统,运用系统原理进行整体规划设计、组织实施和协调控制的过程。目的是以优质的物流服务水平和最低的物流总成本,实现企业物流系统的整体合理化和效益最优化。

小案例

> 安利是一家非常善于通过减少中间环节压缩成本、增加利润空间的直销企业。为降低物流成本,安利采取的策略主要有三条:把非核心环节外包;仓库半租半建;核心环节大手笔投入。核心业务如库存控制等由安利统筹管理,非核心环节则通过外包形式完成。例如,以广州为中心的珠三

角地区主要由安利的车队运输,其他绝大部分货物运输都是由第三方物流公司来承担。安利的物流中心占地面积40 000平方米,建筑面积16 000平方米。这样大的物流中心如果全部自建的话,仅土地和库房等基础设施方面的投资就需要数千万元。因此,安利采取了和另一家物业发展商合作的模式,合作方提供土地和库房,安利租用仓库并负责内部的设施投入。如此一来,安利只用一年时间和1 500万元投入,就拥有了面积充足、设备先进的新物流中心。安利在核心系统上从来不吝惜投入。安利仅在信息管理系统上就投资了九千多万元,其中主要的部分之一,就是物流、库存管理系统。这个系统使安利的物流配送运作效率得到了很大提升,成本也因此大大降低。

资料来源:[2020-01-06].http://www.chinawuliu.com.cn/xsyj/201603/04/310091.shtml.

3.1.2 企业物流系统规划的层次

企业物流系统规划主要涉及生产系统、仓储与配送系统、运输系统和逆向物流系统四大块,这四个方面相互联系,相互渗透。例如,企业的生产系统设计直接决定了其仓储与配送系统的设计,反过来,仓储与配送系统的设计又将影响生产系统的设计。但是不管是哪一方面的物流系统规划,都会涉及三个层次,分别为战略层次、战术层次和运作层次。

这三个层次在计划上的时间跨度有所不同,其中,战略层次规划是长期的,时间跨度通常超过一年,主要解决企业长远发展的战略性决策问题,企业物流系统战略层次的规划在各种规划层级中是最高的,时间也是最长的。企业物流战略规划所考虑的是企业物流的目标、总体服务需求及管理者通过何种方式来实现这些目标。

战术层次规划是中期的,一般短于一年,可以按季度或年度更新规划,在内容上可能比战略规划更为具体。

运作层次规划是短期规划,可以细化到每天甚至每小时的具体决策问题。这个层次包括的内容比较繁杂,涉及的领域也极为广泛,是每小时或者每天都要频繁进行的决策。这个层次规划更为详细,也更加繁杂。

不管哪个层次的规划,其重点都在于如何利用物流渠道快速、有效地运送产品。同一方面的物流系统规划,在不同层面所需解决的问题有所差异。例如,同样是运输决策问题,如果是战略层次,主要进行运输方式的选择,但是到了运作层次,就要对运输路线进行合理安排。

3.1.3 企业物流系统规划与设计的原则和策略

1. 企业物流系统规划与设计的原则

(1) 系统性原则

系统性原则指在进行企业物流系统规划时,必须综合考虑并系统分析所有对规划有影响的因素,以获得优化方案。首先,企业物流系统规划属于物流系统的一个子系统,它与其他子系统不但存在相互融合、相互促进的关系,而且存在相互制约、相互矛盾的关系。因此,在对企业物流系统进行规划设计时,必须把各种影响因素考虑进来。其次,企业物流系统包含很多相互促进、相互制约的子系统,这都是进行企业物流系统规划需要考虑的因素。因此,在进行企业物流系统规划设计时,必须坚持发挥优势、整合资源、全盘考虑、系统最优的系统性原则。

(2) 可行性原则

可行性原则是指在企业物流系统规划设计过程中必须考虑现有的可支配资源情况,必须符合自身的实际情况,无论从技术上还是从经济上都可以实现。为了保证可行性原则,在进行企业物流系统规划设计时,既要体现前瞻性和发展性,又不能超越企业本身的整体承受能力,以保证企业物流系统规划设计的实现。

(3) 经济性原则

经济性原则是指在企业物流系统的功能和服务水平一定的前提下,追求成本最低,并以此实现系统自身利益的最大化。经济性原则具体体现在以下几个方面。

① 物流系统的连续性。良好的系统规划设计和节点布局应该能保证各物流要素在整个企业物流系统运作过程中流动的顺畅性,消除无谓的停滞,以此来保证整个过程的连续性,避免无谓的浪费。

② 柔性化。在进行企业物流系统规划设计时,要充分考虑各种因素的变化对系统带来的影响,便于以后的扩充和调整。

③ 协同性。在进行企业物流系统规划设计时,要考虑物流系统的兼容性问题,或者说是该物流系统对不同物流要素的适应性。当各种不同的物流要素都能够在一个物流系统中运行时,说明该物流系统的协同性好,能够发挥协同效应,降低整体物流成本。

(4) 社会效益原则

社会效益原则是指进行企业物流系统规划应该考虑可持续发展因素,考虑逆向物流系统的规划与设计等。

2. 企业物流系统规划与设计的策略

企业物流系统规划与设计涉及企业生产系统、仓储与配送系统、运输系统和逆向物流系统,以及在整个供应链环境中面向信息化的物流系统的一体化设计和管理。企业物流系统规划与设计可采取的主要策略如下。

(1) 最小总成本策略。在一体化物流系统中寻求最低的固定成本及变动成本的组合。

(2) 最优顾客服务策略。充分体现市场驱动,物流系统规划与设计要满足终端客户需求。

(3) 最大利润策略。各个物流子系统皆以追求最大利润为目标,优化设计使物流系统满足需求。

(4) 最大竞争优势策略。从供应链整体的角度考虑,与上游供应商及下游客户建立一体化物流体系,开展一体化的物流系统规划与设计,实施一体化的物流管理策略,以获取最大的竞争优势。

3.1.4 企业物流系统规划与设计的流程

企业物流系统规划与设计的流程如图3.1所示。

企业物流系统规划与设计涉及诸多环节,每个环节皆须进行设计,且要与整体物流规划过程中的其他组成部分相互平衡。企业物流系统规划与设计的具体环节包括数据分析、概念规划、技术设计和现场实施。

1. 数据分析

数据分析是物流体系建设的根基，是物流系统规划的最基础环节。通过数据分析，才能真正梳理清楚企业工作流程、各个环节之间配合的问题，真正了解企业的需求。在此基础上，才能提出合理的、有针对性的规划方案。

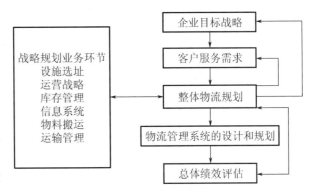

图 3.1　企业物流系统规划与设计的流程

2. 概念规划

概念规划的结果必须包含企业管理人员所关心的内容，如各种可能的概念方案、与之相匹配的投资费用、运营成本等，为企业管理人员决策提供依据。企业管理人员只有在理解各种物流供应方式可行性的基础上，才能做出适合企业的决策。

3. 技术设计

技术设计就是按照确定的概念方案，给操作层制定具体的操作实施细节方案。具体的方案要面对一线操作工人、采购人员和软件开发人员，只有细节设计真正做到位，才能方便一线人员去实施设计方案，否则执行效果会打折扣。

4. 现场实施

现场实施也是非常重要的。因为最终使用方案、执行方案的大量实际操作人员前期是不可能人人参与方案的设计过程，基于各自岗位的原因也不可能完全理解整个方案的每个环节，现场运营中也可能出现各种变化的情况。规划设计人员要确保设计的方案实施到位，否则物流规划设计将达不到原定的目标。

3.2　企业生产物流系统规划与设计

3.2.1　企业生产物流系统规划与设计的原则

生产物流系统是企业物流系统的核心组成部分，因为企业生产系统与物流系统在很大程度上是重复交叉的，所以企业物流系统往往就是企业生产系统。对制造企业而言，在不考虑专业的技术设计情况下，生产系统设计即为生产物流系统设计。生产物流系统的改善对于企业至关重要，科学合理的生产物流系统规划与设计，有利于企业降低生产成本、缩短生产周期、提高生产和服务质量。

生产物流系统设计要遵循以下原则。

1. 功耗最小原则

物流过程不增加任何的附加价值，徒然消耗大量的人力、物力、财力，这些均是浪费。因此,物流系统规划与设计时,要求物流运输距离要短,物料搬运量要小,总功耗最小。

2. 流动性原则

良好的企业物流系统应使物料流动顺畅,消除无谓停滞,力求生产流程的连续性。在物料流动前进过程中,要尽量避免工序或作业间的逆向运作、交错流动或发生与其他物料混杂流动的情况。

3. 高活性指数原则

在进行搬运系统的规划与设计时,要采用高活性指数的搬运系统,尽量减少二次搬运和重复搬运量,但是也并不是活性指数越高越好。

3.2.2 企业生产物流系统规划与设计的内容

生产物流系统涉及因素多,关系复杂,如要提高生产物流系统规划与设计的质量,必须明确生产物流系统规划的内容。生产物流系统规划与设计主要包含两个方面的内容:设施布置设计、物料搬运系统设计。

1. 设施布置设计

设施布置设计是指根据企业的交通运输情况,厂区的地形面积、生产产品种类及工艺过程,合理布置车间、各仓库及非生产设施之间的位置,使物流合理,便于生产并降低物流费用。同时,在车间内合理布置各工位的位置,使工件搬运的工作量最小。以工厂布置为例,它的好坏直接影响到整个生产系统的物流、信息流、生产能力、生产率、生产成本及生产安全。优良的设施布置可以使物料的搬运费用减少10%~30%,因此,设施布置被认为是提高生产率的决定因素。

生产设施布置分为工厂总体布置和车间布置。工厂总体布置要确定主要生产车间、辅助生产车间、仓库、动力站、办公室、露天作业场地等作业单位和运输路线、管线、绿化及美化设施的相互位置,同时要确定物料的流向和流程、厂内外运输的衔接及运输方式。车间布置要解决各生产部门、工段、辅助服务部门、存储设施等作业单位及工作地、设备、通道、管线之间的相互位置,以及物料搬运的流程及运输方式。

流通企业内部物流不涉及生产设施布置,因此本节以生产制造企业为例进行分析。

(1) 设施布置设计的基本类型

设施布置形式受到产品生产流程的影响,不同的企业会采用不同的布置类型。设施布置设计有以下四种基本类型。

① 固定式布置。固定式布置也称项目布置,是工程项目和大型产品生产所采用的一种布置形式。它的加工对象位置、生产工人和设备都随加工产品所在的某一位置而转移。之所以要固定,是因为加工对象大而重,不易移动。

② 产品原则布置。产品原则布置又称流水线布置或对象原则布置。当生产产品品种少、批量大时,应当按照产品的加工工艺过程顺序来配置设备,形成流水生产线或装配线布置。

③ 工艺原则布置。工艺原则布置又称功能布置,即将功能相同或相似的一组设施排

布在一起。工艺原则布置在机加工车间中还被称为机群式布置。

④ 成组单元布置。成组单元布置在制造业中又称单元制造,是一种较为先进的布置方法。成组技术就是识别和利用产品零部件的相似性,将零件分类。一系列相似工艺要求的零件组成零件族,针对一个零件族的设备要求所形成的一系列机器,称为机器组,这些机器组即制造单元。成组单元布置的主要形式是生产单元或单元生产线。而生产单元是为一个或几个工艺过程相似的零件族组织成组生产而建立的生产单位。单元生产线则是在成组生产单元里配备了成套的生产设备、工艺装备和工人,能在单元里封闭地完成这些零件的全部工艺过程。

一般根据产品的变化情况和产量来决定采用何种布置方式,不同布置类型特征对比分析如表 3.1 所示。

表 3.1 不同布置类型特征对比分析

特征指标	生产时间	在制品	技术水平	产品灵活性	需求灵活性	机器利用率	工人利用率	单位产品成本	加工对象路径	维护性	设备投资规模
固定式布置	中	中	混合	高	中	中	中	高	无路径	—	—
产品原则布置	短	低	低	低	中	高	高	低	固定	难	大
工艺原则布置	长	高	高	高	高	中低	高	高	不固定	易	小
成组单元布置	短	低	中高	中高	中	中高	高	低	固定	中	中

小知识

车间流水线布局的原则,可以概括为"两个遵守、两个回避"。两个遵守,即逆时针排布、出入口一致;两个回避,即孤岛型布局、鸟笼型布局。车间流水线布局的理想布局之一是花瓣式布局,如图 3.2 所示。花瓣式布局由多个单元一起组成,这种布局有助于提高单元间的互相帮忙,并提高生产线平衡率。

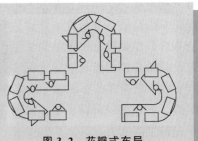
图 3.2 花瓣式布局

(2) 设施布置设计的 SLP 法

起初，工厂设计主要是进行定性分析。1961 年，美国的理查德·缪瑟（Richard Muther）提出了著名的系统布置设计（System Layout Planning，SLP）法。SLP 法使工厂设计从定性阶段发展到定量阶段，它是一种以大量的图表分析为手段，以物流费用最小为目标，物流关系分析与非物流关系分析相结合，求得合理的设施布置的设计技术。

① SLP 基本要素。SLP 法将 P（Product，产品）、Q（Quantity，数量）、R（Route，生产路线）、S（Supporting Service，辅助服务部门）、T（Time，时间）作为基本要素，并成为解决布置问题的钥匙，如图 3.3 所示。

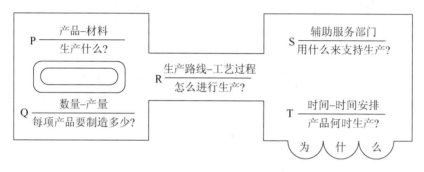

图 3.3　解决布置问题的钥匙

a. P 是指待布置工厂将生产的产品、原材料、加工的零件、成品或提供的服务项目等。这些资料由生产大纲（工厂的和车间的）和产品设计提供，包括项目、种类、型号、零件号、材料、产品特征等。P 要素直接影响着设施的组成及其各作业单位间的关系、生产设备的类型、物料搬运的方式等。

b. Q 是指所生产、供应或使用的商品量或服务的工作量。其资料由生产纲领和产品设计提供，用件数、质量、体积或销售的价值表示。Q 要素影响着设施规模、设备数量、运输量、建筑物面积等因素。

c. R 是指工艺过程设计的成果，可用工艺路线卡、工艺过程图、设备表等表示。R 要素影响着各作业单位之间的关系、物料搬运路线、仓库及堆放地的位置等方面。

d. 在实施系统布置工作以前，必须就生产系统的组成情况有一个总体的规划，可以大体上分为生产车间、职能管理部门、辅助生产部门、生活服务部门及仓储部门等。我们可以把除生产车间以外的所有作业单位统称为 S，包括工具、维修、动力、收货、发运、铁路专用路线、办公室、食堂、厕所等，由有关专业设计人员提供。这些部门是生产的支持系统，在某种意义上加强了生产能力。有时，S 的总面积大于生产部门所占的面积，布置设计时必须给予足够的重视。

e. T 是指在什么时候、用多长时间生产出产品，包括各工序的操作时间、更换批量的次数。在工艺过程设计中，根据 T 因素可以求出设备的数量、需要的面积和人员，平衡各工序的生产能力。

P 和 Q 是一切其他特征或条件的基础。只有在上述各要素充分调查研究并取得全面、准确的各项原始数据的基础上，通过绘制各种表格、数学和图形模型，有条理地细致分析和计算，才能最终求得工程布置的最佳方案。

② SLP 程序模式。SLP 法共分确定位置、总体区划、详细布置和施工安装四个阶段，其中总体区划和详细布置两个阶段采用相同的 SLP 设计程序，其流程如图 3.4 所示。

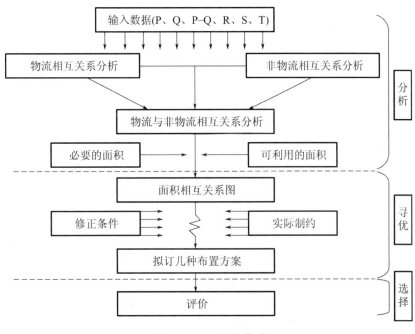

图 3.4　SLP 程序模式

SLP 的步骤大体如下。

a. 准备原始资料。在开始系统布置时，首先必须明确给出基本要素的原始资料 P、Q、R、S、T 这五个要素。同时，也需要对作业单元的划分情况进行分析，通过分解和合并，得到最佳的作业单元划分情况。对这些资料的收集和分析，是系统设置布置的前提。

b. 物流相互关系分析，即程序模式中的物流。资料表明，产品制造费用的 20%～50% 是用作物料搬运和流动的，而物料搬运工作量直接与系统布置情况有关，有效的布置能减少搬运费用的 30% 左右。因此，在实现系统布置之前，必须对生产系统各作业单位之间的物流状态进行深入的分析，即确定物料在生产过程中每个必要工序之间移动的最有效顺序及其移动的数量，它可以用物流强度等级和物流相关表来表示，并可通过对物流强度等级的量化最终获得物流关系顺序表。

c. 非物流相互关系分析。在系统布置设计中，各作业单位之间除了物流联系外，还有人际、工作事务、行政事务、管理等活动联系，这些联系都可以表示各种单位之间的关系，我们称之为非物流关系。通过单位之间活动的频繁程度可以说明单位之间关系是密切或者疏远。这种对单位之间密切程度的分析就是非物流相互关系分析，并得出作业单位相互关系图。

d. 综合相互关系分析。由于各作业单位之间既有物流联系，又有非物流联系，因此在 SLP 中，必须算出两者合成的相互关系——综合相互关系，得出物流-非物流相互关系图。

e. 绘制综合位置相关图。根据综合相互关系顺序表，考虑每对作业单位间相互关系等级的高低、相对位置的远近，得出各作业单位综合位置相关图。

f. 修正。综合位置相关图只是一个原始布置图，还需要根据其他因素进行调整与修正。此时，需要考虑的修正因素包括物料搬运方式、操作方式、存储周期等，同时还需要考虑实际限制条件，如成本、安全和职工倾向等方面是否允许。考虑了各种修正因素与实际限制条件以后，对位置相关图进行调整，可以得出数个有价值的可行工厂布置方案。

g. 方案评价与择优。针对得到的数个方案，需要进行技术、费用及其他因素评价，通过对各方案比较评价，选出或修正设计方案，得到布置方案图。

依照上述说明可以看出，系统布置设计是一种采用严密的系统分析手段及规范的系统设计步骤的布置设计方法，具有很强的实践性。

③ SLP中物流关系分析。

a. 物流强度从至表。从至表是矩阵式的，通常用来表示建筑物之间、部门之间或机器之间的物流量，适用于多产品或多零件时的情况。如果计入作业单位之间的距离，还可以表示作业单位之间的物料搬运总量，即物流强度。

从至表的画法是：在从至表上横行和竖列的标题栏内，按同样顺序列出全部作业单位，将每个产品或零件在两个作业单位之间的移动，分别用字母代表产品或零件，数字代表搬运总量，填入两个作业单位横行和竖列相交的方格内，从表的左上角到右下角，画一条对角线，零件前进记在右上方，退回记在左下方。

有了物流强度从至表，就可以绘出物流相关图。

b. 物流相关图。算出物流强度后，首先要将相同的作业单位对的物流强度合并，然后汇总进行分级。SLP法将物流强度转化成五个等级，分别用符号A、E、I、O、U来表示，如表3.2所示。物流强度逐渐减小，对应着超高物流强度、特高物流强度、较大物流强度、一般物流强度和可忽略搬运五种物流强度，最后得出物流强度相关图。

【拓展案例】

表3.2 物流强度等级比例划分表

物流强度等级	符　号	物流路线比例	承担物流量比例
超高物流强度	A	10%	40%
特高物流强度	E	20%	30%
较大物流强度	I	30%	20%
一般物流强度	O	40%	10%
可忽略搬运	U		

图3.5所示为某物流强度相关图。

④ SLP中非物流关系分析。相关图是理查德·缪瑟首先使用的，它能直观地表示出各作业单位两两之间的关系密切程度，而这正是布置的依据。因为企业内作业单位之间关系影响因素较多，所以除了进行物流关系分析之外，还要有非物流关系分析。

非物流关系分析不能用定量的方法，而要用定性的方法。一般可从以下方面进行定性分析：工艺流程、作业相似性、使用相同的设备、使用同一场所、使用相同的文件档案、使用相同的公用设施、使用同一组人员、工作联系频繁程度、监督和管理方便等。

定性给出密切程度等级时，包括 A、E、I、O、U、X 六种，如表 3.3 所示。

⑤ SLP 中综合相互关系分析。综合考虑物流与非物流关系时，要确定两种关系的相对重要性，这一重要性用比值 $m:n$ 表示，一般为 $1:3$～$3:1$，如果比值大于 $3:1$，则说明物流关系占主导地位，设施布局只考虑物流关系即可；如果比值小于 $1:3$，则说明物流的影响非常小，只考虑非物流关系即可。在实际生产中，根据两者的重要性，比值可为 $3:1,2:1,1:1,1:2,1:3$。

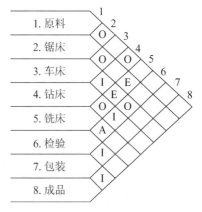

图 3.5 某物流强度相关图

表 3.3 作业单位相互关系等级

符　号	A	E	I	O	U	X
意　义	绝对重要	特别重要	重要	一般	不重要	不要靠近
颜　色	红色	橘黄	绿色	蓝色	无色	棕色
量化值	4	3	2	1	0	－1
线条数	4 条	3 条	2 条	1 条	无	1 条折线
比　例	2％～5％	3％～10％	5％～15％	10％～25％	40％～80％	根据需要

有了此比值和两个相关图，就可以将相关图中的密切等级按一定的数值予以量化。然后，根据下列公式计算两作业单位 i 与 j 之间的相关密切程度 CR_{ij}：

$$CR_{ij} = mMR_{ij} + nNR_{ij}$$

式中，MR_{ij} 和 NR_{ij} 分别是物流相互关系等级和非物流相互关系等级。

最后，按计算的值划分综合等级。

⑥ 平面布置方案的确定。按照 SLP 程序，得到作业单位综合相关图之后，就可以求出位置相关图，给定面积需求还可进一步得到面积相关图，以此设计出各种平面布置。平面布置方法很多，这里介绍线形图法。

理查德·缪瑟提出的 SLP 中采用了线形图来"试错"生成平面布置图。它的方法是用四条平行线表示两作业单位间的 A 级关系；三条平行线表示 E 级关系；两条 I 级；一条 O 级；U 级不连线；X 级用折线表示。首先，将 A、E 级关系的作业单位放进布置图中，同一级别的用同一长度的线段表示，A 级线段最短，取一个单位，E 级的长度为 A 级的两倍，依此类推。其次，按同样的规则布置 I 级关系。若作业单位较多，线段混乱，可以不画 O 级关系，但 X 级必须画出。调整各部门的位置，以满足关系的亲疏程度。最后，将各个部门的面积放入布置图中，生成空间关系图。经过评价、修改，便获得最终布置。

小案例

某叉车厂作业单位综合相关图，如图3.6所示。

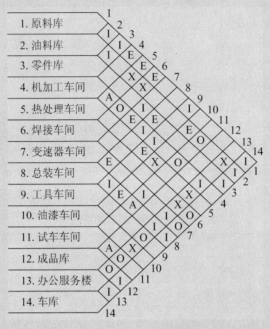

图3.6 某叉车厂作业单位综合相关图

先将A、E、I、O、U、X关系量化为数值（参见表3.3），得到14个作业单位的综合接近程度和按分值的排序，如表3.4所示。

表3.4 作业单位综合接近程度和按分值的排序表

作业单位代号	1	2	3	4	5	6	7	8	9	10	11	12	13	14
综合接近程度	17	7	11	18	7	3	13	21	10	4	13	7	7	14
排序	3	12	7	2	11	14	5	1	8	13	6	10	9	4

分值越高，说明该作业单位越靠近布置图的中心位置，越低则越靠近边缘。布置步骤如下。

（1）考虑有A级关系的各作业单位对8—11、4—5和11—12。将分值最大的作业单位8置于中心位置，与其成A关系的11与之相邻，关系用4线一单位距离画出，如图3.7(a)所示。

（2）取分值次高的作业单位4，它与8和11分别有I和O的关系，故4用3单位长双线与8连接，用4单位长单线与11相连接，如图3.7(b)所示。

（3）处理与4有A级关系的5，而5与8和11均是U级关系不予以考虑，在4旁布置5，如图3.7(c)所示。

再看已布图上的11，与之有A级关系的是12，也用4线一单位距离布入。12与4、5与8均为U级关系，也不予考虑，如图3.7(d)所示。

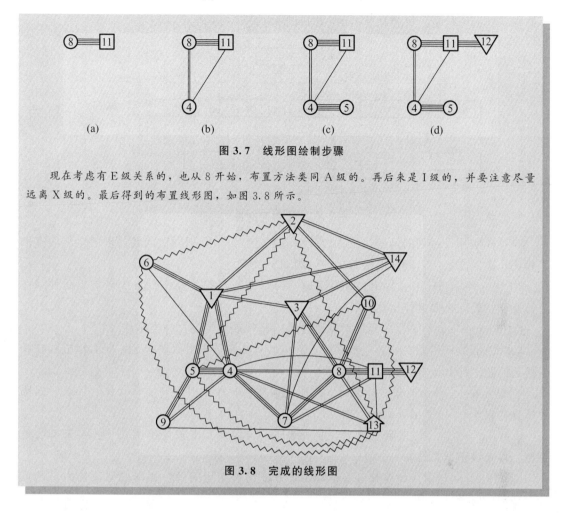

图 3.7 线形图绘制步骤

现在考虑有 E 级关系的,也从 8 开始,布置方法类同 A 级的。再后来是 I 级的,并要注意尽量远离 X 级的。最后得到的布置线形图,如图 3.8 所示。

图 3.8 完成的线形图

2. 物料搬运系统设计

物料搬运系统设计就是在对搬运系统分析的基础上,利用有关物料搬运的知识和经验,考虑各种条件和限制,并计算各项需求,形成最佳的物料搬运方案,即搬运作业人员、移动设备与容器、移动路径与设施布置形成最佳的组合,建立一个包括人员、程序和设施布置在内的有效工作体系。据统计,在中等批量的生产车间里,物料搬运费用占全部生产费用的 30%~40%。为此,设计一个合理、高效、柔性的物流搬运系统,对压缩库存资金占用、缩短物流搬运时间是非常有必要的。

物料搬运是物流系统的主要活动,在物流系统中各环节的前后或同一环节的不同活动之间都有装卸搬运活动的发生。

设备、容器和物流路线共同组成物料搬运系统。设备决定了路线是固定的,还是变动的。容器集纳并保护产品,容器会影响路线结构的选择。物料搬运系统中设备及容器性质取决于物料的特性和流动的种类。物料搬运系统的设计要求合理、高效、柔性并能快速换装,以适应现代制造业生产周期短、产品变化快的特点。

(1) 物料搬运方程式

物料搬运方程式在解决物料搬运问题的各个方面都十分有效。设计者需要考虑六个主要问题，即六个变量，这就是著名的5W1H法，如图3.9所示。

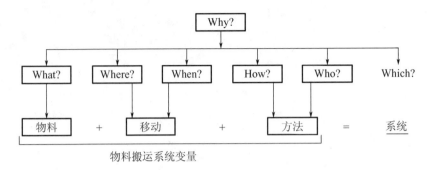

图 3.9　物料搬运方程式

5W1H法用一系列的问题让设计者详细考虑这些细节，加强对问题的理解，从而有助于找到合适的方案。5W1H法中常见的问题如下。

① Why——为什么。为什么需要搬运？为什么需要如此操作？为什么要按此种顺序进行操作？为什么要这样运输物料？

② What——什么。要搬运的对象是什么？其特征、数量、种类是什么？

③ Where——哪里。物料应放在什么地方？什么地方需要物料搬运？什么地方存在物料搬运问题？什么地方的操作可以取消？

④ When——什么时候。什么时候需要搬运物料？什么时候需要自动化？什么时候需要整理物料？

⑤ Who——谁。谁来搬运物料？谁来参与系统设计？谁来评价此系统？谁来安装此系统？谁来审核此系统？

⑥ How——如何。如何搬运物料？如何分析物料搬运问题？如何取得重要人员的支持？如何应对意外情况？

(2) 物料搬运系统分析设计方法

物料搬运是以物料、搬运和方法三要素为基础的，因而物料搬运分析设计包括分析所要搬运的物料、分析需要进行的搬运和确定经济实用的物料搬运方法。

搬运系统分析（System Handing Analysis，SHA）是理查德·缪瑟提出的一种条理化的系统分析方法，适用于一切物料搬运项目。

SHA方法的分析过程可划分为四个阶段：外部衔接阶段、总体搬运方案阶段、详细搬运方案阶段和实施阶段。外部衔接阶段主要是弄清楚整个区域（或各区域）的所有运进或运出；总体搬运方案阶段要考虑总体搬运方案与总体区划设计；详细搬运方案阶段考虑每个主要区域内部各工作地点之间的物料搬运，要确定详细物料搬运方法；实施阶段制订并实现具体搬运设施的安装计划，并对安装完毕的设施进行验收，确保它们能正常运转。

上述四个阶段是按时间顺序依次进行的。为了收到最好的效果，各阶段在时间上应有所交叉重叠。总体方案和详细方案的编制是物流系统规划设计人员的主要任务。

物料搬运系统的设计人员一般不对第一阶段和第四阶段进行设计，第二、三阶段的工作可采用SHA方法来完成。

SHA 方法的设计重点在于合理规划空间,使物流路线最短,在布置时位置合理,尽可能减少物流路线的交叉和迂回现象。根据 SHA 方法的流程,物料搬运系统设计步骤如图 3.10 所示。

① 物料分析。

在选择搬运方法时,通常最有影响的因素是所要搬运的物料。对于任何物料搬运问题,首先要明确的问题是搬运什么,即对搬运物料进行分析。同一类物料应采用同一种方式进行搬运。如果需要搬运多种不同的物料,则必须按物料类别对它们进行分类。对所有的物料进行分类,可简化分析工作,并且有助于把整个问题化整为零,逐个解决。

物料分类的基本原则有两个:一是物料的状态,即物料为固体、液体或气体;二是物料的包装,即物料为单独件、包装件或散装物料。

SHA 的物料分类是根据影响物料可运性(即搬运的难易程度)的各种特征和影响能否采用同一种搬运方法的其他特征进行分类的。

物理特征通常是影响物料分类

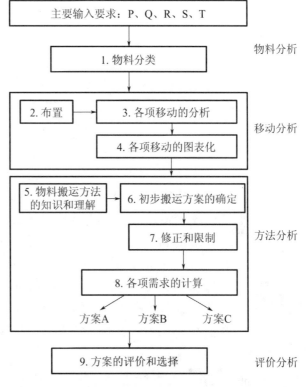

图 3.10 物料搬运系统设计步骤

的最重要因素。数量和时间也是影响物料分类的重要因素。特殊控制问题往往对物料分类起决定作用,如麻醉剂、弹药、贵重皮毛、酒类等物品。

但在实际分类时,起作用的往往是装有物料的容器,要按物料的实际最小单元(瓶、罐、盒等)进行分类,或按最便于搬运的运输单元(瓶子装在纸箱内,衣服包扎成捆,板料放置成叠等)进行分类。

② 移动分析。

A. 布置。对物料鉴别并分类后,根据 SHA 的模式,下一步就是分析物料的移动。分析移动前,先要分析系统布置,因为设施布置决定了物料搬运起点和终点之间的距离,而这个搬运距离是选择搬运方法的主要因素,因此,所选择的方案必须建立在物料搬运作业与具体布置相结合的基础之上。

对物料搬运分析来说,需要从布置中了解的信息主要有以下四点。

a. 每项移动的起点和终点(提取和放下的地点)具体位置在哪里。

b. 哪些路线及这些路线上有哪些物料搬运方法是在规划之前已经确定了的,或大体上进行了规定的。

c. 物料运进运出和穿过的每个作业区所涉及的建筑特点是什么样的（包括地面负荷、厂房高度、柱子间距、屋架支承强度、室内还是室外、有无采暖、有无灰尘等）。

d. 物料运进运出的每个作业区内进行什么工作，作业区内部分已有的（或大体规划的）安排或布置大概是什么样的。

B. 各项移动的分析。各项移动的分析主要是确定每种物料在每条路线上的物流量和移动特点。移动分析主要有以下几项。

a. 收集各项移动分析的资料。在分析各项移动时，需要掌握的资料包括物料的分类、路线的起讫点、搬运路径和具体情况，以及物流量和物流条件。

b. 移动分析方法。第一，流程分析法。每次只观察一类物料，并跟随它沿整个生产过程收集资料，必要时要跟随从原料库到成品库的全过程，然后编制出流程图。当物料品种很少或是单一品种时，常采用此法。第二，起讫点分析法。起讫点分析法有两种。一种是搬运路线分析法：在物料品种数目不太多时，首先通过观察每次移动的起讫点收集资料，然后分析各条搬运路线，绘制出搬运路线表。另一种是区域进出分析法：若物料品种数目多，则对一个区域进行观察，收集搬进运出这个区域的一切物料的有关资料，编写物料进出表。

【拓展案例】

c. 编制搬运活动一览表。将收集到的资料进行汇总，编制搬运活动一览表，达到明确、全面地了解情况及运用的目的，应对表中每条路线、每类物料和每项搬运的物流量及运输工作量进行计算，并按 A、E、I、O、U 进行等评级定。

【拓展案例】

C. 各项移动的图表化。图表化就是将各项移动的分析结果标注在区域布置图上，起到一目了然的作用。物流图表化有三种方法，分别是物流流程简图、布置图上绘制的物流图和坐标指示图。

③ 搬运方法分析。

在找出一个解决办法之前，需要先掌握物料搬运方法的知识，运用有关的知识来选择各种搬运方法。物料搬运方法是物料搬运路线、设备和容器的总和。一个工厂的搬运活动可以采用同一种搬运方法，也可以采用不同的方法。一般情况下，搬运方案都是几种搬运方法的组合。

根据物流量和距离来选择搬运路线类型，如图 3.11(a) 所示。根据物流量与距离来确定设备的类别，如图 3.11(b) 所示。实际应用中应根据物料特点和设备来选择运输与搬运单元。

确定了物料搬运方法也就完成了物料搬运初步方案的大部分工作。要使初步设计的方案符合实际，切实可行，必须根据实际的限制条件对其进行修改。解决物料搬运问题，除路线系统、设备和运输单元外，还要考虑正确和有效地操作设备问题、协调和辅助物料搬运正常进行的问题等。结合实际条件和限制，对初步方案进行分析、评价和修改后，就可以进入搬运方案的详细设计阶段。

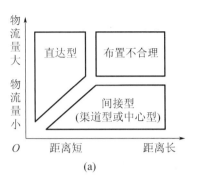 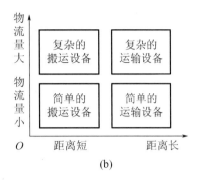

图 3.11 距离和物流量指示图

搬运方案的详细设计是在搬运方案的初步设计的总体方案基础之上，制定从工作地到工作地或从具体取货点到具体卸货点之间的搬运方法。详细搬运方案必须与总体搬运方案协调一致。

④ 评价分析。

从几个方案中选择一个较好的方案。不过，在评价过程中，往往会把两个或几个方案结合起来形成一个新的方案。

(3) 物料搬运设备选择应考虑的因素

选择物料搬运设备时一般要考虑如下因素。

① 设备的技术性能。即能否完成所需要的任务和工作，还有设备应该具有一定的灵活性等。

② 设备的可靠性。在规定的时间内能够工作而不出现故障，或出现一般性故障能立即修复且安全可靠。

③ 与工作环境的配合和适应性。工作场合是露天还是室内，是否有振动，是否有化学污染及其他特定环境要求等。

④ 经济因素。具体包括投资水平、投资回收期及性能价格比等。

⑤ 可操作性和可使用性。工人是否能很快熟练掌握设备的操作，培训的复杂程度等。

⑥ 能耗因素。对燃料和电力供应情况要做充分估计，设备能耗是否过高。这既是经济问题，也是燃料供应的可能性问题。

⑦ 备件及维修因素。有的企业购买的设备很好，但一个零件磨损后，无法得到配件导致整个设备不能使用。

⑧ 与物料的适配程度。这与物料本身物理、化学性质有关，是否易燃易爆、易损坏，是否为液体状态等。

⑨ 物料的运动方式。不同的运动方式选择不同的运动设备。

目前，工业自动化程度越来越高，带动了自动化物料搬运设备的发展，随着机器人技术、无线技术和无人驾驶车辆等技术的出现，物料搬运设备也开始向智能化发展。这也是物料搬运设备今后的发展方向。

【拓展视频】

设施布置设计与物料搬运系统设计是相互关联、相辅相成的。物料搬运设备的选择会影响企业设施设备的布置，设施设备的布置也要围绕着物料的搬运，实现搬运量最小。所以，进行生产物流系统规划与设计时，往往要将搬运和布置结合起来分析。

3.3 企业仓储系统与配送中心规划与设计

3.3.1 企业仓储系统规划与设计

企业仓储系统规划与设计主要包括仓库选址设计、仓库布置设计和仓库搬运系统设计，有关搬运系统设计请参考 3.2.2 节，选址设计请参考 3.3.3 节。本节主要研究仓库的布置设计。仓库布置设计的目标是降低物流活动的成本、减少无效劳动、提高作业效率。

仓库的布置和设施布置一样，也要考虑 P、Q、R、S、T。但是仓库布置设计和一般的布置设计有所不同，其物流因素十分重要，解决如何"流"、如何"存"的问题是主线，因此，首先要考虑存储方式和空间的利用，然后结合总吞吐量和库存量综合考虑。

仓库的性质不一样，其布置侧重也有所差异。例如，储存型仓库的存储面积占比就大于流通型仓库，而自动化立体仓库的设计中，高度是一个备受关注的指标。鉴于流通型仓库主要存在于流通领域，目前向配送中心转型，其布置可参看 3.3.2 节，本节仅讨论普通仓库的布置和自动化立体仓库的布置。

1. 普通仓库的布置

普通仓库一般由物料储存区、验收分发作业区、管理室、生活间及辅助设施组成。储存货物的空间规划是普通仓库规划的核心，储存空间规划的合理与否直接关系到仓库的作业效率和储存能力。存储面积是库房使用面积的主体，它是货垛、货位（架）、货箱所占面积的总和。货垛、货位（架）的排列形式决定了库内平面布置的形式。

（1）货位（架）布置

货位（架）布置方式一般有垂直、平行和倾斜三种方式。垂直或平行方式又分为以下几种。①横列式。这种布置方式是将货位（架）的长边与主作业通道形成垂直关系的布置方式。②纵列式。这种布置方式是将货位（架）的长边与主作业通道形成平行关系的布置方式。③混合式。这种布置方式是货位（架）的长边与主作业通道既存在垂直关系，又存在平行关系的布置方式。

任何类型的货位（架）布置方式都要考虑作业的方便性。如果仓库内使用一般的门式或桥式起重机，采用上述三种布置方式时，作业都比较方便。但如果使用叉车进行作业，则采用上述布置方式就不太方便。因为叉车会占用较大的作业面积，相应地缩小了仓库的有效储存面积。采用倾斜式布局则可以部分地弥补这一缺陷。所谓倾斜式布局，是指货位（架）的长边与主作业通道既不平行又不垂直，而是根据需要形成特定夹角的一种货位（架）布置方式。

货位（架）布置方式确定后再考虑具体货物的位置。按照收发状态进行库内布局称为 ABC 动态布局法。这种方法以物资出入库频繁程度的差异，对出入库物资进行 ABC 分析，并根据分析结果对库存物资进行合理安排。

（2）空间利用

在仓库设计时候，必须考虑空间利用。在空间利用中，主要考虑蜂窝损失和通道损失。

① 蜂窝损失。分类堆码时计算面积要考虑蜂窝损失，即一个通道的两边各有一排货

物，每排货物有若干列，每一列堆码若干层。如果在一列货堆上取走一层或几层，只要不被取尽，所产生的空缺不能被别的货物填补，留下的空位犹如蜂窝，故名蜂窝形空缺，如图 3.12 所示。它影响了库容量的利用率。

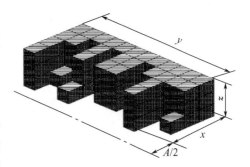

图 3.12 蜂窝损失示意图

蜂窝损失会出现在水平和竖直两个方向，会影响平面和空间两者的利用。如果存储方式改变，蜂窝损失也会变化。鉴于蜂窝损失是难以避免的，通常用空缺系数 H 的期望值 $E(H)$ 来衡量。

$$E(H) = \frac{1}{n} \sum_{i=0}^{n-1} \frac{i}{n} \tag{3.1}$$

式中，n 为一列的总堆码数；$i = 0, 1, 2, \cdots$。

图 3.13 中，单深堆码蜂窝损失空缺系数期望值

$$E(H) = \frac{1}{4} \times \left(\frac{3}{4} + \frac{2}{4} + \frac{1}{4} + 0 \right) = \frac{1}{4} \times \frac{3}{2} = 0.375$$

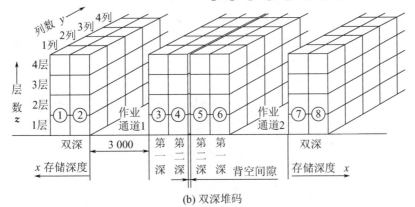

(a) 单深堆码

(b) 双深堆码

图 3.13 单深、双深堆码（单位：毫米）

在计算存储空间时往往考虑蜂窝损失因子

$$f_H = \frac{1}{1-E(H)} \tag{3.2}$$

图 3.13 中，蜂窝损失空缺系数期望值 $E(H)=0.375$，那么，蜂窝损失因子则是 1.6，即考虑蜂窝损失时要增加 60% 的面积。

小思考

图 3.14 中，从左到右三种货物的空缺是多少？$E(H)$ 是多少？

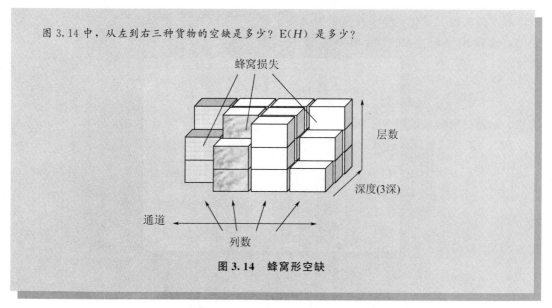

图 3.14 蜂窝形空缺

② 通道损失。除了蜂窝损失外，在仓库中，通道还占据了有效的堆放面积，所以除了考虑蜂窝损失外，还要考虑通道损失。通道损失的计算公式为

$$L_a = \frac{W_a}{W_a + 2d} \tag{3.3}$$

式中，W_a 为通道宽度；d 为存储深度。

图 3.13(a) 中，单深堆码通道损失为 $L_a = \frac{3}{3+2\times1} = 0.6$，即 60%，这个比例是很高的，若想降低通道损失，可以采取降低通道宽度和增加存储深度来实现。图 3.13(b) 中通道损失就降到 42.9%。一般来说，对于常见的选择式货架而言，堆垛深度最多两排，即双深式货架，此时可配用带伸缩叉的叉车，但出入库和装卸搬运等操作不太方便，需要全面考虑。

由于通道损失的存在，在计算蜂窝损失的时候，往往需要考虑通道损失，即 $E(H)\times(1-L_a)$，所以，图 3.13(a) 的蜂窝损失为 $0.375\times(1-0.6)=0.15$，那么总空间损失为 75%，可见损失是非常大的。

小思考

计算图 3.13(b) 的总空间损失。

虽然货堆越深，蜂窝损失越大，但是通道损失是减少的，所以总库容量损失也是减少的。由于平面损失率很大，要想提高空间利用率，只有往高度发展和降低通道宽度，这也是高层自动化立体仓库发展的一个原因。

（3）仓库面积计算

仓库面积包括存储面积和辅助面积。其中，存储面积指货架和作业通道实际占用面积；辅助面积指收发、分拣作业场地，通道，办公室和卫生间等需要的面积。面积计算方法一般有直接计算法、荷重计算法、类比计算法和公式计算法。

① 直接计算法。直接计算法就是直接计算出货架、堆垛所占的面积和辅助面积等，然后相加求出总面积。

② 荷重计算法。荷重计算法是一种经验算法，通常以每种物品的荷重因子，即每吨物品存储时平均占用的体积为基础，再根据库存量、储备期和单位面积的荷重能力来确定仓库面积。这种计算方法适合散装物品。

③ 类比计算法。面积较难计算时，可以采用类比计算法，以同类仓库面积比较类推出所需面积。

④ 公式计算法。公式计算法综合考虑集装单元存储系统的四种方式：单元堆垛、深巷式存储（或称贯通式货架存储）、单深货架存储和双深货架存储，采用一套变量和公式来计算面积。公式计算法实质上是根据单元堆垛与货架存储的几何特征来得出公式的，只是这些公式比较复杂，变量多，在实际应用中多有不便。

【例3.1】 某仓库拟存储A、B两类物品，包装尺寸（长×宽×高）分别为500毫米×280毫米×180毫米和400毫米×300毫米×205毫米，采用在1 200毫米×1 000毫米×150毫米的标准托盘上堆垛，高度不超过900毫米，两类货物最高库存量分别是19 200件和7 500件，采用选取式重型货架堆垛，货架每一货格存放两个托盘物品。作业叉车为电动堆垛叉车，提升高度为3 524毫米，直角堆垛最小通道宽度为2 235毫米。试确定货架长、宽、高、层数和排数，并计算货架区面积。

解： 采用货架存储直接计算的方法是以托盘为单位的，要先确定货架和货格尺寸、货架排列和层数，再确定面积。

（1）计算A、B两类物品所需的托盘存储单元数。对A类物品，1 200毫米×1 000毫米托盘每层可放8件（不超出托盘尺寸），可堆层数为（900－150）÷180≈4.17，取整即4层，故一托盘可堆垛32件。库存量之和为19 200÷32＝600（个）托盘。同理，对B类物品，每托盘可堆垛30件，共需250个托盘。A、B共需850个托盘。

（2）确定货格尺寸。因每格放两个托盘，按托盘货架尺寸要求，确定货格尺寸：长2 750毫米（立柱宽度50毫米），深1 000毫米，高1 100毫米（含横梁高度）。

（3）确定货架层数。由叉车的提升高度3 524毫米，确定货架层数为4层，含地上层。

（4）确定叉车货架作业单元。由于叉车两面作业，故可以确定叉车货架作业单元，该单元共有16个托盘，长度为2.75米，深度为两排货架深度＋背靠背间隙（100毫米）＋叉车直角堆垛最小通道宽度，即深度为2×1＋0.1＋2.235＝4.335（米），取4.4米；面积S_0＝2.75×4.4＝12.1（平方米）。

（5）确定面积。由总库存量折合量除以叉车货架作业单元得所需单元数，再乘以单元面积即可得货架区面积，即单元数为 850÷16＝53.125，取不小于的整数得 54 个，故面积 $S=54×S_0=654$（平方米）。

(6) 确定货架排数。货架总长和排数与具体的面积形状有关。对新建仓库则可以此作为确定仓库大体形状的基础。例 3.1 有 54 个单元，按 6×9 得货架长为 9 个单元，即长为 24.3 米，共 6 个巷道，12 排货架；深为 6×4.4＝26.4（米），深度比长度大，不符合货架沿长方向布置的原则。可考虑用 4 巷道，取 4×14＝56，此时长度为 37.8 米，深度为 17.6 米。

2. 自动化立体仓库布置

在自动化立体仓库布置中，收货区、发货区与储存区的位置分布是非常重要的考虑因素，因此形成两种典型的方案（图 3.15）：一是收货区、发货区分别设置在储存区的两侧，二是收货区、发货区设在储存区或货架的一侧。在第一种方案中，货物从巷道的一端进入，从另一端出库。这种方式总体布置比较简单，便于管理操作和维护保养，但是对于每一个货物单元来说，要完成入库和出库全过程，堆垛机需要穿过整个巷道。第二种方案是货物的入库和出库在巷道同一端的布置形式。这种布置的优点是能缩短出入库周期，特别是在仓库存货不满，而且采用随机货位储存时，其优点更为明显。此时，可以挑选距离出入库口较近的货位存放货物，缩短搬运路程，提高出入库效率。另外，入库作业区和出库作业区可以合在一起，便于集中管理。根据作业量的多少和作业效率的要求，第二种方案又分为同层同端出入式和多层同端出入式两种细分方案，如图 3.16 所示。

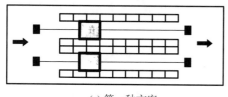

(a) 第一种方案

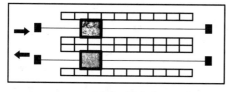

(b) 第二种方案

图 3.15 自动化立体仓库中收货区、发货区与储存区的位置分布

【拓展视频】

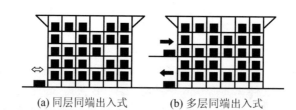

(a) 同层同端出入式　　(b) 多层同端出入式

图 3.16 收货区、发货区设在储存区或货架的一侧细分方案

在自动化立体仓库规划设计中，库房的最佳高度也是一个备受重视的指标。它在仓库占地面积、长度、宽度、起重运输机械的装卸效率，其他一些技术经济指标的确定过程中起着十分重要的作用。这里，货物的流量、货物周转率、订货发送时的货物配套方式等，是影响库房货架高度选择的重要因素。理论研究表明，从最小作业成本考虑，货架的最佳高度是 15～20 米。但在实践中，一些高达 30～40 米以上的仓库正在陆续建造之中。甚至有人预测，随着堆垛机技术的发展，有可能要建造高达 100 米的多层立体仓库。

3.3.2 企业配送中心规划与设计

企业配送中心是从事货物配备（集货、加工、分货、拣选、配货）和组织对用户的送货，以高水平实现销售或供应的现代流通设施，是基于物流合理化和拓展市场这两个需要而逐步发展起来的。现代化的企业配送中心通过存储和发散货物的功能，实现了生产与消费、供应与需求的衔接，使供需双方无缝连接。作为现代化物流的标志，企业配送中心的地位不言而喻，其规划与设计显得至关重要。

小案例

【拓展视频】

> 2009年，361°在晋江市五里经济开发区投资兴建361°现代物流中心，并将其作为全国总仓，主要负责面向全国的分公司和代理商仓库发货（另有其他仓库完成电商业务的物流作业）。同年，361°物流中心正式投入使用。2016年，该物流中心负责管理的货品SKU（Stock Keeping Unit，库存量单位）总量多达6.4万个，每年出入库总量约为1亿件，日均作业量约为45万件。
>
> 整个物流中心占地面积2万平方米，分上、下两层，仓储面积共计4万平方米。在功能区域布局方面，物流中心根据仓库本身的隔断结构将每层设置为四个5 000平方米的库区，即第一层分为A、B、C、D四个库区，用于鞋类产品的存储；第二层分为E、F、G、H四个库区，用于服装、配件类产品的存储和拣选。其功能区域设置主要基于对产品特点、作业效率、安全性等多方面的考虑。例如，鞋类产品的物流作业以箱为单位，且吞吐量大，收发货作业频繁；服装、配件类产品体积小，需要拆零作业，放在第二层更便于安全管控。
>
> 同时，第一层的出入库作业区也进行了特殊设计，A库为鞋类入库区、B库为鞋类出库区、C库为服装配饰出库区、D库为服装配饰入库区，整体呈W形分布，作业路线清晰流畅。

1. 企业配送中心系统规划的内容

配送中心规划既包括对拟建的单个配送中心和由多个配送中心组成的配送网络的新建规划，也包括对现有物流系统向配送中心转型的改造规划，但不同类型的规划侧重点不同。对新建单个配送中心而言，配送中心的选址问题是整个规划的关键所在；对新建由多个配送中心组成的配送网络而言，系统构造和网点布局则是整个规划的核心问题；至于对现有物流系统的改造，如何充分利用现有设施，通过流程改造和企业重组实现向现代配送中心的转变，无疑是整个规划的重点问题。

企业配送中心的规划是一个复杂的系统工程，其系统规划包括许多方面的内容，一般应从物流系统规划、运营系统规划、信息系统规划三个方面进行规划，如图3.17所示。物流系统规划包括总体规划、作业规划和设施设备规划；运营系统规划包括组织机构、人员配备、作业标准和规范等的设计；信息系统规划也就是对配送中心信息管理与决策支持系统的规划，包括功能规划、流程规划、系统设计。通过系统规划，可以实现配送中心的高效化、信息化、标准化和制度化。

在进行配送中心系统规划时，首先需考虑E（配送的对象或客户）、I（配送物品的种类）、Q（物品的配送数量或库存量）、S（物流服务水平）、R（物流通路）和C（配送中心的价值或建造成本）六个规划要素，因为这六个要素是影响配送中心系统规划的基础数据和背景资料。

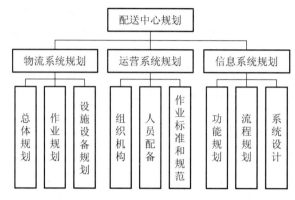

图 3.17　配送中心系统规划的内容

2. 配送中心规划资料分析

（1）物品特性分析

物品的特性是物品分类的参考因素，如按存储保管特性可分干货区和生鲜区；按存储温度可分为常温区、冷藏区、冷冻区等。因此，配送中心规划前首先要对物品的特性进行分析，以规划不同的存储和作业区。

（2）EIQ 分析

EIQ 分析是指利用 E、I、Q 这三个物流关键要素，来研究配送中心的需求特性，为配送中心提供规划依据。EIQ 分析的内容包括以下几个方面。

① 订单量（EQ）分析。单张订单出货量的分析。其主要了解单张订单订购量的分布情形，可用于决定订单处理的原则、拣货系统的规划，并将影响出货方式和发货区的规划。

② 品项数量（IQ）分析。每单一品项出货总数量的分析。其主要了解各类物品出货量的分布状况，分析物品的重要程度与运量规模。品项数量分析可用于仓储系统的规划选用和储位空间的估算，并将影响拣货方式和拣货区的规划。

③ 订货单项数（EN）分析。单张订单出货品项数的分析。其主要了解不同订单订购品项数的分布，对于订单处理的原则及拣货系统的规划有很大的影响，并将影响出货方式和出货区的规划。订货单项数分析通常需配合总出货品项数、订单出货品项累计数及总品项数三项指标综合考虑。

④ 品项受订次数（IK）分析。每单一品项出货次数的分析。其主要分析各类物品出货次数的分布，对于了解不同物品的出货频率有很大的帮助，主要功能是可配合品项数量分析决定仓储与拣货系统的选择。

3. 配送中心区域规划

配送中心内部一般划分为进货区，储存区，理货、配货区，分拣、配装区，发货待运区，流通加工区，管理区。

配送中心规划设计流程：根据道路分布决定出入门口的位置和厂房位置安排；设定厂房空间范围和各区域空间大小；决定物流中心物流动线类型；按照作业流程的顺序安

排各作业区域的位置；安排办公区域的位置；进行各区域作业流程关联性检查。其具体步骤如图 3.18 所示。

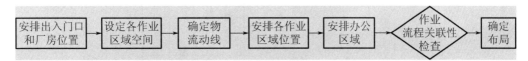

图 3.18　配送中心规划设计流程

 小案例

直线型区域布局实例

（1）决定各区域的模板面积大小与长宽比例，如图 3.19 所示。

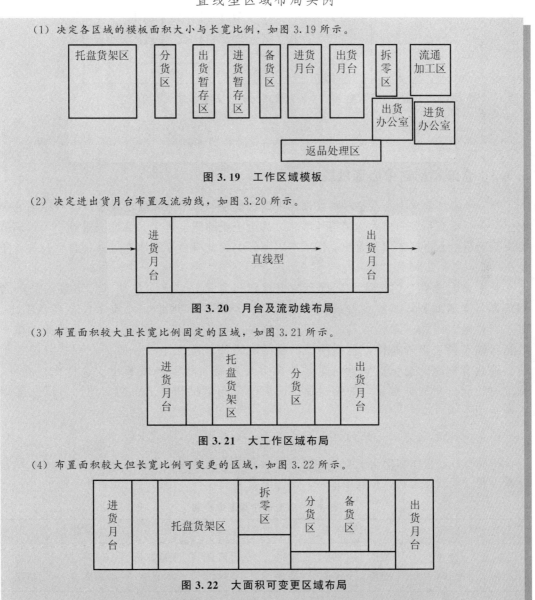

图 3.19　工作区域模板

（2）决定进出货月台布置及流动线，如图 3.20 所示。

图 3.20　月台及流动线布局

（3）布置面积较大且长宽比例固定的区域，如图 3.21 所示。

图 3.21　大工作区域布局

（4）布置面积较大但长宽比例可变更的区域，如图 3.22 所示。

图 3.22　大面积可变更区域布局

（5）布置面积较小且长宽比例可变更调整的区域，如图3.23所示。

图3.23　小面积可变更区域布局

（6）布置行政管理与办公区域，如图3.24所示。

图3.24　行政管理与办公区域布局

3.3.3　仓库和配送中心选址决策

企业仓库和配送中心在整个物流网络中的选址是一个十分重要的决策问题，因为它影响整个企业物流系统的模式、结构和形状，甚至企业的竞争优势。选址决策是一个长期战略决策问题，会直接影响企业的运作成本，不好的选址将会导致成本过高，直至丧失竞争优势。

仓库和配送中心的选址，应符合城市规划和商品存储安全的要求，适应商品的合理流向，交通便利，具有良好的运输条件、区域环境和地形、地质条件，具备给水、排水、供电、道路、通信等基础设施。特别是大型的仓库或配送中心，应具备大型集装箱运输车辆进出的条件，包括附近的桥梁和道路。配送中心一般都在环状公路与干线公路或者铁路的交汇点附近选址，并充分考虑商品运输的区域化、合理化。此外，选址时还应分析服务对象，如连锁超市门店的分布情况和将来布局的预测，以及配送区域范围。

1. 仓库和配送中心选址的主要影响因素

一般而言，仓库和配送中心选址的主要影响因素有四类，分别是自然环境因素、经营环境因素、基础设施状况和其他因素。这些因素又包含各类小因素，如表3.5所示。

表3.5　选址的主要影响因素

自然环境因素		经营环境因素		基础设施状况		其他因素	
气象条件	地质、地形条件	物流费用	服务水平	交通条件	公共设施条件	土地资源的利用	环境保护的要求	周边情况

小案例

2015年8月12日，天津东疆保税港区瑞海国际物流有限公司发生火灾爆炸，造成上百人遇难的严重后果。瑞海国际物流有限公司是天津口岸危险品货物集装箱业务的大型中转、集散中心，是天津海事局指定危险货物监装场站和天津交通运输委员会港口危险货物作业许可单位，主要经营危险化学品集装箱拆箱、装箱、中转运输等业务，年货运吞吐量100万吨。该公司仓储业务分为液化气体、易燃液体、毒害品、腐蚀品等七类。按照2019年出台的《危险化学品经营企业安全技术基本要求》（GB 18265—2019），危险化学品仓库规划选址的安全技术基本要求包括如下几点。

(1) 危险化学品仓库应符合本地区城乡规划，选址在远离市区和居民区的常年最小频率风向的上风侧。

(2) 危险化学品仓库防火间距应按GB 50016的规定执行。危险化学品仓库与铁路安全防护距离，与公路、广播电视设施、石油天然气管道、电力设施距离应符合其法规要求。

(3) 爆炸物库房除符合4.1.2要求外，与防护目标应至少保持1 000米的距离。还应按GB/T 37243的规定，采用事故后果法计算外部安全防护距离。事故后果法计算时应采用最严惩事故情景计算外部安全防护距离。

(4) 涉及有毒气体或易燃气体，且其构成危险化学品重大危险源的库房除符合4.1.2要求外，还应按GB/T 37243的规定，采用定量风险评价法计算外部安全防护距离。定量风险评价法计算时应采用可能储存的危险化学品最大量计算外部安全防护距离。

2. 仓库配送中心选址常用方法

影响仓库配送中心选址的因素很多，有些因素可以定量转为经济因素，有些因素只能是定性的非经济因素。在进行选址的综合分析比较时，可根据条件采用定性的、定量的或定性定量相结合的方法。常用的选址方法有优缺点比较法、加权因素分析法、重心法、线性规划运输法、覆盖模型、德尔菲分析模型等。

(1) 优缺点比较法

优缺点比较法是一种最简单的设施选址方法，尤其适应于非经济因素的比较。当几个方案在费用和效益方面近似时，非经济因素即可能成为考虑的关键因素。此时，可采用优缺点比较法对若干方案进行分析比较。该方法的具体做法是：罗列出各个方法的优缺点进行比较，并按最优、次优、一般、较差、极坏五个等级对各个方案的各个特点进行评分，对每个方案的各项得分加总，得分最高的方案为最优方案。

(2) 加权因素分析法

加权因素分析法是选址方法中使用最广泛的一种，因为它以简单易懂的模式将各种不同的因素综合起来。加权因素分析法具体包括以下步骤。

① 决定一组相关的选址决策因素。

② 每一个因素的分值根据权重来确定，权重则要根据成本的标准差来确定，而不是根据成本值来确定。

③ 对每一因素赋予一个权重以反映这个因素在所有因素中的重要性。

④ 对所有因素的打分设定一个共同的取值范围，一般是1~10或1~100。

⑤ 对每一个备选地址的所有因素按设定范围打分。

⑥ 用各个因素的得分与相应的权重相乘，并把所有因素的加权值相加，得到每一个备选地址的最终得分。

⑦ 选择具有最高总得分的地址作为最佳的选址。

【例 3.2】 某配送中心有两个候选地址，影响因素有五个，其重要度如表 3.6 所示。

表 3.6 某配送中心加权评分法表

影响因素	权重	候选方案 A		候选方案 B	
		分值	得分	分值	得分
地质条件	0.15	80	12.00	74	11.10
交通条件	0.30	87	26.10	90	27.00
基础设施	0.25	86	21.50	81	20.25
配套设施	0.25	83	20.75	80	20.00
扩展情况	0.05	82	4.10	89	4.45
合计	1		84.45		82.80

经计算可知，候选方案 A 优于候选方案 B。

(3) 重心法

重心法是一种布置单个设施的方法，这种方法考虑现有设施之间的距离和运输的货物量，常用于中间仓库或分销仓库的选择。重心法的思想是在确定的坐标中，各个原材料供应点的坐标位置与其相应供应量、运输费率之积的总和等于场所位置坐标与各供应点供应量、运输费率之积的总和。当运输费率相同时，只考虑坐标与运输量的乘积即可，重心法中的坐标系可以随便建立，国际上经常采用经度和纬度建立坐标。

重心法的数学模型为

$$\min TC = \sum_i V_i R_i d_i \quad (3.4)$$

式中，TC 为总的运输成本；V_i 为 i 点的运输量；R_i 为重心点到 i 点的运输费率；d_i 为重心点到 i 点的距离，距离采用欧式距离。这是一个求极值的问题，由于中间含有欧式距离公式，直接求偏导数比较困难，计算一般采用迭代法，计算也比较烦琐，但是如果借助计算机则可以比较迅速地得出答案。

(4) 线性规划运输法

线性规划运输法是一种广泛使用的最优化的技巧，它在考虑特定约束条件下，从许多可用的选择中挑选出最佳方案，其目标是在给定的供给、需求和能力的约束条件下，使生产和输入、输出运输的可变成本最小化。对于复合设施的选址问题，如对于一个公司设有多个工厂、多个分销中心（或仓库）的选址问题，可以用线性规划运输法求解，使所有设施的总运费最低。

线性规划运输法有比较完善的算法，如表上作业法或者用 Excel 的规划求解来计算。

【例 3.3】 某公司已有 A、B 两个配送中心，供应三个区域。随着需求的增加，公司迫切需要建立第三个配送中心，可供选择的位置有 C 和 D 两处。根据资料分析，各地点运输费用如表 3.7 所示，试从 C 和 D 中选出最佳者。

解：

比较选择 C 和 D 的费用，将其化为两个运输问题，找出费用最低的即可。运输费用计算表，如表 3.8 所示。

表 3.7 运输费用表

配送中心	运输费用/万元			年供应量/万吨
	区域一	区域二	区域三	
A	0.30	0.20	0.30	7 000
B	0.50	0.35	0.15	5 500
C	0.05	0.18	0.65	4 500
D	0.50	0.80	0.75	4 500
年需求量/万吨	4 000	7 000	6 000	—

表 3.8 运输费用计算表

问题 1

区域 配送中心	区域一	区域二	区域三	产量/万吨
A	0.30	0.20	0.30	7 000
B	0.50	0.35	0.15	5 500
C	0.05	0.18	0.65	4 500
销量/万吨	4 000	7 000	6 000	—

问题 2

区域 配送中心	区域一	区域二	区域三	产量/万吨
A	0.30	0.20	0.30	7 000
B	0.50	0.35	0.15	5 500
D	0.05	0.18	0.65	4 500
销量/万吨	4 000	7 000	6 000	—

总运费

区域 配送中心	区域一	区域二	区域三	产量/万吨
A	0	6 500	500	7 000
B	0	0	5 500	5 500
C	4 000	500	0	4 500
销量/万吨	4 000	7 000	6 000	—

总运费

区域 配送中心	区域一	区域二	区域三	产量/万吨
A	0	7 000	0	7 000
B	0	0	5 500	5 500
D	4 000	0	500	4 500
销量/万吨	4 000	7 000	6 000	—

经计算，C 地点运费更低，所以配送中心应该选择 C 点。

(5) 覆盖模型

覆盖模型，就是对于需求已知的一些需求点，如何确定一组服务设施来满足这些需求点的需求。在这个模型中，需要确定服务设施的最小数量和合适的位置。根据解决问题的方法的不同，可以分为以下两种不同的类型。

① 集合覆盖模型。集合覆盖模型用最小数量的设施去覆盖所有的需求点，如图 3.25 所示。

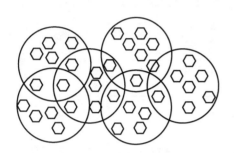

图 3.25　集合覆盖模型

其数学模型为

$$\min \sum_{j \in N} x_j$$

$$\begin{cases} \sum_{j \in B(i)} y_{ij} = 1, i \in N \\ \sum_{j \in A(j)} d_i y_{ij} \leqslant C_j x_j, j \in N \\ y_{ij} \geqslant 0, i,j \in N \\ x_i \in \{0,1\} \end{cases} \quad (3.5)$$

式中，N 为 N 个需求点的集合；d_i 为第 i 个需求点的需求量；C_j 为设施节点 j 的容量；$A(j)$ 为设施节点 j 所覆盖的需求点的集合；$B(i)$ 为可以覆盖需求点 i 的设施集合；y_{ij} 为节点 i 需求中被分配给设施节点 j 服务部分，$y_{ij} \leqslant 1$；x_j 为节点 j 是否被选中成为设施，选中则为 1，否则为 0。

② 最大覆盖模型。最大覆盖模型是指在给定数量的设施下，覆盖尽可能多的需求点，如图 3.26 所示。

其数学模型为

$$\max \sum_{j \in N} \sum_{i \in A(i)} d_i y_{ij}$$

$$\begin{cases} \sum_{j \in B(i)} y_{ij} \leqslant 1, i \in N \\ \sum_{i \in A(j)} d_i y_{ij} \leqslant C_j x_j, j \in N \\ \sum_{j \in N} x_j = p \\ x_j, y_{ij} \in \{0,1\}, i,j \in N \end{cases} \quad (3.6)$$

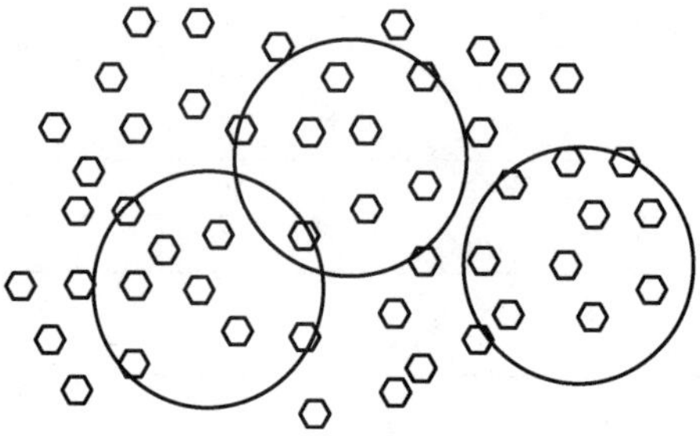

图 3.26　最大覆盖模型

式中，N 为 N 个需求点集合；d_i 为第 i 个需求点需求量；C_j 为设施节点 j 的容量；$A(j)$ 为设施节点 j 所覆盖的所有需求点的集合；$B(i)$ 为可以覆盖需求点 i 的设施集合；p 为允许建造物流设施的数目；x_j 为节点 j 是否被选中成为设施，选中则为 1，否则为 0；y_{ij} 为需求点 i 由节点 j 提供服务则为 1，否则为 0。

以上两类问题都是带有约束条件的极值问题，有两大类方法可以进行求解：一是应用分支定界求解的方法，但只适用于小规模问题的求解；二是启发式方法，所得到的结果不能保证是最优解，但是可以得到较满意的可行解。

(6) 德尔菲分析模型

典型的布置分析考虑的是单一设施的选址，其目标有供需之间的运输时间或距离的极小化、成本的极小化、平均反应时间的极小化。但是有些选址分析涉及多个设施和多个目标，其决策目标相对模糊，甚至带有感情色彩。解决这类选址问题的一种方法是使用德尔菲分析模型，该模型在决策过程中考虑了各种影响因素。使用德尔菲分析模型涉及三个小组，即协调小组、预测小组和战略小组。

每个小组在决策中发挥不同的作用，使用该模型包括以下步骤。

① 成立三个小组。内外部的人员组成顾问团（即协调小组），充当协调者，负责设计问卷和指导德尔菲调查。顾问团中选出一部分人成立两个小组，一个小组负责预测社会的发展趋势和影响组织的外部环境（预测小组）；另一个小组确定组织的战略目标及其优先次序（战略小组）。战略小组的成员从组织中各部门的高层经理人员中挑选。

② 识别存在的威胁和机遇。经过几轮问卷调查后，协调小组应该向预测小组询问社会的发展趋势、市场出现的机遇，以及组织面临的威胁。该阶段要尽可能听取多数人的意见。

③ 确定组织的战略方向与战略目标。协调小组将预测小组的调查结果反馈给战略小组，战略小组利用这些信息来确定组织的战略方向与战略目标。

④ 提出备选方案。一旦战略小组确定了长期目标，就应集中精力提出各种备选方案（备选方案是对工厂现有设施的扩充或压缩和对工厂的全部或局部位置进行的变更）。

⑤ 优化备选方案。步骤④中提出的备选方案应提交给战略小组中的有关人员，以获得他们对各方案的主观评价，在考虑组织优势和劣势的基础上，该模型可识别出组织的发展趋势和机遇。此外，该模型还考虑了企业的战略目标，在现代公司中被作为一种典型的综合性群体决策方法广泛使用。

3.3.4 配送模式的选择

1. 配送模式类型

根据企业对物流配送系统资本投入多寡和管理控制能力强弱，可将配送模式分为以下四类。

（1）自营配送模式

自营配送模式是指企业物流配送的各个环节由企业自身筹建并组织管理，实现对企业内部及外部货物配送的模式，是目前生产流通或综合性企业（集团）广泛采用的一种配送模式。

（2）第三方配送模式

第三方配送模式是指交易双方把自己需要完成的配送业务委托给第三方来完成的一种配送模式。

（3）共同配送模式

共同配送模式是指两个或两个以上有配送业务的企业相互合作，对多个客户开展配送活动的一种物流模式，是物流配送企业之间为了提高配送效率及实现配送合理化所建立的一种功能互补的配送联合体；是一种物流配送经营企业之间为实现整体配送合理化，以互惠互利为原则，互相提供便利的物流配送服务的协作型配送模式；也是电子商务发展到目前为止最优的物流配送模式。

（4）互用配送模式

互用配送模式是指几个企业之间为了各自的利益，以契约的方式达到某种协议，互用对方配送系统资源而进行的配送模式。利用这种配送模式，企业不需要投入较多的资金和人力，就可以扩大自身的配送规模和范围。

【拓展视频】

随着我国电子商务的发展，配送作为物流的最后一千米往往成为整个物流系统的一个痛点，于是网订店取和网订店送等融合线上和线下的新型配送模式也越来越受到关注。

小案例

优衣库的配送模式

优衣库在中国提供线上订购、线下实体店取货的服务。顾客在网上订购优衣库商品后，可以选择寄到自己家，也可以去优衣库实体店提取。优衣库认为，家中没有收货箱、不方便取货的顾客存在这种需求。因此，顾客在指定时间到店取货更为方便。通过到门店取货增加顾客光顾频率，还有助于促进其购买其他商品。

2. 常见的企业配送模式选择方法

常见的企业配送模式选择方法有矩阵图决策法和比较选择法。

矩阵图决策法主要是通过两个不同因素的组合，利用矩阵图来选择配送模式的决策方法。通过选择决策因素，组合成不同的象限进行决策。如图3.27所示，区域Ⅰ企业可以采用自营配送模式，区域Ⅳ企业宜采用第三方配送模式。至于区域Ⅱ，一般说来，在市场规模较大且相对集中，以及投资量较小的情况下，企业可采取自营配送模式；若情况相反，则可采取第三方配送模式。而在区域Ⅲ，若企业在该方面具有较强竞争优势，也可适当地调整业务方向，向社会化的方向发展，成为专业的配送企业。

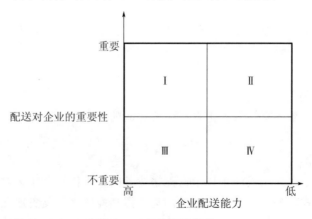

图3.27　矩阵图决策法

比较选择法是企业通过对配送活动的成本和收益等进行比较而选择配送模式的一种方法，一般有确定型决策、非确定型决策和风险型决策等。

3.4 企业运输系统规划与设计

一般来讲，作为物流基本功能之一的运输，其成本比其他任何物流成本所占的比重要高。日本曾对部分企业进行调查，在成品从供货者到消费者手中的物流费用中，运输费用占44%，在整个国民生产总值中流通费用占9%～10%，可见运输费用在物流费用中的比重之大。因此，在物流系统中，如何做好运输子系统的工作，积极开展合理运输，不仅关系到物流的效率，而且直接影响到物流的费用。运输系统规划包括运输方式选择、运输路线选择和供应与销售物流网络规划。

3.4.1 运输方式选择

运输的工具主要有火车、汽车、船、飞机、管道等，相应的运输方式有铁路、公路、水路、航空和管道运输五种。各种运输方式有各自的特征和局限，随着现代运输业的发展，多式联运也日益增多。运输方式选择也呈现多样性。在选择运输方式时，一般会考虑以下因素。

1. 货品特性

不同的产品对运输的要求不同。一般来说，粮食、煤炭等大宗散货适宜选择水路运输，日用品、小批量近程运输货物适宜选择公路运输，海产品、鲜花等鲜活产品及宝石等贵重物品适宜选择航空运输，石油、天然气等货物适宜选用管道运输。

2. 运输速度和运距

运输速度的快慢、运距的长短决定了货物运输时间的长短。在途运输货物会形成资金占用。因此，在途时间长短对能否及时满足销售需要、减少资金占用具有重要影响。运输速度和运距是选择运输方式时应考虑的一个重要因素。一般来说，批量大、价值低、运距短的商品适宜选择水路运输或铁路运输；批量少、价值高、运距长的商品适宜选择航空运输；批量小、运矩短的商品适宜选择公路运输。

3. 运输容量

运输容量，即运输能力，以能够应付某一时期的最大业务量为标准。运输能力的大小对企业的分销影响很大，特别是一些季节性产品，旺季时会使运输到达高峰状态。若运输能力小，不能合理、高效率地安排运输，就会造成货物积压，产品不能及时运往销地，使企业错失销售机会。运输能力与运输密度也有关，运输密度对商品能否及时运送、能否及时满足客户需要和能否扩大销售至关重要。

4. 运输成本

运输成本包括运输过程需要支出的人力、物力和财力。企业在进行运输决策时，要受到经济实力及运输费用的制约，如果企业经济实力弱，就不能使用运输费用高的运输方式，如航空运输。

5. 运输质量

运输质量包括可到达性、运输时间的可靠性、运输安全性、货差货损及客户服务水平等方面，用户根据运输质量要求选择相应的运输方式。

6. 环境保护

运输业动力装置废气排出是空气的主要污染源，特别是在人口密集的城市，汽车废气已经严重影响空气质量。比较各种运输方式对环境的影响，就单位运输产品的废气排放量而言，航空最多，其次是公路，较低的是铁路，水运对空气的污染极小，而管道运输几乎不对空气产生污染。公路和铁路建设会占用大量土地，从而对生态平衡产生影响，使人类的生存环境恶化。水路运输基本上在自然河道和广阔的海域中进行，不会占用土地，但是油船运输的溢油事故会给海洋带来严重污染。在运输方式选择上，应综合各种因素，尽量选择污染少的运输方式。

单一运输方式选择常用因素分析法、层次分析法。在选择多式联运运输方式时，除了货品特性、运输费用、运输容量等因素外，还需要考虑中转时间、中转费用、服务水平等因素。在多式联运建模中，可以根据总时间、总费用等目标函数建模。

3.4.2 运输线路选择

运输系统规划的核心就是运输线路的选择。运输线路的选择是一个较复杂的过程，需要考虑多种因素，经过多次反复迭代，依据一定的标准对各种方案进行比较，用系统的观点，从各个方面进行综合分析，从而得出可行的线路。

1. 运输线路选择的原则

（1）费用最小原则

从工厂到运输线路选择的据点的输送费用，随着运输线路选择的据点的规模的上升而增多。即运输线路选择的据点的规模越大，数目越多，产品的在途量就越大，相应地对运输的投资费用就越高。相反，从运输线路选择的据点到用户的配送费用，会随着运输线路选择据点数目的增多而减少。这是因为配送距离缩短，配送费用下降。

运输的营运费、在库维持费、收发货处理费与运输线路选择的据点数目成正比例关系。一般而言，据点数目越多，费用越高。

物流的总费用曲线是一个凹性函数，即在一定的据点数目范围内，物流总费用会随着运输量的增多而降低。但是，在经过一定的均衡点后，物流的总费用反而会随着运输时间的延长而增加。

（2）动态性原则

许多与运输线路选择相关的因素不是一成不变的。例如，客户的数量、客户的需求、经营的成本、价格、交通状况等都是动态因素。所以，在设置运输线路选择时，应该以发展的目光考虑运输线路选择的布局，尤其是对城市的发展规划应该加以充分的调查与咨询。同时，对运输线路选择的规划设计应该具有一定的弹性机制，以便将来能够适应环境的变化。

(3) 简化作业流程原则

减少或消除不必要的作业流程,是提高企业生产率和减少消耗最有效的办法之一。这一点反映在设计运输联络时,应以直达运输、尽量减少中间的换装环节为准则。

(4) 适度原则

合理规划运输线路应考虑物流费用的构成,如商品由工厂到物流中心的输送费、物流中心的营运费、配送费、在库维持费、收发货处理费等;在运输线路选择的布局与选址问题上,我们可以把总投资最低、营运成本最低、配送费用最低作为求解目标,建立数学模型或利用线性规划方法求得最优解。在设置方案上,应设计出多种方案,采用决策最优化的原则,经过分析比较,选出最佳方案。

2. 运输线路选择的方法

(1) 起讫点不同的单一线路选择

对分离的、单个始发点和终点的网络运输线路选择问题,最简单和直观的方法是最短线路法。网络由节点和线组成,点与点之间由线连接,线代表点与点之间运行的成本(距离、时间或时间和距离加权的组合)。常见的最短路径算法为Dijkstra算法。

【例 3.4】 有一批货物从 O 点运往 T 点,其线路和距离如图 3.28 所示,试求出最短运输距离。

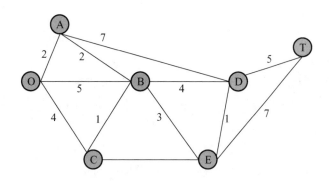

图 3.28 货物运输网络

第一步:点 O 标号 (0, S),设 I 为标号的点的集合,J 为未标号的点的集合,于是有集合 $\{(u_i, u_j) | i \in I, j \in J\} = \{(O,A), (O,B), (O,C)\}$,则 $S_{OA} = 2$,$S_{OB} = 5$,$S_{OC} = 4$,最小为 S_{OA},A 标号 (2, O)。

第二步:$\{(u_i, u_j) | i \in I, j \in J\} = \{(A,B), (A,D), (O,B), (O,C)\}$,则 $S_{OB} = 5$,$S_{OC} = 4$,$S_{AB} = 4$,$S_{AD} = 9$,最小为 S_{OC},S_{AB},C 标号 (4, O),B 标号 (4, A)。

第三步:$\{(u_i, u_j) | i \in I, j \in J\} = \{(A,D), (B,D), (B,E), (C,E)\}$,$S_{AD} = 9$,$S_{BD} = 4+4=8$,$S_{BE} = 4+3=7$,$S_{CE} = 4+4=8$,最小为 S_{BE},E 标号 (7, B)。

第四步:$\{(u_i, u_j) | i \in I, j \in J\} = \{(A,D), (B,D), (E,D), (E,T)\}$,$S_{AD} = 9$,$S_{BD} = 8$,$S_{ED} = 7+1=8$,$S_{ET} = 7+7=14$,最小为 S_{ED},S_{BD},D 标号 (8, B) 或 (8, E)。

第五步：$\{(u_i,u_j)|i\in I, j\in J\}=\{(D,T),(E,T)\}$，$S_{ET}=14$，$S_{DT}=8+5=13$，最小为 S_{DT}，T 标号（13，D）。

所以，O 点到 T 点最短距离为 13，线路是 O→A→B→D→T 或 O→A→B→E→D→T。

（2）多讫点线路选择

如果有多个货源地可以服务多个目的地，那么面临的问题是：要指定各目的地的供货地、目的地之间的最佳路径。该问题经常发生在多个供应商、工厂或仓库服务于多个客户的情况下。如果各供货地能够满足的需求数据有限，则问题会更复杂。这类问题属于特殊的一类线性规划问题，称为运输问题。

常见的运输问题如下。

已知有一批物资，从 A_1，A_2，…，A_m 共 m 个产地运往 B_1，B_2，…，B_n 共 n 个销地，其中，A_i 到 B_j 运行成本为 C_{ij}，m 个产地产量分别为 a_1，a_2，…，a_m，n 个销地可以接纳量分别为 b_1，b_2，…，b_n，设计最优调运方案使总成本最低。

当产量与销量平衡时，模型为

$$\min Z = \sum_{i=1}^{m}\sum_{j=1}^{n} c_{ij} x_{ij}$$

$$\begin{cases} \sum x_{ij} = a_i \\ \sum x_{ij} = b_j \quad (\sum a_i = \sum b_j) \\ x_{ij} \geq 0 \end{cases}$$

该模型的求解可以用表上作业法进行手工计算，规模太大时，可以用 Lingo 和 Excel 中的规划求解来实现。

（3）起讫点重合线路选择

起讫点重合的线路选择问题，通常又称"旅行推销员"问题。解决这类问题的目标是寻求访问各节点的次序，以求运行时间或距离最小化。该问题是一个 NP-hard 问题，如果某个问题中包含很多个点，要找到最优路径是不切实际的，因为许多现实问题的规模太大，即使用性能最好的计算机进行计算，求最优解的时间也非常长。

3.4.3 供应与销售物流网络规划

物流网络规划主要包括以下两个方面的内容：一是适应企业市场需求的物流设施的数目、位置、规模及其与上下游节点之间的归属划分，这是企业物流网络规划中最基础和最重要的部分；二是货物从产地经中间节点至销售地之间的运送方式和线路选择。第一方面实际主要就是设施选址问题，可参考 3.3.3 节。

一般而言，物流网络基本结构有以下四种类型。

1. 直送网络结构模式

直送网络结构模式中所有的货物直接从供应商处运达零售商处，如图 3.29 所示。若零售商的需求规模足够大，每次的最佳补给规模都与卡车的最大装载量相接近，那么直接运输网络就是行之有效的。对小的需求来说，直接运输网络的成本过高，若满载运输，必然会导致供应链中库存水平提高。若非满载运输，尽管库存量较少，但却要花费较高的运输费用和较长的运输时间。

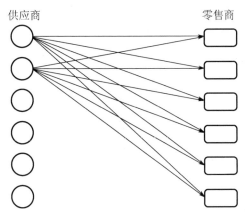

图 3.29　直送网络结构模式

2. 利用"送奶线路"的直送网络

"送奶线路"是指一辆卡车将从一个供应商那里提取的货物送到多个零售商时所经历的线路，或者从多个供应商那里提取货物送至一个零售商时所经历的线路，如图3.30所示。在这种运输体系中，供应商通过一辆卡车直接向多个零售商送货，或者由一辆卡车从多个供应商那里装载要运送到一家零售商的货物。采用这种物流网络，库存会比较低，但是物流管理者就必须对每条"送奶线路"进行规划，一旦供应需求发生改变，需要进行动态调整，难度较大。

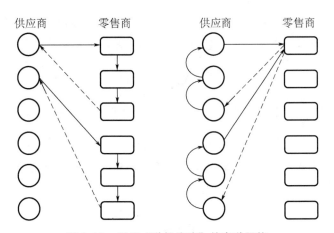

图 3.30　利用"送奶线路"的直送网络

3. 通过配送中心中转的网络

通过配送中心中转的网络结构指供应商并不直接将货物运送到零售商处，而是先运送到配送中心，再送至零售商。物流控制中心根据空间位置将零售商划分区域，并在每个区域建立一个配送中心。供应商将货物送至配送中心，然后由配送中心选择合适的运输方式，再将货物送到零售商处。这种物流网络能够降低运输成本，同时也增加了库存成本，增加了配送中心处理费用，协调的复杂性加大，如图 3.31 所示。这种网络结构被商业企业、连锁企业普遍采用。

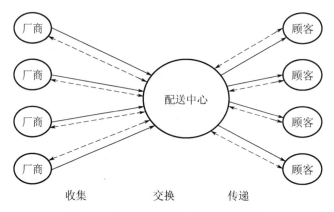

图 3.31 通过配送中心中转的网络结构

4. 通过配送中心使用"送奶线路"配送与集货的网络

如果每家商店的进货规模较小，配送中心就可以使用"送奶线路"向零售商送货了。即通过配送中心使用"送奶线路"配送与集货的网络，如图 3.32 所示，"送奶线路"通过联合的小批量运送减少了送货成本，但是协调的复杂性将更大。

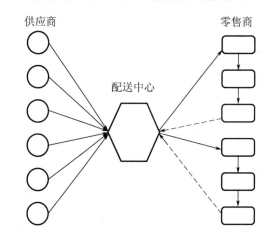

图 3.32 通过配送中心使用"送奶线路"配送与集货的网络

小案例

7-11 物流管理模式的变革

7-11 的物流管理模式先后经历了三个阶段三种方式的变革。起初，7-11 并没有自己的配送中心，它的货物配送依靠批发商完成。渐渐地，这种分散化的由各个批发商分别送货的方式无法再满足规模日渐扩大的 7-11 的需要，7-11 开始和批发商及合作生产商构建统一的集约化的配送和进货系统。集约化配送有效地降低了批发商的数量，减少了配送环节，为 7-11 节省了物流费用。

> 接着，共同配送中心代替了特定批发商，分别在不同的区域统一集货、统一配送。配送中心有一个计算机网络配送系统，分别与供应商及 7-11 店铺相连。为了保证不断货，配送中心一般会根据以往的经验保留 4 天左右的库存，同时，配送中心的计算机系统每天都会定期收到各个店铺发来的库存报告和要货报告，配送中心把这些报告集中分析，最后形成一张张向不同供应商发出的订单，由计算机网络传给供应商，而供应商则会在预定时间之内向配送中心派送货物。
>
> 资料来源：[2020-01-06]. http://blog.sina.com.cn/s/blog_13f7c3d290102vv4k.html

3.5 企业逆向物流系统规划与设计

作为企业产品整体生命周期管理一部分的企业逆向物流管理，是实现企业可持续发展的重要措施，所以，必须从战略的高度来设计逆向物流系统，投入更多的资源建立逆向物流系统。

逆向物流运作的效率直接依赖和受限于逆向物流网络结构，因而必须合理设计逆向物流网络，即确定废旧物资从消费地到起始地的整个流通渠道的结构，包括各种逆向物流设施的类型、数量和位置，以及废旧物品在设施间的运输方式等。逆向物流是一个新兴的研究领域，定量分析还很缺乏，目前关注的焦点是解决逆向物流的网络设计问题。

尽管现有的逆向物流网络设计模型与传统的设施选址模型很类似，然而在进行逆向物流网络设计时必须充分考虑到高度的不确定性和正向与逆向的关系。

正向物流系统一般只涉及市场需求的不确定性，而逆向物流系统中的不确定性要高得多，不仅要考虑市场对再生产品需求的不确定性，还要考虑废品回收供给的不确定性，主要包括回收物品的数量、质量和到达时间等，这些都是逆向物流网络设计必须考虑的因素。

逆向物流有以下三种流通渠道。

1. 沿着传统的正向物流网络逆向流动

沿着传统的正向物流网络逆向流动即利用企业原有的物流系统实现逆向物流的功能，逆向物流的设施、运输线路与正向物流基本相同，下游企业逆供应链方向将回流物品直接送交上一级供应商，如图 3.33 所示。

（1）优点

这种系统模式完全使用原有的设施和组织，降低了固定投资成本，而且上下游企业之间的业务关系明确，操作管理简单，下游企业几乎没有风险，所以这种模式更受下游企业的欢迎。

（2）缺点

这种系统模式的主要缺点如下。

① 每个节点都要进行返回品的分类、检测，延长了回收品的停留时间，导致系统响应速度降低，影响客户满意度，也使物品价值恢复受到影响。

② 发生在末端的退货行为及相关的退货信息，需要经过较多的环节和较长的周期才能反馈给制造商，造成退货信息的失真，使产品制造商不能确切了解末端客户对产品的意

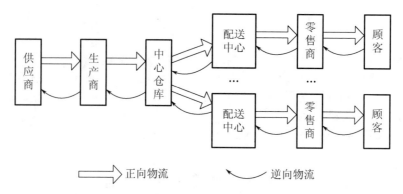

图 3.33　沿着传统的正向物流网络逆向流动的逆向物流结构

见或建议。

③ 尽管简单逆向物流系统不需要大的固定投资，但由于每个节点的回流品数量规模不大，不会产生运输、仓储的规模效应，因此导致日常运营管理成本及人力成本增加。

根据对简单逆向物流系统的优缺点分析，可以得出以下结论：当企业生产规模小，且产品属于低价值、寿命短的商品（如保鲜食品）时，或者供应链上的企业同属于一个企业集团，其分销渠道属于内部结构时，适合于采用这种简单结构的逆向物流系统。

2. 独立的逆向物流网络

对于组成复杂、价值高的耐用品，其生产企业必须构建专业化程度高的逆向物流系统，并有必要将逆向物流管理纳入企业战略管理范畴，如图 3.34 所示。

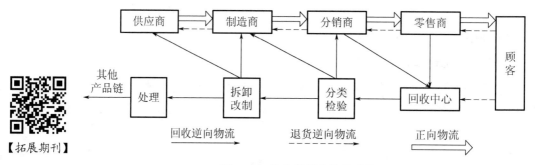

图 3.34　独立的逆向物流网络

在独立的逆向物流网络中，专业化的集中回收中心接收供应链下游顾客、零售商及分销商的损坏退货、库存退货或产品寿命终结的报废，进行集中的回收处理。进行资源价值恢复的一系列处理活动既可以由原产品制造商独立完成，也可以由其他企业完成；恢复价值后的零部件或再生资源可以进入原产品链，也可以进入其他的产品链。但是，当产品或其核心部件涉及企业的保密技术时，为防止其他企业仿冒产品、保持企业自身的垄断地位，此时，企业往往会自己建立逆向物流网络系统，并对拆卸、分解、零部件修复、再制造等一切活动负责，修复后的零部件重新进入产品生产过程。

小案例

某公司的产品回收

某经营办公室计算机产品的公司,其许多产品是供别人租赁的,所以公司强调快速估计产品价值,集中精力减少返品评估和重新配置的时间。那些能够重新利用和再制造的产品会很快被识别出来,并转化为可出售的产品。公司建立了一系列的二手市场,再加工的产品不会和公司新产品形成竞争。公司将再加工的产品尽快投入二手市场后,保持低存货率并使公司收入最大化。

对那些不能再利用的产品,公司先将产品进行分解,然后回收可再利用的元件和贵重金属,最后将塑料等垃圾扔进指定的再循环垃圾桶中。通过回收旧元件,公司发现他们所需购买的元件数量极大减少,因为一些元件本来就是设计成可重复利用的。设备有了稳定的零部件供应后,公司就可以以最低的新零部件存货率来满足顾客的需求。

最后,由于只有不到2%的返品被送往垃圾站,因此该公司提高了环境响应能力。公司管理层相信,高效的返品管理可以极大地提高公司的品牌价值。

资料来源:[2020-01-06]. http://www.lawtime.cn/info/wuliu/anli/201009012400.html.

3. 正向和逆向相结合的集成物流

回收的物品可能重新回到初始的生产商,也有可能作为社会资源进入社会其他企业的生产流程。如果属于后一种情况,一般需要构建一个独立的回收系统。这时,产品逆向物流渠道与常规的正向物流渠道是完全不同的,整合这两种渠道的可能性很小。

对于可被生产商循环再利用的产品,很多情况下是由原产品生产商负责回收及处理。销售、使用阶段出现的退货或报废品经集中式回收中心处理后,经修复、改制或原料再循环,重新进入产品的供应链。另外,零部件制造、产品组装过程中出现的废次品,也应该直接进入再制造过程。在这种情况下,企业有必要将逆向物流与正向物流进行有机整合,以保证供应链上游、中游及下游的紧密衔接和高效运作,降低整体成本,增强供应链的竞争优势,形成闭环的供应链网络,如图3.35所示。

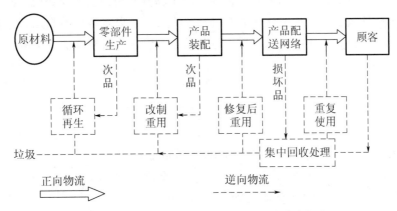

图3.35 正向物流和逆向物流相结合的集成物流

目前的工业实践中，普遍采用第一种较简单的方法，网络规划完全按照正向物流的要求来进行。现有理论研究大多考虑逆向物流网络的独立设计，很少考虑正向物流和逆向物流中共用设施的选址，也没有考虑正向物流和逆向物流中运输路径的整合。显然第三种模式可以构建闭环供应链，能够进一步促进供应链的可持续发展，是未来发展的趋势。

小　　结

供应链理论的产生和发展，推动了物流活动系统化理念的提升，作为微观物流的一部分，企业物流也需从系统论的角度来进行研究。

企业物流系统规划是指立足于企业物流战略目标，将企业范围的所有物流活动视为一个大系统，运用系统原理进行整体规划设计、组织实施和协调控制的过程，目的是以优质的物流服务水平和最低的物流总成本，实现企业物流系统的整体合理化和效益最优化。

本章从生产、仓储与配送、运输和逆向物流系统四个方面对企业物流系统的规划与设计进行阐述。生产物流系统规划与设计主要包含两方面的内容：设施布置设计、物料搬运系统设计。设施布置设计与物料搬运系统设计是相互关联、相辅相成的。物料搬运设备的选择会影响企业设施设备的布置，设施设备的布置也是要围绕着物料的搬运，实现搬运量最小。企业仓储与配送系统规划和设计主要包括仓库选址设计、仓库的布置设计和仓库搬运系统设计。企业配送中心系统规划包括物流系统规划、信息系统规划、运营系统规划三个方面。运输系统规划包括运输方式的选择、运输线路的选择和运输网络的优化。作为企业产品整体生命周期管理的一部分的企业逆向物流管理，是实现企业可持续发展的重要措施。逆向物流运作的效率直接依赖和受限于逆向物流网络结构，因而必须合理设计逆向物流网络。尽管现有的逆向物流网络设计模型与传统的设施选址模型类似，但是进行逆向物流网络设计时必须充分考虑到高度的不确定性和正向物流与逆向物流的关系。

随着工业化的发展，企业物流系统正在从手工物流系统、机械化物流系统、自动化物流系统向集成化物流系统、智能化物流系统逐步发展，所以本章也对自动化立体仓库的布置和新型配送方式进行了阐述，以期用先进的技术和管理手段对企业物流系统进行规划与设计，从而提高企业的竞争力。

 关键词

企业物流系统规划（Enterprise Logistics System Planning）
系统布置设计（System Layout Planning）　　搬运系统分析（System Handing Analysis）
选址（Site Selection）　　配送模式（Delivery Mode）
运输优化（Transportation Optimization）

思考与练习

1. 选择题

（1）企业物流系统中存在的制约关系称（   ）。
A. 一律背反　　　B. 二律背反　　　C. 三律背反　　　D. 四律背反

（2）（   ）适用于对单个分销中心或工厂的选址，它是一种用于寻找将运送费用最小化的配送中心的数学方法。该方法将市场位置，要运送到各市场的货物量、运输成本都加以考虑。
A. 优缺点比较法　　　　　　　　　B. 重心法
C. 线性规划运输模型　　　　　　　D. 德尔菲分析模型

（3）以下运输方式中，在空间和时间方面具有充分的自由性，可以实现"门"到"门"运输的是（   ）。
A. 公路运输　　　B. 铁路运输　　　C. 水路运输　　　D. 航空运输

（4）两部门之间密切度的第三个级别用字母（   ）表示。
A. A　　　　　　B. E　　　　　　C. I　　　　　　D. O

（5）工厂总平面布置的原则之一是要重视各部门之间的关系密切程度，其目的主要是（   ）。
A. 便于管理　　　　　　　　　　　B. 物流线路短捷
C. 合理利用面积　　　　　　　　　D. 美化环境

（6）企业进行单个配送中心新建的关键点是（   ）。
A. 企业重组　　　　　　　　　　　B. 网点布局
C. 配送中心选址　　　　　　　　　D. 充分利用现有设备

（7）（   ）是为商品储运保管工作服务的辅助车间或服务站。
A. 存储区　　　B. 分拣区　　　C. 辅助生产区　　　D. 行政生活区

（8）当运量很大，客户服务水平要求高，配送对企业发展战略的成功影响非常大时，企业应考虑（   ）。
A. 外包配送模式　　　　　　　　　B. 自营配送模式
C. 开发新配送模式　　　　　　　　D. 购买配送模式

（9）（   ）不是企业通常进行物流系统设计的目的。
A. 最优服务　　　　　　　　　　　B. 最大利润
C. 最大资产配置　　　　　　　　　D. 最大竞争优势

（10）多家企业共同参与，只有一家公司独立进行的配送业务模式是（   ）。
A. 共同配送　　　B. 自营配送　　　C. 代理配送　　　D. 转送

2. 判断题

（1）整体性是企业物流系统独有的特性。（   ）
（2）在铁路、公路、水路、航空等运输方式中，一般来说，货运量最大的是铁路。（   ）
（3）在仓库和配送中心选址影响因素中，基础设施因素属于自然条件因素。（   ）
（4）SLP法是一种采用严密的系统分析手段及规范的系统设计步骤的布置设计方法，

具有很强的实践性。在总体规划阶段的设施总体区位布置和详细的规划设计阶段的各作业区域的设备布置均可采用 SLP 程序。   （   ）

（5）以市场定位的仓库通常坐落在邻近工厂，以作为存储、配送被生产物件的地点。
                                                                （   ）

（6）共同配送是指由多家物流企业共同进行配送。   （   ）

（7）航空运输的缺点是受气候条件限制、可达性差、载运量小和对运输货物包装要求较高。   （   ）

（8）铁路运输在五种交通运输方式中运费最低廉，速度最慢，使用范围受到极大限制。
                                                                （   ）

（9）根据工厂设备配置的原则，在进行搬运设备配置时应尽量选择那些对环境污染小、不产生噪声的搬运设备。   （   ）

（10）龙门吊是仓库常用的物流设备。   （   ）

3. 简答题

（1）简述加权因素评价法的步骤。

（2）简述 SLP 法考虑的基本要素。

（3）在选择运输方式时，一般会考虑哪些因素？

（4）简述生产物流系统规划与设计的原则。

（5）简述运输线路选择的原则。

4. 计算题

（1）某工厂有四个部门，布置在 60 米×100 米的厂房内，各部门物流量如表 3.9 所示，各部门面积需求如表 3.10 所示，请用 SLP 法做出布置图。

表 3.9 各部门物流量

部门	A	B	C	D
A	0	250	25	240
B	125	0	400	335
C	100	0	0	225
D	125	285	175	0

表 3.10 各部门面积需求

部门	面积/米×米
A	20×20
B	40×40
C	60×60
D	20×20

（2）已知甲、乙两处分别有 100 吨和 85 吨同种物资外运，A、B、C 三处各需要该种物资 55 吨、60 吨、70 吨。物资可以直接运到目的地，也可以经过某些产地或销地转运。已知各运输单价如表 3.11 所示，请设计出最优调运方案。

表 3.11 运输单价

地点	甲	乙	A	B	C
甲	0	12	10	14	12
乙	10	0	15	12	18
A	10	15	0	14	11
B	14	12	10	0	4
C	12	18	8	12	0

5. 案例分析题

身为服装零售的巨头的 Zara 以快节奏闻名,从创意到销售,Zara 完成一次全新的设计只需要 5~6 周,单纯改动设计只需要 2 周。Zara 希望做高级时装,且价格不能令顾客望而生畏。为了降低成本,Zara 对其物流作业进行了优化和自动化改进。在庞大的萨拉戈萨物流园的中心区,矗立着 Zara 巨大的配送中心,尖端的机器人接受着复杂的算法指令,处理着大部分的物流作业任务。

虽然 Zara 将其众多生产和物流活动自动化,但缝纫工作仍然掌握在心灵手巧的工人手中。对于快速时尚货品,Zara 依托西班牙西北部和葡萄牙北部几百家缝纫企业。虽然这些小作坊在欧洲很廉价,但是劳动力成本还是比大多数其他服装品牌所使用的中国同行高出 6~16 倍。

尽管如此,南欧的位置还是为 Zara 提供了中国所不具备的优势——交货速度。从中国到欧洲走海运,从设计到上架流程再到补货周期,比欧洲范围内多 3~7 周;而从中国空运到欧洲的每公斤成本要比欧洲范围内的地面交通贵上很多倍。采用周边的缝纫厂家意味着更快速的周转效率,比竞争对手高出几个量级的速度,还省掉了提前几个月就要预测客户偏好的必要。所以,利用这样的布局,在顾客想购买时,Zara 的货架上可以备有大量满足需求的新品,并且避免了因库存过多而只能通过降价处理过时产品的问题。快速的销售收入和鲜少的折扣产生了优异的财务业绩。

Zara 的配送中心进行的各种活动,是现代流通设施的典型代表。Zara 每周为门店进行两次补货,以保持流行款式拥有一定的库存量,并给直销店送去设计新品。每个周末销售忙过之后,各门店经理核查总部提供的可售货品清单,于每周一上午 7:00 提交该门店的订单。

然后,Zara 的商务部门据此分配库存给各专卖店,这个过程还包括类似分配热销服装这样的挑战,尤其当各门店对热销服装的需求超过现有可供数量时,这样的挑战尤为艰巨。接下来,Zara 的仓储管理系统将服装分配计划转换成百万条命令,让机器人把分配好的货品从库存中找出来,放置到传送带上,并把它们送到自动分拣设备上,由其引导每件衣服转向相应的包装区。包装完毕后,每箱服装就会被装上运输工具,发送到全世界各家 Zara 门店中各自对应的那一家。

Zara 的系统自动化经理乔治·萨维隆(Jorge Savirón)说:"我们在配送中心的任务是准时、按要求为门店提供它们所需要的产品。"为了维持设备的高利用率,这个自动化立体仓库每周两次的分拣、包装作业分成四个班次,每班半天:一次在周一或周二,另一次在周四或周五,依次循环。每天下午 5:00 分拣结束,以赶上出货卡车和附近萨拉戈萨机场货运航班的装载截止时间。

在配送中心的一侧,一辆银色的大型奔驰牵引车正在倒车,以便将拖挂车厢靠上配送中心的卸货口,并将货物卸下送入仓库。而在仓库的另一侧,工人们把服装装到几十辆拖挂车厢里,这些拖挂车将要给欧洲各地的 Zara 门店送货。因为没有任何一家 Zara 商店需要每周两次都配送一整车的服装,Zara 的每辆车都整合了多个门店的订单,工人则按照与交货相反的顺序装载每辆车:最后一个装的是第一站交付的第一个包装箱。

工人们装完最后一箱,同样由银色奔驰牵引车倒车、扣住拖挂车厢,然后开上西班牙宽阔的公路开始送货。有时候,萨拉戈萨的卡车在目的地国家或城市的小型配送中心放下货物,再由当地小卡车进行毛细管式的末端配送,交付到各个门店。目的地为海外网点的服装则须搭乘货运班机。因此,Zara可确保将待售产品在24小时内送到欧洲所有的门店,在48小时内送到全球的所有门店。

资料来源:[2020-01-06].http://www.otms.com/news/zara-logistics-system/.

分析:
(1) 结合案例和所学知识谈谈Zara选址萨拉戈萨的原因。
(2) 萨拉戈萨物流系统对Zara起到了哪些帮助?这对我国的企业有何启示?

应用训练

实训项目: 某企业的设施布置。
实训目的: 了解该企业的设施布置,掌握相关图技术。
实训内容: 列出该企业的主要设施,了解设施之间的物流量,确定它们之间的相互关系,并画出相关图。
实训要求: 以小组为单位,每组6~8人,参观某个企业,选择某个时间段,测算其设施之间物流量,结合其非物流关系,做出综合相关图。

第3篇

企业物流的运营

第4章 企业供应物流管理

【本章教学要点】

知识要点	掌握程度	相关知识
企业供应物流的内涵	掌握	供应物流的概念、供应物流和采购物流的联系和区别、供应物流管理的内容及目标
供应计划	理解	物料需求计划的含义、基本思想,准时供应计划的基本思想和特点,看板管理的由来与职能
采购物流管理	掌握	采购的业务流程、采购物流的组织方式、进货运输的战略制定及方式的选择
仓储管理与库存控制	重点掌握	仓储管理的相关决策、库存管理及控制方法、安全库存量的计算、供应商管理库存
供料管理	了解	供料方式、供料的日常管理

【本章能力要求】

能力要点	掌握程度	应用能力
供应物流和采购物流	理解	能够熟练掌握供应物流和采购物流的区别和联系;理解它们对现代物流的影响
供应计划	掌握	能够熟练掌握三种供应计划的特点、作用原理及作用过程,并能够根据情况为企业选择相应的供应计划
采购流程及采购物流策略	掌握	熟练掌握企业的一般采购流程;能够合理地选择不同的采购物流组织及进货运输形式
仓储管理决策及库存控制定量分析方法	重点掌握	具备根据具体情况选择合适的仓储管理策略的能力;能够根据物资的重要程度采用不同的库存控制方法;能够熟练利用不同的库存控制方法进行定量分析;能够进行安全库存量的计算
供料方式和供料方法	理解	理解不同供料方式和供应方法的应用范围

企业供应物流管理　第4章

【本章知识架构】

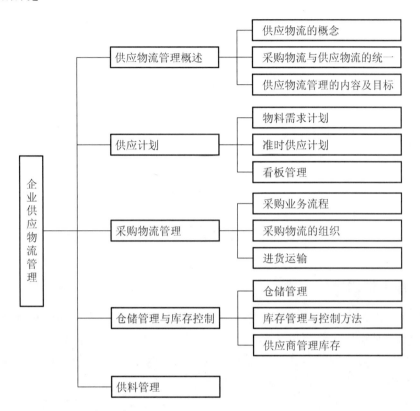

导入案例

宝供储运公司的供应物流管理

与宝洁公司的合作直接推动了宝供储运公司向现代物流企业的发展。随着宝供储运公司业务的不断规范和扩大，其逐步走出了过去"宝洁公司储运部"的影子，服务的客户也开始越来越多，如飞利浦、TCL等几十家国内外著名企业，甚至宝洁公司的竞争对手联合利华也将物流业务交给宝供储运公司打理。

随着业务的不断扩大，为了打破分块经营、多头负责的模式，宝供储运公司开始在全国铺建业务网络，网络分为"地网"和"天网"。"地网"的建设是指在全区域中心城市建立分公司，并以此为依托铺设全国网络；"天网"是指不断改进的物流信息系统。早在1997年，宝供储运公司就在全国同类企业中率先实施了基于Internet/Intranet的物流信息管理系统，凭借这一系统，宝供储运公司实现了对全国范围内物流运作信息实时动态的跟踪管理。

在完成向第三方物流的转变后，近年来，宝供物流开始向提供增值化的供应链一体化物流服务方向努力，并将物流基地的建设作为提高供应链服务能力的重要突破点。宝供储运公司建设中的物流基地，将是集配送、分拣、拼装和简单加工等功能为一体的一站式物流中心。同时，还附加了基于进出口业务的保税、通关、检验检疫和国际金融结算等功能。另外，由于生产商和供应商的产品都在宝供储运公司的基地集散，基地也是一个采购平台。利用这些基地，宝供储运公司为客户减少了大量的搬运环节，降低了物流成本，自身也通过增值服务获取更多的利润。宝供储运公司之所以花这么大力气在物流基地的建设上，是因为随着物流市场竞争的激烈，企业对物流服务的要求也越来越高，小批量、多批次、多品种的配送方式和快速反应的能力越来越被看重，这就要求对物流的各环节进行高度整合，提高效率，宝供储运公司建设物流基地就是为了适应这种需要。实际上，物流基地建设这么受重视，还在于宝供储运公司将此作为其向供应链一体化服务提供商转型的重要载体。

思考：
(1) 宝供物流的成功经验在哪里？
(2) 宝供物流为什么向供应链服务领域挺进？
(3) 宝供物流的成功经验对国内物流企业有什么启示？

4.1 供应物流管理概述

4.1.1 供应物流的概念

供应物流（Supply Logistics）是指为生产企业提供原材料、零部件或其他物品时所发生的物流活动，是物品在提供者与需求者之间的实体流动。供应物流是物流活动的起始阶段，是企业生产前的准备工作和资源配置活动，包括原材料等生产物资的采购、进货运输、仓储、库存管理、用料管理和供料管理等。

供应物流是生产物流系统中独立性较强的子系统，并且和生产系统、财务系统等生产企业各部门及企业外部的资源市场、运输部门有着密切的联系。供应物流是企业为保证生产节奏，组织原材料、零部件、燃料、辅助材料供应的物流活动，这种活动对企业生产的高效运行发挥着保障作用。企业供应物流不仅要实现供应的目标，还要在低成本、少消耗的限制条件下来组织供应物流活动。

4.1.2 采购物流与供应物流的统一

传统上，生产企业区分采购物流与供应物流的依据是企业本身对外和对内的工作流程。当供应商把物料运送到厂区仓库时称为采购物流，而企业把物料从仓库运到车间、工段称为供应物流。

随着采购供应一体化，第三方物流分工专业化的发展，采购物流直接延伸到了企业车间和工段，即生产所需的物料可以直接从供应商仓库送到生产车间，使得采购物流和供应物流合二为一。但人们习惯从生产供应的角度出发，把生产物流前的这段物流活动统称为供应物流。该过程包括确定物料的需求数量、采购、运输、流通加工、装卸搬运、储存等物流活动。

图4.1所示为生产制造企业物流结构。图4.1显示了生产制造企业的供应、生产、销售物流中的具体物流操作范围，从生产布局功能出发，反映了生产所涉及的各种物流状况。

供应物流不仅是保证供应，更是以最低成本、最少消耗、最快速度来保证生产的一种物流活动。为此,企业供应物流就必须有效地解决供应网络问题、供应方式问题、零库存问题等。

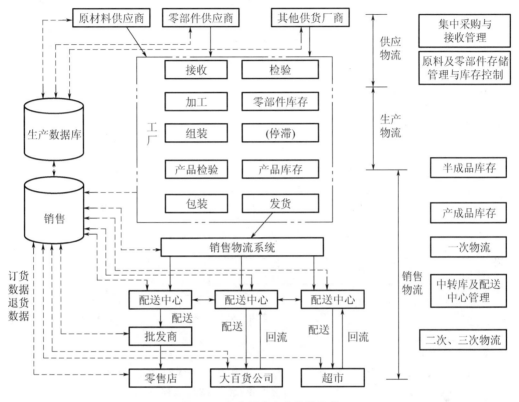

图 4.1 生产制造企业物流结构

4.1.3 供应物流管理的内容及目标

1. 供应物流管理的内容

在上述供应物流过程中,生产企业供应物流管理应包括三个方面的内容,如图 4.2 所示。一是供应物流管理的业务性活动,即计划、采购、存储及供料等;二是供应物流管理的支持性活动,即供应中的人员管理、资金管理、信息管理等;三是供应物流管理的拓展性活动,即供应商管理。

(1) 业务性活动

① 计划。计划是指根据企业总体战略目标及顾客的需求,制订供应战略规划和物品的供应计划。供应计划有广义和狭义之分。广义的供应计划是指为保证供应各项生产经营活动的物料需求量而编制的各种计划的总称。狭义的供应计划是指年度供应计划,即企业在计划期内生产经营活动所需各种物品的数量和时间,以及需要采购物品的数量和时间等所做的安排和部署。

② 采购。采购的内容包括提出采购需求、选定供应商、价格谈判、确定交货及相关条件、签订合同并按要求收货付款。采购过程不仅是各种活动的机械叠加,还是对跨越组

织边界的一系列活动的成功实施。

③ 存储。存储是指在保证商品的质量和数量的前提下，根据一定的管理规则，在一定的时间内将商品存放在一定场所的活动。和运输的概念相对应，存储是以改变"物"的时间状态为目的的活动，克服产需之间的时间差以获得更好的效用。

④ 供料。供料的内容包括编制供料计划、领料审批、订购供料、回收利用、消耗控制与管理。及时有效地实行供料管理对缩短采购周期、降低原材料成本等方面都有重要的作用。

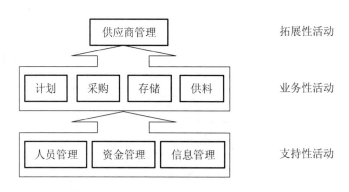

图 4.2　供应物流管理内容

(2) 支持性活动

① 人员管理。人员管理是指在企业的供应物流管理体制下制定供应岗位职责，对供应人员进行能力考查、素质培养、工作评估、绩效考核与激励。

② 资金管理。资金管理包括物品采购价格的控制、采购成本管理及储备资金的核定与控制。

③ 信息管理。信息管理是指在物品编码的基础上对供应信息进行管理，利用制造资源计划系统、企业资源计划系统进行供应物流管理。

(3) 拓展性活动

在生产企业中，占成本最大比例的物品及相关信息都发生或者来自供应商，所以许多企业将供应物流管理从内部拓展到对供应商的管理，包括对供应商的选择与认证、与供应商建立合作伙伴关系及对供应商绩效的考评等，企业以此来降低成本、保证供应的可靠性和灵活性，提升市场竞争力。

2. 供应物流管理的目标

供应物流管理的目标如下。

(1) 提供不间断的物料、供应和服务，使整个组织正常运转。物料的持续供应是企业正常运转的前提，是满足客户需求的重要保证。

(2) 保持并保证质量。为了使企业的生产持续进行，每一项物料都必须达到一定的质量要求，否则最终产品或服务将无法达到期望，或其生产成本远超过可以接受的程度。

4.2 供应计划

供应计划是指对企业在计划期内生产经营活动中所需的各种物品的数量和时间，以及需要采购物品的数量和时间等所做的安排和部署。为了满足企业需要，应该从以下两个方面进行考虑：一方面是准时供应，按照企业生产需要的时间随时供应，不断调整供给时间使得物流的供给与生产的需求步调一致；另一方面是持有库存来满足生产需求，利用补货规则来维持库存水平。

4.2.1 物料需求计划

1. 物料需求计划的含义及内容

物料需求计划（Material Requirement Planning，MRP）是一种计算物料需求量和需求时间的系统。MRP 根据产品结构各层次中物料的从属和数量关系，以每个物料为计划对象，以完工时期为时间基准倒排计划，按提前期长短区别各个物料下达计划时间的先后顺序。MRP 思想的提出解决了物料转化过程中的几个关键问题：何时需要？需要什么？需要多少？它不仅在数量上解决了缺料问题，更关键的是从时间上解决了缺料问题。

MRP 的演进先后经历了以下几个阶段。

（1）20 世纪 60 年代，物料需求计划（时段式 MRP）。

（2）20 世纪 70 年代中期，闭环 MRP。

（3）20 世纪 80 年代初，制造资源计划（Manufacturing Resource Planning，MRPⅡ）。

（4）20 世纪 90 年代，企业资源计划（Enterprise Resources Planning，ERP）。

2. MRP 的基本思想及原理

MRP 的基本思想是围绕物料转化组织制造资源，以实现按需准时生产。对于加工装配式生产来说，如果确定了产品的出产数量和出产时间，就可以按产品结构确定产品所有零件和部件的数量，并可按各种零件和部件的生产周期，反推出它们的出产时间和投入时间。物料在转化过程中需要不同的制造资源（设备、场地、工具、人力、资金等），有了各种物料的投入时间、出产时间和数量，就可以确定对这些制造资源的需要数量和需要时间，这样就可以围绕物料的转化过程来组织制造资源，实现按需准时生产。MRP 按反工序来确定成品、半成品直至原材料的需要数量和需要时间。

人们把与 MRP 各过程有关的财务状况反映进来，拓展了闭环 MRP 的功能，并将其称为 MRPⅡ〔1977 年 9 月，由美国著名生产管理专家奥列弗·W.怀特（Oliver W. Wight）提出〕。MRPⅡ 的基本思想是把企业作为一个有机整体，从整体优化的角度出发，应用科学方法对企业各种制造资源和产、供、销、财各个环节进行有效的计划、组织和控制，使之得以协调发展，并充分发挥作用。MRPⅡ 逻辑原理如图 4.3 所示。

MRPⅡ 可以在周密的计划下有效地利用各种制造资源，控制资金占用，缩短生产周期，降低成本，提高生产率。

ERP 是一个面向供需链管理的管理信息集成系统，它将企业的流程看成是一个紧密连接的供应链，包括供应商、制造工厂、分销网络和客户；将企业内部划分为几个相互协同作业的支持集团。ERP通过采用网络通信技术，实现了对整个供应链中的物流、信息流和资金流的有效管理，解决了多变的市场与均衡生产之间的矛盾。

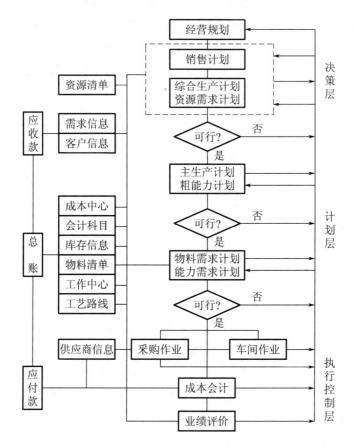

图 4.3　MRPⅡ逻辑原理

4.2.2　准时供应计划

【拓展案例】

准时供应计划（Just in Time Supply Scheduling）是一种先进的管理理念，一种先进的供应模式，它的基本思想是在恰当的时间、恰当的地点，以恰当的数量、恰当的质量提供恰当的物品。

准时供应计划的特点如下。

（1）与少数供应商和承运人保持密切关系。

（2）供应商和买方之间实现信息共享。

（3）多品种、小批量、短时间窗口的生产、采购和运输，从而把库存降低到最低水平。

（4）消除整个供应渠道中所有可能出现的不确定性。

（5）高质量目标。

如果存在生产或采购的规模经济，由于只有少数几个供应商，且供应商通常紧邻买方的需求点，因此规模经济可以发挥到极致。买方与少数几家供应商和承运人建立紧密的协作关系，供应商可以分享来自买方的信息——通常以生产或运作计划的形式，这样，供应商就能预测买方的需求，从而减少反应的时间及波动。买方希望其选择的几家供应商都能始终如一地提供准时服务。在适时管理理念下，计划的整体效果就是实现与需求协调一致的产品流动。尽管与以库存供应（Supply-to-inventory）的理念相比，以适时管理的理念来管理供应渠道需要付出更多的精力，但是由此带来相应的好处：能够在渠道运转过程中保持最低库存、降低成本及提高服务水平。然而，制造商得到的某些好处也可能是成本和库存转移到供应链的上游，这样能避免一定的风险。

4.2.3 看板管理

看板管理，是指依靠有效的衔接和计划达到工位之间、供应与生产之间的协调，在企业内部各工序之间或建立供求关系的企业之间，采用固定格式的卡片，由下一环节根据自己的节奏，沿着与生产流程相反的方向，向上一个环节提出供货要求，从而协调关系，做到准时同步，使需求库存为零。这种即时供货方式使生产线上下环节，供应链上下游企业供给和需求协调一致，从而彻底消除企业对库存的依赖。

1. 看板管理的概念

看板管理是通过看板的运行对生产过程中各工序生产活动进行控制的信息系统。它以彻底消除无效劳动和消费为指导思想，以后工序领取为基本原则。看板管理的精髓是逆向思维。它要求企业以市场拉动生产；以总装拉动零部件的生产，以零部件生产拉动原材料、外协件的供应，以前方生产拉动后方服务，体现了市场经济体制下的市场为导向，以顾客需求为指令的市场观念。在看板管理系统中，上下道工序是顾客关系，下道工序是上道工序的顾客，下道工序什么时候需要什么品种，上道工序就必须在规定的时间生产顾客需要的品质和数量。看板管理的信息流程和看板组织生产流程分别如图4.4和图4.5所示。

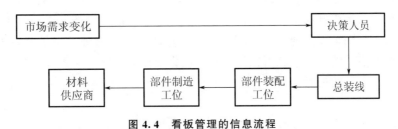

图 4.4　看板管理的信息流程

2. 看板管理的职能

看板最初是丰田汽车公司于20世纪50年代从超市的运行机制中得到启示，作为生产、运送指令的传递工具而被创造出来的。经过多年的发展和完善，目前已经在很多方面发挥着重要的职能。

（1）生产及运送工作指令

生产及运送工作指令是看板最基本的职能。根据市场预测及订货而制定的生产指令下达到总装配线，各道前工序的生产都根据看板来进行。看板中记载着生产和运送的数量、时间、目的地、放置场所、搬运工具等信息,从装配工序逐次向前工序追溯。

在装配线将所使用的零部件上所带的看板取下,以此再去前一道工序领取。前工序则只生产被这些看板所领走的量,后工序领取及适时适量生产就是通过这些看板来实现的。

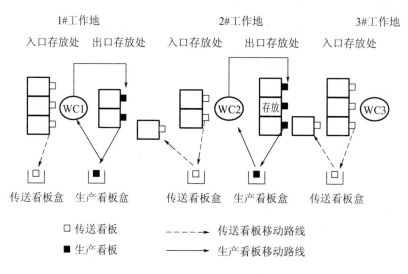

图 4.5　看板组织生产流程

(2) 防止过量生产和过量运送

看板必须按照既定的运用规则来使用。其中的一条规则是没有看板不能生产,也不能运送。根据这一规则,各工序如果没有看板,就既不进行生产,也不进行运送;看板数量减少,则生产量也相应减少。由于看板所标示的只是必要的量,因此运用看板能够做到自动防止过量生产、过量运送。

(3) 进行"目视管理"的工具

看板的另一条运用规则是看板必须附在实物上存放、前工序按照看板取下的顺序进行生产。根据这一规则,作业现场的管理人员对生产的优先级能够一目了然,很容易管理。只要通过看板所表示的信息,就可知道后工序的作业进展情况、本工序的生产能力利用情况、库存情况及人员的配置情况等。

(4) 改善的工具

看板的改善功能主要通过减少看板的数量来实现。看板数量的减少意味着工序间在制品库存量的减少。如果在制品存量较高,即使设备出现故障、不合格产品数目增加,也不会影响到后工序的生产,容易掩盖问题。在准时制生产方式中,通过不断减少数量来减少在制品库存,就使得上述问题不可能被无视。这样通过改善活动不仅解决了问题,还使生产线的"体质"得到加强。

看板管理是一个在不断发现问题和解决问题的循环中逐步完善的动态系统,它的实施不是一蹴而就的事情,更不是简单模仿就可以的。首先,它要求企业的领导人具有持久改革和创新的决心;其次,它要求企业员工有"全员参治"的思想和能力;最后,它还离不开强有力的供应商的支持。

小知识

> 看板管理在生产现场的运用最早始于日本的丰田公司。早期的看板管理仅仅是在板报上通报产品的相关生产信息等，现代企业在看板管理的运用已延伸到了生产现场的标准化控制及精细化操作上。
>
> 看板管理的现场标准化的重要意义在于改进产品、过程和服务的适用性，减少甚至避免产品在生产及服务过程中与标准的偏差，并促进现场管理的协调和进步。看板管理的标准化水平高低直接反映一个企业的生产技术和管理水平，是企业标准化、现代化程度的一个重要标志。在生产现场运用看板管理时，应注意以下四点关键性要素：看板管理的标准性、看板管理的执行性、看板管理的时效性、看板管理的精细性。

4.3 采购物流管理

采购物流是供应物流活动中一个非常重要的环节，直接关系到供应物流的成本与质量。自20世纪后半叶以来，采购职能已经发生了显著变化，采购过程涉及方方面面，一直是供应物流管理中的重点与难点。

4.3.1 采购业务流程

采购流程是采购管理中最重要的部分之一，是采购活动具体执行的标准。采购流程由于采购来源、采购方式、采购对象的不同会有一定的差异，因此采购流程的设计是十分重要的。企业规模越大，采购金额越多，就越要重视采购流程设计。采购流程的设计适合采用闭环方法，即实施、监控、反馈、优化。

企业采购管理的流程，如图4.6所示。从采购管理的流程可以看出，一个完整的采购管理过程基本上包含八项内容。

1. 采购管理组织

采购管理组织是采购管理最基本的组成部分。为了做好企业复杂繁多的采购管理工作，需要有一个合理的管理机制和一个精干的管理组织机构，以及一些能干的管理人员和操作人员。

2. 需求分析

需求分析就是要弄清楚企业需要采购一些什么品种、需要采购多少、什么时候需要什么品种、需要多少等问题。作为企业的物资采购供应部门，采购管理组织应当掌握企业的物资需求情况，制订物料需求计划，从而为制订出科学合理的采购订货计划做准备。

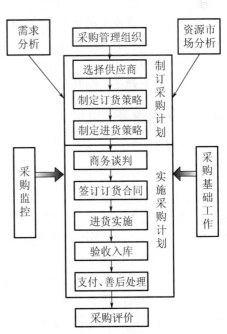

图 4.6 企业采购管理的流程

3. 资源市场分析

资源市场分析就是根据企业所需求的物资品种分析资源市场的情况,包括资源的分布情况、供应商情况、品种、质量、价格情况、交通运输情况等。资源市场分析的重点是供应商分析和品种分析。分析的目的是为企业制订采购计划做准备。

4. 制订采购计划

制订采购计划是根据需求品种情况和供应商情况,制订出切实可行的采购计划,包括选定供应商、供应品种、具体的订货策略、运输进货策略及具体的实施进度计划等,具体地解决什么时候订货、订购什么、订多少、向谁订、怎么订、怎么进货、怎么支付等计划问题,为整个采购计划进货设计一个蓝图。

5. 实施采购计划

实施采购计划就是把制订的采购计划分配落实到人,根据既定的进度实施,具体包括联系指定供应商、进行贸易谈判、签订订货合同、运输进货、到货验收入库、支付货款及善后处理等。通过这些具体的活动,就完成了一次完整的采购活动。

6. 采购监控

采购监控是指对采购活动进行的监督控制活动,包括对采购有关人员、采购资金及采购事务活动的监控。

7. 采购基础工作

采购基础工作是指为建立科学有效的采购系统需要完成的一些基础建设工作,包括管理基础工作、软件基础工作和硬件基础工作。

8. 采购评价

采购评价是指在一次采购完成以后对这次采购的评估,或月末、季度末、年末对一定时期内的采购活动的总结评估,其主要目的在于评估采购活动的效果,总结经验教训,发现问题并提出改进方法等。通过总结评估,可肯定成绩、发现问题、制订措施、改进工作,使企业不断提高采购管理水平。

4.3.2 采购物流的组织

企业的采购物流有以下三种组织方式。

1. 委托社会销售企业代理供应物流

企业作为用户,在买方市场条件下,利用买方的供应物流主导权力,向销售方提出对本企业进行供应服务的要求。实际上,销售方在实现产品销售的同时,也实现了对用户的供应服务,以此占领市场。这种供应服务是销售方企业发展的一个战略手段。

这种方式的主要优点是,企业可以充分利用买方市场优势,对销售方即物流的执行方进行选择并提出要求,有利于企业实现理想的供应物流设计。

这种方式存在的主要问题是,销售方的物流水平可能有所欠缺。因为销售方不是专业的物流企业,有时候很难满足企业供应物流高水平和现代化的要求。例如,企业打算建立自己的广域供应链,这就超出了销售方的能力,实际难以实现。

2. 委托第三方物流企业代理供应物流

这种方式是在企业完成采购程序之后,由销售方和第三方从事物流活动。第三方所从事的供应物流,主要向买方提供服务,同时也向销售方提供服务,在客观上协助销售方扩大了市场。

由第三方去从事企业供应物流的最大好处是,物流企业是专业物流企业,有高水平、低成本、高服务地从事专业物流的条件、组织和传统。不同的专业物流公司,瞄准的物流对象不同,有特有的形成核心竞争能力的机器装备、设施和人才,这就使企业有广泛选择的余地,进行供应物流的优化。

在网络经济时代,很多企业要构筑广域的或者全球的供应链,这就要求物流企业有更强的能力和更高的水平,这是一般生产企业不可能做到的。从这个意义来讲,必须依靠第三方物流企业来完成这一项工作。

3. 企业自提物流

企业自提物流即由企业自己组织采购的供应物流活动。这是在卖方市场的环境下经常采用的供应物流方式。

本企业供应的某些物品,可能有设备、装备、设施和人才方面的优势,此时,本企业可以自己组织供应物流。在新经济时代,这种方式的关键是技术经济效果的综合评价。但是,在网络经济时代,如果不考虑本企业核心竞争能力,不致力发展这个竞争能力,而仍然抱着"肥水不流外人田"的旧观念,可能会取得一些眼前利益,但是这必将以损失战略的发展为代价,是不可取的。

小知识

采购经理指数(Purchasing Managers' Index,PMI),是通过对企业采购经理的月度调查结果统计汇总、编制而成的指数。它涵盖了企业采购、生产、流通等各个环节,是国际上通用的监测宏观经济走势的先行性指数之一,具有较强的预测、预警作用。PMI通常以50%作为经济强弱的分界点,PMI高于50%,反映出制造业经济扩张;PMI低于50%,则反映出制造业经济收缩。

4.3.3 进货运输

为了保证生产,为顾客提供高质量的服务,所采购的物资必须从它们制造的地点运送到需要的地方,并且尽可能持有最低的库存,保证在满足货运需求的同时使货运成本最低。一般来说,进货运输主要考虑运输成本、运输方式等方面的问题。下面主要讨论进货运输战略的制定、运输方式的选择及企业进场物流运输模式等问题。

1. 进货运输战略的制定

运输战略是指根据影响配送运输成本的经济因素和配送运输合理化的目标,制定相应的配送运输策略,通过一定的技术手段,可以达到下列目的。

(1) 通过合理的安排,完成运输任务。

(2) 降低运输成本,提高运输系统的绩效。

(3) 减少运输车辆的数量。

(4) 提高运输系统的可靠性。

2. 进货运输方式的选择

运输方式主要包括公路运输、铁路运输、水路运输、管道运输及航空运输。运输方式的选择是物流系统决策中的一个重要环节，是物流合理化的重要内容。因此，对于进出货物必须选择最适合的运输方式，选择运输方式的判断标准包括货物的性质、运输时间、交货时间的适用性、运输成本、批量的适应性、运输的机动性和便利性、运输的安全性和准确性。对货主来说，运输的安全性和准确性，运输费用的低廉性及缩短运输总时间等因素是其考虑的重点。

 小案例

腾邦物流第三方物流运输信息平台设计方法

深圳市腾邦物流股份有限公司（以下简称腾邦物流）是中国创新金融整合运营商，也是第三方物流及专业化供应链管理的企业。腾邦物流的"基于云计算的第三方物流运输信息公共服务平台"，可以为物流企业提供实施决策支持，帮助企业优化运输车辆调度问题，能够处理海量数据。在整个设计过程中，其主要创新有以下三个方面。

(1) 使用云计算技术，创新物流行业信息化模式。

(2) 根据客户需求进行优化。

(3) 遵循科学的设计规律，突出项目特色。

3. 企业进场物流的运输模式

按照进场物流运作方式的不同，企业进场物流的运输方式可以分为直送模式、集配中心模式、Milk－Run模式。

(1) 直送模式

顾名思义，直送模式中每个供应商都是独立的个体，当制造商向供应商订货后，供应商负责将物料直接送到主机厂。这是最传统的入场物流方式。在这个过程中，供应商之间没有建立相互的联系，送货时不能总保持较高的装载率，在送完货后大多数空车返回，但优点是操作流程简单，可控性强，易于协调管理。

(2) 集配中心模式

集配中心模式是指供应商先送货到配送中心进行短暂存储，制造商根据自己的生产需求再从配送中心送料到生产车间。这个模式中需要根据供应商分布的地理位置建立一个配送中心，制造商的库存持有量降低，但是会转嫁到配送中心上，供应链整体库存并没有得到实际的降低。通常情况下是制造商会要求供应商在配送中心租赁货位来存储零部件，将库存持有的风险转移到供应商身上。

(3) Milk－Run模式

① Milk－Run的概念。

Milk－Run，也称循环取货、牛奶取货，是物流服务提供商每天在固定的时刻，使用同一运输车辆，按事先设定的顺序，依次从各个供应商处取货的操作模式。具体流程如下。

a. 取货车辆司机拿到路线清单和零件等清单以后，开始按计划运行路线，准时到达供应商处。

b. 卸下之前所取货物的空料箱，供应商签署空料箱返回清单，司机对照清单检验包装数量，签署认可文件，供应商装载指定货物。

【拓展案例】

c. 车辆继续到达下一站，按照设定的取货流程依次到各个供应商处取货。

d. 车辆完成取货后，在指定的窗口时间到达制造企业，卸下货物。

e. 车辆装上空料箱，回到出发集合点，继续下一轮的 Milk-Run 模式取货。Milk-Run 模式的运作流程如图 4.7 所示。

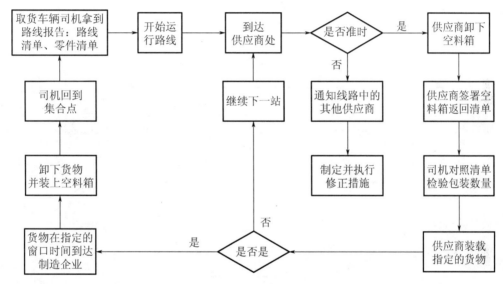

图 4.7　Milk-Run 模式的运作流程

② Milk-Run 模式的特点。

a. 一对多取货运作。传统的取货模式是每个供应商单独送货给制造商或由制造商到每个供应商处单独取货，而 Milk-Run 模式是由专门负责取货的车辆，按事先设计好的路线依次到各供应商处取货，这样就形成一个类似圆形、一对多服务的封闭循环。

b. 闭环线路与严格时间。Milk-Run 模式采用闭环式线路运输，减少了不必要的里程数。同时还设定了严格的时间窗要求，这对第三方物流服务提供商来说具有很大的挑战。Milk-Run 模式的闭环线路和严格时间可以很大程度上提高整个物流系统的运行效率。

c. 多批次、小批量拉动式取货。Milk-Run 模式是由第三方物流服务提供商，从多个供应商处一次性提取多品种、小批量的货物。这种由第三方物流服务提供商集体取货拉动方式替代传统的单个供应商单独送货推动方式的模式，使供应货物少的供应商不必像原来那样，为了节约运输成本而等到货物积满整部卡车再发运，这有利于供应商降低自身库存成本。

采取 Milk-Run 模式的供应物流系统对于制造企业具有非常重要的意义。这种供应物流系统为制造企业降低运输成本和库存成本的同时，也增加了干扰事件对物流系统协调工作的复杂程度和制造企业正常运营的影响概率。

（4）模式示意图

① 直送模式为最传统的配送方式，当制造商向供应商订货后，供应商负责将物料直接送到客户手中。

② Milk-Run 模式下，发货人在每天固定的时刻，按固定线路，依次从各个供应商处取货的操作模式。

③ 集配中心模式下，供应商先分别送货到配送中心进行短暂存储，在通过干线门到门运输送到客户手中。

进场物流运输模式示意如图 4.8 所示。

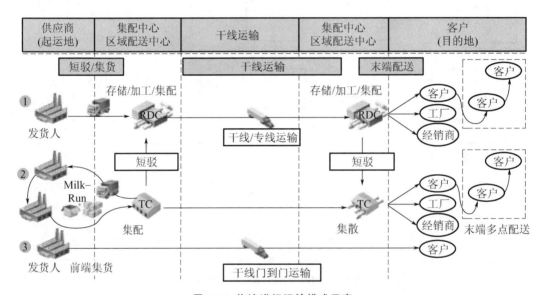

图 4.8 物流进场运输模式示意

4.4 仓储管理与库存控制

4.4.1 仓储管理

仓储系统是企业物流系统中不可缺少的子系统。物流系统的整体目标是以最低成本提供令客户满意的服务，而仓储系统在其中发挥着重要作用。由于仓储在时间上对协调原材料、产成品的供需，起着缓冲和平衡调节的作用，企业可以为客户在需要的时间和地点提供适当的产品，从而提高产品的时间效用。因此，仓储活动能够提高客户服务的水平，增强企业的竞争力。

1. 仓储管理的概念和内容

仓储管理（Warehousing Management）是指对仓库和仓库中存储的物资进行管理，

是仓储机构为了充分利用已有的资源提供高效的仓储服务而进行的计划组织、控制和协调。

仓储管理的对象是仓库及库存物资，管理的内容与企业类型有关。具体来说，仓储管理包括以下内容。

（1）仓库的选址与规划设计。例如，仓库选择决策、仓库选址、仓库的总体规划与设计、仓库内运输通道与作业流程的设计、仓库设施设备的选择与配置等。

（2）仓储作业管理。例如，组织物资入库前的验收，存放入库物资，对在库物资进行保管保养、发放出库等。

（3）库存管理。例如，如何根据企业生产的需求状况，储存合理数量和品种的物资，不会因为储存过少引起生产中断而造成损失，又不会因储存过多而占用过多的流动资金等。

（4）仓储作业活动的主体决策。仓储活动是自己承担还是外包的决策。

小知识

> 射频识别物流仓储系统主要由射频自动识别设备、自动识别标签、物流应用系统、射频识别集成中间件、物流设备等部分构成。
>
> 利用智能标签技术来追踪管理货物，可以使仓储过程中货物的数量、状态和运输情况得到充分的控制。方法是在每一个通过仓库入口的货物托盘上贴一个射频标签，当装有货物的拖车通过入口时，中心电脑可以通过货物托盘上的标签得知是哪一辆拖车通过，还可以通过原始记录比对现有的货物质量是否正确。
>
> 货物出入库时，射频识别物流仓储系统自动采集栈板或包装箱上的电子标签数据，获得出入库货物所需种类、数量、日期等信息，上传到后台数据库中。
>
> 出库作业管理通过电子标签的指示订单、货名、数量、完成情况等，向拣选作业人员及时、明确地下达向货架内补货（入库）和去货（出库）指示。

2．仓储管理决策

（1）集中仓储和分散仓储的选择

企业的库存是集中仓储还是分散仓储，是企业仓储管理的一项重要内容。单一市场的中小规模的企业通常只需一个仓库，而产品市场遍及全国各地的大规模企业要经过仔细分析和慎重考虑才能做出正确选择。

仓库数量的决策要与运输方式的决策相协调。例如，一个或两个具有战略性选址的仓库结合空运就能在全国范围内提供快速服务，尽管空运的成本相对较高，但却降低了仓储和库存成本。由于运输方式的多样性，尤其需要与其他仓储决策结合考虑，使仓库数量决策变得非常复杂。与仓库数量决策密切相关的是仓库的规模与选址。如果企业租赁公共仓库，那么仓库规模问题相对重要，但通常租赁的仓储空间可以根据不同地点的需求及时扩大或缩小，选址决策的重要性就相对低一些。尽管企业需要决定在何地租赁公共仓库，但仓库的位置是确定的，而且决策是暂时的，可以根据需要随时改变。如果企业自建仓库，尤其对于市场遍及全国甚至全球的大型企业来说，仓库的规模与选址就显得极为重要。

与其他物流决策一样,仓库选址也需要对成本进行对比分析。

① 仓库数量决策中的成本分析。

仓库数量对企业物流系统的各项成本都有重要影响。一般来说,随着系统的仓库数量的增加,运输成本和缺货成本会降低,而存货成本和仓储成本将增加。

a. 由于仓库数量的增加,企业可以进行原材料或产成品的大批量运输,因此运输成本会下降。另外,在销售物流方面,仓库数量的增加使仓库更靠近客户和市场,因此减少了货物运输的里程,这不仅会降低运输成本,还能提高客户服务水平,降低缺货成本。

b. 由于仓库数量的增加,仓储成本会上升。

c. 当仓库数量增加时,总存货量就会增加,相应的存货成本就会增加。随着仓库数量的增加,运输成本和缺货成本迅速下降,导致总成本下降。但是,当仓库数量增加到一定规模时,库存成本和仓储成本的增加额超过运输成本和缺货成本的减少额,于是总成本开始上升。

② 影响仓库数量的因素。

a. 企业客户服务的需要。

b. 运输服务的水平。

c. 客户的小批量购买。

d. 计算机的应用。

e. 单个仓库的规模。

【拓展案例】

(2) 仓储作业活动主体的选择

仓储作业活动主体有自有仓库、公共仓库和第三方仓储三种基本类型,其对比分析如表4.1所示。

表4.1 仓储作业活动主体的三种类型

类型	概念描述	优点
自有仓库	企业储存其自有产品的仓库,仓库的管理由企业自行负责	控制权利较高;弹性大;当仓库物品数量达到经济规模时,成本较低;无形效益
公共仓库	物流系统中,公共仓库受到广泛的应用	专业的仓储管理;变动成本可能较自有仓库低;增加企业的投资回报率;较有弹性;专业的仓储配送流通加工服务
第三方仓储	企业将物流活动转包给外部公司,由外部公司为企业提供综合物流服务	有利于对产品的季节性补偿;有利于企业扩大市场覆盖范围;有利于增进企业测试新市场的灵活性;有利于降低运输成本

企业是自建仓库还是租赁公共仓库或采用第三方仓储需要考虑的因素包括储量、需求的稳定性、市场集中度、控制。

当企业有多种产品生产线,拥有巨大、稳定且市场集中度很高的并需要加以控制的产品时,采用自有仓库进行物资仓储非常经济;对于少量货物却需要运输很长距离送到分散客户的企业,以及刚刚进入一个新市场、销售水平和稳定性还不确定的企业而言,采用公共仓库或第三方仓储进行存储更为经济。

4.4.2 库存管理与控制方法

1. ABC 分类法

ABC 分类法又称帕累托分类法,最早由意大利经济学家维弗雷多·帕累托(Vilfredo Pareto)于 1906 年首次使用。ABC 分类法的核心思想是识别出关键的少数和次要的多数。

(1) ABC 分类法的基本原理

运用数理统计的方法,对种类繁多的各种事物属性或所占权重不同要求,进行统计、排列和分类,划分为 A、B、C 三部分,分别给予重点、一般、次要等不同程度的相应管理。具体的划分标准及各级物资在总消耗金额中应占的比重没有统一的规定,如表 4.2 所示。

表 4.2 库存物资 ABC 分级比重

级别	年消耗金额占比	品种数占比
A	60%～80%	10%～20%
B	15%～40%	20%～30%
C	5%～15%	50%～70%

图 4.9 所示为多数企业库存物资的 ABC 分类情况。

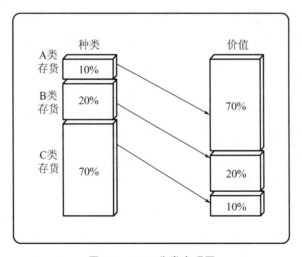

图 4.9 ABC 分类直观图

① A 类——特别重要的库存:品种只占总数的 10%,但价值却占到总数的 70% 左右。
② B 类——一般的库存:品种占总数的 20% 左右,价值占总数的 20% 左右。
③ C 类——不重要的库存:品种占总数的 70% 左右,但价值只占总数的 10% 左右。

(2) ABC 分类法的原则

① 成本效益原则。无论采用何种方法,只有其付出的成本能够得到完全补偿的情况

下才可以实行。

② "最小最大"原则。在追求 ABC 分类管理的成本最小的同时，要追求其效果的最优。

③ 适当原则。在实行 ABC 分析进行比率划分时，要注意企业自身境况，对企业的存货划分 A 类、B 类、C 类并没有一定的基准。(3) ABC 分类法的作用

① 优化库存结构。运用 ABC 分类法可以对各种物资进行经济合理的分类，较准确地确定订货批量和储备周期，克服不分主次盲目决定储备量的做法，有助于库存结构优化。

② 压缩库存总量，减少库存资金，加快物资流通和资金周转速度。A 类物资划出后，使 B 类物资被严格控制在核定的范围内，降低 B 类物资的储备从而减少库存资金的总量。

③ 减少管理工作量。运用 ABC 分类法可以集中精力处理主要矛盾，使管理人员从繁杂的事务工作中解脱出来。

(4) ABC 三类物资的划分标准及步骤

① 先计算每种物资在一定期间（如一年内）的供应金额（表 4.3）。

表 4.3 主要物资耗用明细表（2000 年）

物资名称	年需求量	单 价	年费用/元	重要性
黄豆	648 吨	2 900 元/吨	1 879 200	5
PE 塑料	130 吨	6 100 元/吨	793 000	6
铝箔	5 370 千克	24 元/千克	128 880	7
标签	4 293 120 张	0.04 元/张	171 724	2
白糖	360 吨	3 200 元/吨	1 152 000	4
调料	7 220 千克	57 元/千克	411 540	8
胶盖	4 293 120 个	0.06 元/个	257 587	1
纸箱	357 760 个	1.90 元/个	679 744	3

② 按供应金额大小顺序，排出其品种序列，金额最大的排在第一位，然后计算各品种的供应金额占总供应金额的百分比（表 4.4）。

表 4.4 主要物资耗用比重（2000 年）

排 序	物资名称	综合评分	比 重	分 类
1	黄豆	9 396 000	36.7%	A
2	PE 塑料	4 758 000	18.6%	A
6	铝箔	902 160	3.5%	C
7	标签	343 448	1.3%	C
3	白糖	4 608 000	18.0%	A

续表

排 序	物资名称	综合评分	比 重	分 类
4	调料	3 292 320	12.9%	B
8	胶盖	257 587	1.0%	C
5	纸箱	2 039 232	8.0%	B
评分总计		25 596 747	100%	

注：综合评分＝年费用×重要性指标。

③ 按供应金额大小的品种序列计算供应额的累计百分比。我们把占供应总金额累计70%左右的各种物资作为A类，占20%左右的作为B类，余下的各类物资作为C类（表4.5）。

表4.5 物资分类结果汇总分析表

类 别	物资名称	种类百分比	每年费用/元	费用百分比
A	黄豆、PE塑料、白糖	37.5%	3 824 200	70%
B	纸箱、调料	25.0%	1 091 284	20%
C	铝箔、标签、胶盖	37.5%	558 191	10%

2. 关键因素分析法

关键因素分析法（Critical Value Analysis，CVA），是将物品按照关键性分成3～4类，一般为最高优先级、较高优先级、中等优先级和较低优先级，该分类方法比起ABC分类法有更强的目的性。ABC分类法存在不足之处，通常表现为C类物资得不到应有的重视。

关键因素分析法的基本思想是把存货按照其关键性分为以下几类。

（1）最高优先级。这是经营的关键性物资，不允许缺货。

（2）较高优先级。这是指经营活动的基础物资，允许偶尔缺货。

（3）中等优先级。这多属于比较重要的物资，允许合理范围内缺货。

（4）较低优先级。经营中需用这些物资，但可替代性高，允许缺货。

3. 经济订购批量法

经济订购批量法就是通过平衡采购进货成本和保管仓储成本，确定一个最佳的订货数量来实现最低总库存成本的方法。通过经济订货批量模型所求得的最佳采购数量就是经济订货批量。

与经常储存量大小相关的费用有两类：储存费用和订购费用。在总需要量一定的条件下，订购批量越大，订购的次数就越少，订购费用也就越少，而存储费用则会增加；反之，订购费用越大，储存费用就越小。因此，只有当总费用最小时的订购批量，才是经济合理的。经济订购批量是指平衡采购送货成本和保管仓储成本，确定一个最佳的订货数量来实现最低总库存成本的一种方法。这种方法需要的假设条件如下：①已知全部需求的满足数；②已知连续不变的需求速率；③已知不变的补给完成周期；④与订货数量和时间保持独立的产品价格不变;⑤不限制计划制定范围;⑥多种有货项目不存在交互作用;⑦没有在途存货。

根据上述条件,设定:TC 为年总库存成本;PC 为年平均进货成本;HC 为年保管仓储成本;D 为年需要量(或采购订货量);P 为单位货物购买价格;Q 为每次订货数量;I 为每次订货成本;J 为单位货物保管仓储成本;F 为单位货物保管仓储成本与单位货物购买价格的比率(即 J/P)。

不难发现平均库存量为 $Q/2$,每年保管仓储成本为 $(Q/2) \times J$,每年订货成本为 $(D/Q) \times I$,每年采购进货成本为 $D \times P + (D/P) \times I$,每年总库存成本 TC 为采购进货成本 PC 和保管仓储成本 HC 之和,即

$$TC = PC + HC$$
$$= D \times P + (D/Q) \times I + (Q/2) \times J$$
$$= D \times P + (D/Q) \times I + (Q/2) \times F \times P$$

对上式求导数,并令导数为零,通过整理后可得

$$Q^* = \sqrt{(2D \times I)/(F \times P)} = \sqrt{(2D \times I)/J}$$

在经济订货批量 Q^* 的情况下,年订货次数 N 和订货间隔的关系表示如例 4.1 和例 4.2 所示。

【例 4.1】 大发公司是制造汽车配件产品的企业,每年需采购零件 10 000 只,购买价格为 16 元,每次订购成本为 100 元,每只零件保管成本为 8 元,工作天数为 300 天,求该零件的经济订购批量,并求订货次数和订货间隔。

解:经济订货批量

$$Q^* = \sqrt{(2D \times I)/J} = \sqrt{2 \times 10\ 000 \times 100/8} = 500(只)$$

年订购货物次数

$$N = D/Q^* = 10\ 000/500 = 20(次)$$

每次订货间隔期

$$T = 365/N = 300/20 = 15 (天)$$

上述经济模型是建立在许多假设条件基础上的一种简单模型,在实际情况中,并非如此理想。例如,数量折扣条件下引起采购价格下降,缺货条件下的购买延后、价格上涨和多品种情况,均会出现经济批量的不适用或修正。下面就采购数量变动引起价格下降对经济采购批量的影响进行介绍。

供应商为了吸引客户一次采购更多的货物,制定了数量上的价格优惠政策。其核心是确定数量标准或折扣点,在折扣点前提下,采购价格为折扣点前后不同,如表 4.6 所示。

表 4.6 不同折扣点与价格

折扣点	$Q_0 = 0$	Q_1	Q_2	...	Q_n
采购价格	P_0	P_1	P_2	...	P_n

根据上述经济订购数量计算最佳订货量的步骤如下。

(1) 计算最后折扣区间的经济批量 Q_n^*,并与 Q_n 比较。

如果 $Q_n^* > Q_n$，则最佳经济订购批量 $Q^* = Q_n^*$。如果 $Q_n^* < Q_n$，则进行第二步计算。

(2) 计算第 t 个折扣区间的经济订购批量 Q_t^*。

如果 $Q_t \leqslant Q_t^* < Q_{t+1}$，则计算 Q_t^* 和折扣点 Q_{t+1} 相对应的总库存成本 TC_t^* 和 TC_{t+1}，并比较两者大小。

如果 $TC_t^* \geqslant TC_{t+1}$，则 $Q^* = Q_{t+1}$；

如果 $TC_t^* < TC_{t+1}$，则 $Q^* = Q_t^*$。

【例 4.2】 承例 4.1，供应商开展促销策略，一次购买 500 只以上，货物价格按原价 90% 计算；购买 800 只以上，货物价格按原价 80% 计算。再假定单位零件保管仓储成本是价格的一半，求该企业最佳订购批量。

解：根据题意，确定价格折扣区间如表 4.7 所示。

表 4.7 多重折扣点与价格

折扣点/只	0	500	800
价格/元	16	14.4	12.8

(1) 计算第二折扣区间的经济订购批量 Q_2^*。

$$Q_2^* = \sqrt{(2D \times I)/J}$$
$$= \sqrt{(2 \times 10\,000 \times 100)/(12.8/2)} \approx 559(只)$$

因为 Q_2^*(559 只) $< Q_n$(800 只)，所以要进行第二步计算。

(2) 计算第一折扣区间的经济订购批量 Q_1^*。

$$Q_1^* = \sqrt{(2D \times I)/J}$$
$$= \sqrt{(2 \times 10\,000 \times 100)/(14.4/2)} \approx 527(只)$$

因为 Q_1(500 只) $< Q_1^*$(527 只) $< Q_2$(800 只)，可以计算 TC_1^* 和 TC_2。

$$TC_1^* = D \times P + \sqrt{2D \times I \times J}$$
$$= 10\,000 \times 14.4 + \sqrt{2 \times 10\,000 \times 100 \times 14.4/2}$$
$$= 147\,794.73(元)$$

$$TC_2 = D \times P_2 + (D/Q_2) \times I + (Q_2/2) \times J$$
$$= 10\,000 \times 12.80 + (10\,000/800) \times 100 + (800/2) \times (12.8/2)$$
$$= 131\,810(元)$$

因为 $TC_1^* > TC_2$，$Q^* = Q_2 = 800$(只)，即最佳经济订购批量为 800 只。

4. 定量订货法

定量订货法是指当库存货物量下降到某一库存数量时，按规定数量（以经济订购批量计算）组织货物补充的一种库存管理方法。其特点是订货点不变，订购批量不变，而订货间隔期不定，如图 4.10 所示。

企业认为，库存货物消耗到订货点时，便采取订货并发出订货单，经过到货时间延续，库存货物量又陡然上升，循环往复，促使生产或经营连续不断。确认订货点的计算公式为

订货点 = 到货周期 × 平均每天耗用量

上述公式表明，企业每天货物耗用量为均匀或者固定不变，并且到货时间间隔可以预

知,那么该公式成立。但是企业经营活动经常会出现一些不可预测性,如每天耗用货物量和到货间隔期出现变化,在这种情况下,往往就要考虑安全库存。根据安全库存这一因素,对订货点公式进行修正,修正后的订货点计算公式为

$$订货点=到货间隔期\times 平均每天耗用量+安全库存$$

或

$$订货点=预计每天最大耗用量\times 到货间隔期$$

确定了订货点后,就必须考虑订货量,订货量的确定可参照经济订货批量。

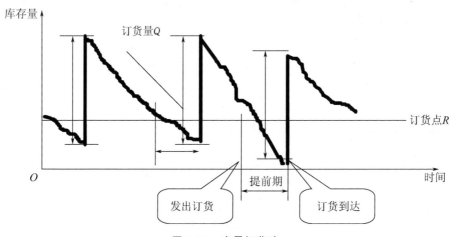

图 4.10 定量订货法

5. 定期订货法

企业由于受到生产目标或市场因素的影响,往往提前确定订货时间,这样在一个生产或经营周期内基本确定订货数量,从而形成相对稳定的订货间隔期。所谓定期订货法,是指按预先确定的相对不变的订货间隔期进行订货补充库存量的一种管理制度。其特点是订货间隔周期不变,订购订货量不定。

一般认为,库存货物耗用至某一指定的订货量之前(不发生任何缺货损失,保证生产或经营的连续性),便开始订货并发出订货单,直至进货。待到下一期订货时间,循环往复,始终保持订货间隔不变。订货量的计算公式为

$$订货量=最高库存量-现有库存量-订货未到量+顾客延迟购买量$$

一般认为,A 类货物宜采用定期订货法,B 类和 C 类货物可采用定量订货法,关于两者的区别如表 4.8 所示。

表 4.8 定量订货法与定期订货法比较

比较项目	方法	
	定量订货法	定期订货法
管理要点	降低购买经费; 为防止库存不足,供应度增加	缩减周转金
订货量	固定	变动

续表

比较项目	方法	
	定量订货法	定期订货法
订货时间	不固定	固定
单价	高（A类）	便宜（B类和C类）
订货量	比较稳定	变动大
消耗量	高	不稳定
共用性	大	小
前置时间	不一定	比较长
预测性	否	可
优点	事务处理简单，管理容易；订货费用减少（经济批量）	能够对应需求的变化；库存量减少；可同时订购许多物品
缺点	不能应对需求的变化；容易流于形式；由于期限不定，可能增加费用	事务处理繁杂；事务量不固定；必须努力管理
运用要点	检讨订货和安全存量的基准值；和制造部门密切联系	进行正确的需求预测，制订生产计划；通过订货量的变动提高管理的精密度

6. 安全库存量

仓库管理者经常需要处理各种突发情况，如需求发生变化、供货不及时等，因此需要有安全库存量以便应对这些突发情况。安全库存是库存的一部分，它的存在降低了缺货的可能性，在一定程度上降低了缺货成本。但是安全库存的加大会造成库存持有成本的增加，所以应综合考虑缺货成本和库存成本，选择最合适的安全库存量。

安全库存量的计算涉及数理统计方面的知识，分为以下三种情况。

（1）客户需求量发生变化，提前期不变时，安全库存量的计算。假设需求的变化情况符合正态分布，由于提前期为固定常数，因此可以直接求出在提前期的需求分布的均值和标准差。也可以通过直接的期望预测，以过去提前期内的需求情况为依据，确定需求的期望均值和标准差。确定了提前期内需求状况的均值和标准差，即可求出安全库存量SS。

$$SS = Z\sigma_D \sqrt{L}$$

式中，Z 为一定客户服务水平的安全系数，由表4.9可查出；σ_D 为提前期内需求的标准差；L 为提前期的长短。

表4.9 客户服务水平与安全系数对照表

服务水平	0.70	0.80	0.90	0.95	0.98	0.99	0.9998
安全系数	0.53	0.84	1.29	1.65	2.02	2.33	3.5

（2）客户需求为固定常数，提前期发生变化时，安全库存量的计算。在这种情况下，安全库存量 SS 的计算公式为

$$SS = Z\sigma_L d$$

式中，σ_L 为提前期的标准差；d 为提前期内的日需求量。

（3）客户需求量和提前期均发生变化时，安全库存量的计算。假设需求量和提前期是相互独立的，则安全库存量 SS 的计算公式为

$$SS = Z\sqrt{\sigma_D^2 \overline{L} + \overline{d}^2 \sigma_L^2}$$

式中，$\overline{d}$ 为提前期内的平均日需求量；$\overline{L}$ 为平均提前期水平。

4.4.3 供应商管理库存

【拓展案例】

1. 供应商管理库存的基本思想

供应商管理库存（Vendor Managed Inventory，VMI），是一种在供应链环境下的库存运作模式。供应商管理库存是以实际或预测的消费需求和库存量，作为市场需求预测和库存补货的解决方法，即由销售资料得到消费需求信息，供货商可以更有效地计划且更快速地反映市场变化和消费需求。实施供应商管理库存策略的关键主要体现在如下几个原则中。

（1）合作精神（合作性原则）。在实施该策略时，相互信任与信息透明是很重要的，供应商和用户（零售商）都要有较好的合作精神，只有这样才能够保持较好的合作。

（2）使双方成本最小（互惠原则）。供应商管理库存不是关于成本如何分配或谁来支付的问题，而是关于减少成本的问题。运用供应商管理库存模式，可使双方的成本都降低。

（3）框架协议（目标一致性原则）。双方都明白各自的责任，观念上达成一致。例如，库存放在哪里、什么时候支付、是否需要管理费、要花费多少等问题都要回答，并且体现在框架协议中。

（4）连续改进原则。使供需双方能共享利益和消除浪费。供应商管理库存的主要思想是供应商在用户的允许下设立库存，确定库存水平和补给策略，拥有库存控制权。

使用供应商管理库存模式，不仅可以降低供应链的库存水平和成本，而且用户可获得高水平的服务及更高的用户信任度，改善资金流，使供需双方共享需求变化变得更透明。

2. 实施供应商管理库存的方法

实施供应商管理库存策略，要改变订单的处理方式，建立基于标准的托付订单处理模式。首先，供应商和批发商一起确定供应商的订单业务处理过程所需要的信息和库存控制参数；其次建立一种订单处理的标准模式，如 EDI 标准报文；最后，把订货、交货和票据处理各项业务功能集成在供应商一边。

库存状态透明性（对供应商）是实施供应商管理库存策略的关键。供应商能够随时跟踪和检查到销售商的库存状态，从而快速响应市场的需求变化，对企业的生产（供应）状态做出相应的调整。为此，需要建立一种能够使供应商和用户（分销商、批发商）的库存

信息系统透明连接的方法。

供应商管理库存策略可以分以下几个步骤实施。

第一，建立顾客情报信息系统。供应商要有效地管理销售库存，必须获得顾客的有关信息。通过建立顾客的信息库，供应商能够掌握需求变化的有关情况，把由分销商（批发商）进行的需求预测与分析功能集成到供应商的系统中来。

第二，建立销售网络管理系统。供应商要很好地管理销售库存，必须建立完善的销售网络管理系统，保证自己的产品需求信息和物流畅通。为此，必须：①保证自己产品条码的可读性和唯一性；②实现产品分类和编码的标准化；③解决商品存储运输过程中的识别问题。目前，已有许多企业开始采用 MRP Ⅱ 或 ERP 系统，这些软件系统都集成了销售管理的功能。通过对这些功能的扩展，企业可以建立完善的销售网络管理系统。

第三，建立供应商与分销商（批发商）的合作框架协议。供应商和分销商（批发商）协商，确定处理订单的业务流程及控制库存的有关参数（如再订货点、最低库存水平等），库存信息的传递方式等。

第四，组织机构的变革。供应商管理库存策略改变了供应商的组织模式。过去一般由会计经理处理与用户有关的事情，引入供应商管理库存策略后，订货部门产生了一个新的职能，专门负责用户库存的控制、库存的补给并监控服务水平。

一般来说，以下的情况适合实施供应商管理库存策略：零售商或批发商没有 IT 系统或基础设施有效管理他们的库存；制造商实力雄厚并且比零售商市场信息量大；有较高的直接存储交货水平，因而制造商能够有效地规划运输。

3. 实施供应商管理库存的几种模式

（1）"制造商零售商"供应商管理库存模式

"制造商零售商"供应商管理库存模式通常发生在制造商作为供应链的上游企业，对客户（如零售商）实施供应商管理库存，如图 4.11 所示。图 4.11 中的制造商是供应商管理库存的主导者，由它负责对零售商的供货系统进行检查和补充。这种情况多出现在制造商是一个比较大的产品制造者，具有相当的规模和实力，完全能够承担起管理供应商管理库存的责任，如美国的宝洁公司。

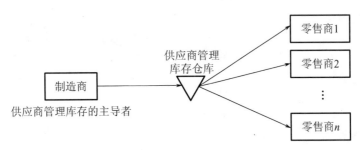

图 4.11 "制造商零售商"供应商管理库存模式

（2）"供应商制造商"供应商管理库存模式

"供应商制造商"供应商管理库存模式通常发生在制造商是供应链上实施供应商管理库存的下游企业，要求它的供应要按照供应商管理库存的方式向其补充库存，如图 4.12 所示。此时，供应商管理库存的主导者可能不是制造商，但它是供应商管理库存的接受者，而不是管理者，此时供应商管理库存的管理者是该制造商的上游企业的众多供应商。例如，在汽车制造业，一般来说，汽车制造商是供应链上的核心企业，为了应对激烈的市场竞争，它会要求它的零部件供应商为其实施供应商管理库存的库存管理方式。由于很多零部件供应商的规模很小，实力很弱，完全由这些中小供应商完成供应商管理库存可能比较困难。另外，由于制造商要求供应商要按照准时化的方式供货，因此，供应商不得不在制造商的周围建立自己的仓库。这样会导致供应链上的库存管理资源重复配置。表面上看，这些库存管理成本是由供应商支持的，但实际上仍然会分摊到供货价格上，最终对制造商也是不利的。所以，这种供应商管理库存模式使用得越来越少了。

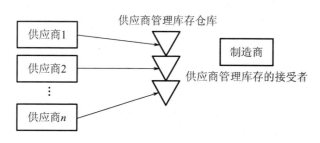

图 4.12　"供应商制造商"供应商管理库存模式

（3）"供应商第三方物流制造商"供应商管理库存模式

为了克服第二种模式的弊端，人们创造出新的模式——"供应商第三方物流制造商"供应商管理库存模式。这种模式引入了一个第三方物流（Third Party Logistics，3PL）企业，由第三方物流企业提供一个统一的物流和信息流管理平台，统一执行和管理各个供应商的零部件库存控制指令，负责完成向制造商生产线配送零部件的工作，而供应商则根据第三方物流企业的出库单与制造商按时结算，如图 4.13 所示。

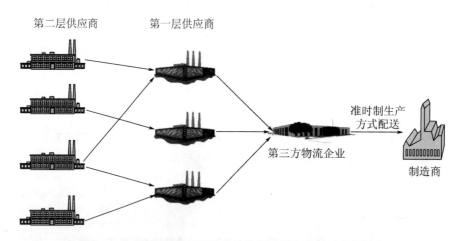

图 4.13　"供应商第三方物流制造商"供应商管理库存模式

由第三方物流企业运作的供应商管理库存仓库可以合并来自多个供应商交付的货物，采用物流集中管理的方式，因此形成了规模效应，降低了库存管理的总成本。这一模式的信息流和物流传递如图 4.14 所示。

这一模式的优点还有：第三方物流企业推动了供应商、制造方及第三方物流之间的信息交换和整合；第三方物流企业提供的信息是中立的，根据预先达成的框架协议，物料的转移标志着物权的转移；第三方物流企业能够提供库存管理、拆包、配料、排序和交付，还可以代表制造商向供应商下达采购订单。

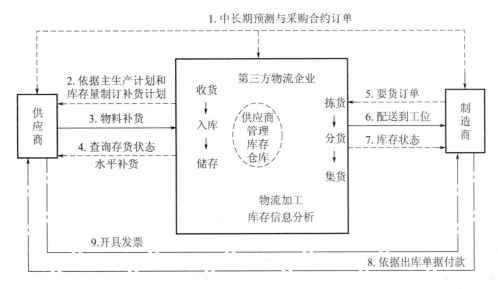

图 4.14 基于第三方物流企业的供应商管理库存信息流和物流传递示意图

将供应商管理库存业务外包给第三方物流企业，最大的阻力来自制造商企业内部。制造商企业的管理人员对第三方物流企业是否可以保证供应商管理库存业务的平稳运作存在怀疑和不理解，也有人担心引入第三方物流企业后会失去工作，还有人认为供应商管理库存业务可以带来利润，因此希望把这一业务保留在公司以获得额外的"利润"。因此，为了使供应商管理库存能够提升供应链的竞争力，必须对相关岗位的职责进行重新设计，甚至对企业文化进行变革。

4.5 供料管理

企业所采购的原材料经过仓库进入生产车间，或者直接进入生产车间。一般来说，传统的生产企业是生产车间根据生产计划确定领料计划，由车间的领料员到仓储部门领料。领料方式就是指由生产车间及其他用料部门根据生产计划需要，派人到仓库领取各种物品的供料方式。

送料是指仓库保管员根据供料计划和供料进度，将事先配齐的各种物品，送到生产车间和其他用料部门。实行送料需要有一定的条件，如要有供料计划和一定的运输工具。与领料相比较，送料的优点较多，送料方式在实践中得到不断发展。

【拓展案例】

供应物流领域新的供料服务方式主要有下列几种。

1. 准时供应方式

准时制生产方式又称无库存生产方式、零库存生产方式，准时制生产方式可以派生出

【拓展视频】

即时供应方式、准时化顺序供应方式、成套零件供应方式等多种新的供料服务方式。

准时制生产方式按照用户的要求,在计划的时间内或者在用户提出的时间内,实现用户的需求。准时制生产方式大多是双方事先约定供应时间,互相确认时间计划,因而有利于供应物流和接货的组织准备工作。

2. 即时供应方式

即时供应方式是准时制生产方式的一个特例,它完全不按照计划时间而是按照用户偶尔提出的时间要求,进行准时供应。这种方式一般作为应急的方式采用。

在网络经济时代,由于电子商务的广泛开展,在电子商务运行中,消费者提出的最基本服务要求,大多缺乏计划性,而又有严格的时间要求,因此,在新经济环境下,这种供应方式有被广泛采用的趋势。

需要说明的是,即时供应方式很难实现计划配送和共同配送,所以一般成本较高。

3. 看板方式

看板方式是准时制生产方式中一种简单有效的方式。在企业的各工序之间,或在企业之间,或在生产企业与供应商之间,采用固定格式的卡片为凭证,由下一环节根据自己节奏,逆生产流程方向,向上一环节指定供应,从而协调关系,做到准时同步。采用看板方式,有可能使供应库存实现零库存。

【拓展期刊】

小　　结

企业供应物流是企业物流活动的起始阶段,是企业生产前的准备工作和资源配置活动,包括原材料等生产物资的采购、进货运输、仓储、库存管理、用料管理和供料管理等。供应物流与企业生产系统、财务系统、技术系统等各部门及企业外部的资源市场、运输市场、其他企业的供应物流部门等有着密切的联系,以此来保证企业生产和整个物流活动的连贯性和持续性。

采购与供应决策对货物在物流渠道中的高效率流动、存储有相当大的影响。供应计划保证所需货物能够在规定的时刻到达指定地点。物料需求计划、准时供应计划和看板管理可以实现供应商到客户的供应链一体化的计划管理。

采购物流是供应物流活动中的一个非常重要的环节,直接关系到供应物流的成本与质量。企业的采购物流有三种组织方式:委托社会销售企业代理、委托第三方物流企业代理、企业自提。按照入场物流运作方式的不同,企业进场物流的运输方式可以分为直送模式、集配中心模式、Milk-Run 模式三种。

企业常用的库存控制策略有 ABC 分类法、CVA 分类法、经济订购批量法、定量订货法和定期订货法等。物资存储本身具有一定风险,而在库存策略中,供应商管理库存就是利用电子数据交换技术实现在制造商(用户)和供应商之间的合作性策略,以对双方来说都是最低的成本优化产品的可获得性,在一个相互认可的目标框架下由供应商管理库存。

对于供应物流管理部门来讲,选择合适的供料方式,利用有效的供料方法,加强日常管理工作,可以使供应物流顺畅运行。

 **关键词**

供应物流（Supply Logistics） 适时供应计划（Just-In-Time Supply Schedaling）
物料需求计划（Materials Requirement Planning） 采购（Purchasing）
ABC 分类法（ABC Analysis） CVA 分类法（Critical Value Analysis）
经济订购批量法（Economic Order Quantity Model） 定量订货法（Fixed-Quantity System）
定期订货制（Fixed-Period System） 供料管理（Feed Management）
供应商管理库存（Vendor Managed Inventory，VMI）

思考与练习

1. 选择题

（1）下列活动中，（ ）不属于供应物流。
A. 采购　　　　　　　　　　　　B. 生产资料运输
C. 生产资料库存控制　　　　　　D. 半成品的存放

（2）（ ）是供应物流的核心。
A. 采购　　　B. 运输　　　C. 库存管理　　　D. 用料管理

（3）企业物流的核心是（ ）。
A. 供应物流　　B. 生产物流　　C. 销售物流　　D. 回收物流

（4）（ ）不是供应物流管理的内容。
A. 业务性活动　　　　　　　　　B. 支持性活动
C. 基础性活动　　　　　　　　　D. 拓展性活动

（5）库存货物的周转储存天数主要包括（ ）。
A. 生产使用天数　　　　　　　　B. 供应间隔天数　　　C. 验收入库天数
D. 使用前准备天数　　　　　　　E. 运输间隔天数

（6）供应物流的转换点是（ ）。
A. 采购　　　　　　　　　　　　B. 生产资料供应
C. 仓储与配送管理　　　　　　　D. 装卸与搬运

（7）关于采购的描述，下面说法错误的是（ ）。
A. 采购是一种经济行为
B. 采购是指一项具体的物资购买活动，有具体的采购人员操作实施
C. 采购和采购管理是两个不同的概念
D. 采购和采购管理是同一个概念

（8）采购的主体是（ ）。
A. 企业　　　B. 客户　　　C. 采购人员　　　D. 销售人员

（9）（ ）对单品种大批量型生产物流的特征的描述不正确。
A. 产品品种数相对单一　　　　　B. 产量小
C. 生产的重复度非常高　　　　　D. 大批量配送

（10）（　　）不是企业供应物流的模式。
A. 委托社会销售企业代理供应物流方式
B. 委托第三方物流企业代理供应物流方式
C. 委托第四方物流企业代理供应物流方式
D. 企业自供物流方式

2. 判断题

（1）供应商的选择标准一般为商品质量合适、价格水平低、交易费用少等，其生产能力和经营理念能否配合公司的成长环境，这点不重要。　　　　　　　　　　（　　）
（2）定量订货模型有利于贵重物资的库存。　　　　　　　　　　　　　　　（　　）
（3）采购是供应物流和生产物流的衔接点。　　　　　　　　　　　　　　　（　　）
（4）备料包括两项工作，即采购和配料。　　　　　　　　　　　　　　　　（　　）
（5）供应物流管理的业务性活动只有计划、采购和供料。　　　　　　　　　（　　）
（6）为了成功实施供应链管理，供应链内的部分企业必须克服它们各自的功能障碍，采取一种流程的方法。　　　　　　　　　　　　　　　　　　　　　　　（　　）
（7）与传统的物流运作方式相比，第三方物流提供了物流配送功能。　　　　（　　）
（8）采购是一个组织从外部资源获取所需要的全部商品和服务的过程，其目的是用最小可能的采购价格获得所需的商品和服务。　　　　　　　　　　　　　　（　　）
（9）流通加工不仅是对生产加工的代替，还是一种补充和完善。　　　　　　（　　）
（10）配送中心的上游是物流枢纽，下游是零售店或最终消费者。　　　　　（　　）

3. 简答题

（1）如何计算安全库存量？
（2）采购的业务流程是什么？
（3）看板管理的职能有哪些？
（4）简述 ABC 库存管理法。
（5）简述不同供料方式的异同。
（6）储存合理化的主要标志是什么？
（7）配送中心形成与发展的原因有哪些？
（8）第三方物流有哪些类型？各有什么特点？

4. 思考题

（1）分析一个具体的企业，研究该企业供应物流中存在的不足，并思考如何改进。
（2）学习物流与供应链管理的意义何在？
（3）你认为业务流程再造过程中什么因素最重要？为什么？
（4）企业应该怎样选择适合自身的物流业务模式？
（5）试论述我国第三方物流的发展现状并提出相应的对策。

5. 案例分析题

整合入场物流，为企业节约物流成本提高效率

福特汽车公司（以下简称福特）是世界上最大的汽车制造商之一，它与美国潘世奇物流公司（以下简称潘世奇）合作，创建和维护一个更集中式的物流网络。通过减少运输工

具的标准化，消除了不必要的浪费，减少了过量运输，节约了成本。此外，潘世奇还实施了问责制并采用了先进的物流管理技术，使整个物流过程加强了可视化。

1. 开始合作

潘世奇与福特在诺福克的装配厂最初建立了业务关系，是这家装配厂的首选物流供应商，当时福特的 20 家北美装配厂都是自己管理自己的物流业务。分散的管理方法方便了工厂对物流的全面控制，但在材料处理和运输方面造成了昂贵的浪费。

福特公司通过研究决定将物流的分散管理转变为集中管理。这一决定的优势很快就显现出来——公司物流业务的集中化提高了整个网络的速度和可视性，并降低供应链成本。不久之后，福特选择了潘世奇作为其北美首选物流供应商。根据合同，潘世奇将集中管理 19 个装配厂和 7 个冲压厂的所有入场物料处理。

2. 巩固物流业务

潘世奇立即与福特开展了积极的物流转型计划。潘世奇将为福特提供所有物流业务的单点联系。通过与个别工厂和企业管理人员合作，潘世奇建立了当前业务的基本状态，并勾勒了解决方案。新的物流项目将建立一个潘世奇物流中心，包括以下核心功能。

① 网络设计优化，通过订单调度中心实施一套更有效率的入场物料战略。
② 承运商和高级货运管理，管理所有承运商和物流公司，同时降低运输费用。
③ 信息技术系统集成，实现供应链出货及时间表和订单的实时可见性。
④ 财务管理，改善运输单据支付方式和整个供应链中的索赔处理和解决方案。

在开发这一新计划后，潘世奇开始评估福特现有的网络设计。以工厂为中心的入场物流方式，供应商将向不同的工厂进行相同零件的多次交付。一个供应商会装载一个小的批次，交付给一家工厂，装载另一个相同的小批次，交付给另外一家工厂，半空的卡车经常在去同一家工厂的路上行驶交叉路线，除了效率很低，这种设计还导致工厂过度库存和存储成本提升。

为了集中运输和配送业务，潘世奇实施了一个新的网络设计，包含 10 个新的订单调度中心。订单调度中心成为供应商的中心交付点。进入同一工厂的不同的供应商货物在订单调度中心交叉停靠。货物将按计划进行合并和交付，以减少运输次数，从而增加卡车装运量并节省运费。为了满足新的运输和分销标准，潘世奇对 1 500 多个供应商开展了新的统一程序的培训。

对于承运人和高级货运管理人员，潘世奇的目标简单明了：运营服务最大化，物流成本最小化。潘世奇重新设计了福特运营商的投标程序，对承运人提出更加严格的要求。承运人需要符合特定要求的安全标准、设备装置和技术规范，需要提供有经验的合格驾驶员，需要证明具有能够准时取货、交货的经验。

潘世奇的新程序要求承运商在规定的 15 分钟时间内到达已建立路线的接送和发货窗口。此外，承运人将监督装卸作业，以验证订单的准确性、是否充分包装且已贴标签，以及货运损失。按照严格的运营商要求，潘世奇通过实施运营商评级系统来实施问责制。

所有意外事件将被记录和报告。对于对福特的运营造成负面影响的事件，运营商将发布纠正行动报告，如果运营商的"记分卡"上累积了大量事故，潘世奇将降低运营商评级，从而危及运营商参与未来投标的资格。

潘世奇还在整个物流网络中实施了多项信息技术解决方案，包括专有的物流管理系统和路线辅助（一种先进的路由工具）；其他程序还包括基于 Web 的度量报告系统和订单跟踪软件；并给驾驶员配备了掌上电脑扫描仪和电子驱动程序日志。运营商在所有卡车上进行卫星通信和发动机监控系统以进行负载跟踪。订单调度中心配备了集成的射频交叉扫描仪，用于跟踪各个部件的送达。

在实施集中式物流方式之前，福特未能清楚地了解物流系统成本和费用状态，每周约有 1 500 家供应商来处理超过 20 000 件货物，运费结算复杂。作为其运营管理系统的一部分，潘世奇现在向驾驶员提供单一的工作程序文书，以确保收集文件并提交给会计。潘世奇开发了一种新的运费计费系统，可以及时获取运费成本并将这些运费成本分摊给各个工厂。因此，福特可以清楚地知道哪些工厂具有最高和最低的运输成本，哪些运营商最具有成本效益。

3. 潘世奇和福特：进入汽车行业的新世纪

在大约 18 个月中，潘世奇完全将福特的物流业务转变为集中式网络设计。现在，700 多辆入场和 500 辆出场拖车每天从福特的订单调度中心进出，其中大多数拖车的负载率是 95%。货物发运在订单调度中心整合，以前未使用的交叉对接区域现在需求很高。

目前供应商和运营商通过一套运输和分销流程进行运营，在整个供应链中实现了更好的服务。潘世奇的运营商评级体系的问责制使福特公司摆脱了昂贵却无效的运营商分销网络。

通过统一的技术，订单调度中心能够实时中监测出货量，查找无效行为并发现物流处理出现的问题。此外，物流成本进入供应链，这允许福特在任何给定的时间点看到总体供应链成本和每个工厂的成本份额。

资料来源：[2020-01-06]. http://mp.weixin.qq.com/s/fjgbkQMjZ21LtdgykyaWPA.

分析：

（1）福特公司以工厂为中心的入场物流方式，存在哪些问题？潘世奇是如何解决这些问题的？

（2）集中式入场物流方式有什么优点？什么类型的企业适宜采用这种物流方式？

 应用训练

实训项目：供应物流的业务流程。

实训目的：

（1）了解供应物流的业务流程。

（2）掌握供应物流业务流程的操作程序。

（3）理解供应物流业务流程的重要性。

实训组织：在教师的指导下，每个小组实地调查供应商企业供应物流流程，并通过互联网查找资料，通过集体讨论和分析，了解供应物流的业务流程。

实训案例：A 公司是一家大型的制造企业，当地 B 公司和外地 C 公司是该公司的两种零部件的重要供应商。作为 A 公司采购部成员，要了解供应商情况，熟悉供应物流操作流程，掌握供应物流的具体操作程序。

实训要求：

（1）对供应商的基本情况、产品和价格进行调查，对本地的供应商进行实地调查。

（2）跟踪一次具体的供应物流操作流程，根据调查结果，制作流程卡片。

（3）制定供应物流的具体操作程序，对每一个流程进行客观分析。

（4）学生根据调研结果，对每个流程进行讨论，研究每个流程在供应物流中的重要性。

实训成果说明：

（1）每小组分工协作，以小组为单位写出供应物流的操作程序，并上交纸质文稿和电子档各一份。

（2）实训成绩按个人表现、团队表现及实训成果各项成绩进行汇总。

第5章 企业生产物流管理

【本章教学要点】

知识要点	掌握程度	相关知识
企业生产物流管理概述	理解	生产物流的内涵和特点,影响生产物流的主要因素,生产物流管理的概念
生产物流特征与管理	重点掌握	不同生产类型的生产物流特征及管理重点,单元化生产的生产物流特征及管理的重点
企业生产物流的组织	掌握	合理组织生产物流的基本要求,生产物流的空间、时间和人员组织的基本原理和方法
企业生产物流的计划与控制	了解	企业生产物流计划原理和方法,企业生产物流控制原理和方法,以 MRP、JIT、TOC 理论为依据的生产物流计划与控制模式,MRP、JIT、TOC 控制模式对比分析

【本章能力要求】

能力要点	掌握程度	应用能力
企业生产物流的组织	掌握	具备针对不同的专业化形式组织生产物流空间布局的能力,具备生产物流时间组织的选择决策能力,能够对生产物流的人员组织做出合理的决策
不同生产类型的生产物流管理的原则	重点掌握	具备针对不同生产类型的生产物流采取合理的管理策略
合理组织生产物流	了解	能够利用原则来设计合理的生产物流系统,并具备评价企业生产物流系统合理性的能力
生产物流计划与控制方法	重点掌握	具备针对不同生产物流类型选择合适的期量标准进行有效的生产物流计划和控制
生产物流计划与控制的新模式	了解	了解现代生产物流计划与控制的新模式,能够为企业生产物流计划与控制提供新方法和新思路

【本章知识架构】

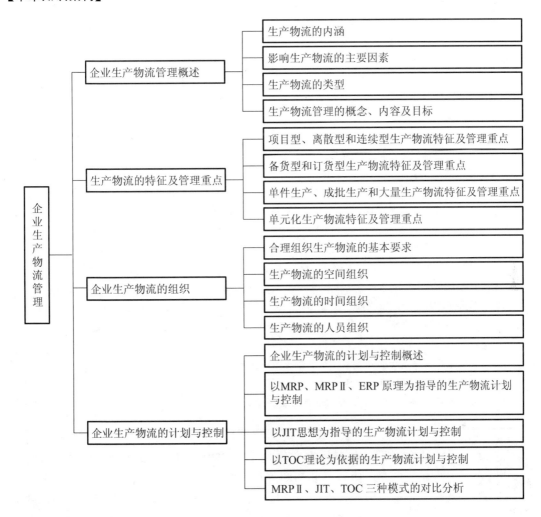

导入案例

上海通用汽车：入场 & 现场物流全数据化管理

数字化工厂是工业 4.0 潮流的必然趋势，而感知技术的成功应用是实现数字化工厂的必要基础。上海通用汽车工厂生产零件品种多，一级零件数量超过 5 000 种，且包装形式复杂。在物流模式方面，排序、SPS、大小件等共存，须满足高频次的零件消耗拉动。此外，物流人员多、设备分布广也是一大特点。针对如此高负荷、多样化、广区域的生产状态，建立物联网通过系统智能管控的价值巨大，但与此同时，引入最为适用的感知技术是关键所在。

感知技术基于信息物理系统（Cyber Physical Systems，CPS），针对入场 & 现场物流运作中的操作人员、物流移动设备、生产零件，引入感知技术，对厂内全物流过程进行检测和控制，实现随时、即时采集物流动态，获取海量运作基础信息，建立物联网感知层；通过通信网络技术，将感知的信息准确、即时并可靠地传递，基于存储、处理底层数据，形成数据库，创建物联网络层；最后，在感知层与网络层的基础上，创建智能调度模型，建立物联网应用层，实现厂内生产零件入库及配送的智能调度，最终通过客户终端实现可视化并发布系统指令，系统管控、指导现场运作，提高运作效率，并为建立数字化工厂打下基础。

想要实现入场&现场物流全数据化管理，需要完成人员、设备和零件的数据互通对接。研究表明，人、机、料全数据一体化的核心感知技术有三个，即人机绑定技术、设备运作状态感知技术、室内定位技术。

① 人机绑定技术，是指通过网络之间互连的协议（Internet Protocol，IP）卡片（如人员工作胸卡）的设置，实现扫卡启动物流移动设备，替代原始钥匙，并且实现操作人员信息状态与物流移动设备的实时绑定。

② 设备运作状态感知技术，是指通过传感器实时监听移动设备的底层电信号、机械信号，并将信号收集于车载信号收集模块中，通过换算分析以获取车辆的行驶、铲运等各种运作状态。

③ 室内定位技术，是指在室内环境中实现位置定位，实现人员、物体等在室内空间中的位置监控，从而实现对工厂内部物流移动设备（叉车及拖车）的运动轨迹实施定位的目的。

感知技术的成功应用，是达到人、机、料全数据一体化的先决条件。感知技术结合智能调度模型的建立，旨在实现厂内物流运作全区域智能调度。当前对于物料配送人员运作效率优化评估，物料上线人员效率预期提高3%～5%。除了提高人员效率之外，感知技术的应用还能够实现车队状态信息的实时监控，同时优化安全管理、人员管理、车队资产管理，为实现数字化工厂打下扎实的基础。

思考：
(1) 汽车生产物流属于哪种类型？该类型生产物流的特征是什么？物流管理的重点是什么？
(2) 企业生产物流包括哪些主要内容？
(3) 思考入场&现场物流全数据化管理的重要意义。

【拓展视频】

研究表明，在产品生产的整个过程中，仅5%的时间用于加工制造，95%用于储存、搬运、装卸和等待，搬运和储存费用占零部件加工费用的30%～40%。因此，生产物流是企业生产的重要组成部分，是企业物流的关键环节，科学的生产物流管理对提高企业生产系统的效率和企业利润有着重要的意义。

5.1 企业生产物流管理概述

5.1.1 生产物流的内涵

1. 生产物流的概念

生产物流（Production Logistics）是指企业生产过程中发生的涉及原材料、在制品、半成品、产成品等所进行的物流活动。在生产企业中，生产物流又称厂区物流，指从支持生产活动所需要的原材料离开仓库上线开始，经加工、装配、包装，直至完成产成品入库这一全过程的物料在仓库与车间之间、车间之间、工序之间每个环节的流转、移动和储存

（含停滞、等待）及与之有关的物流活动，它贯穿了整个生产过程的始终，实际上已构成了生产过程的一部分。企业生产物流的基本活动如图5.1所示。

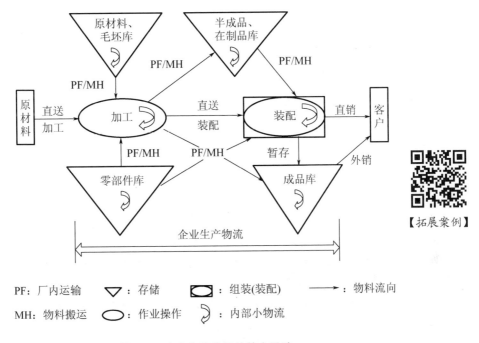

图 5.1　企业生产物流的基本活动

 小知识

　　根据企业规模不同，生产物流可以分为工序内部物流、企业内部物流、企业间物流和生产组织间物流。企业内部物流是指车间内部、车间与车间之间，以及车间与仓库之间各工序、工位上发生的物流活动。就独立企业而言，生产物流就是企业内部物流。就大企业而言，生产物流不仅包括企业内部物流，通常也包括企业集团之间的物流，一定程度上具有社会物流特征。企业间物流是指同一个基地多个工厂之间发生的物流活动。生产组织间物流是指多个基地的不同工厂之间发生的物流活动。

　　对生产物流概念的理解可以从生产工艺过程、生产物流范围和生产物流属性三个角度进行分析。

　　从生产工艺过程来看，生产物流活动是与整个生产工艺流程相伴而生的，实际上已构成了生产工艺过程的一部分，体现出"工艺是龙头，物流是支柱"的一体化特征。所以，生产物流是企业在生产工艺过程中的物流活动，其过程大体为：原材料、辅助材料和外购零部件等物料从企业仓库或企业的"门口"开始，进入生产线的开始端，再进一步随生产加工过程并借助一定的运输装置，一个环节接一个环节地流动，在流动的过程中，本身被加工，同时产生一些废料、余料，直到生产加工终结，再流至成品仓库。

从生产物流范围来看，企业生产系统中物流的边界起于原材料、外购零部件的投入，止于成品仓库。它贯穿生产全过程，横跨整个企业（车间、工序），其流经的范围是全厂性的、全过程。物料投入生产即形成生产物流，并随着时间进程不断改变自己的实物形态（如加工、装配、储存、搬运和等待等状态）和场所位置（各车间、工序、工作地和仓库等）。

从生产物流属性来看，企业生产物流是指生产所需物料在空间和时间上的运动过程，是生产系统的动态表现。换言之，物料（原材料、零部件、辅助材料、在制品、半成品、成品）经历生产系统各个阶段或工序的全部运动过程就是生产物流。

综上所述，一般意义上，企业生产物流是指伴随企业内部生产过程的物流活动。即按照工厂布局、产品生产工艺流程的要求，实现原材料、零部件和半成品等物料在工厂内部仓库与车间、车间与车间、工序与工序之间流转的物流活动。

 小知识

生产物流是企业生产活动与物流活动的有机结合。生产物流的优化设计主要从三个方面入手：第一，生产流程对物流线路的影响；第二，生产能力对物流设施配备的要求；第三，生产节拍对物流量的影响。

2. 生产物流与生产的关系

生产活动和物流活动是生产系统的两个支柱。生产物流是企业物流的核心，是企业生产的重要组成部分，对企业生产有着重要的影响。首先，生产物流为企业生产的连续性提供了保障。其次，物流费用在生产成本中占有很大比重，生产物流合理化对生产成本有很大影响，如生产物流均衡稳定，可以保证在制品顺畅流转，缩短生产周期；在制品库存的压缩，设备负荷均衡化，也都与生产物流的管理及控制有关。最后，生产物流的合理与否对生产环境和生产秩序起着决定性的影响。

【拓展视频】

生产物流与生产的关系，如同人体中血液循环系统与器官的关系一样，生产物流系统就如同生产中的血液循环系统，因此，生产物流既是生产制造各环节组成的有机整体的纽带，又是生产维持延续的基础。随着生产制造过程的智能化、数字化、自动化、柔性化程度越来越高，以及物联网、人工智能、机器人技术和大数据的迅猛发展，生产物流系统也将向可视化、可感知、可调节的智慧物流发展。

 小知识

汽车总装线旁边一般都有线边库，它是生产物流与生产装配的交汇点。线边库会将本岗位所需要装配的零部件存放半小时、一小时或两小时左右，线边库附近还有放置工装、记录表等的小工作台或用品箱。汽车总装是混线生产，多种车型轮流总装，这样线边库就需要存放多种车型的零部件。汽车行业以外的一些企业，线边库除了放置原材料、零部件等，还放置产成品、半成品等。

3. 生产物流的主要特点

(1) 实现价值的特点：加工附加价值。企业生产物流伴随加工活动而发生，主要是实现加工附加价值的经济活动。虽然企业生产物流空间、时间价值潜力不大，但加工附加价值却很高。

(2) 主要功能要素的特点：搬运活动。一般物流的主要功能要素是运输和储存，其他是作为辅助性或次要功能或强化性功能要素出现的。企业物流主要功能要素则是搬运活动。生产物流中，装卸搬运是发生最广泛、发生频度最高的物流活动，这种物流活动甚至会决定整个生产方式和生产水平。例如，用传送带式工艺取代"岛式"工艺，省却了反复的装卸搬运，形成了一种新的生产和管理的模式，是现代生产方式的一次革命。又如，"科学管理"理论的一个重要组成部分——作业研究，是研究工人搬装作业的时间、方法和定额，实际上是对生产物流的研究。

(3) 物流过程的特点：工艺过程性。企业生产物流是一种工艺过程性物流，一旦企业生产工艺、生产装备及生产流程确定，企业生产物流也因而确定下来，成了一种稳定性高的物流。由于这种稳定性，企业生产物流的可控性、计划性便很强，选择性及可变性很小。生产物流严格按照生产过程的顺序进行，任何一个环节都不能跨越，任何两个环节都不能任意调换顺序。

(4) 物流运行的特点：伴生性、平行性、复杂性。企业生产物流的运行具有极强的伴生性，往往是生产过程中的一个组成部分或一个伴生部分，这决定了企业生产物流很难与生产过程分开而形成独立的系统。在企业的日常运作中，各生产环节在生产过程中都是持续进行的，为了保证生产过程能平行运行，连接各生产过程的生产物流也必须平行流动。生产过程的复杂性决定了生产物流运行的复杂性。生产物流受到生产过程的影响，还具有分散性、离散性和集结性等特征。

5.1.2 影响生产物流的主要因素

不同的生产过程具有不同的生产物流构成，制造企业生产物流的构成主要取决于企业的生产类型、生产规模、生产工艺、专业化和协作化水平及技术管理水平等因素。

1. 生产类型

生产类型是企业生产产品的品种、产量和专业化程度在企业生产系统技术、组织、经济效果等方面的综合表现。生产类型很大程度上决定了企业的生产结构、工艺流程和工艺装配的特点，以及生产的组织形式和生产的管理方法，同时也决定了与之匹配的生产物流的类型、构成及相互间的比例关系。因此，生产类型是影响生产物流的主要因素。

2. 生产规模

生产规模是指单位时间内的产品产量。生产规模越大，则生产物流的构成越复杂，物流量越大；生产规模越小，其生产物流的构成也越简单，物流量就越小。

3. 生产工艺

即使是生产相同的产品，如果采取不同的生产工艺，那么对生产物流的要求和限制也是不同的。一般来说，生产工艺越复杂，则对生产物流的要求和限制也越多。在很多企业的生产工艺中，如果认真分析物料的运动，会发现有许多不合理的运动。例如，厂内起始仓库搬运路线不合理，搬运装卸次数过多；仓库与各车间的相对位置不合理；工艺过程中物料过长的运动、迂回运动、相向运动等。这些问题都反映了设计生产工艺流程时缺乏对物流的考虑。

4. 专业化和协作化水平

若企业专业化和协作化水平低，说明企业外包的比例较低，则企业自身生产的产品和零部件品种和数量就多，所需的原材料的品种和数量也随之增加，物料流程更复杂且会延长；若企业专业化和协作化水平高，生产所需要的一些产品和半成品、零部件可以由供应商提供，则企业的物流流程就会缩短。因此，企业的专业化和协作化水平影响了企业生产物流的构成与管理。

5. 技术管理水平

企业技术水平先进，组织管理能力强，就可采用先进的生产设备、工艺及先进的管理技术和管理方法，这样更易于提高产品质量，降低物资消耗，生产物流系统就易于实现。

 小知识

随着"工业4.0"的推进，智慧物流成为一种趋势，进一步推动智能制造的发展。在智能生产中，人员、机器和资源相互之间进行即时通信，智能物料能够感应它们被制造和打算被使用的具体情况，可以主动辅助制造过程。生产链中所集成的所有生产设施能够实现自组织，并可根据当前的状况灵活地调整生产过程，从而形成高度灵活的生产模式。

智能制造对整个制造系统的智能化、柔性化、标准化程度提出了更高的要求，也推动着物流行业信息化、智能化的发展。首先，在制造流程和制造设备上，会使用越来越多的自动化设备和物联网设备，这意味着这些设备的状态及数据的采集都可以做到可视化；其次，驱动这些设备的软件也必须是基于人工智能的算法；最后，作为智能制造实现基础和前提之一的物流信息化系统也将不断优化，智能物流得以发展。

5.1.3 生产物流的类型

在生产物流的形成过程和流动方式上，企业的生产类型起着决定性作用。因此，经常将划分生产物流的类型与划分生产类型看成一个问题的两种说法。企业生产物流的类型可以按生产性质、生产工艺过程特性、企业组织生产的特点、生产专业化程度等来划分，如图5.2所示。

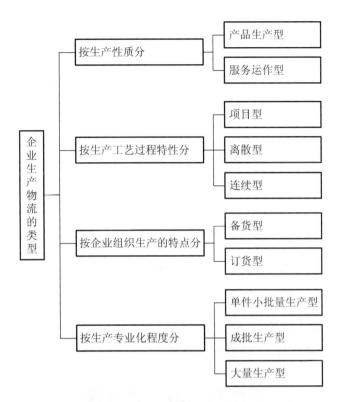

图 5.2 企业生产物流的类型

像汽车这类复杂产品的生产，在汽车整车厂，车间不同其生产组织模式就会不同，生产物流的类型也不同。例如，冲压车间是中等批量的成批生产型，焊装车间是小批量生产型，喷涂车间是对焊装车间产品批量的重新排列组合的小批量生产型，总装车间往往是配合喷涂车间的小批量生产型或为了降低库存配合销售部门按订单生产的彻底的柔性生产型。

5.1.4 生产物流管理的概念、内容及目标

1. 概念

生产物流管理（Production Logistics Management）是指运用现代管理思想、技术、方法与手段，对企业生产过程中的物流活动进行计划、组织、控制与协调。

2. 内容

生产物流管理主要包括生产物料管理、生产物流作业管理、物流设施设备管理、物流信息管理及生产物流的组织。

（1）生产物料管理

生产物料管理具体体现为在制品和成品的储存管理，协调原材料、零部件的出库和产成品的入库，以保证生产所需物料的准时可靠供应及产成品的顺利入库。

（2）生产物流作业管理

生产物流作业管理主要包括对装卸、搬运和包装等作业活动的管理，其中物料搬运管

理是生产物流管理中最重要的部分。物料搬运管理包括根据生产加工的需要，来计划和调度各种装卸与搬运设备，合理规划搬运路径，控制搬运的批量及时间间隔，使生产所需的物料按生产过程的需要及时、畅通地运达指定位置。在出现异常的情况下，应及时采取措施，排除故障，保障生产系统正常运行。物流作业管理既包括物流作业计划，又包括物流作业控制。

（3）物流设施设备管理

物流设施设备管理主要是对生产所用物流设施设备品种的规划、选型和所需数量的计算，设备的维护和保养等。

（4）物流信息管理

物流信息管理是指对企业生产物流系统中各种信息进行采集、处理、传输、统计和报告的管理活动。

（5）生产物流的组织

生产物流的组织主要包括生产物流的空间组织、时间组织和人员组织。

3. 目标

本章重点研究生产物流的作业管理和生产物流的组织。企业生产物流管理的主要目标是整合搬运，实现最低库存，均衡生产，保证产品质量。

5.2 生产物流的特征及管理重点

不同生产类型的生产物流具有不同的特征，生产物流管理重点也是不一样的。从物料的需求、供应、消耗、流向等方面，把握各种类型生产物流的特征和规律，以便采取相应的生产物流管理策略，是进行生产物流管理的基本前提。

5.2.1 项目型、离散型和连续型生产物流的特征及管理重点

1. 项目型生产物流

项目型生产（固定式生产）是指具有项目特征的生产系统，即当生产系统需要的物料进入生产场地后，几乎处于停止的凝固状态，或者说在生产过程中物料流动性不强。项目型生产物流可分为两种类型：一种是只有物流流入，几乎无物流流出的纯项目型生产系统，如建筑工程与安装工程；另一种是在物流流入生产场地后，滞留相当长一段时间再流出的准项目型生产系统，如大型专用设备、造船厂、飞机制造厂等。

2. 离散型生产物流

离散型生产（主要是加工装配式生产）是指物料离散地按一定工艺顺序运动，在运动中不断改变形态和性能，最后形成产品的生产，如机械、电子、服装等。离散型生产物流的特征是：产品是由许多零部件构成，各个零部件的加工过程彼此独立；制成的零件通过部件装配和总装配后成为产品，整个产品的生产工艺是离散的，各个生产环节之间要求有一定的在制品储备；物料需求与具体产品存在一一对应的惯性关系。

3. 连续型生产物流

连续型生产（流程式生产）是指物料均匀连续地按一定工艺顺序运动，在运动中不断改变形态和性能，最后形成产品的生产，如化工、炼油、造纸等。

【拓展视频】

项目型、离散型和连续型生产物流的特征及管理重点对比如表 5.1 所示。

表 5.1 项目型、离散型和连续型生产物流的特征及管理重点对比表

类别	项目型生产物流	离散型生产物流	连续型生产物流
特征	① 物料采购量大，供应商多； ② 原材料、在制品占用大，无产成品占用； ③ 物流在加工场地的方向不确定、加工变化极大； ④ 物料需求与具体产品存在一一对应的相关需求	① 制成的零件通过部件装配和总装配最后成为产品； ② 生产工艺离散； ③ 各环节之间要求有一定的在制品储备； ④ 物料需求与具体产品存在一一对应的惯性关系	① 生产出的产品和使用设备、工艺流程固定且标准化； ② 工序之间几乎没有在制品储存
管理重点	按照项目的生命周期对每阶段所需的物料在质量、费用及时间进度等方面进行严格的计划和控制	在保证及时供料和零件、部件的加工质量基础上，准确控制零部件的生产进度，缩短生产周期，既要减少在制品积压，又要保证生产的成套性	保证连续供应物料和确保每一生产环节的正常运行

5.2.2 备货型和订货型生产物流的特征及管理重点

1. 备货型生产物流

备货型生产是需求预测驱动的，指企业根据市场预测，有计划地进行产品开发和生产。生产的直接目的是补充库存，通过库存来即时满足用户的需求。备货型生产模式下的生产物流组织形式是推动型生产物流。在备货型生产管理中，需求波动客观存在，因此必要的库存是合理的。

2. 订货型生产物流

订货型生产是以客户的订单为依据，按用户特定的要求进行设计和生产。订货型生产模式下的生产物流组织形式是拉动型生产物流。订货型生产运作过程强调物流同步管理。在此模式中，生产物流和信息流完全结合在一起。在订货型生产管理中，对待库存的理念是：库存掩盖了生产系统中的各种弊端，所以应将生产中的一切库存视为浪费，要消灭一切浪费，追求零库存。

备货型生产物流和订货型生产物流的特征及管理重点对比如表 5.2 所示。

表 5.2 备货型生产物流和订货型生产物流的特征及管理重点对比表

类别	备货型生产物流	订货型生产物流
特征	① 生产物流要严格按照计划确定的物料需求数量和需求时间，从前道工序推进到后道工序，而不管后道工序当时是否需要； ② 生产物流和信息流是完全分离的； ③ 生产物流组织形式是推动型生产物流	① 在恰当的时间将恰当数量的物料送到恰当地点； ② 以零件为中心，后道工序根据需要向前道工序下达生产指令，前道工序只生产后道工序需要的产品和数量； ③ 生产物流组织形式是拉动型生产物流
管理重点	① 在生产物流组织上，严格按计划执行，维持一定量的在制品库存； ② 在生产物流计划管理和控制上，以零件需求为依据，以计划为中心，利用 MRP 系统执行和控制计划	① 在生产物流组织上，强调物流平衡而没有在制品库存； ② 在生产物流计划管理和控制上，以零件为中心，利用看板系统执行和控制计划，物流工作的重点在生产现场

5.2.3 单件生产、成批生产和大量生产物流的特征及管理重点

1. 单件小批量型生产物流

单件小批量型生产是指生产的产品品种多，但每一品种生产的数量甚少，生产重复度低的生产物流系统。单件小批量生产一般根据用户要求，按合同组织生产，即采用订货型生产方式。单件小批量生产物流的不确定性大，因此，可以按照准时制生产方式的思想制订生产物流计划，根据具体产品的需求情况及生产要求确定生产所需物料的供给、装卸和搬运。

2. 多品种小批量型生产物流

多品种小批量型生产是指生产的产品品种繁多，并且每一品种有一定的生产数量，生产的重复性中等的生产物流系统。多品种小批量生产，一般是制定生产频率，采取成组技术及柔性制造方式进行混流生产，这要求企业具备完善的管理信息系统，如 MRPⅡ管理系统。

【拓展案例】

 小知识

随着市场需求多样化、个性化的转变，离散型制造企业普遍采用多品种小批量的生产模式。目前，由于企业需要同时生产多种产品，生产线已由原来的单一产品生产线渐渐演变成混流生产线。混流生产是指在同一生产线上同时生产多种不同型号、不同批量的产品。相比单一产品生产，混流生产具有更高的灵活性，可以满足客户个性化、多样化的需求，从而提升企业的市场响应力。因此，混流生产线得到广泛的应用。目前，混流装配线是汽车行业普遍采用的一种生产组织方式。

3. 单一品种大批量型生产物流

单一品种大批量型生产是指生产的产品品种数相对单一,而产量却相当大,生产的重复度非常高且大批量配送的生产物流系统。单一品种大批量生产往往采用备货型生产组织方式。

4. 多品种大批量型生产物流

多品种大批量型生产也叫大批量定制生产(Mass Customization,MC)。它是一种以大批量生产的成本和时间,提供满足客户特定需求产品和服务的新的生产物流系统。大批量定制型的制造企业生产物流流程如图5.3所示。大批量定制的实施要求企业具有两个方面的能力:面向动态市场和客户需求的供应链及客户关系管理方面的应变能力——动态联盟、协同商务的能力;基于过程优化的客户化产品的快速设计和加工能力——敏捷制造的能力。多品种大批量生产物流一般采用分散控制。

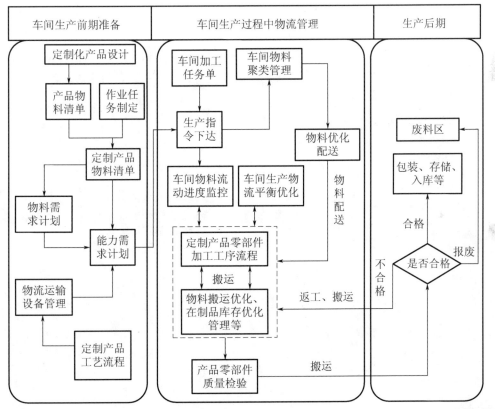

图 5.3 大批量定制型的制造企业生产物流流程

 小案例

【拓展案例】

C2M 模式——消费者需求驱动工厂定制直销

消费者需求驱动工厂有效供给(Customer to Manufactory,C2M)平台是青岛红领集团自主研发的在线定制直销平台。全球客户通过计算机、手机等信息终端登录,在C2M平台上提出定制产品需求,平台将零散的需求进行分类整合,分别链接平台上运作的N个工厂,完成定制产品的大规模生产和配送，凝聚出制造和服务一体化、跨行业、跨界别的庞大产业体系。青岛红领集团把先产后销的高库存模式转变为先销后产的零库存模式，把"中间商模式（Consumer to Business to Business，C2B2B）、商对客零售模式（Business to Customer，B2C）"转变为"C2M模式——消费者需求驱动工厂定制直销"，创造了一套大工业流水线规模化生产个性化定制产品的方法。青岛红领集团自主研发产品实现全流程的信息化、智能化，把互联网、物联网等信息技术融入大批量生产，在一条流水线上制造出灵活多变的个性化产品，实现了用工业化的效率和成本进行个性化产品的大规模定制。

单件生产、成批生产和大量生产物流的特征及管理重点对比如表5.3所示。

表5.3 单件生产、成批生产和大量生产物流的特征及管理重点对比表

类别	单件小批量型生产物流	多品种小批量型生产物流	单一品种大批量型生产物流	多品种大批量型生产物流
特征	① 物料需求与具体产品制造存在一一对应的相关需求；② 物料的消耗定额不容易或不适宜准确制定；③ 制造过程中采购物料所需的供应商多变，外部物流较难控制；④ 物流路线不确定，物流流量不确定	① 以MRP实现物料的外部独立需求与内部的相关需求之间的平衡；② 以准时制生产方式实现对生产过程中物料、零部件和成品的拉动需求；③ 物料的消耗定额容易准确制定，产品成本容易降低；④ 对供应商有较强的选择要求，外部物流的协调较难控制；⑤ 物流流量与流向重复度不高	① 物料需求的外部独立性和内部相关性易于计划和控制；② 物料的消耗定额容易并适宜准确制定；③ 物料采购的供应商固定，外部物流相对而言较容易控制；④ 引入运输、保管、配送、装卸和包装等物流作业中各种先进技术；⑤ 物流流量和流向重复度高、稳定性强	① 对装配流水线有很高的柔性要求；② 订单信息化，工艺过程管理计算机化，物流配送网络化；③ 物流配送与合理化库存以快速响应客户需求为目标；④ 单个企业物流将发展成为供应链系统物流、全球供应链系统物流
管理重点	① 生产物流计划的制订要侧重产品生产周期和生产提前期等期量指标；② 要加强生产现场物流状态的监控，实时进行适当的调整	① 生产物流计划需要密切配合企业的生产安排；② 物流控制则可以采用集中控制（推进式物流系统）的方式	① 科学合理的生产物流系统的设计与规划是关键；② 实际运作过程中仍需要加强控制，不断优化物流设施设备的布置，使生产物流处于循环优化中	① 制定科学标准的物料消耗定额，编制详细的生产进度计划，对生产物流进行控制；② 利用适当的库存对生产物料的分配过程进行相应调节

在实际生产组织中，应根据企业所生产的产品需求特征（产量、品种的多少）选择与之相适应的生产物流类型。什么样的需求特征，应该匹配相应的生产物流类型。企业生产物流类型关系矩阵如图5.4所示。

在图5.4中，沿着对角线选择和配置生产物流类型，可以达到最佳的技术经济性。换言之，偏离对角线的产品结构生产物流类型匹配战略不能获得最佳的效益。企业应根据市场需求特征变化情况同步调整与之相适应的生产物流类型，这是非常重要的。

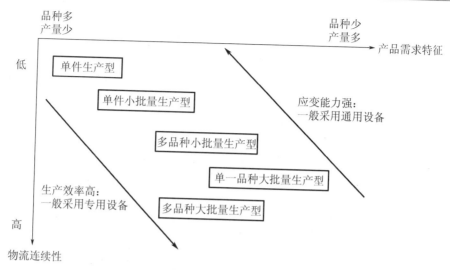

图 5.4　企业生产物流类型关系矩阵

5.2.4　单元化生产物流的特征及管理重点

1. 单元化生产

单元化生产（Cell Production）也称细胞生产，是在丰田生产方式（Toyota Production System，TPS）中逐渐发展起来的一种生产方式，是适应多品种小批量环境最理想的生产组织之一。单元化生产的思想起源于生物学的细胞学说，细胞在一定外界变量的影响下会分裂或死亡，导致数量增加或减少。生产管理运作中引入这种生物现象，即在面临多品种小批量的生产困境下，可以像细胞分裂一样，通过灵活地增加或减少生产线的数量，以此增加生产柔性来应对产量变动。

单元化生产是将流水线分割成数条较短的生产线，生产线内的作业进行合并或简化后令较少的操作工来完成，减少生产线间的物料传递与模具准备工作。因此，在产品系列或工艺种类多的情况下，单元化生产可以缩短生产周期，提高准时交付率，是一种理想的生产方式。

 小知识

单元化生产是精益生产理论体系延伸出来的一个理论，它是当代最新、最有效的生产线设置方式，为日本及欧美企业所广泛采用。这种方式使在多品种小批量生产残酷环境下，仍然能流水化生产，因此被誉为"看不见的传送带"。20世纪80年代，瑞士富豪汽车厂将汽车生产线分割成几个单元，缩短了流水线的长度，减少了生产过程中的搬运次数；20世纪90年代，日本佳能相机生产厂改变单一的专业分工方式，培养多能工并进行轮岗生产，使得佳能公司在我国大连的工厂在实施单元化生产一年内劳动效率提高了360%，实现了生产中从对设备的关注转变为对人的关注。单元化生产通过设备的选择与布置、岗位的设置与人员的协作等方式，达到了效率和柔性的统一，较好地适应了多品种、小批量、短交期、准时制的市场需求形态。

资料来源：张世良. 单元生产在汽车零部件制造企业的应用研究：以SP公司为例［D］. 长沙：湖南工业大学，2013：1-2.

2. 单元化生产物流特征

（1）生产周期短，工序间在制品库存少。单元化生产中，前道工序完工后立即流入下一道工序进行加工、装配，可以减少由于搬运、存储等问题导致物料停滞而延长的生产周期。单元化生产强调的是平衡流动，在节拍生产下在制品一个一个地流动，在制品连续流动可使单元化生产物料流动呈"絮流"而不是"浊流"，因此，工序间不存在在制品的积压与库存。

（2）设备、工序间在制品移动的距离缩短。单元化生产过程中，将设备呈 U 形布置，消除设备间的"孤岛"而使设备紧密相连，减少了设备、工序间的物料搬运距离与生产过程中操作工来回走动的距离；采用单元化生产后，设备之间距离短，设备的投料、出料及转运可以运用机械化或自动化的手段，如通过输送带、提升机等设备将物料在设备、工序间流转，不需进行设备之间物料的搬运和装卸。

（3）投料、出料的次数减少，便于产品批次的追踪。单元化生产将若干工序连接起来后，在这几道工序中从投料到出料都由同一个加工者同一时间在同一台设备上完成，减少了投料、出料的次数。另外，将原本需要设置多个批次号的追溯信息内容减少至一个批次号，提高了产品追溯的可靠性，也降低了追溯管理产品批次的难度。

3. 单元化生产物流管理重点

单元化生产可以减少工序间物料的流出与转入，减少生产准备时间，缩短生产周期，但前提是需要克服工序间的节拍平衡，因此，单元化生产物流管理的重点是保持各道工序的产能基本平衡，消除设备之间生产能力的差异。在设备选型及设备布置方面，由于灵活性、柔性的需要及多技能员工的要求，单元化生产需要选择占地小、易操作、能快速转换的设备。单元化生产需要多技能的员工，因此，在人员组织上，要重视生产过程中人的主导作用。

5.3 企业生产物流的组织

由于生产物流的多样性和复杂性，生产工艺和设备不断更新，以及先进制造技术和物流技术不断发展，因此更好地组织企业生产物流，是物流研究者和管理者始终追求的目标。只有合理组织生产物流，才能使生产过程始终处于最佳状态。

5.3.1 合理组织生产物流的基本要求

合理组织生产物流的基本要求如下。

1. 物流过程的连续性

【拓展案例】

连续性指物料总是处于不停流动之中，连续性包括空间上的连续性和时间上的流畅性。空间上的连续性要求各个环节在空间上布局合理紧凑，物料流程尽可能短，既不走弯路，又没有迂回往返现象。时间上的流畅性要求物料在生产过程的各个环节的运动自始至终处于连续流畅状态，没有或很少有停顿和等待现象。

2. 物流过程的平行性

一个企业通常生产多种产品，每一种产品又包含着多种零部件。在组织生产时，各个零部件被分配在各个车间的各道工序上生产，因此要求各个生产支流的物流要平行地流动，如果一个支流发生问题，那么整个物流都会受到影响。

3. 物流过程的节奏性

物流过程的节奏性是指在生产过程的各个阶段，从投料到最后完成入库，物流都要保证按计划有节奏或均衡地进行，即在相同的时间间隔内生产大致相同数量的产品，均衡地完成生产任务。

4. 物流过程的比例性

产品的零部件构成是相对固定的，考虑到各道工序内的质量合格率，以及装卸搬运过程中可能的损失，零部件的数量必须在各道工序间有一定的比例关系，即物流过程的比例性。比例关系表现在各生产环节的工人数、设备数、生产面积、生产速率和开动班次等因素之间相互协调和适应，所以，比例关系是相对的、动态的。这种比例关系随着生产工艺、生产技术、设备水平和操作水平等因素的改变会发生变化。

5. 物流过程的适应性

当企业产品改型换代或品种发生变化时，生产系统应具有较强的应变能力，也就是生产过程应具备在较短的时间内以最少的资源可以由生产一种产品迅速转移为生产另一种产品的生产能力，物流过程同时应具备相应的应变能力，与生产过程相适应。

企业生产物流的组织目标是最大限度地提高企业综合生产效率，一般从空间、时间和人员三个角度来组织生产物流。

5.3.2 生产物流的空间组织

生产物流的空间组织是指依据企业经营目标和经营方针，确定生产系统的选址、构成、专业化形式、生产过程组织形式及决定生产系统各组成部分在空间上的相对位置等一系列工作，是对企业生产系统的规划和设计。不同的生产组织方式将产生不同的搬运路线和搬运量。因此，选择合适的生产物流空间组织方式，形成最优的搬运路线，节省搬运成本，是合理化组织生产物流活动的关键。

生产物流空间组织的目标是缩短物料在工艺流程中的移动距离。

企业生产物流的空间组织通常要考虑以下四个问题：包括哪些生产活动单元？每个单元需要多大空间？每个单元空间的形状如何？每个单元在设施范围内的位置如何确定？

从范围上来看，生产物流的空间组织包括车间与仓库之间、车间与车间之间、车间内部和仓库内部的物流空间组织。

 小案例

东风汽车公司的设施布置

在确定工厂布置时，单考虑工艺是不够的，必须要考虑整个物流过程。东风汽车公司的地理位置十分分散，以东风汽车公司十堰基地厂区同一汽厂区相比，一汽大众占地长2.4千米、宽1千米，东风公司分别是一汽的 13 倍和 8 倍;一汽发动机和驾驶室运到总装配的厂房外墙间距仅为 60 米和 36 米,东风公司分别是一汽的 190 倍和 100 倍。由于东风汽车公司在设施布置时没有考虑到物流,因而对以后生产和厂内搬运、运输活动等产生了严重影响,产品成本中的物流费用比例很高。

资料来源:江世英. 汽车制造企业生产物流管理体系的构建 [J]. 物流技术, 2015 (34): 241 - 243.

1. 车间与仓库之间的空间物流组织

车间与仓库之间的物流活动主要是两者之间的物料搬运及周转箱的回运,包括将物料从原材料仓库和在制品仓库运至生产车间,将在制品从生产车间转运至在制品仓库,将产成品从车间运至成品仓库。

对车间与仓库之间的物料搬运影响最大的是两者之间的相对位置,即空间布局情况,这不仅影响搬运路线,还影响搬运工具及搬运方式的选择。因此,在进行车间与仓库布局决策时,要遵循的基本原则是物流的流向合理及两者之间的搬运距离最短。

具体的布局设计可参考第 3 章,此处不再赘述。

小思考

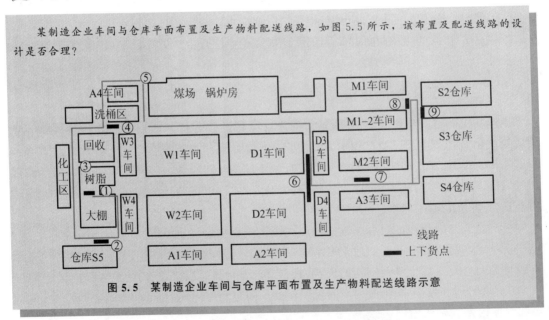

图 5.5 某制造企业车间与仓库平面布置及生产物料配送线路示意

2. 车间与车间之间的空间物流组织

企业生产往往会涉及多个不同功能的车间,车间与车间之间也存在各种在制品的供求关系,车间与车间之间主要的物流活动也是物料搬运。从空间布局角度来看,要考虑车间之间物料的流向和流量,以车间之间物流总行程最短为目标来布局各车间的相对位置,车间之间物料运量大的要靠近布置。车间与车间之间空间相对位置的布置,可以采用从至表法或物料运量图法。物料运量图法按照生产过程中物料的流向及生产单位之间的运输量,布置企业的车间及各种设施的相对位置。

小案例

某汽车制造企业物流上线操作模式如图 5.6 所示。

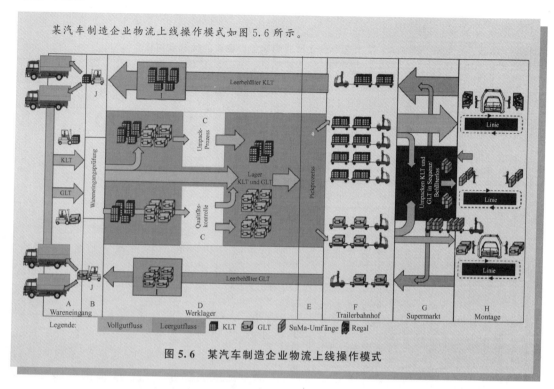

图 5.6　某汽车制造企业物流上线操作模式

3. 车间内部的空间物流组织

车间内部生产物流的空间组织一般有三种专业化形式，即工艺专业化、对象专业化和成组工艺。不同的生产组织方式下车间布置形式不一，相应的物流路径也有很大的差异。

（1）按工艺专业化形式组织生产物流

工艺专业化形式也称工艺专业化原则或功能性生产物流体系，其特点是将完成相同工艺或工作的设备和工人布置在一个区域内，在此区域内对不同产品和零部件的某一相同或相似工艺进行加工。按工艺专业化形式组织生产物流示意图如图 5.7 所示。

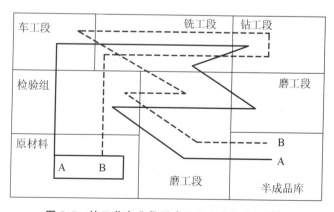

图 5.7　按工艺专业化形式组织生产物流示意图

企业生产规模不大、生产专业化程度低、产品品种不稳定的单件小批生产适宜按工艺专业化形式组织生产物流。按工艺专业化形式组织生产物流的优缺点对比如表 5.4 所示。

表 5.4 按工艺专业化形式组织生产物流的优缺点对比

优 点	缺 点
机器利用率高	物流量大、流程较长、易造成交叉往返运输
设备和人员的柔性程度高，更改产品品种和数量方便	生产计划与控制较复杂
生产计划与控制较复杂	生产周期长
设备投资相对较少	库存量相对较大
操作人员作业多样化	对员工技术要求高

（2）按对象专业化形式组织生产物流

对象专业化形式也称产品专业化原则或对象专业化原则，其特点是将加工某种产品或完成某种服务所需的设备和工人布置在一个区域内，组成一个生产单元（车间、工段），所有生产设备和工人按产品加工装配的工艺路线或服务的流程顺序排列，在这个生产单元内完成产品或零部件的全部或大部分工艺，或提供全部或大部分服务。按对象专业化形式组织生产物流示意图如图 5.8 所示。

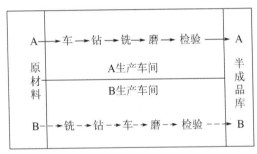

图 5.8 按对象专业化形式组织生产物流示意图

【拓展视频】

小知识

1913 年 10 月 7 日，亨利·福特在海兰园创立了第一条汽车总装配流水线。该流水线使汽车装配速度提高了 8 倍，第一次实现每 10 秒诞生一辆汽车的神话。该组织方式即最早的对象专业化形式。

产品品种比较稳定，且设备比较齐全并能充分负荷条件下的大量大批生产，适宜按照对象专业化形式组织生产物流。按对象专业化形式组织生产物流的优缺点对比如表 5.5 所示。

表 5.5 按对象专业化形式组织生产物流的优缺点对比

优 点	缺 点
布置符合工艺过程，物流顺畅	一台设备发生故障可导致整个生产线中断
上下工序衔接，在制品少	产品创新将导致设施设备布置的重新调整
生产周期短	生产线的速度取决于效率最低的设备
物料搬运工作量少	相对投资较大

续表

优　点	缺　点
对工人的技术要求不高，易于培训	重复作业，单调乏味
生产计划简单，易于控制	维修保养费用高
可使用专用设备	机器负荷不满

（3）按成组工艺形式组织生产物流

按成组工艺形式组织生产物流的形式也被称为综合原则布局，是综合了工艺专业化形式和对象专业化形式的优点而构成的介于两者之间的一种形式，即按成组技术（Group Technology，GT）原理，依据一定的标准将结构和工艺相近的零件组成一个零件组，确定零件组的典型工艺流程，再根据典型工艺流程的加工内容选择设备和工人，由这些设备和工人组成一个成组生产单元。按成组工艺形式组织生产物流示意图如图 5.9 所示。

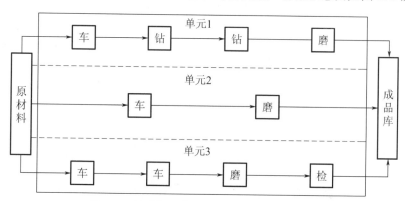

图 5.9　按成组工艺形式组织生产物流示意图

小思考

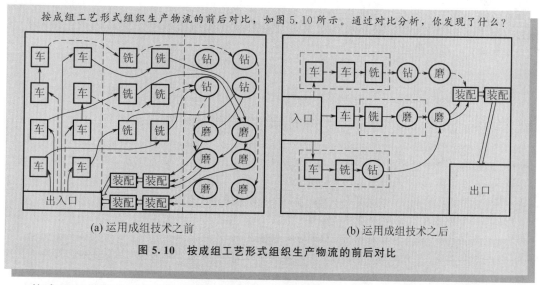

图 5.10　按成组工艺形式组织生产物流的前后对比

按成组工艺形式组织生产物流的优缺点对比如表 5.6 所示。该组织形式适用于多品种中小批量生产。

表 5.6　按成组工艺形式组织生产物流的优缺点对比

优 点	缺 点
物流顺畅	生产计划要求高
设备利用率较高，有利于发挥班组合作精神	单元之间流程不平衡，需要中间储存
有利于拓宽工人的作业技能	人员需要掌握所有作业技能
物料搬运工作量少	减少了使用专用设备的机会

上述三种组织空间物流形式各有特色，企业实际生产中如何选择主要取决于生产系统中产品品种 P 的多少和产量 Q 的大小，其选择规律按 P-Q 分析，如图 5.11 所示。产品品种较少，产量较大的可以采用对象专业化形式来组织生产物流；产品品种中等，产量一般的可以采用成组工艺形式来组织；产品品种较多，产量较少的可以采用工艺专业化形式来组织。

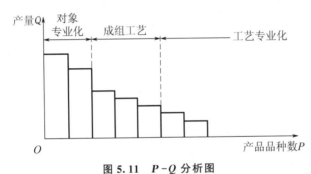

图 5.11　P-Q 分析图

4. 仓库内部的空间物流组织

【拓展案例】

在制品仓库和成品仓库的空间物流组织，主要是指仓库内的空间布局规划和拣货路线规划等。仓库内空间规划合理、有序，有利于保证库存物资的质量、提高仓库作业效率、降低仓储管理成本。仓库内的空间布局规划参照第 3.3.1 节。

小案例

亚马孙仓库管理之随机存储制度

高科技、自动化、智能化，加之近两年大力投入的 Kiva 机器人，亚马孙的仓库下一步似乎就该到去人工化了。简言之，仓库随机存储即对于新入库的商品直接上架到就近或者随机的可用货架位上，见缝插针式地随意存放。相对于固定存储，仓库随机存储具有以下优势：更加灵活便捷、更为合理地利用仓库存储空间、提高仓库的工作效率、仓库员工操作更容易上手。不过，要使这一制度得到最终落实，还需要完善的数据及流程设计做支撑。

仓库随机存储制度对数据的要求：商品和库存货架位都需要有专门的条码系统支持；商品的条码就是常说的 SKU 码，对于商品 SKU 码的编写要求是对于最小库存单位都有唯一的 SKU 码，不重复、最小化；对于存储货架位，要求细化到最小的存储空间，并且清晰准确的体现方位和空间。

流程方面需要商品和存储空间进行可视化的关联。目前,这方面流程都是运用 Sellertool 这类高效仓储管理系统来体现和执行:入库时记录随机存储的商品数量与对应的货架位信息;出库拣货时根据先进先出原则自动调取相应货架位的库存,并且对批量订单的拣货路径智能分组排列,最优化拣货路径。

随机存储并不意味着绝对的任意存放,对于部分相互会影响品质、性状的商品需要分开存储,在此前提下进行合理的随机存储。在随机存储的管理系统中,数据是仓库稳定运转的保障,应选用 Sellertool 一类在线云端系统,以避免系统故障或崩溃导致仓库运转中断。

5.3.3 生产物流的时间组织

企业生产物流的时间组织是指按照生产过程连续性、平行性、比例性、节奏性和适应性等要求,确定生产对象在各生产单位、各道工序之间在时间上的衔接和结合方式,即投产时间、加工顺序等,以保证生产对象在各生产单位之间的运动相互配合和衔接,实现有节奏且连续地生产。合理组织生产物流,不仅要缩短生产物料流程的距离,还要加快物料流程的速度,减少物料的闲置等待,实现物流的连续性和节奏性。

1. 生产周期的含义及构成

产品生产周期是指从原材料投入生产开始,经过各道工序生产直至完成产成品出产为止,所经过的全部时间。在实际生产过程中,有些产品的生产周期比较长,其中大部分时间属于闲置和等待等无效时间。产品生产周期时间示意图如图 5.12 所示。

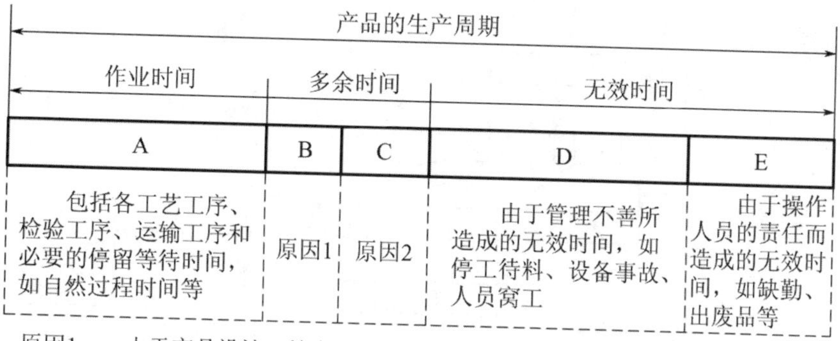

产品的生产周期			
作业时间	多余时间		无效时间	
A	B	C	D	E
包括各工艺工序、检验工序、运输工序和必要的停留等待时间,如自然过程时间等	原因1	原因2	由于管理不善所造成的无效时间,如停工待料、设备事故、人员窝工	由于操作人员的责任而造成的无效时间,如缺勤、出废品等

原因1——由于产品设计、技术规模、质量标准等不当所增加的多余作业时间
原因2——由于采用低效率的制造工艺、操作方法所增加的多余作业时间

图 5.12 产品生产周期时间示意图

生产物流过程的时间组织,主要是从管理上研究一批物料在生产过程中应采取何种移动方式,使工艺过程作业时间对企业经济效益最为有利。

2. 生产物流的时间组织形式

不同的物料移动方式下,生产物流发生的时间有很大差别。通常,一批物料有三种典型的移动组织方式:顺序移动、平行移动和平行顺序移动。

(1) 顺序移动方式

顺序移动方式是指一批物料在上道工序全部加工完毕后，才整批地转移到下道工序继续加工，如图5.13所示。其中，横轴表示加工周期，纵轴表示加工工序。

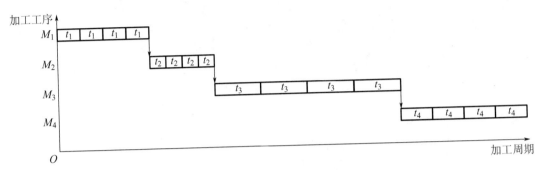

图5.13 顺序移动方式示意图

采用顺序移动方式时，一批物料的加工周期为

$$T_{顺} = n\sum_{i=1}^{m} t_i$$

式中，$T_{顺}$为顺序移动方式下一批物料的生产周期；n为物料批量；m为物料的工序数；t_i为第i道工序的单件加工时间（$i=1, 2, 3, \cdots, m$）。

(2) 平行移动方式

平行移动方式是指一批物料在前道工序加工一个物料之后，立即送到后道工序去继续加工，形成前后交叉作业，如图5.14所示。其中，横轴表示加工周期，纵轴表示加工工序。

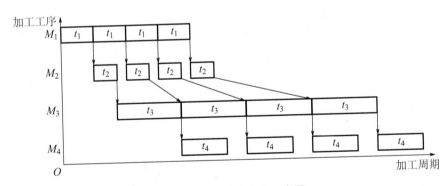

图5.14 平行移动方式示意图

采用平行移动方式时，一批物料的加工周期为

$$T_{平} = \sum_{i=1}^{m} t_i + (n-1)t_{max}$$

式中，$T_{平}$为平行移动方式下一批物料的生产周期；t_{max}为单件工序加工时间最长的那道工序的单件加工时间。其他符号同顺序移动方式。

(3) 平行顺序移动方式

平行顺序移动方式是指每批物料在每一道工序上连续加工没有停顿，并且物料在各道工序的加工尽可能做到平行。它既考虑了相邻工序上加工时间尽量重合，又保持了该批物料在工序上的连续加工。平行顺序移动方式示意图如图 5.15 所示,其中横轴表示加工周期,纵轴表示加工工序。

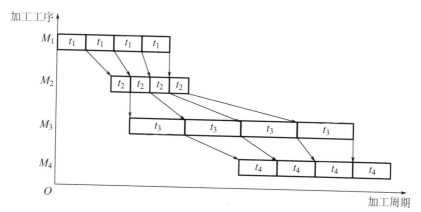

图 5.15 平行顺序移动方式示意图

采用平行顺序移动方式时,一批物料的加工周期为

$$T_{平顺} = n\sum_{i=1}^{m} t_i - (n-1)\sum_{i=1}^{m-1} \min(t_i, t_{i+1})$$

式中,$T_{平顺}$ 为平行顺序移动方式下一批物料的生产周期;$\min(t_i, t_{i+1})$ 为顺次相邻的两道工序相比,选择其中较短的工序时间。其他符号同顺序移动方式。

(4) 三种移动组织方式对比分析

上述三种移动组织方式各有利弊,整批物料加工时间最短的是平行移动,但这种方式下,机器设备利用率低;顺序移动方式下整批物料加工时间最长,但机器设备利用率高;平行顺序移动方式介于前述两者之间。三种移动组织方式优缺点对比如表 5.7 所示。

表 5.7 三种移动组织方式优缺点对比

生产物流时间组织方式	优 点	缺 点
顺序移动	一批物料连续加工,设备不停顿,物料整批转移到下道工序,搬运次数少,便于组织生产	不同的物料之间有等待加工、搬运的时间,因而生产周期较长,资金周转慢,经济效益差
平行移动	不会出现物料成批等待现象,因而整批物料的生产周期最短	搬运活动频繁,会加大搬运量;当物料在各道工序加工时间不相等时,会出现人力和设备的停工现象
平行顺序移动	结合了前两种移动方式的优点,搬运量小,同时又消除了间歇停顿现象,使工作地充分负荷,工序周期较短	进度安排比较复杂

在生产物流的时间组织中,需要考虑物料的大小、加工时间的长短、批量的大小及物流的空间组织形式,来选择合理的物料移动方式。一般情况下,批量小、体积小或质量轻

而加工时间短的物料,适宜采用顺序移动方式;生产中的急件、缺件,则可以采用平行或平行顺序移动方式,如表5.8所示。

表5.8 选择生产物流时间组织方式需要考虑的因素及特征

生产物流的 时间组织方式	因素及特征			生产物流的 空间组织方式
	物料尺寸	物料加工时间	物料加工批量	
顺序移动	小	短	小	工艺专业化
平行移动	大	长	大	对象专业化
平行顺序移动	大	长	大	对象专业化

【例5.1】 某工厂按客户要求,准备加工一种零件,该零件的批量为4件,要顺序经过4道工序方可完工。各道工序的单件加工时间分别为20分钟、25分钟、30分钟、15分钟,客户希望在3.5个小时内完工交货。在上述情况下,如果只考虑按期交货,那么该工厂共有几种生产移动方式可供选择?如果既要考虑按期交货,又要提高加工设备的利用率,那么该工厂应采用哪种生产移动方式?

解:分别计算顺序移动、平行移动和平行顺序移动这几种时间组织方式的生产周期,其计算结果如下。

$$T_{顺} = n\sum_{i=1}^{m} t_i = 4 \times (20+25+30+15) = 360(分钟)$$

$$T_{平} = \sum_{i=1}^{m} t_i + (n-1)t_{\max} = (20+25+30+15) + (4-1) \times 30 = 180(分钟)$$

$$T_{平顺} = n\sum_{i=1}^{m} t_i - (n-1)\sum_{i=1}^{m-1} \min(t_i, t_{i+1}) = 360 - (4-1) \times (20+25+15) = 180(分钟)$$

如果只考虑按期交货,那么可选择平行移动和平行顺序移动生产方式;如果既要考虑按期交货,又要提高加工设备的利用率,那么该工厂应采用平行顺序移动方式生产。

5.3.4 生产物流的人员组织

生产物流的人员组织主要体现在人员岗位设计方面。要实现生产物流在空间和时间两个方面的组织方式,必须重新对工作岗位进行再设计,以保证生产物流优化且畅通。

1. 生产物流人员组织的原则

根据生产物流的特征,生产物流岗位设计的基本原则是因物流需要设岗,而不是因人、因设备、因组织设岗。生产物流岗位设计要遵循以下几项原则。

(1) 岗位设置的种类要能实现各生产工艺之间的有效配合。

(2) 岗位设置的数目要符合最短物流路径原则,以尽可能少的岗位设置完成尽可能多的任务。

(3) 每个岗位在物流过程中都要发挥积极的作用，以促进岗位之间的关系协调。

(4) 物流过程中所有岗位都要能体现经济、科学、合理的系统原则。

2. 生产物流人员组织的内容

根据人的行为、心理特征不同，岗位设计还要符合工作者的个人工作动机的需求。由此，生产物流岗位内容的设计可以从以下几个方面入手。

(1) 扩大工作范围，丰富工作内容，合理安排工作任务。

(2) 工作满负荷，制定合理的生产定额，确定岗位数目和具体工作内容。

(3) 优化生产环境，改善生产环境，满足人因工程需要，建立人机环境的最优系统。

3. 生产物流人员组织的要求

生产物流人员组织的要求包括以下几点。

(1) 按工艺专业化形式组织的生产物流，要求员工要一人多能、一人多岗。

(2) 按对象专业化形式组织的生产物流，要求员工要具有较强的工作流协调能力，能自主平衡各个工序之间的瓶颈，保证物流的均衡性、比例性及适应性。

(3) 按成组工艺形式组织的生产物流，要求组织要向员工授权，改变不利于物流合理性的工作习惯，加强新技术的学习和使用。

5.4 企业生产物流的计划与控制

5.4.1 企业生产物流的计划与控制概述

1. 生产物流计划概述

(1) 生产物流计划的内涵

生产物流计划是指在满足企业现有的生产条件下，合理安排计划期内各个生产单位或加工单元的生产物流活动，合理安排产品的存储、移动及加工过程，以实现企业的生产经营活动。生产物流计划的核心是生产作业计划的编制。

(2) 生产物流计划的目标

① 保证生产计划的顺利完成。为了保证按计划规定的时间和数量生产各种产品，要研究物料在生产过程中的运动规律，以及在各个工艺阶段的生产周期，以此来安排经过各个工艺阶段的时间和数量，并使系统内各个生产环节的在制品结构、数量和时间相协调。

② 为均衡生产创造条件。均衡生产的要求是每个生产环节都要均衡地完成所承担的生产任务；不仅在数量上均衡地生产和产出，各个阶段的物流也要保持一定的比例性；尽可能缩短物料流动的周期，保持一定的节奏性。

③ 加强在制品管理，缩短生产周期。保持在制品、半成品的合理储备，是保证生产物流连续性的必要条件。在制品过少，会使物流中断，影响生产的顺利进行；反之，又会

造成物流不畅，延长生产周期。

(3) 生产物流的期量标准

期量标准（也称作业计划标准）是生产物流计划工作的重要依据。它是根据加工对象在生产过程中的运动规律，经过科学分析和计算所确定的时间和数量标准。期表示时间，如生产周期、提前期等；量表示数量，如一次同时生产的在制品数量（生产批量）、仓库最大存储量等。期和量是构成生产计划的两个方面，为了合理组织生产活动，有必要科学地规定生产过程中各个生产环节之间在生产时间和生产数量上的内在联系。

不同类型生产物流有不同的期量标准。大量流水线型生产物流的期量标准主要有节拍、流水线作业指示图表和在制品定额。单件生产型物流的期量标准有产品生产周期、生产提前期等。成批生产型物流（包括多品种小批量生产物流和多品种大批量生产物流）的期量标准包括批量、生产间隔期、生产周期、在制品占用定额等。

① 节拍。是流水线生产最重要的工作参数，它表明流水线速度的快慢。节拍是流水线上连续产出相邻两个相同产品之间的时间间隔，节拍的计算公式为

$$r = \frac{t_e}{N} = \frac{t_0 \eta}{N}$$

式中，r 为流水线节拍（分钟/件）；t_e 为计划期有效工作时间；N 为计划期内在制品的生产量；t_0 为计划期制度时间；η 为时间利用系数，一般取 0.9～0.96。

如果计算出来的节拍数值比较小，同时在制品的体积小、质量轻且工序之间的距离较大，为节省在制品运输时间，可以采用按一定批量在工序间转移，这时顺序产出两批相同产品之间的时间间隔为节奏，计算公式为

$$R = r \cdot n'$$

式中，R 指流水线节奏（分钟/件）；n' 指转移批量。

当流水线上加工的产品对象有若干种，各加工对象在工艺和结构上是相似的，且是成批轮番生产，此时就是多品种混合流水线生产问题。那么，如何确定多品种混合流水线的节拍呢？

在多品种混合流水线上，每种产品均按自己的节拍进行生产，在同一条流水线上生产各种产品的节拍是可以不相等的，这使得确定流水线的节拍较为复杂，一般采用代表产品法。

假设共计有三种产品，A、B、C 在同一条流水线上生产，首先选定代表产品，假定为 A，然后将其他产品的产量按劳动量的比例折算成代表产品的产量，则计划期流水线加工代表产品的总产量 N 的计算公式为

$$N = N_A + N_B \cdot \varepsilon_1 + N_C \cdot \varepsilon_2$$

式中，$\varepsilon_1 = T_B/T_A$，$\varepsilon_2 = T_C/T_A$；N_A、N_B、N_C 为计划期内 A、B、C 三种产品的生产量；T_A、T_B、T_C 为计划期内 A、B、C 三种产品在流水线上各工序单件作业时间之和。各产品的节拍 r_A、r_B、r_C 计算公式为

$$r_A = \frac{t_e}{N} = \frac{t_e}{N_A + N_B \cdot \varepsilon_1 + N_C \cdot \varepsilon_2}$$
$$r_B = r_A \cdot \varepsilon_1$$
$$r_C = r_A \cdot \varepsilon_2$$

【例 5.2】 某流水线上计划生产甲、乙、丙、丁四种产品。其计划产量分别为 3 000 件、2 500 件、2 400 件、2 200 件。每种产品在流水线上各工序单件作业时间之和分别为 50 分钟、45 分钟、45 分钟、40 分钟。流水线按两班制生产,每月有效工作时间为 24 000 分钟,试计算每种产品的节拍。

解: ① 选择产量大、加工时间长、工艺过程复杂的甲产品为代表,换算为代表产品的全部产品产量,如表 5.9 所示。

表 5.9 甲产品合计产量

产品类型	计划产量/件	各加工工序时间/分钟	折合产量/件
甲	3 000	50	3 000
乙	2 500	45	2 250
丙	2 400	45	2 160
丁	2 200	40	1 760
合计产量/件			9 170

相当于只生产甲的合计产量为 9 170 件,则代表:

甲的节拍 = 24 000 ÷ 9 170 ≈ 2.62(分钟/件)
乙的节拍 = 2.6 × (45 ÷ 50) = 2.34(分钟/件)
丙的节拍 = 2.6 × (45 ÷ 50) = 2.34(分钟/件)
丁的节拍 = 2.6 × (40 ÷ 50) = 2.08(分钟/件)

在精益生产方式中,节拍是个可变量,它需要根据月计划生产量进行调整,这时会涉及生产组织方面的调整和作业标准的改变。

② 流水线作业指示图表。它是表明流水线内各工作地在正常条件下的具体工作制度和劳动组织方式的一种标准图表,是大量生产条件下编制生产作业计划、进行日常生产管理不可缺少的一个期量标准。流水线作业指示图表是根据流水线的节拍和工序时间定额来制订的,其编制随流水线的工序同期化程度不同而不同。

连续流水线的工序同期化程度很高,各个工序的节拍基本等于流水线的节拍,工作地负荷率高。因此,连续流水线的作业指示图表比较简单,只要规定每条流水线在轮班内的工作中断次数、中断时刻和中断时间即可。

③ 在制品占用定额。在制品是指从原材料投入到产品入库为止,处于生产过程中尚未完工的所有零件、组件、部件、产品的总称。在制品占用定额是指在一定的时间、地点、生产技术组织条件下为保证生产的连续进行而制定的必要的在制品数量标准。

在制品占用量按存放地点分为流水线（车间）内在制品占用量和流水线（车间）间在制品占用量，按性质和用途分为工艺占用量、运输占用量、周转占用量和保险储备占用量。在制品结构如图 5.16 所示。

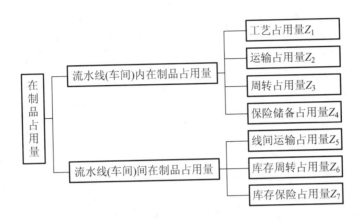

图 5.16 在制品结构

流水线（车间）内在制品占用量按其作用分包括：工艺占用量，是指正在加工或检验的在制品量；运输占用量，是指放置在运输工具上等待运输的在制品量；周转占用量，是指间断流水线内，工序生产率不等造成的在制品量；保险储备占用量，是指为了避免故障、废品等储备的在制品量。

流水线（车间）间在制品占用量按其作用分包括：线间运输占用量，是指由运输批量决定的在制品量；库存周转占用量，是指间断流水线之间，工序生产率不等造成的在制品量；库存保险占用量，是指为了避免故障、废品等储备的在制品量。

（4）生产物流计划原理和方法

生产物流的类型不同，编制生产物流计划所依据的原理和采用的方法也不相同。

① 大量流水线生产物流计划原理和方法。大量流水线生产物流计划主要考虑的是各工艺阶段半成品数量上的平衡与衔接。从物流管理的角度看，生产作业计划的安排应避免原材料、在制品和成品的库存过量，同时又要满足生产和用户的需求。大量流水线生产物流计划的原理和方法有平衡线法和在制品定额法。

② 成批生产物流计划原理和方法。根据成批生产物流的特点，成批生产作业中由于产品的轮番生产，各个生产环节结存的在制品的品种和数量经常是不同的，因而不能采用在制品定额法。在成批生产中，企业关注的是生产物流各环节时间与数量的衔接问题。由于成批轮番生产的主要产品的生产间隔期、批量、生产周期和提前期都是比较固定的，因此，这类生产物流常用的计划原理和方法是提前期法。

计算提前期的公式为

车间投入提前期＝本车间产出提前期＋本车间生产周期

车间产出提前期＝后车间投入提前期＋保险期

小案例

各工艺阶段投入和产出提前期

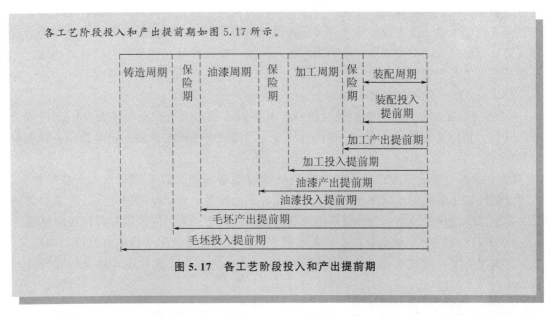

图 5.17　各工艺阶段投入和产出提前期

③ 单件小批量生产物流计划原理和方法。单件小批量生产的产品品种、数量和时间都不稳定，属于一次性生产，不能采用在制品定额法和累计编号法。这类企业在编制作业计划时，各种产品的数量任务完全取决于用户订货的数量，不需要再进行计算；企业关注生产物流的唯一焦点问题是，使某一种（或一批）产品在各车间（工序）的出产时间和投入时间能够相互衔接起来，保证成品的交货期。这类生产物流常见的计划原理和方法有生产周期法和启发式最优化方法。

 小案例

数据驱动的智能工厂和产业链协同

消费者定制需求通过 C2M 平台提交，系统自动生成订单信息，订单数据进入红领集团自主研发的版型数据库、工艺数据库、款式数据库、原料数据库进行数据建模，突破了人工制作版型的瓶颈。C2M 平台在生产节点进行任务分解，以指令推送的方式将订单信息转换成生产任务并分解推送给各工位。生产过程中，每一件定制产品都有其专属的电子芯片，并伴随生产的全流程。每一个工位都有专用终端设备，从互联网云端下载和读取电子芯片上的订单信息；通过智能物流系统等，解决整个制造流程的物料流转；通过智能取料系统、智能裁剪系统等，实现个性化产品的大流水线生产。基于物联网技术，多个信息系统的数据得到共享和传输，打通了信息孤岛，打破了企业边界，多个生产单元和上下游企业通过信息系统传递和共享数据，实现整个产业链的协同生产。

2. 生产物流控制概述

(1) 生产物流控制的概念

生产物流控制是指在生产作业计划执行过程中，对有关产品或零部件的数量和生产进度进行控制。生产物流控制是物流控制的核心，是实现生产作业计划的保证。在实际的生产物流系统中，由于受系统内部和外部各种因素的影响，计划与实际之间会产生偏差，为了保证计划的完成，必须对物流活动进行有效控制。物流控制是物流管理的重要内容，也是物流管理的重要职能。

(2) 生产物流控制的主要内容

① 物流进度控制。生产物流进度控制是对物料从投入到产成品入库为止的全过程进行的控制，是物流控制的关键。它包括物料在生产过程中的流入控制、流出控制及物流量的控制。

② 在制品管理。在生产过程中对在制品进行静态控制、动态控制及占有量的控制。占有量的控制主要包括控制车间内各工序之间在制品的流转和跨车间协作工序在制品的流转，加强工序之间检验对在制品流转的控制。在制品的占用量可以采用看板管理法控制。

③ 偏差的测定和处理。在生产作业过程中，按预定时间及顺序检测执行计划的结果，掌握计划量与实际量的差距，根据差距发生的原因、内容及严重程度，采取相应的处理方法。

(3) 生产物流控制的原理

在生产物流系统中，物流对协调和减少各个环节生产和库存水平的变化是很重要的。生产物流系统的稳定与所采用的控制原理有关。下面介绍两种典型的生产物流控制原理。

① 推动型生产物流控制的原理。推动型生产物流控制是指根据最终产品的需求数量和产品结构，计算出各个生产工序的物料需求量，在考虑了各生产工序的生产提前期之后，向各工序发出物流指令（生产计划指令）。推动型生产物流控制的原理如图 5.18 所示。

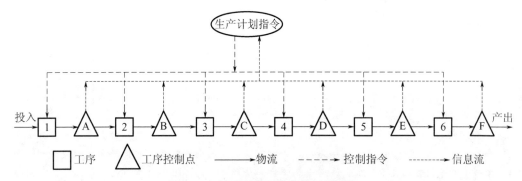

图 5.18 推动型生产物流控制的原理

推动型生产物流控制的特点是集中控制，每个阶段物流活动都要服从于集中控制指令，但各阶段并没有考虑影响本阶段的局部库存因素，因此，这种控制原理不能使各阶段的库存水平都保持在期望水平上。MRP 系统实质上就是推动型生产物流控制系统。

② 拉动型生产物流控制的原理。拉动型生产物流控制是指根据最终产品的需求数量

和产品结构,计算出最后工序的物流需求量,然后,根据最后工序的物流需求量,向前一道工序提出物流供应要求。依此类推,各生产工序都接收后工序的物流需求。拉动型生产物流控制的原理如图 5.19 所示。

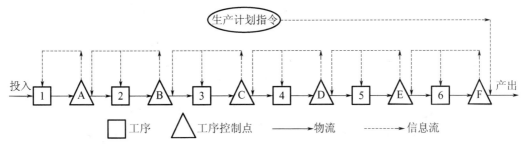

图 5.19　拉动型生产物流控制的原理

拉动型生产物流控制的特点是分散控制,每一阶段的物流控制目标都是满足各道工序的局部需求,通过这种控制方式,局部生产达到最优要求。但各阶段的物流控制目标难以考虑系统的、总体的控制目标,因此这种控制原理不能使总费用水平和库存水平都保持在期望水平。看板管理系统本质上就是拉动型生产物流控制系统。

(4) 生产物流控制的方法

① 加权控制法。加权控制法需要记录每期的实际库存量与计划库存量的差异,然后再修正、调整各期的实际生产量。生产物流数量控制模型为

$$(t+1)\text{期实际产量} = (t+1)\text{期计划产量} + \text{修正值}$$

$$\text{修正值} = \alpha\left[\left(\begin{array}{c}t\text{ 期期末}\\ \text{实际库存量}\end{array} - \begin{array}{c}t\text{ 期期末}\\ \text{计划库存量}\end{array}\right) + \sum_i\left(\begin{array}{c}t\text{ 期}\\ \text{实际产量}\end{array} - \begin{array}{c}t\text{ 期}\\ \text{计划产量}\end{array}\right)\right]$$

式中,α 为加权系数,$0 \leqslant \alpha \leqslant 1$。修正值是由 t 期期末实际库存量和计划库存量的差异及前置期间各期中实际产量与计划产量的差异相加后,再乘以加权系数 α 而得到的。

② 流动数曲线控制法。在生产过程中,每一阶段都有物流的流入和流出,记录其累积的流入量 Q_i 和流出量 Q_0,并用时间 t 作为横坐标,累计量 Q 作为纵坐标作曲线,称为流动数曲线,如图 5.20 所示。

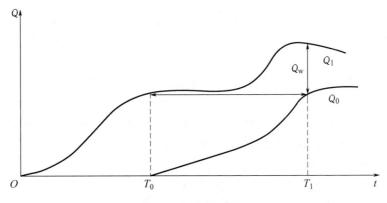

图 5.20　流动数曲线

设物流的流速为 V，物料滞留时间为 T，此段时间内在制品数量为 Q_w，三者的关系为

$$V = Q_w / T$$

可以根据在制品数量 Q_w 对生产物流进行动态控制。因此，通过流动数曲线，可以判断物流状态，分析物料滞留原因，以便采取相应措施。

5.4.2 以 MRP、MRPⅡ 和 ERP 原理为指导的生产物流计划与控制

MRP、MRPⅡ 和 ERP 系统实质上都是属于推动型生产物流系统。

在生产物流计划制订上，根据 MRP、MRPⅡ、ERP 系统的运作原理，通过预测计算物料的需求量和各个生产阶段对应的提前期，确定原材料、零部件和产品的投入产出计划，向相关车间或工序及供应商发出生产和订货指令。各个生产车间或工序及供应商，按计划安排进行生产，把加工完的零部件送到后续车间和工序，并将实际完成情况反馈到计划部门，通过送料制，逐渐形成最终产品。在此过程中，计划信息流同向指导推动生产物流的流动。

对于推动型生产物流系统，进行生产控制就是要保证各个生产环节的物流输入和输出都按计划要求按时完成。

5.4.3 以 JIT 思想为指导的生产物流计划与控制

JIT 是日本丰田汽车公司对生产物流进行控制的一种创新方法，其目标是降低成本、减少产品提前期并提高质量；其核心是及时物流的思想，即在一个物流系统中，原材料准确（适量）无误（及时）地提供给加工单元（或加工线），零部件准确无误地提供给装配线；其实现及时物流的手段是看板管理。JIT 的基本思想是在需要的时候，按所需的数量，生产所需的产品。JIT 系统的结构体系如图 5.21 所示。

从本质上看，JIT 是基于拉动型生产物流的物流管理理念，其最大特点是市场供需关系的工序化；它以外部市场独立需求为源点，拉动相关物料需求的生产和供应。在生产物流的组织过程中，从最终产品装配出发，由下游工序反向来启动上游的生产和运输。最终工序（组装厂）要求其前的各专业工厂之间、工厂内的各道工序之间及委托零部件生产厂到组装厂的零部件供应，必须在指定时间高质量完成（供货时免除数量和质量的检验），严格管理供货时间误差，以保证在需要的时候，按需要的量生产所需的产品。上下游、前后工序之间形成供需关系，下游和后工序需要什么，上游和前工序就准时化提供什么，物流过程精益化和市场需求导向的理念在拉动型物流中得到充分体现。

JIT 拉动型物流管理模式主要考虑了人的因素，注重员工的多技能和合作，其顺利实施受到整个生产系统中有效产出最低的环节——瓶颈的限制，需要一定的企业管理基础。

以 JIT 思想为宗旨的生产物流运作方式，不仅是对一个企业的生产物流及时性的要求，还涉及与之有关的物料供应企业的生产物流能否及时到位的问题。因此，只有保证了采购物流、销售物流的 JIT，才能真正保证生产物流的 JIT。这反映了生产物流的计划与控制和采购物流、销售物流的计划与控制息息相关。

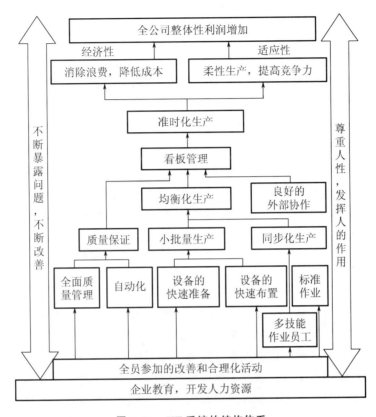

图 5.21　JIT 系统的结构体系

小知识

【拓展案例】

　　JIT 是目前汽车工业普遍采用的一种先进的生产组织管理模式，而看板管理又是 JIT 的一种重要的管理手段。看板是一种辅助工具（载体），是一种用于生产现场控制的作业方法。
　　JIT 有其独有的特点，它只向最后一道工序以外的各工序发出每月大致的生产品种和数量计划（月度生产计划大纲），作为车间安排生产作业的一个参照标准，而真正作为生产指令的只有下到装配车间的总成装配排产顺序表，其余工序作业现场没有任何生产计划表或生产指令，只是在需要的时候通过看板由从后工序向前工序传递的次序传达生产指令。生产指令是从装配车间发出的，物流中心具体负责实施，当装配车间用完一箱零件后，就把取货看板挂到看板架上，物流中心负责带着取货看板和空工位器具到上一道工序（车间）去取相应数量的零件，上道工序再从它的上一道工序领取相应数量的零件进行加工，以补充被取走的数量，依此类推，直到原材料供应部门。
　　看板跟着零件走，没有看板不取货，没有看板不生产，防止过量制造、过量运送。这样大大减少了在制品储备数量及资金占用。看板管理还是贯彻目视管理的工具，看板与在制品在一起存放，通过看板标明的件号和数量，可以一目了然地知道在制品的品种和数量。

5.4.4 以约束理论为依据的生产物流计划与控制

1. 约束理论概述

约束理论（Theory of Constraints，TOC）是由以色列物理学家艾利·M.高德拉特（Eliyahu M. Goldratt）博士创造，是在其与另外三位以色列籍科学家共同创立的最优生产技术（Optimized Production Technology，OPT）的基础上发展起来的一种企业持续改善的方法。在1992年出版的《目标》（*The Goal*）一书中，艾利·M.高德拉特用生动和充满悬念的故事解释了约束理论的原理和方法。它的基本原理是先找出生产系统中的瓶颈，再对瓶颈资源进行排序和分配，最后根据对瓶颈资源的排序来对其他有多余容量的资源进行排序。约束理论承认能力不平衡的绝对性，因而强调物流的平衡，而非产能的平衡，保证了生产物流的平衡及生产节奏的同步。

约束理论认为：在一个独立的生产系统中，通常存在一定数量的（至少一种）稀缺资源，这些稀缺资源被称为约束资源或瓶颈资源。而约束资源的产出决定了整个系统的产出率，除非约束资源的生产能力得到提高，否则对任何非约束资源的改善都是徒劳的。瓶颈资源是指产能小于或等于特定需求的任何资源，可能为一部机器、技术熟练的人员或专业工具。如果瓶颈在生产系统中，则称为内部瓶颈，否则称为外部瓶颈。

在编制作业计划时，约束理论先安排瓶颈工序上加工的关键件的生产进度计划，以瓶颈工序为基准，拉动瓶颈工序之前的工序，推动瓶颈之后的工序，并进行优化。约束理论中的提前期是批量、优先权和其他许多因素的函数，是编制作业计划产生的结果。

2. "鼓-缓冲器-绳子"机制概述

"鼓-缓冲器-绳子"（Drum-Buffer-Rope，DBR）机制是为实现约束理论而设计的一种运作控制机制，它主要由"鼓""缓冲器"和"绳子"三个部分组成，如图5.22所示。

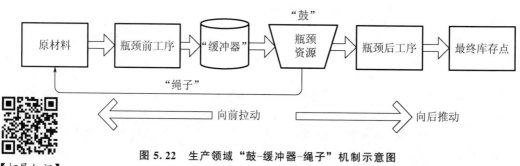

图 5.22　生产领域"鼓-缓冲器-绳子"机制示意图

【拓展知识】

(1) "鼓"

"鼓"是指生产系统的约束资源及其生产作业计划，"鼓点"就是生产的节拍。根据瓶颈资源的可用能力确定物流量，作为约束全局的"鼓点"，控制在制品库存量。从计划和控制的角度来看，"鼓"反映了系统对约束资源的利用。所以，对约束资源应编制详细的生产作业计划，以保证对约束资源的充分合理的利用。

(2) "缓冲器"

所有瓶颈和总装工序前要有"缓冲器"，保证起制约作用的瓶颈资源得以充分利用，保护其不受到上游生产波动的影响，同时控制合理的库存水平，保持物流平衡，以实现企业最大的产出。一般来说，缓冲分为时间缓冲和库存缓冲。时间缓冲是指所提供的物料要比预定的时间提早一段时间到达，以避免出现瓶颈而停工待料的情况。后者是保险在制品，其位置、数量的确定原则同时间缓冲。

(3) "绳子"

"绳子"是协调控制信息，保证其他所有需要控制的工作中心的生产节奏与瓶颈资源同步，控制物料投放节奏和非瓶颈资源的按需准时适量生产。

由于约束决定着生产线的产出节奏，因此，在其上游的工序实行拉动式生产，等于用一根看不见的"绳子"把约束与这些工序串联起来，有效地使物料依照产品出产计划快速地通过非约束作业，以保证约束资源的需要。所以，"绳子"控制着企业物料的进入（包括约束的上游工序与非约束的装配），起传递作用，即驱动系统的所有部分按"鼓"的节奏进行生产。通过"绳子"系统的控制，使约束资源前的非约束资源均衡生产，加工批量和运输批量减少，可以减少提前期及在制品库存，而同时又不使约束资源停工待料。在约束理论实施的过程中，"绳子"是由一个涉及原材料投料到各车间的详细作业计划来实现的。因此，在"鼓-缓冲器-绳子"系统中，"鼓"的目标是使产出率最大；"缓冲器"的目标是对瓶颈进行保护，使其生产能力得到充分利用；"绳子"的目标是使库存最小。

小知识

> 生产物流均衡（Balanced Inventory Flow Replenishment，BIFR）源于约束理论，生产物流均衡就是使生产系统中各环节的每项作业都与瓶颈作业协调同步，以求生产周期最短、在制品最少，进而实现系统有效产出最大的目标。

5.4.5 MRPⅡ、JIT、TOC 的对比分析

1. MRPⅡ、JIT、TOC 的比较

MRPⅡ、JIT、TOC 是在不同时代、不同经济与社会环境下产生的不同的企业管理方式，其包含的物流活动的原理也不尽相同，涉及企业经营规划、业务运作、决策模式及持续改进管理等企业运作管理的方方面面。

(1) 计划方式

① MRPⅡ采用集中的计划方式，按照无限能力计划法，集中展开对各级生产单元及供应单元的生产与供应指令。

② JIT 采用看板管理方式，按照有限能力计划，逐道工序地传递生产中的取货指令和生产指令，各级生产单元依据所需满足的需求组织生产。

③ TOC 先安排约束环节上关键资源的生产进度计划，以约束环节为基准，把约束环节之前、之间、之后的工序分别按拉动、工艺顺序、推动的方式排定，并进行一定优化，然后再编制非关键资源的作业计划。

(2) 能力平衡方式

① MRPⅡ提供能力计划功能。由于MRPⅡ在展开计划的同时将工作指令落实在具体的生产单元上，因此根据生产单元的初始化能力设置，可以清楚地判断生产能力的实际需求，由计划人员依据经验调整主生产计划，以实现生产能力的相对平衡。

② JIT计划展开时基本上不太考虑能力的平衡，企业密切协作的方式保持需求的适当稳定，并以高效率的生产设备来保证生产线上能力的相对平衡。

③ TOC首先按照能力负荷比把资源分为约束资源和非约束资源，通过改善企业链条上的薄弱环节来消除约束，同时注意到约束是动态转移的，通过TOC管理手段的反复应用以实现企业的持续改进。

(3) 库存的控制方式

① MRPⅡ中一般设有各级库存，强调对库存管理的明细化、准确化。库存执行的依据是计划与业务系统产生的指令，如加工领料单、销售领料单、采购入库单及加工入库单等。

② JIT生产过程中一般不设在制品库存，只有当需求期到达时才供应物料，所以基本没有库存或只有少量库存。

③ TOC的库存控制是通过合理设置时间缓冲和库存缓冲来实现的。缓冲器的存在起到了防止随机波动的作用，使约束环节不至于出现等待任务的情况。缓冲器的大小由观察与实验确定，经过一定的时间再进行必要的调整。

(4) 质量的管理方式

① MRPⅡ将出现的质量问题视为概率性问题，并在最终检验环节加以控制。系统可以设置默认质量控制参数，借助生产中质量信息的反馈，事后帮助分析出现质量问题的原因。

② JIT质量控制中，进入下一道工序时要确保上一道送来的零件没有质量问题，一级级控制直至最后成品。对于发现的质量问题，一方面立即组织质量小组解决，另一方面可以停止生产，确保不再生产出更多废品。

③ TOC质量控制中，一方面，在约束环节前设置质检，以避免前道工序的破洞对约束环节造成影响；另一方面，当质量管理因素成为一个无形约束时，通过一系列工具来找到突破点。

(5) 物料采购与供应方式

① MRPⅡ的采购与供应系统主要根据计划系统下达的物料需求指令进行采购决策，并负责完成与供应商之间的联系与交易。此类采购与供应部门的工作主要围绕如何保证供应的同时降低费用。

② JIT将采购与物料供应视为生产链的延伸部分，即为看板管理向企业外传递需求的部分。实际生产过程中，由于企业间已建立密切的合作关系，所以供应商一般亦根据提出的需求组织生产，保证生产链的紧密衔接。此种情况，采购供应部门更像协作管理部门。

③ TOC软件的集体运行和MRPⅡ一样需要大量的数据支持，如产品结构文件、加工工艺文件及加工时间、调整准备时间、最小批量、最大库存、替代设备等。物料采购提前期不是事先固定，而是由上述数据共同决定的函数。物料的供应与投放则按照一个详细作业计划来实现，即通过"绳子"来同步。

2. MRPⅡ、JIT、TOC 的定位分析

MRPⅡ适合于宏观调控和长期规划,在企业级发挥着很好的作用,因此,MRPⅡ定位在厂级或企业级,负责主生产计划、物料需求计划及各车间零部件的月计划及周计划。

TOC 擅长于能力管理和现场控制,专注于资源安排,通过瓶颈识别和瓶颈调度,使其余环节与瓶颈生产同步,保证物流平衡,寻求需求和能力的最佳结合,使系统产销率最大。因此,TOC 定位在车间级,负责车间或工段工序日作业计划与调度、物料投放计划。

JIT 擅长计划执行和成本降低,在降低在制品数量、减少浪费和现场改善等方面具有明显的优势,但 JIT 一味地强调通过降低成本以获取利润是有限度的,因此,JIT 定位在生产现场,负责作业计划的执行、生产的控制和现场的反馈等工作。

小　　结

生产物流是企业生产的重要组成部分,是企业物流的关键环节,科学的生产物流管理对提高企业生产系统的效率和企业利润有着重要的意义。本章主要研究了企业生产物流的内涵、企业生产物流管理的概念、企业生产物流的特征和管理重点、企业生产物流的组织和企业生产物流的计划与控制。

生产物流是指企业生产过程中发生的涉及原材料、在制品、半成品、产成品等所进行的物流活动。不同的生产过程具有不同的生产物流构成,制造企业生产物流的构成主要取决于企业的生产类型、生产规模、生产工艺、专业化和协作化水平、技术管理水平等因素。

生产物流管理是指运用现代管理思想、技术、方法与手段,对企业生产过程中的物流活动进行计划、组织、控制与协调。生产物流管理的主要内容包括生产物料管理、生产物流作业管理、物流设施设备管理、物流信息管理及生产物流的组织。

在生产物流的形成过程和流动方式上,企业的生产类型起着决定性作用。不同生产类型的生产物流具有不同的特征,其管理的重点也不一样。在实际生产组织中,应根据企业所生产的产品需求特征选择与之相适应的生产物流类型,企业还应根据市场需求特征变化情况同步调整与之相适应的生产物流类型。

只有合理组织生产物流过程,才能使生产过程始终处于最佳状态。合理组织生产物流的基本要求是物流过程的连续性、平行性、节奏性、比例性和适应性。一般从空间、时间和人员三个角度来组织企业生产物流。生产物流空间组织的目标是缩短物料在工艺流程中的移动距离。合理组织生产物流,不但要缩短生产物料流程的距离,还要加快物料流程的速度,减少物料的闲置,实现物流的节奏性和连续性。

生产物流计划的核心是生产作业计划的编制工作。期量标准是生产物流计划工作的重要依据,它是根据加工对象在生产过程中的运动,经过科学分析和计算所确定的时间和数量标准。

生产物流控制是实现生产作业计划的保证。生产物流控制原理有推动型生产物流控制原理和拉动型生产物流控制原理两种。MRP、MRPⅡ和 ERP 系统实质上都属于推动型生产物流系统。对于推动型生产物流系统,进行生产控制就是要保证各个生产环节的物流输入和输出都按计划要求按时完成。JIT 系统属于拉动型生产物流系统,它是以外部市场独

立需求为源点，拉动相关物料需求的生产和供应。TOC 将企业看作是一个完整的系统，认为任何系统都至少存在一种约束因素。TOC 承认企业能力不平衡的绝对性，因而强调物流的平衡，而非产能的平衡。

 关键词

生产物流（Production Logistics）　　生产物流管理（Production Logistics Management）
生产物流组织（Production Logistics Organization）　　大批量定制生产（Mass Customization）
成组技术（Group Technology）　　单元化生产（Cell Production）
期量标准（Criteria of Term and Quantity）　　生产周期法（Production Cycle Method）
在制品定额法（WIP Ration）　　物料需求计划（Material Requirement Planning）
制造资源计划（Manufacturing Resource Planning）
企业资源计划（Enterprise Resources Planning）　　准时化生产（Just in Time）
约束理论（Theory of Constraints）　　生产物流均衡（Balanced Inventory Flow Replenishment）

思考与练习

1. 选择题

（1）生产物流是指生产过程中，（　　）等在企业内部的实体流动。
A. 原材料　　　B. 半成品　　　C. 商品　　　D. 产成品

（2）关于企业生产物流的说法，不正确的有（　　）。
A. 物流过程的特点是企业生产物流最本质的特点
B. 企业生产物流具有极强的伴生性
C. 企业生产物流过程具有很强的随机性
D. 企业生产物流的主要功能要素是运输和储存

（3）生产物流管理的核心是物料的（　　）。
A. 运行时间成本　　B. 消耗成本　　C. 运行路线　　D. 运行组织机构

（4）合理组织生产物流的基本要求包括（　　）。
A. 做到物流过程的连续性　　　　B. 做到物流过程的平行性
C. 做到物流过程的适应性　　　　D. 做到物流过程的比例性

（5）可以从（　　）对生产物流进行有效组织。
A. 人员组织　　　B. 时间组织　　　C. 空间组织　　　D. 物料组织

（6）企业生产物流的空间组织通常要考虑（　　）。
A. 包括哪些经济活动单元　　　　B. 每个单元需要多大空间
C. 每个单元空间的形状如何　　　D. 每个单元在设施范围内的位置如何确定

（7）制造企业生产物流的构成主要取决于企业的（　　）和技术管理水平等因素。
A. 生产类型　　　B. 生产规模　　　C. 生产工艺　　　D. 专业化和协作化水平

（8）根据物料在生产工艺过程中的特点，可以把制造企业生产物流划分为（　　）。
A. 项目型　　　B. 离散型　　　C. 间歇型　　　D. 连续型

(9) 表明流水线速度快慢的期量标准是（   ）。
A. 节拍　　　　　　　　　　　　B. 节奏
C. 流水线作业指示图表　　　　　D. 在制品占用量定额

(10)（   ）是指从原材料投入生产开始，经过各道工序加工直至成品出产为止，所经历过的全部日历时间。
A. 生产间隔期　　B. 生产提前期　　C. 生产周期　　D. 加工周期

(11) 大量流水线型生产物流的期量标准主要有（   ）。
A. 节拍　　　　　　　　　　　　B. 生产提前期
C. 在制品定额　　　　　　　　　D. 流水线作业指示图表

(12) 成批生产型物流的期量标准（   ）。
A. 批量　　B. 生产间隔期　　C. 生产周期　　D. 在制品占用定额

(13) 流水线（车间）间在制品占用量按照其作用分类分为（   ）。
A. 工艺占用量　　　　　　　　　B. 线间运输占用量
C. 库存周转占用量　　　　　　　D. 库存保险占用量

2. 判断题

(1) 生产物流也称厂区物流或车间物流，是企业在生产工艺过程中的物流活动。（   ）

(2) 企业生产物流伴随加工活动而发生，主要是实现加工附加价值的经济活动。（   ）

(3) 企业生产物流的主要功能要素是搬运和装卸活动。（   ）

(4) 若企业专业化和协作化水平高，生产所需要的一些产品和半成品、零部件可以由供应商提供，则企业的物流流程就会加长。（   ）

(5) 在企业生产规模不大，生产专业化程度低，产品品种不稳定的单件小批生产条件下，适宜于按对象专业化形式组织生产物流。（   ）

(6) 按生产专业化程度的高低（生产的品种多少、批量大小、生产重复程度），企业生产物流的类型可以分为单件生产型、成批生产型和大量生产型。（   ）

(7) 一般情况下，批量小、体积小或质量轻而加工时间短的物料，适宜采用顺序移动方式。（   ）

(8) 生产中的急件、缺件，可以采用顺序或平行顺序移动方式。（   ）

(9) 根据生产物流的特征，生产物流岗位设计的基本原则是因物流需要设岗，而不是因人、因设备、因组织设岗。（   ）

(10) 订货型生产运作过程强调物流同步管理，其生产物流特征是在恰当的时间将恰当数量的物料送到恰当地点。（   ）

(11) 企业应根据市场需求特征变化情况同步调整与之相适应的生产物流类型。（   ）

(12) 单元化生产是将流水线分割成数条较短的生产线，生产线内的作业进行合并或简化后给较少的操作工来完成，减少生产线间的物料传递与模具准备工作。（   ）

(13) 单元化生产物流管理的重点是保持各道工序的产能基本平衡，消除设备之间生产能力的差异。（   ）

（14）推动型生产物流控制的特点是分散控制，每一阶段的物流控制目标都是满足各道工序的局部需求。（　）

（15）周转占用量是指间断流水线内，工序生产率不等造成的在制品量。（　）

（16）单件小批量生产物流常用的计划原理和方法是提前期法。（　）

（17）对于拉动型生产物流系统，进行生产控制就是要保证各个生产环节的物流输入和输出都按计划要求按时完成。（　）

（18）JIT拉动型生产物流系统的最大特点是市场供需关系的工序化。（　）

（19）TOC承认企业能力不平衡的绝对性，因而强调产能的平衡。（　）

（20）生产物流平衡就是使生产系统中各环节的每个作业都与瓶颈作业协调同步，以求生产周期最短、在制品最少，进而实现系统有效产出最大的目标。（　）

3. 简答题

（1）生产物流和生产物流管理的概念是什么？

（2）生产物流的主要特点是什么？

（3）影响生产物流的主要因素是什么？

（4）合理组织生产物流的基本要求是什么？请解释其含义。

（5）生产物流的空间组织和时间组织各包括哪些？

（6）对比分析单件生产、成批生产和大量生产物流类型的特征及其管理的重点，并举实例说明。

（7）简述单元化生产物流的特征及其生产物流管理的重点。

（8）什么是期量标准？单价小批量生产、成批生产和大量流水线生产物流的期量标准各包括哪些？

（9）生产物流控制的基本原理包括哪两种典型？请简述其原理。

（10）对MRPⅡ、JIT与TOC的定位进行分析。

4. 思考题

（1）比较分析工艺专业化、对象专业化和成组工艺三种形式组织企业生产物流的优缺点及适应范围。

（2）在生产物流的时间组织中应该如何选择合理的物料移动方式？调研一家制造企业生产物流时间组织情况，并分析该公司物料移动方式是否合理。

（3）观察生活中的某个服务系统，分析其在提供服务的过程中在物流组织上有哪些问题？如何改善？

（4）如果你是一家制造企业的生产物流经理，请问如何来管理公司的生产物流系统？

5. 计算题

（1）某工厂按照客户的要求，准备加工一种零件，该零件的批量为50件，要顺序经过车孔、铣平面、磨光、热处理四道工序方可完工。各道工序的单件加工时间分别为6分钟、4分钟、3分钟、5分钟，客户希望在7.5小时内完工交货。如果不能按期完成这批零件，就无法按期交货，这势必影响工厂的信誉，也影响客户生产过程的正常进行，有失去客户的可能，因而工厂不愿冒此风险。在上述情况下，如果只考虑按期交货，那么该工厂共有几种生产移动方式可供选择？如果既要考虑按期交货，又要提高加工设备的利用率，那么该工厂应采用哪种生产移动方式？

(2) 某可变流水线上生产 A、B、C 三种产品，其计划月产量分别为 3 000 件、2 500 件、2 000 件，每种产品在流水线上各工序单件作业时间之和分别为 40 分钟、35 分钟、30 分钟，流水线两班制工作，每月有效工作时间为 24 000 分钟，试确定可变流水线上各种产品的生产节拍。（设 A 为代表产品）

6. 案例分析题

GD 公司现行生产物流系统分析

1. GD 公司及生产的产品简介

GD 公司主要生产医疗设备，其产品 95％销往德国、法国、中东、非洲、美洲及东南亚等国家或地区。

GD 公司产品所使用的原材料主要有电路板、塑胶件、变压器、包装材料及其他纺织用品等。GD 公司在生产中所需要的物料绝大部分是通过外购方式，如一些变压器组件、电路板组件、塑胶件和包装材料等，而作为医疗设备主要构成的变压器和电路板则由 GD 公司的变压器装配车间和电路板装配车间进行生产。GD 公司对物料采用 ABC 分类管理法。例如，电路板组件等价值很高的物料是 A 类物料，这些物料的库存成本占公司总库存成本的 65％～75％，而库存量在总库存量中只占到了 15％～17％；而塑胶件和变压器组件等价值较高的物料是 B 类物料，占库存总数量的 28％～30％，这类物料的总成本占总库存成本的 17％～19％，而库存总量只占到总库存量的 25％～29％。GD 公司对这两类物资采用 MRP 模式进行采购。MRP 系统自动综合每日的物料需求量和物料现有的库存数量，得出相关的采购信息，再将这些采购信息进行汇总后发送给供应商，以此完成采购工作。而类似包装材料等物料属于 C 类物料，这类物料占用的成本比较低，只有 6％～9％，而占用的库存数量却很大，达到 49％以上，公司对这类物资采用的是订货点采购模式。

2. GD 公司产品及生产流程特点

GD 公司是医疗设备生产企业，公司产品与生产流程的主要特点如下。

（1）公司医疗设备系列和型号比较多，各产品产量相对较小。这是由医疗设备的特殊性决定的。公司产品系列多达 14 个，同一个系列的产品型号多达 57 个。

（2）公司生产的医疗设备体积都比较大，多个品种的单件设备生产所需物料接近 220 个，甚至更多。

（3）由于的生产线是在不同的时期安置的，并未进行总体的规划，所以生产线上有些工位的节拍时间过长，导致工位间大量在制品积压，急需进行生产线平衡优化，以提高生产效率和设备利用率。

（4）公司生产所需的绝大部分物料都是通过外购，只有很少一部分比较关键的物料是由公司自己生产的。例如，包装材料、塑胶件和纺织用品等物料通过市场采购或者定制完成；而电路板和变压器则分别由公司的电路板车间和变压器车间组装完成。

3. GD 公司的生产流程分析

（1）装配车间的生产流程

GD 公司装配车间的生产流程如图 5.23 所示。

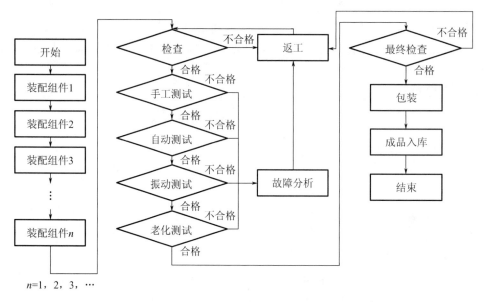

图 5.23 GD 公司装配车间的生产流程

以其中一条生产线为例,原材料从仓库进入生产线的备料工位,顺次经过装配 1、装配 2 和装配 3 等装配工位。装配完成的产品接受初步检查,如果初检不合格,则返工开始新的循环;检查合格即进入下一个工位——手工检测,并顺次通过自动测试、振动测试和老化测试工位,这四个工位中任一工位测试不合格,都要返工,并进行故障分析。如果这四个工位都通过测试,则进行最终检查,检查合格的进入包装工位,不合格则返工。包装完成的产品最终进入成批仓库储存,整个流程结束。

(2) GD 公司生产线平面布局与物料流动路线分析

GD 公司装配车间生产线布局与物料流动路线如图 5.24 所示。

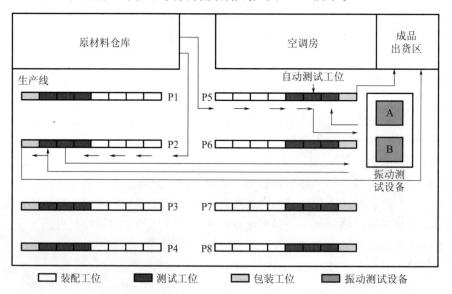

图 5.24 GD 公司装配车间生产线布局与物料流动路线

GD公司成品组装车间目前共有八条生产线，每条生产线包括装配、测试（包括振动测试）和包装三道工序。其中，装配工序和测试工序根据具体产品设置数量不等的工位，包装工序每条生产线都只有一个工位。目前装配车间共有两个振动测试工位，位于装配车间的同一侧。其中的振动测试设备是一种实现设备预测性维修的基础型仪器组合，可用于测量、记录和跟踪机器状态，如零部件的破损、产品结合物的松脱、保护材料的磨损、电路短路及断续不稳等，并能够对常见的机器振动故障进行诊断和趋势监测。此处主要用于测量产品结构的强度、电子组件的接触不良和各零件的标准值偏移等，以提早将不良件筛检出来。此设备组合是根据公司的实际情况，由设备提供商的工程师组合不同的测试设备而成，体积较大，设备与设备之间连接复杂，所以这种设备调整时间较长，成本较高，一般固定不动。

GD公司装配车间物流路线为：原材料从仓库流入各生产线，分别通过装配工位、手工测试、自动测试工位，然后流经振动测试工位，完成振动测试的产品进入老化测试和最终检查，任一测试不合格都要返工。合格的产品最终进入包装工位，完成包装后进入成品仓库。

（3）GD公司产品生产周期分析

以GD公司P2产品为例进行生产周期的分析。P2产品在GD公司的众多产品中需求量较为稳定，最近5年波动最小。P2产品生产工艺流程包括14个工位，分别是备料、装配1、装配2、装配3、手工测试、自动测试、振动测试、老化测试、检查、加盖、最终测试、包装、检查和入库。根据同行业标杆企业的标准操作时间，此医疗设备所有工位操作时间的总和为26小时，即P2产品的生产周期为26个小时。图5.25显示的是P2产品2011年2月—6月实际生产情况统计数据，由图可以看出，P2产品的实际平均生产周期为7.2天，即172.8个小时，是标准生产周期的5.6倍。

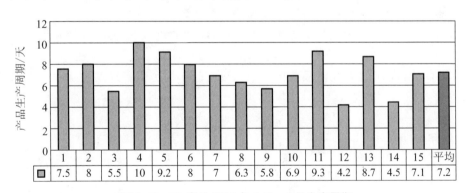

图5.25　P2产品2011年2月—6月生产周期

图5.26所示为2011年2月—6月各工位平均工作时间的统计数据，由图可以得出以下结论。

① 工位间的操作时间严重不平衡，工位平均时间最高的装配3工位高达99.1小时，而最低的检查工位只有1.5个小时。这就造成了工位间的负荷不平衡和等待现象的出现。

② 总无效时间占的比重非常高，无效时间占到了总时间的55%。如此高比重是由于部分工位不平衡造成在制品等待，而有些工位又由于设备布置不合理，导致物流运输时间延长，以及检测不合格返工和进行故障分析所造成的时间增加。

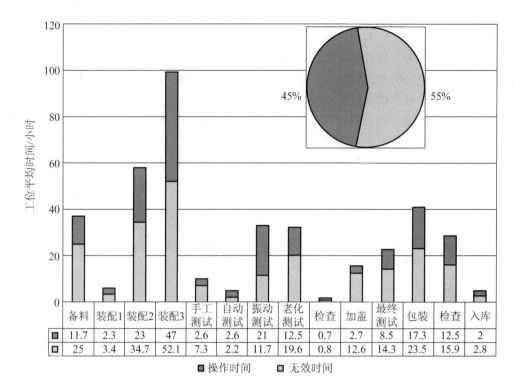

图 5.26　P2 产品在 2011 年 2 月—6 月各工位平均花费时间

资料来源：王海波．GD 公司多品种小批量生产物流系统研究[D]．武汉：华中科技大学，2012：15－20．

分析：

（1）GD 公司生产物流的类型属于哪一类？为什么？

（2）GD 公司的生产物流具备哪些特点？结合这些特点，如何有效地开展该公司的生产物流管理？

（3）GD 公司现行生产物流系统在生产物流空间布局、生产周期设计和生产物流平衡方面存在哪些问题？如何改善？

应用训练

（一）

实训项目：某制造企业生产物流的类型和特点分析。

实训目的：了解该企业生产物流的类型，掌握该企业物流的特点，能够结合该企业生产物流的类型及特点，分析该企业生产物流管理的重点、难点及存在的问题。

实训内容：研究一家制造企业的生产物流系统，说明这个企业的生产物流的类型及特点，生产物流管理的重点和难点。分析该企业的生产物流出现了什么问题，针对出现的问题给出相应的解决方案。

实训要求：学生以小组为单位，每组 5～7 人，每组推荐一个组长；每组自由选择当

地的一家制造企业作为调研对象；了解被调研企业生产物流的现状、类型；通过文献分析法、实地调查法、采访和观察法等方法，收集、整理该企业生产物流管理所涉及的主要内容、企业生产物流的类型，并分析其在生产物流管理上存在哪些问题，对于存在的问题及不合理之处，提出改善建议；以小组为单位将上述调研、分析及改进建议形成一个完整的调研分析报告。

(二)

实训项目：某企业物流空间布局分析与改进。

实训目的：了解该企业物流空间布局形式，掌握该企业物流布局所考虑的因素及具体流程，分析该企业物流空间布局的优劣，设计改进方案。

实训内容：实地调研某一制造企业或服务型企业（如超市、饭店、银行），对其空间布局进行详细分析，评价优劣，并提出改善方案。

实训要求：学生自由选择当地的一家企业作为调研对象；了解被调研企业的具体运作流程、所需的功能区域；到被调研企业实地考察，重点分析其功能区域的划分、布局形式和设施间的相对位置；运用所学的知识分析评价被调研企业布局的优劣，并提出初步改善方案；与企业负责人沟通，就空间布局上需要改进的地方与企业达成共识，进而形成最终的改善方案；将上述调研、分析及改进设计方案形成一份完整的报告。

(三)

实训项目：制造企业生产物流计划方法及控制原理调研。

实训目的：了解制造企业制定生产物流计划的方法及生产物流控制原理。

实训内容：实地调研某一中型制造企业，调研其制订生产物流计划所采取的方法及生产物流控制的原理，分析所采取的计划方法及原理的优缺点，评价企业选择的合理性。

实训要求：学生以小组为单位，每组5～7人，每组推荐一个组长；每组自由选择当地的一家中型生产制造企业作为调研对象；调研该企业在制订生产物流计划和进行物流控制时所采取的方法，以及对物流计划进行控制时所依据的原理；运用所学的知识，分析被调研企业所采用方法的优劣，评价企业选择的合理性，如不科学，则提出更为合理地制订生产物流计划和进行生产物流控制的方法；将上述调研、分析及评价方案形成一份完整的报告。

第 6 章　企业销售物流管理

【本章教学要点】

知识要点	掌握程度	相关知识
企业销售物流管理概述	理解	企业销售物流的概念、重要性、基本内容和主要环节，企业销售物流管理的概念及合理化实现的措施
需求预测	理解	预测分析，预测方法
销售订单管理	重点掌握	订单处理过程，订单处理方法，影响订单处理时间的因素
销售运输与配送管理	掌握	销售运输与配送计划管理，销售运输与配送服务的选择，销售运输与配送线路的选择，销售配送的类型及销售配送合理化实现的措施
物流服务管理	熟悉	物流服务的重要性，衡量物流服务水平的因素，应急服务

【本章能力要求】

能力要点	掌握程度	应用能力
企业销售物流的重要性	理解	能够理解企业销售物流是提高企业竞争力的重要因素
销售订单的处理过程	重点掌握	能够熟练掌握销售订单的处理过程，包括接收客户订单、客户订单确认、建立客户档案等主要环节，并能在实际中加以应用
销售配送合理化	掌握	掌握销售配送合理化措施，理解其对企业降低配送成本的重要性
销售运输与配送线路的选择	掌握	熟悉利用现有资源合理安排运输任务，消灭对流、迂回、重复等不合理的运输现象，掌握不同运输线路的决策方法，合理利用交通路线进行企业的运输规划
物流服务管理的影响	理解	理解物流服务是物流组合中各项活动的直接后果，理解物流服务对企业销售、客户购买及对成本的影响

【本章知识架构】

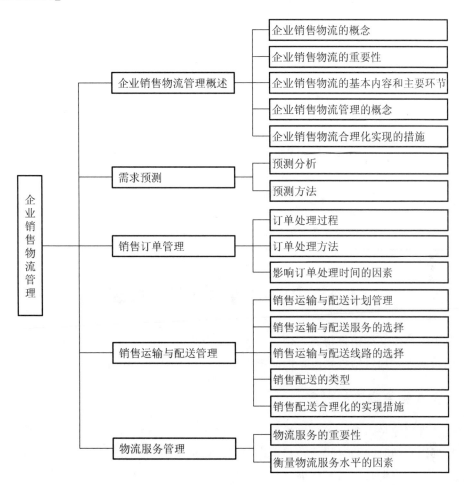

导入案例

春天酒业有限责任公司的销售物流整合

春天酒业有限责任公司是一个集酒类产、供、销一体化的民营股份制企业，下设春天酒业公司、甘肃龙马商贸有限公司、甘肃花雨酒业有限公司。

目前，春天酒业有限责任公司拥有3个经销不同品牌的白酒销售全资子公司。3个子公司中，春天酒业公司负责"康庆坊"和"风度"酒的生产与经销工作，拥有800平方米和100多平方米的仓库各1个，运输工具情况为：市内小型面包车6辆，区域市场的运输车辆为3吨、5吨、8吨货车各1辆。甘肃花雨酒业有限公司负责"丝路花雨"系列酒的营销工作，为五粮液集团甘肃的总代理。它拥有2个仓库，大库在七里河区，小库在公司附近，运输工具情况为：大小型号的面包车8辆，3吨厢式货车1辆，5吨的敞篷货车两辆，同样是面包车负责市内送货，货车负责区域市场的运送任务。甘肃龙马商贸有限公司负责"本色"酒的经销工作，该公司拥有200平方米和300平方米的库房各1个，五辆面包车和两辆3吨的厢式货车及两辆吨位分别为5吨和8吨的敞篷货车各1辆。

3个子公司共有物流工作人员72人,3个子公司分别都有一个车队和配送中心,负责各自品牌的运送和物流业务,存在严重的部门设置重复、仓储点分散、人员利用率低等问题,造成人力物力的巨大浪费,致使销售成本居高不下,严重影响了公司的经济效益。

春天酒业有限责任公司通过对3个子公司的物流有效整合,统一调配车辆,对产品进行高效配送,最后要达到只要1个大型仓储中心、1个小库临时周转即可。运输车辆也可由原来的19辆面包车、10辆货车,减少到10辆面包车、5辆货车即可圆满完成配送任务。原来需要72人来完成的工作,现在精减到39人即可。

春天酒业有限责任公司通过对3个子公司的物流进行整合,成立物流中心,在员工工资大幅度提高的前提下,节约运营成本的效果是显著的,这种模式值得借鉴和推广。

思考:
(1)结合以上案例,你觉得未来的销售物流模式将是什么样的?
(2)结合以上案例思考物流整合的意义。
(3)结合所学体会物流整合在企业管理中的应用。

6.1 企业销售物流管理概述

企业销售物流又称销售物流。销售物流是企业物流的最后一个环节,是企业物流与社会物流的转换点,通过销售物流,产品能够实现使用价值,企业可以获得利润。

6.1.1 企业销售物流的概念

企业销售物流是指企业在销售过程中,将产品的所有权转给用户的物流活动,是产品从生产地到用户的时间和空间的转移,以实现企业销售利润为目的,是包装、运输和储存等环节的统一。根据我国国家标准《物流术语》(GB/T 18354—2006)定义:"销售物流是指企业在出售商品过程中所发生的物流活动。"

从供应链的角度来分析,销售物流又可以被看作下游企业的供应物流。供应物流是指为下游客户提供原材料、零部件或其他物品时所发生的物流活动。销售物流中所流动的实体就可以是下游企业的原材料、零部件或者其他的供应物品。

销售物流是企业赖以生存和发展的条件,又是企业本身必须从事的重要活动,它是连接生产企业和消费者的桥梁。同时销售物流又具有很强的服务性,销售物流以满足客户需求为出发点,以实现销售为目的,销售物流的服务性要求销售物流必须快速、及时,这不仅是用户和消费者的要求,也是企业发展的需要。此外,销售物流通过商品的库存对消费者和用户的需求起到保证作用。

6.1.2 企业销售物流的重要性

良好的销售物流服务已成为企业快速实现产品价值、满足客户需求,进而保持企业成功运作的关键,是增强企业产品的差异性、提高产品及服务竞争优势的重要因素。企业成功实施销售物流服务的重要性主要体现在以下四个方面。

1. 提高销售收入

销售物流活动能提供时间和空间效用来满足客户需求,是企业物流功能的产出或最终产品。无论是面向生产的物流服务,还是面向市场的物流服务,其最终产品都是提供满足客户需求的某种服务。

也可以说,服务是使产品产生差异性的重要手段。这种差异性为客户提供了增值服务,从而有效地使自己与竞争对手有所区别。尤其是在竞争产品的质量及价格均相似或相同时,如果销售物流服务活动提供了超出基本服务的额外服务,就能使本企业的物流产品和服务在竞争中比对手胜出一筹。例如,现在采用新型配送方式的超市,就因提供的服务提高了销售收入。所以,提高客户服务水平,可以增加企业销售收入、提高市场占有率。

2. 提升客户满意度

客户服务是由企业向购买其产品或服务的人提供的一系列活动。它的内容一般包括三个层次:一是产品能给客户提供基本效用或利益,这是客户需求的核心内容;二是产品的形式能向市场提供实体产品或劳务的外观,它包括产品的质量、款式、特点、商标及包装;三是增值产品,这是客户在购买产品时,得到的其他利益总和,是企业出售产品时附加的东西,它能给客户带来更多的利益和更大的满足,如维修服务、咨询服务、交货安排服务等。

一般来说,客户关心的是购买全部产品,即不仅是产品的实体,还包括产品的附加价值。销售物流服务就是提供这些附加价值的重要活动。良好的销售物流服务不仅可以提高产品的价值和附加价值,而且能提高客户的满意程度。例如,淘宝利用优质的服务、快捷的物流及和善的关系提升客户满意度。

3. 留住老客户,争取新客户

企业常把重点放在赢得新客户上,而很少关注现有客户,但是据贝恩咨询公司的研究显示,开发一位新客户与留住一位老客户的成本比为5:1,留住老客户和公司利润率之间有着非常高的相关性,原因如下:留住客户就可以留住业务;开发成本较低;老客户的服务成本较少;满意的客户还会提供中介,即介绍新客户;满意的客户会愿意支付溢价。相反,一个对服务提供者感到不满的客户将被竞争对手获得。

4. 降低销售物流成本

物流管理要求以最小的总物流成本产生最大的时间和空间效用。企业在降低物流成本的同时,往往会影响所提供的服务水平。因此,从管理的角度来看,销售物流的服务水平对物流系统起着制约作用,运输、仓储、订单处理等各项物流成本的增加或减少都依赖于客户所期望的服务水平。若企业自身提供销售物流,那么相较于第三方配送,能节省额外的物流成本与时间成本。所以,物流决策必须全面衡量客户需求、服务水平和服务成本的供需,从而使客户服务水平、物流成本及总利润之间平衡协调。

6.1.3 企业销售物流的基本内容和主要环节

销售物流归根到底是由客户订单驱动的,而物流的终点又是客户。因此,在销售物流之前,企业要进行售前的各种市场活动,通过市场需求确定客户(潜在客户、目标客户)并规划物流方案,当涉及销售物流的方案均被成功策划设计之后,便着手进行物流的运作过程;紧接着进行物流业绩的考核与物流技术的开发及运用。

1. 企业销售物流的基本内容

企业销售物流的基本内容包括如下几点。

(1)随时收集、掌握和分析市场需求信息,包括需求量、需求分布、需求变化规律的供需态势、竞争态势,进而制定市场战略和物流战略。

(2)根据市场战略和物流战略规划销售物流方案,规划物流网络布局,策划销售物流总体运作方案。

(3)根据物流网络规划和销售物流总体运作方案,设计规划各个物流网点建设方案和运作方案。

(4)策划设计运输方案、配送方案。

(5)策划设计库存方案、包装方案、装卸搬运方案。

(6)物流运作过程的监督、检查、控制、统计和总结。

(7)物流业绩的考核,物流人员的管理、激励。

(8)物流技术的开发和运用等。

2. 企业销售物流的主要环节

为了保证销售物流的顺利进行,实现企业以最少的成本满足客户需求,企业需要通过产成品的包装储存、订单处理、发送运输及装卸搬运等一系列物流环节实现销售,如图6.1所示。

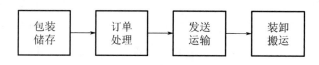

图6.1 销售物流的主要环节

(1)包装储存

包装是企业生产物流系统的终点,也是销售物流系统的起点。产品包装,尤其是产成品的运输包装在销售物流过程中将起到便于保护、仓储、运输、装卸搬运的作用。因此,在包装材料及包装形式上,既要考虑储存、运输等环节的方便性,又要考虑材料及工艺的成本费用。

保持合理库存水平,及时满足客户需求,是产成品储存最重要的内容。客户对企业产成品的可得性非常敏感,缺货不仅会使客户需求得不到满足,还会提高企业进行销售服务的物流成本。当企业推出一种新产品或举办特殊促销活动期间,或是客户急需的配件不能立即供货时，产成品的可得性是衡量企业销售物流系统服务水平的一个重要参数。

（2）订单处理

为使库存保持最低水平，客户会在考虑批量折价、订货费用和存货成本的基础上，合理地频繁订货。企业为客户提供的订货方式越方便、越经济，越能挽留并发展更多客户，如提供免费电话服务、预先打印订货表，甚至为客户提供远程通信设备。随着计算机和现代化通信设备的广泛应用，电子订货方式被广泛采纳，企业跟踪订货状态的能力也大大提高，使客户与供应商的联系更加密切。

（3）发送运输

不论销售渠道如何，不论是消费者直接取货，还是生产者或供应者直接发货给客户，企业的产成品都要通过运输才能到达客户指定的地点。而运输方式的确定需要参考产成品的批量、运送距离、地理条件等。

对于由生产者或供应者送货的情况，应考虑发货批量大小的问题，它将直接影响到物流成本费用。配送是一种较先进的形式，在保证客户需要的前提下，不仅可以提高运输设备的利用率，降低运输成本，还可以缓解交通拥堵，减少车辆废气对环境的污染。

（4）装卸搬运

客户希望在物料搬运设备方面的投资最小化。例如，客户要求供应商以其正使用尺寸的托盘交货，也有可能要求将特殊货物集中在一起装车，这样他们就可以直接装运，而不需要重新分类。

6.1.4 企业销售物流管理的概念

企业销售物流管理就是对于销售物流活动的计划、组织、指挥、协调和控制，目标是保证销售物流有效合理地运行。其主要内容包括随时收集、掌握和分析市场需求信息；根据市场战略和物流战略规划销售物流方式方案及物流网络布局；根据物流网络规划，设计策划销售物流总体运作方案；根据物流网络规划和销售物流总体运作方案，设计规划各个物流网点；进行网点建设方案、网点内部规划（库区规划和货位规划等）、网点运作方案、策划设计运输方案、配送方案的分析；策划设计库存方案；策划设计包装装卸方案；策划设计物流运作方案实施的计划、措施；物流运作过程的检查、监督和控制、统计、总结；物流业绩的检查、统计和小结；物流人员的管理、激励；物流技术的开发和运用等。

在实际应用中，我们主要分析需求预测、销售订单管理、销售运输、配送管理、物流服务管理五个方面。

小思考

企业销售物流有哪些合理化的形式？

6.1.5 企业销售物流合理化实现的措施

1. 协调销售物流的职能成本与系统成本的矛盾

职能成本是指为了实现销售活动，仓储、运输和包装等各职能部门所投入的成本。系统成本则是整个销售物流活动过程中各职能成本的总和。不少企业认为自己的物流系统已达到高效率水平，因为仓储、运输和包装等各部门经营良好，并且都能把各自成本降至低水平。然而，如果仅能降低个别职能部门的成本，各部门都不能互相协调，那么总系统成本不一定最低，这就存在各职能部门的成本与系统总成本的矛盾。企业销售物流系统的各职能部门具有高度的相关性，企业应从整个物流系统的成本来考虑物流决策的制定，而不能仅考虑降低个别职能部门的成本。

2. 制定系统方案，控制综合物流成本

制定系统方案，控制综合物流成本主要包括直销方案的综合物流费用分析、中转运输方案的综合物流费用分析、配送方案的费用分析。接下来对这三类费用进行简单分析。

（1）直销方案的综合物流费用分析

把商品直接销售到客户手中，这种销售物流方案一般会耗费较高的物流成本费用，因为通常直销的货物数量较小且运输频率较高，所以运送成本较高。但是这种直销一般针对急需的客户采用，一旦延误，很有可能失去客户。

（2）中转运输方案的综合物流费用分析

如果企业经计算发现，将成品大批量运至销售地区仓库或中转仓库，再从那里根据订单送货给每一位客户的费用少于直接将货物送至客户，则可采用这种在销售过程中经中转再送货的方案。

（3）配送方案的费用分析

配送价格是到户价格，与出厂价相比，其构成中增加了部分物流成本，因而价格略高于出厂价。与市场价相比，其构成中也增加了市场到客户这一段运输的部分成本，因而价格也略高于或等于市场价。配送方案可以使企业、配送中心、客户三个方面分享规模化物流所节约的利益，因此，配送中心的代理送货将逐渐成为资源配置最合理的一种方案。

3. 统一管理销售物流

在销售物流过程中，仓储、运输、包装决策应该是互相协调的。在不少企业，物流运营权被分割在几个协调性差的部门，使得控制权过于分散，而且还易使各职能部门产生冲突。例如，运输部门只求运费最低，宁愿选用运费少的运输方式大批量运输，库存部门尽可能保持低库存水平，减少进货次数，包装部门则希望使用便宜的包装材料。各部门都从自己的局部利益出发，从而使整个系统的全局利益受损。因此，企业应将销售物流活动统一管理，协调各职能部门的决策，全权负责，这对于节约企业的物流成本非常有利。

6.2 需求预测

企业需求预测，是指估计未来一定时间内，整个产品或特定产品的需求量和需求金额。它给出了企业的产品在未来一段时间里的需求期望水平，并为企业的计划和控制决策提供了依据。

需求预测的目的在于通过充分利用现在和过去的历史数据、考虑未来各种影响因素，结合本企业的实际情况，采用合适的科学分析方法，提出切合实际的需求目标，从而制订订购需求计划，指导原材料或商品订货、库存控制、必要设施的配合等企业物流工作的开展。

对企业产品或服务的实际需求是市场上众多因素作用的结果。在众多的因素中，一般来讲，某产品或服务的需求取决于该产品或服务的市场容量及该企业所拥有的市场份额。

6.2.1 预测分析

掌握市场需求预测的程序，是需求预测工作中最基本的一环，以此为基础，才能顺利地将预测工作进行到底。在进行需求预测的过程中，每一个阶段都对预测进行感性或者理性的分析。需求预测的主要步骤及对应的分析如下。

1. 选择预测目标

进行市场预测首先要明确预测的目标是什么。所谓目标就是指预测的具体对象的项目和指标，为什么要进行这次预测活动，这次预测要达到什么直接目的。另外，还要分析预测的时间性、准确性要求，划分预测的商品、地区范围等具体问题。

确定了预测目标，接着要分析预测的时间性和准确性要求。如果是短期预测，允许误差范围要小，而中长期预测，则允许误差为 $20\% \sim 30\%$。

2. 广泛收集资料

进行预测必须要有充分的市场信息资料，因此，在选择、确定市场预测目标以后，首要的工作就是广泛系统地收集与本次预测对象有关的各方面数据和资料。收集资料是市场预测工作的重要环节。按照市场预测的要求，凡是影响市场供求发展的资料都应尽可能地收集。资料收集得越广泛、越全面，预测的准确程度就越高。在这里，市场调查材料是一个重要的信息来源。

收集的市场资料可分为历史资料和现实资料两类。在收集资料的过程中，要注意标明市场异常数据，要结合预测进程不断增加及补充新的资料。

3. 选择预测方法

收集完资料后，要对这些资料进行分析、判断。常用的方法是首先将资料列成表格，制成图形，以便直观地进行对比分析，观察市场活动规律。分析判断的内容还包括寻找影响因素与市场预测对象之间的相互关系，分析预测期市场供求关系，分析判断当前的消费需求及其变化，以及消费心理的变化趋势等。

4. 建立模型，进行计算

市场预测是运用定性分析和定量测算的方法进行的市场研究活动，在预测过程中，这两个方面不可偏废。

一些定性分析方法，经过简单的运算，可以直接得到预测结果。定量预测方法要应用数学模型进行演算、预测。预测中要建立数学模型，即用数学方程式构成市场经济变量之间的函数关系,抽象地描述经济活动中各种经济过程、经济现象的相互联系,然后输入已掌握的信息资料,运用数学求解的方法,得出初步的预测结果。

5. 评价结果,编写报告

通过计算产生的预测结果是初步的结果,这一结果还要加以多方面的评价和检验,才能最终使用。检验初步结果,通常分为理论检验、资料检验和专家检验。

对预测结果进行检验之后,就可以着手准备编写预测报告。与市场调查报告相似,预测报告也分为一般性报告和专门性报告,每次预测根据不同的要求,编写不同类型的报告。

6. 对预测结果进行事后鉴别

完成预测报告,并不是预测活动的终结,下一步还要对预测结果进行追踪调查。市场预测结果是一种有科学根据的假定,这种假定仍要由市场发展的实际过程来验证。因此,预测报告完成以后,要对预测结果进行追踪,考察其准确性及误差,并分析总结原因,以便取得预测经验,不断提高预测水平。

小知识

预测规律包括:①对近期的预测更趋于准确;②对产品组合与服务组合的预测更趋于准确;③对数值区间的预测准确率大于对单个数值的预测;④合适的数学模型可以为预测提供参考。

6.2.2 预测方法

市场需求预测是在营销调研的基础上,运用科学的理论和方法,对未来一定时期的市场需求量及影响需求诸多因素进行分析研究,寻找市场需求发展变化的规律,为营销管理人员提供未来市场需求的预测性信息。主要预测方法如下。

1. 购买者意向调查法

购买者意向调查法多用于工业用品和耐用消费品,适合进行短期预测。

2. 综合销售人员意见法

综合销售人员意见法是指分别收集销售人员对预测指标估计的最大值、最可能值及最低值及其发生的概率,集中所有参与预测者的意见,整理出最终预测值的方法。

3. 专家意见法

(1) 小组讨论法。

(2) 单独预测集中法。

(3) 德尔菲法。

(4) 市场试验法,多用于投资大、风险高和有新奇特色产品的预测。

(5) 时间序列分析法。将某种经济统计指标的数值，按时间先后顺序排列形成序列，再将此序列数值的变化加以延伸，进行推算，预测未来发展趋势。产品销售的时间序列（Y），其变化趋势主要是受四种因素的影响：趋势（T）、周期（C）、季节（A）、不确定因素（E）。

(6) 直线趋势法。需求预测方法主要运用最小平方法，以直线斜率表示增长趋势的外推预测方法。公式为

$$Y=a+bX$$

式中，Y 为预测目标值；a 为直线在 Y 轴上的截距；b 为直线斜率；X 为时间。

(7) 统计需求分析法。统计需求分析是运用一整套统计学方法，发现影响企业销售的重要因素及其影响力大小的方法。

小知识

预测方法很多，大体上可以分为定性和定量两种，如图 6.2 所示。

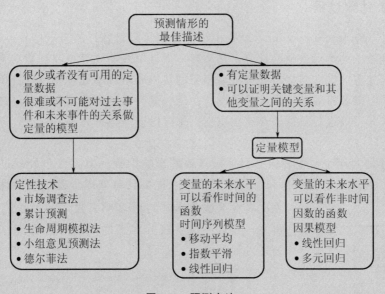

图 6.2 预测方法

新产品上市阶段，由于缺乏历史销售数据，因此通常只能采用定性技术进行预测，运用市场调查等方法预估新产品的销量。对于成熟稳定的产品，由于已经有了历史销售数据，因此可以采用数学建模的方式，市场上有很多成熟的软件产品，可以让计划员选择不同的定量方法对历史数据进行拟合，分析出不同方式下拟合的差异度。例如，我们可以分别选择移动平均模型或指数平滑模型来对过去一年的销售数据进行拟合，根据拟合的结果，选择差异度最小的定量方法对未来 3 个月的销量进行预测。在这个过程中，计划员还可以结合产品的季节因子（根据历史数据推算出的销量随季节变化的因素）、客户需求的服务水平、突发事件导致的历史数据奇异点、计划员的个人经验、市场分析报告等，对拟合值和预测值进行人为调整。最终得出的预测值，是基于定性和定量两种方法的综合考量做出的。

资料来源：施云. 供应链架构师 [M]. 北京：中国财富出版社，2016.

6.3 销售订单管理

有专家称 20 世纪 60 年代企业靠成本取胜，20 世纪 80 年代靠质量取胜，21 世纪则靠速度取胜，这里的速度指对订单的反应速度。国外研究机构的调研结果表明，与订单准备、订单传输、订单录入、订单履行相关的物流活动占整个订单处理周期的 50%～70%。所以，企业要认真管理订单处理作业过程中的各项活动。

小知识

订货周期（Order Cycle Time）指从客户发出订单到客户收到货物的时间。与订单处理周期为同一概念。客户希望订货周期短而且稳定，从而降低自己经营的风险与成本。

6.3.1 订单处理过程

订单处理（Order Processing）就是由订单管理部门对客户的需求信息进行及时处理，是物流管理链条上的不可或缺的部分，是从客户下订单开始到客户收到货物为止，这一过程中所有单据处理活动。与订单处理活动相关的费用属于订单处理费用。订单处理系统的主要特点是：①能够有效地处理大量数据；②能够进行严格的数据和编辑处理，确保正确性、时效性；③可以进行数据的存储和积累；④可以提高数据处理的速度，进而加速业务的流程。

订单处理是实现企业顾客服务目标最重要的影响因素。改善订单处理过程、缩短订单处理周期、提高订单满足率和供货的准确率、提供订单处理全程跟踪信息等，可以大大提高顾客服务水平与顾客满意度，同时也能够降低库存水平，在提高顾客服务水平的同时降低物流总成本。订单处理过程如图 6.3 所示。

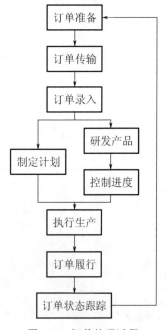

图 6.3　订单处理过程

1. 订单准备

订单准备指搜集所需产品或服务的必要信息和正式提出购买要求的各项活动，具体如下。

（1）决定合适的供应商。
（2）填制订单。
（3）确定库存的可得率（包括产品规格及数量等）。
（4）通报订单信息（订单可执行的程度等）。

2. 订单传输

订单传输指订单请求从发出地点到订单录入地点的传输过程，具体如下。

（1）人工方式：邮政、快递等，时间长、速度慢、成本低。

(2) 电子方式：E-mail、传真，时间短、速度快。

(3) 电子+人工方式。

因订单传输方式会影响订单的处理进度，进而影响公司的业绩及成长，电子方式将逐步取代人工方式。

3. 订单录入

订单录入指在订单实际履行前所进行的各项工作，具体如下。

(1) 核对订货信息及其准确性（客户订单）。

(2) 核查产品库存状况。

(3) 准备补交货订单（采购单）或取消订单（采购单或客户订单）文件。

(4) 审核客户信用。

(5) 转录订单信息（将客户订单转成公司的销售订单）。

(6) 开具账单。

【拓展案例】

4. 订单履行

订单履行是指与实物有关的活动，具体如下。

(1) 通过提取存货、生产或采购来获取所订购的货物。

(2) 对货物进行包装。

(3) 安排运输送货。

(4) 准备货运单证。

5. 订单状态跟踪

订单状态跟踪是订单处理的最后一环，不断地向客户报告订单处理或交货过程中各种状况，确保优质的客户服务，具体如下。

(1) 跟踪客户订单执行状况。

(2) 报告订单处理的进度。

(3) 报告订单交付的时间和数量。

(4) 报告发运状况等。

【拓展案例】

 小知识

（一）

预先发货清单（Advance Shipping Notice，ASN）是生产商或者批发商在发货时利用电子通信网络提前向零售商传送货物的明细清单。这样零售商事前可以做好货物进货准备工作，同时可以省去货物数据的输入作业，使商品检验作业效率化。客户也可以凭借此清单核对订单交货数量、剩余数量等，及时更正数量上的错误。

（二）

在履行订单之后，对仓库的存货数量进行登记，接着根据新订单进行补货，一般遵循1.5倍安全库存法则。1.5倍安全库存法则是库存管理的主要内容之一,是经过很多公司的销售实践总结出来的安全存货法则。

运用1.5倍安全库存法则争取订单既有说服力,又能防止断货,挤压客户资金,同时又不至于造成产品积压。1.5倍安全库存法则备货是销售人员必须掌握的工作职责之一,是主动争取客户订货量并时刻掌握客户销售情况的营销策略。它建立在提高客户销量和利益基础之上,因而能赢得客户信任,客户容易采纳。例如,可口可乐终端送货,不是终端要多少就给多少,而是告诉终端应该进多少货,这是可口可乐的标准作业流程。

6.3.2 订单处理方法

6.3.1节列举了订单处理过程中涉及的一般活动,但是仅有这些并不能说明订单处理作为一个系统是如何运转的。下面针对不同行业不同种类的订单来介绍订单处理的方法。

1. 制造业订单处理

人工订单处理指系统中涉及相当大比重的人的活动。其中,某些订单处理活动可能是自动化的或者采用电子化处理方法,但是人工活动在整个订单处理周期中仍然占有极大的比重。一般情况下,制造业订单处理基本过程如图6.4所示。

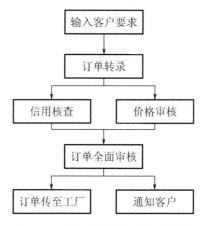

图6.4 制造业订单处理基本过程

2. 零售订单的处理

在生产者和消费者起中介作用的公司(如零售商)中,设计订单处理系统时往往追求适度的自动化。由于有一定的库存能够满足最终消费者需求,因此这些公司通常不一定要求非常快的订货反应速度。库存在这里就作为一种缓冲,以抵消补货周期的某些间接影响。另外,补货周期的长短也很重要,它有助于维持一个稳定的补货时间表。

零售企业可以利用信息技术,减少存储空间,降低库存水平,缩短搬运时间,更好地跟踪订单的处理进度。

3. 网上渠道订单的处理

网上购物已成为广大消费者的最新选择,而开设、运营网站的成本又较低,因此企业可以通过网络来有效规划供给渠道的订单流。与传统的供应渠道需求预测不同,网络供应渠道的每个成员(买方、供应商、承运人等)都是独立运营的,因此供应渠道中每个成员要通过共享数据库系统及网络实现信息的沟通,实时共享信息,迅速有效地对需求变化、原料短缺、运输延迟和订单履行中的失误做出反应。

6.3.3 影响订单处理时间的因素

订单处理的硬件和系统的选择是否得当是影响订单处理时间的一个因素,还有其他许多因素会加快或者延缓订单处理时间。这些因素源于运营过程、客户服务政策及运输操作等多个方面。

1. 订单处理的先后顺序

一般情况下,企业会按照订单收到的先后顺序进行处理这样做似乎对所有客户更加公平,但是其实没有必要这样做,而且将所有客户同等对待的做法还可能延长订单的处理时间。对客户订单进行先后排序,这样可以把有限的时间、生产能力及人力资源配置到更有利可图的订单上。享有高优先级的订单被优先处理,而优先级较低的订单则要稍后进行处理。有些企业虽然不会明确规定订单处理的先后顺序,但实际执行时会按一些心照不宣的原则处理,这有可能对订单处理带来负面影响。

2. 并行处理与顺序处理

仔细安排订单处理流程中的各项工作能显著缩短订单处理时间。完全依次来完成各项工作,订单处理时间是最长的;几项工作同时进行,总的订单处理时间就会缩短。仅仅一个微小的改动,例如将一份订单复制多份,销售经理在查看其中一个副本时进行订单信息转录和客户信用核查(并行处理)工作,也可以缩短订单处理时间。

3. 订单履行的准确度

如果公司能够准确无误地完成客户订单的处理,不产生任何错误,那么订单处理时间很有可能是最短的。因此应该严格控制出错的次数。

4. 订单的批处理

把订单收集成组进行批处理,可以降低处理成本,但是会增加订单处理时间。

5. 分批处理

当订单过大而无法以现库存直接供货时,企业并不是等待所有产品都生产完毕再供货,而是生产和运输总订单批量中的小部分。客户也不是等着接收完整的货物订单,而是先接收部分货物,这样可以迅速分批得到所订购的货物。分批处理对订单的部分货物而言,订单处理时间缩短了,但是由于多次运输小批量的货物,所以运输成本可能上升。

6. 合并运输

与订单批处理类似,企业也可能保留客户订购的货物直至达到一定的经济运输批量,即将几个小订单的货物集中在一起,组成较大的运输批量以降低运输成本。这样可减少运输成本,但以延迟订单处理时间为代价。

6.4 销售运输与配送管理

运输是物流决策中的关键所在。除采购产品的成本外，一般来讲，运输成本比任何其他物流成本所占比例都高。尽管运输决策的形式多种多样，但其中首要的不外乎运输服务及运输线路的选择。

物流配送作为企业销售物流的重要环节，其重要性已经得到越来越多的社会认可。配送中心是企业为了更好地运行产品配送活动，而建立的企业销售物流的运作结点。配送是销售物流活动的综合表现形式，这个综合并不是简单的物流活动的集合，而是科学地把物流相关活动进行有机的结合，从而提高物流运作的效率。

6.4.1 销售运输与配送计划管理

销售计划管理是指按照客户订单、市场预测情况和企业生产情况，对某一段时期内企业的销售品种、各品种的销售量与销售价格进行计划安排。计划是管理的重要职能。因此，对于企业的销售工作来讲，没有销售计划就谈不上科学的销售管理，销售计划是销售管理的基石，销售管理过程就是销售计划的制订、实施和评价过程。销售计划为销售管理提供了目标，但只有科学的销售计划管理才能使目标管理具有意义、才能有效配置企业资源，进而提高管理效率。因此，企业进行销售计划管理，是企业能够顺利展开销售工作、占领市场、进而获取利润的重要环节。销售计划管理主要包括确定目标市场、制订销售预测、制订销售配额、制订销售预算及制订实施计划五个方面的内容。

销售运输与配送计划管理指的是将按照客户需求及订单量所进行的运输与配送制订详细的计划安排，以保障销售物流的合理性与安全性，并且满足客户的需求。

6.4.2 销售运输与配送服务的选择

1. 销售运输服务的选择

运输方式的选择或某种运输方式内服务内容的选择取决于运输服务的众多特性。迈克尔·A. 麦金尼斯（Michael A. McGinnis）发现六个服务变量对运输服务选择非常重要：①运输费用；②可靠性；③在途时间；④灭失、损坏、投诉处理和货物跟踪查询；⑤托运人市场特征；⑥承运人特征。虽然运输费用很重要，在某些情况下运输费用是运输服务选择的决定因素，但整体上服务仍然是更重要的。

（1）基于成本的权衡

如果不将运输服务作为竞争手段，那么能使运输服务的成本与运输服务水平导致的相关间接库存成本之间达到平衡的运输服务就是最佳服务方案。如果选择速度慢、可靠性差的运输服务，物流渠道中就需要有更多的库存。这样，就需要考虑库存持有成本可能升高而抵消运输服务成本降低的情况。因此，最合理的方案应该既能满足顾客需求，又能使总成本最低。

与库存相似，运输服务的影响可以从零生产安排上表现出来。如果生产系统中没有原材料或者原材料库存很少，就很容易受运输延迟和服务不确定性的影响。

小案例

卡利奥箱包公司运输方式

卡利奥箱包公司是生产箱包系列产品的公司。公司的分拨计划是将生产的成品先存放在东海岸的工厂,然后由公共承运人运往公司西海岸自有的基层仓库。目前,公司使用铁路运输将东海岸工厂的成品运往西海岸的仓库。铁路运输的平均时间 $T=21$ 天,每个存储点平均存储 100 000 件行李箱包,箱包的平均价值 $C=30$ 美元,每年的存货成本 I 为产品价格的 30%。

公司希望选择使总成本最小的运输方式。运输时间每减少1天,平均库存水平可以减少1%。每年西海岸仓库卖出 $D=700\ 000$ 件箱包。不同运输方式的成本比较如表6.1所示。

表6.1 不同运输方式的成本比较

运输方式	运输费率/(美元/单位)	门到门运送时间/天	每年运送批次
铁路运输	0.10	21	10
驮背运输	0.15	14	20
卡车运输	0.20	5	20
航空运输	1.40	2	40

其中,采购成本和运输时间的变化忽略不计。

选择不同的运输方式将影响货物的在途时间。在途货物可以用年需求 D 的一定比例(即 $T/365$)表示,其中 T 表示平均运送时间,因此,在途库存的持有成本就为 $ICDT/365$。

分拨渠道两端的平均库存大约是 $Q/2$,其中 Q 是运输批量。每单位货物的库存成本是 IC,但产品价值在分拨渠道的不同地点是不同的。例如,在工厂中,产品价值是产品的出厂价,而在仓库,产品价值是产品的出厂价加上运输费率。

用运输费率乘年需求量就得到每年的总运输成本 RD。针对每种运输方式计算四种相关成本,计算结果如表6.2所示。由此可以看出,虽然采用铁路运输费率最低,采用航空运输时的库存成本最低,但卡车运输的总成本最低。如果使用卡车运输,运输时间减少5天,两个端点的库存水平将减少50%。

表6.2 卡利奥箱包公司对运输方式的评估

成本类型	计算方法	铁路运输	驮背运输	卡车运输	航空运输
运输成本	RD	$0.10\times700\ 000=70\ 000$	$0.15\times700\ 000=105\ 000$	$0.20\times700\ 000=140\ 000$	$1.40\times700\ 000=980\ 000$
在途库存	$ICDT/365$	$(0.30\times30\times700\ 000\times21)/365=362\ 466$	$(0.30\times30\times700\ 000\times14)/365=241\ 644$	$(0.30\times30\times700\ 000\times5)/365=86\ 301$	$(0.30\times30\times700\ 000\times2)/365=34\ 521$
工厂库存	$ICQ/2$	$(0.30\times30\times100\ 000)/2=450\ 000$	$(0.30\times30\times50\ 000)/2=225\ 000$	$(0.30\times30\times50\ 000)/2=225\ 000$	$(0.30\times30\times25\ 000)/2=112\ 500$
基层库存	$IC'Q/2$	$(0.30\times30.1\times100\ 000)/2=451\ 500$	$(0.30\times30.15\times50\ 000)/2=226\ 125$	$(0.30\times30.2\times50\ 000)/2=226\ 500$	$(0.30\times31.4\times25\ 000)/2=117\ 750$
总成本		1 333 966	797 769	677 801	1 244 771

注:R 为运输费率;D 为年需求量;I 为库存持有成本(%/年);C 为产品在工厂的价值;C' 为产品在仓库的价值=$(C+R)$;T 为运送时间;Q 为运输批量。

资料来源:[美]罗纳德·H. 巴罗. 企业物流管理——供应链的规划、组织和控制[M]. 王晓东,胡瑞娟,等译. 北京:机械工业出版社,2002.

(2) 考虑竞争因素

选择合适的运输方式有助于创造有竞争力的服务优势。如果供应渠道中的买方从多个供应商那里购买商品，那么物流服务就会影响买方对供应商的选择。因为，如果供应商选择不同的运输方式，就可以控制其物流服务的各项要素，从而影响买方的购买。

对买方而言，更好的运输服务（运送时间更短，波动更小）意味着可以保有较少的库存；更好地安排动作计划，减少生产成本。

对运输服务商来说，提供高质量的运输服务水平，意味着增加其吸引力，实现运输规模效益，用业务扩大带来的利润弥补由于使用快速运输方式而增加的成本。

(3) 对选择方法的评价

一般认为，在选择物流运输服务时，除了考虑成本之外，还要考虑运输方式对库存成本及运输绩效对物流渠道成员购买选择的影响。除此之外，还应考虑以下因素。

① 如果供应商和买方对彼此的成本有一定了解，能促进双方的有效合作。但供应商和买方如果是相互独立的法律实体，且两者之间没有足够的信息交流，双方就很难获得完全的成本信息。在任何情况下，合作都应该朝着更密切关注对方对运输服务选择的反应或对方购买量的变化的方向发展。

② 如果分拨渠道中有相互竞争的供应商，买方和供应商都应该采取合理的行动来平衡运输成本和运输服务，以获得最佳收益。

③ 这里没有考虑对价格的影响。假如供应商提供的运输服务优于竞争对手，其很可能会提高产品的价格来补偿（至少是部分补偿）其优于竞争对手的运输服务。因此，买方在决定是否购买时应同时考虑产品价格和运输绩效。

④ 运输费率、产品种类、库存成本的变化和竞争对手可能采取的反击措施都是问题的动态因素，在此并没有直接涉及。

⑤ 这里没有考虑运输方式的选择对供应商存货的间接作用。供应商也会和买方一样由于运输方式变化改变运输批量，进而导致库存水平的变化。供应商可以调整价格来反映这一变化，反过来又影响运输服务的选择。

2. 销售配送服务的选择

销售配送服务主要有三种方式，分别是自主配送、第三方配送及共同配送，具体如下。

（1）自主配送，即通过完善自身的配送中心来完成自己的销售配送作业。完善自身的配送中心有两种方式：一是组建综合性的大型配送中心；二是建立配送分中心，由各个分中心承担不同的配送业务。

（2）第三方配送，即将所有的销售配送业务外包给第三方物流公司。这种配送方式适合于企业只拥有小型的物流中心或者不完全拥有物流中心的情况。

（3）共同配送，即与其他企业合作，实行商品配送共同化模式。企业之间为了实现资源共享，在互信互利的合作基础上，对不同商品进行优化组合后再配送，以此来提高物流服务水平，降低配送成本，快速反馈信息，促进整个社会商品配送的高效流通。

6.4.3 销售运输与配送路线的选择

运输决策在物流决策中具有十分重要的地位，因为运输成本要占到物流总成本的 1/3～

2/3，对许多商品来说，运输成本要占到商品价格的4%~10%。由此可见，要想降低物流成本并提高物流的效率，要求对货物运输进行优化组织，既要运用掌握的资源（人力、物力、财力）合理安排运输任务，消灭对流、迂回、重复等不合理现象，尽量以最少的资源来完成更多的任务。这就需要对货物运输线路进行系统分析，建立模型，并运用各种数学方法进行求解，以实现货物运输问题的科学管理。关于销售运输线路的问题有许多研究，这里主要针对运输路线选择决策和最短路及最大流量的问题进行分析。

1. 运输路线选择

运输路线的确定会直接影响到运输效果的好坏，关系着物资能否及时运到指定地点。此外，当运输费用是以吨·千米来计算时，运输路线的长短直接关系着运输费用的多少。因此，运输路线的选择也是物资调运规划的一个重要内容。

【拓展案例】

某项物资从 m 个产地或仓库（统称为发点），调运到 n 个需要地（称为收点），在指定调运方案时，要先画一个示意的交通图，表示收发点的大致位置、收发量、交通路线长度（不必与实际长度成比例）。

在交通图中，发点用"○"表示，并将发货量记在里面，收点用"□"表示，并将收货量记在里面。两点之间交通线的长度记在交通线旁边，然后绘制调运物资的流向图。物资调运的方向（流向）用"→"表示，并把"→"按调运方向画在交通线右边。

在物资调运中，把某项物资从各发点调到各收点的调运方案很多，我们现在的要求是如何找出使周转量最小的方案，这就要消灭物资调运中的对流和迂回两种不合理的运输。

（1）对流

对流即同一物资在同一线路上的往返运输，如图6.5所示，将某物资10吨，从 A_1 运到 B_2，而又有同样的物资10吨，在同一期间从 A_2 运到 B_1，于是 A_1 和 A_2 间就出现了对流现象。

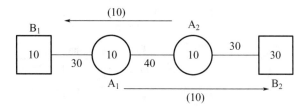

图6.5 出现对流调运流量图

如果把调运流量图改成如图6.6所示，即将 A_1 的10吨物资运到 B_1，而将 A_2 的10吨物资运到 B_2，就消灭了对流，可以节省运输力量 $2\times10\times40=800$（吨·千米）。

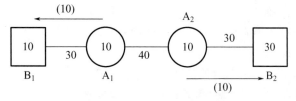

图6.6 消灭了对流的调运流量图

(2) 迂回

在画交通图的时候，由于表示调运方向的箭头，要按调运方向，画在交通线的右边，因此，在流向图中，有些流向在圈外，称为外圈流向；有些流向在圈内，称为内圈流向。如果流向图中，内圈流向的总长（简称内流长）或外圈流向的总长（简称外流长）超过整个圈长的一半，就称为迂回运输。

图 6.7 就是一个迂回运输，图内流长大于全圈长的一半。

如果改成图 6.8，就消灭了迂回，可以节省运输力量 $5 \times 6 - 5 \times 4 = 10$（吨·千米）。

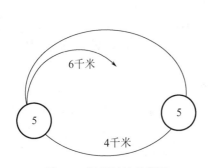
图 6.7 迂回运输示意图

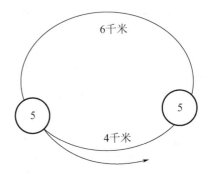
图 6.8 无迂回运输示意图

物资调运问题的图上作业法，就是为了消灭运输中的对流和迂回，节省运输力量。这种方法的步骤是先找出一个没有对流的方案，再检查有没有迂回，如果没有迂回，这方案已是最优方案。如果有迂回，则调整这一方案，直至消灭迂回为止。

在物资调运中，运输路线可分为两种：一种是交通路线不成圈，另一种是交通路线成圈。

2. 配送路线的选择

【拓展案例】 【拓展案例】

(1) 配送路线目标的确定

目标的选择是根据配送的具体要求、配送中心的实力及客观条件来确定的。由于目标有多个，因此可以有多种选择：①以效益最高为目标的选择，就是指计算时以利润的数值最大为目标值；②以成本最低为目标的选择，实际上也是选择了以效益为目标；③以路程最短为目标；④以吨·千米最小为目标的选择；⑤以准确性最高为目标的选择，它是配送中心重要的服务指标。

其他还有以运力利用最合理、劳动消耗最低等作为目标。

(2) 配送路线约束条件的确定

一般配送的约束条件有以下五点：①满足所有收货人对货物品种、规格、数量的要求；②满足收货人对货物发到时间范围的要求；③在允许通行的时间内进行配送；④各配送路线的货物量不超过车辆容积和载重量的限制；⑤在配送中心现有运力允许的范围内。

(3) 配送路线的优化

随着配送的复杂化，配送路线的优化一般要结合数学方法及计算机求解的方法来制定合理的配送方案，目前确定优化配送方案的一个较成熟的方法是节约法，也称节约里程法。利用节约法确定配送路线的主要出发点是：根据配送中心的配送能力（包括车辆的多少和载重量）和配送中心到各个用户及各个用户之间的距离来制定使总的车辆运输的吨·千米数最小的配送方案。利用节约法制定出的配送方案除了使配送总吨·千米最小外，还满足以下条件：① 方案能满足所有用户的要求；② 不使任何一辆车超载；③ 每辆车每天的总运行时间或行驶里程不超过规定的上限；④ 能满足用户到货时间的要求。

实际上配送路线的优化就是先采用最优化理论和方法（如线性规划的单纯形法、非线性规划、动态规划等），建立相应的数学模型，再利用计算机进行求解，最后得出最优方案。

6.4.4 销售配送类型

配送的形式多种多样，每种形式都有其固有的特点，适用于不同的情况。

1. 按配送商品种类及数量分类

（1）单（少）品种大批量配送

对于客户需求量较大的商品，企业可以使用大吨位车辆进行配送。由于品种少、批量大，企业配送中心的组织、计划等工作相对比较简单，因此配送成本较低。

（2）多品种、小批量配送

现代企业生产除了需要少数几种主要的物资外，B、C类物资的品种数远远高于A类主要物资。对于B、C类物资，如采用大批量配送方式，必然使客户库存增大，因此B、C类物资适合采用多品种、小批量的配送方式。

（3）配套成套配送

配套成套配送是企业按客户的要求，将客户所需的零部件、材料等配齐，按客户的要求或生产节奏定时送达。这种情况下，配送企业承担了客户的大部分供应工作，可以使客户专心致力于主营业务或工作。

2. 按配送时间及数量分类

（1）定时配送

定时配送是指企业按规定时间间隔进行配送。这种方式时间固定，易于安排配送工作计划。

（2）定量配送

定量配送是指企业按规定的批量在一个指定的时间范围内进行配送。这种方式数量固定，订货工作简单，又由于时间不严格规定，企业可以将不同用户的物品凑整车后配送，可以大大提高车辆利用率。

（3）定时定量配送

定时定量配送是指企业按客户规定的时间和数量进行配送。这种方式的特殊性较强，有一定的难度。

（4）定时定路线配送

定时定路线配送是指企业在规定的路线上确定到达时间，按运行表进行配送。采用这种方式有利于车辆的计划安排。

（5）及时配送

及时配送是指企业完全按照客户要求的时间和数量进行配送。这种方式的实施需要企业充分掌握客户的送货地、需求量和种类，是配送服务的较高形式。

6.4.5 销售配送合理化实现措施

1. 推行专业性独立配送

【拓展案例】

专业性独立配送是指根据产品的性质将其分类，由各专业经销组织分别独立地进行配送。其优点是可以充分发挥各专业组织的优势，便于用户根据自身的利益选择配送企业，从而有利于形成竞争机制。这类配送适宜于小杂货配送、生产资料配送、食品配送、服装配送等。

2. 推行加工配送

通过加工和配送结合，在充分利用本来应有的中转而不增加新的中转的情况下求得配送合理化。同时，加工借助于配送，使得加工的目的更明确，和用户联系更紧密，避免了盲目性。这两者有机结合，投入不增加太多却可实现服务优势和技术优势、经济效益和社会效益，是配送合理化的重要途径。

3. 推行共同配送

共同配送是指对某一地区的用户进行配送不是由一个企业独自完成，而是由若干个配送企业联合在一起共同去完成。共同配送是在核心组织（配送中心）的同一计划、同一调度下展开的。通过共同配送，可以以最近的路程和最低的配送成本去完成配送，从而达到配送合理化效果。

4. 推行送取结合

配送企业要与用户建立稳定、密切的协作关系，它不仅是用户的供应代理人，还是用户的储存据点，甚至变成用户的产品代销人。在配送时，将用户所需的物资送到，再将该用户生产的产品用同一车辆运回，这种产品也成了配送中心的配送产品之一，或者作为代存代储，免了生产企业的库存包袱。这种送取结合，使运力充分利用，也使配送企业功能得到更大的发挥，从而趋向合理化。

5. 推行准时配送系统

准时配送是配送合理化的重要内容。配送做到准时，用户有资源把握，才可以放心地实施低库存或零库存，有效地安排接货的人力、物力，以追求最高效率的工作。另外，保证供应能力，也取决于准时供应。从国外的经验看，准时供应配送系统是现在许多配送企业追求配送合理化的重要手段。

6. 推行即时配送

作为计划配送的应急手段，即时配送是最终解决用户企业断供之忧并大幅度提高供应保证能力的重要手段。它是配送企业快速反应能力的具体化，也是配送企业能力的具体体现。即时配送成本较高，但它是整个配送合理化的重要保证手段，同时也是客户实行零库存的重要手段。因此，企业物流要想实现配送合理化需要做到避免不合理的运输、提高运输工具的实载率、推动共同运输，以及实行联合运输等。

6.5 物流服务管理

6.5.1 物流服务的重要性

物流服务是指物流企业或企业的物流部门从处理客户订货开始，直至商品送客户过程中，为满足客户要求，有效地完成商品供应、减轻客户物流作业负荷所进行的全部活动。物流管理者可能更愿意将客户服务交给营销部门或销售部门去负责，但我们已经注意到，买主确实认为客户服务中有关的物流因素很重要，且常常将这些因素置于产品价格、产品质量及其他与营销、财务和生产有关的因素之前。

1. 物流服务对销售的影响

长久以来，物流管理人员一直认为销售量一定程度上受所提供的物流客户服务水平的影响。事实上，物流客户服务是整个客户服务的一部分，很难确切衡量销售与物流服务之间的关系，而且买主自己也很难确切地说明他们对服务的要求和对所提供服务的一贯反应。因此，物流管理人员会事先确定客户服务标准，然后围绕服务标准设计物流系统。

很多确切的证据表明，物流服务会对销售产生影响。斯特林和兰博特通过对客户服务的细致研究总结道："营销服务的确会影响市场份额，而且，营销组合中的各因素即产品、价格、促销和实物分拨对市场份额的影响力并不是一样的。"斯特林和兰博特还发现，客户服务各因素中对客户最重要的因素都具有物流属性。

2. 物流服务对客户的影响

据国际权威机构调查显示，对客户服务不好会造成94%的客户离去；没有解决客户的问题会造成89%的客户离去；每个不满意的客户，平均会向九个亲友叙述不愉快的经历；在不满意的客户中有67%的客户会投诉；较好解决用户投诉的问题，可挽回75%的客户；及时高效地解决客户投诉的问题，将有95%的客户会继续接受你的服务。从这些统计数据中我们可以发现一个很重要的问题：公司花费大量的资金去做广告、经营品牌，却可能会由于为客户提供服务的一些人员处理事务不当而使大量的现有客户和潜在客户流失。

因此，物流客户服务是一双无形的手，有力地推动了企业的发展。只有得到客户的信任，客户购买企业的产品，企业才能往更好的方向发展。只有通过有效的物流服务，企业才可以给接受物流服务的生产企业创造更好的盈利机会，成为生产企业的"第三利润源"。有效的物流服务，可以优化社会经济系统和整个国民经济的运行，降低整个社会的运行成本，提高国民经济总效益。

3. 物流服务对成本的影响

（1）物流成本与物流服务之间存在二律背反

① 一般来说，提高物流服务，物流成本即上升，成本与服务之间受收获递减法则的支配。

② 处于高水平的物流服务时，成本增加而物流服务水平不能按比例地相应提高。

因此，随着物流活动水平的提高，企业可以达到更高的客户服务水平，成本也会相应增加。销售服务关系中的边际收入递减和成本服务曲线的递增将导致利润曲线形成，如图 6.9 所示。

不同服务水平下收入与成本之差就决定了利润曲线。因为利润曲线上有一个利润最大化点，所以规划物流系统就是要寻找这一理想的服务水平。该点一般在服务水平最低和最高的两个极端点之间。

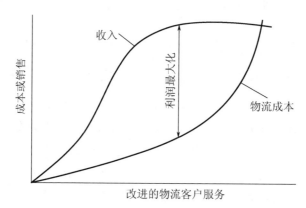

图 6.9　不同物流客户服务水平下，成本收入背反关系示意图

（2）物流服务与物流成本的关系

① 在物流服务不变的前提下考虑降低成本。不改变物流服务水平，而是通过改变物流系统来降低物流成本，这是追求效益的一种办法。

② 增加物流成本来提高物流服务。这是许多企业提高物流服务的做法，是企业在特定顾客或其特定商品面临竞争时所采取的具有战略意义的做法。

③ 在成本不变的前提下提高服务水平。这是一种积极的物流成本对策，在给定成本的条件下提高服务质量。这种追求效益的办法，也是一种有效利用物流成本性能的办法。

④ 用较低的物流成本，实现较高的物流服务。这是增加销售、增加效益，具有战略意义的办法。

通常情况下，在成本不变的前提下，提高服务水平是企业追求的物流目标。

6.5.2　衡量物流服务水平

【拓展案例】

物流服务水平是指客户对所获得的服务要素及这类要素的构成形态的一种心理预期和期待。从客观上看，物流服务水平是对物流服务人员水平、物流服务质量水平、物流服务品牌战略、物流服务流程、物流服务时效、物流服务态度等的综合评判。从主观上看，物流服务水平又表现为物流客户的实际感受与其心理预期之间的差距。

考虑到客户服务的不同侧面，要想找到有效衡量物流客户服务的办法是很困难的，一般可以从以下几个方面来考虑。

（1）存货可得性。存货可得性是指当顾客下订单时所拥有的库存能力。存货可以分为基本库存和安全库存。可得性的一个重要方面就是厂商的安全库存策略，安全库存的存在是为了应付预测误差和需求等各方面的不稳定性。

（2）物流任务的完成。物流任务的完成可以通过完成周期的速度、一致性、灵活性、故障与修复来衡量。

（3）服务可靠性。物流质量与物流服务可靠性密切相关。物流活动中最基本的质量问题就是如何实现已计划的可得性及作业完成能力。实现物流质量的关键是如何对物流活动进行评价。

小　　结

销售物流是企业物流的最后一个环节，是企业物流与社会物流的转换点，是企业赖以生存和发展的条件，又是企业本身必须从事的重要活动。它是连接生产企业和消费者的桥梁。通过销售物流，产品实现使用价值，企业获得利润。因此，销售物流对于企业提高销售收入、提高客户满意度、留住老客户和争取新客户及降低销售物流成本等方面都有重要的作用。

销售订单管理是企业销售活动的开始，主要包括订单处理过程、订单处理方法及影响订单处理的时间因素。但是在不同实际环境中订单处理系统又是不尽一样的。选择订单处理的硬件和软件系统仅仅是设计时要考虑的部分内容，还有其他许多因素会加快或者延缓订单处理时间。这些因素源于运营过程、客户服务政策及运输操作等多个方面。

在销售运输及配送管理中，运输是物流决策中的关键所在。除采购产品的成本外，运输成本比任何其他物流成本所占比例都高。运输决策的形式多种多样，其中主要是运输方式、运输线路的选择及多式联运的应用。物流配送是企业销售物流的重要环节。配送中心是企业为了更好地运行产品配送活动，而建立的企业销售物流的运作节点。配送是一个销售物流活动的综合表现形式，企业应该科学地把物流相关活动进行有机的结合，从而提高物流运作的效率，主要包括不同形式配送类型的选择和搭配、配送合理化的有效运用等。

物流服务是指企业为促进其产品或服务的销售，发生在客户与物流企业之间的相互活动过程。因此，物流服务不仅仅是营销部门或者是销售部门的事，更是物流管理部门一项重要的职责，良好的物流服务对提高企业的销售业绩、提高客户满意度及降低企业的成本都有重要影响。在实践中，一旦获知各服务水平下的收入和物流成本，就可以确定使企业利润最大化的服务水平，用数学方法找到这个最大利润点。物流服务水平可以从存货可得性、物流任务的完成及服务可靠性等方面来衡量。同时，客户服务考虑的不仅要在正常运营的情况下满足客户需要，还要对如系统故障或者产品召回等少数事件做好计划，从而降低因服务不佳带来的恶劣影响及损失。

关键词

销售物流（Distribution Logistics） 销售订单（Sales Order）
订货周期（Order Cycle Time） 订单履行率（Order Fill Rate）
销售配送（Sales Distribution） 共同配送（Joint Distribution）
配送中心（Distribution Center） 运输渠道（Transportation Lane）
运输线路（Transportation Route） 物流服务（Logistics Service）
物流服务水平（Logistics Service Level） 应急服务（Contingency Service）

思考与练习

1. 选择题

（1）将产品从下生产线开始，经过包装、装卸搬运、储存、流通加工、运输、配送，一直到最后送到用户手中的整个产品实体流动过程，称为（　　）。

　　A. 生产物流　　　　B. 销售物流　　　　C. 采购物流　　　　D. 回收物流

（2）目的是向消费者展示、吸引顾客、方便零售的包装称为（　　）。

　　A. 运输包装　　　　B. 大包装　　　　　C. 销售包装　　　　D. 回收物流

（3）目的是保护商品，便于装卸搬运、运输和储存的包装称为（　　）。

　　A. 销售包装　　　　B. 小包装　　　　　C. 内包装　　　　　D. 运输包装

（4）在局部范围内对多个用户实行单一品种或多品种的按时按量联合送货，这种物流活动称为（　　）。

　　A. 储存　　　　　　B. 运输　　　　　　C. 配送　　　　　　D. 装卸搬运

（5）局部范围内的货品上下位置的变动及平面位置的移动，这种物流活动称为（　　）。

　　A. 储存　　　　　　B. 运输　　　　　　C. 配送　　　　　　D. 装卸搬运

（6）流通过程中为方便销售、方便用户、废物利用及增添附加价值而进行的加工活动，这种物流活动称为（　　）。

　　A. 流通　　　　　　B. 运输　　　　　　C. 配送　　　　　　D. 装卸搬运

（7）能实现货品时间效用的物流活动是指（　　）。

　　A. 流通加工　　　　B. 运输　　　　　　C. 储存　　　　　　D. 包装

（8）能实现货品空间效用的物流活动是指（　　）。

　　A. 流通加工　　　　B. 运输　　　　　　C. 储存　　　　　　D. 包装

（9）供应商掌握用户库存，这是供应链管理情况下出现的分销物流方式，称为（　　）。

　　A. 传统送货方式　　B. 配送方式　　　　C. HT方式　　　　　D. 供应商管理库存方式

（10）企业自主承担分销物流活动的战略，称为（　　）。

　　A. 自办销售物流战略　　　　　　　　　B. 外包物流战略
　　C. 配送物流战略　　　　　　　　　　　D. 第三方物流战略

(11) 销售物流，又称分销物流，是生产企业、（　　）商品销售过程中的物流活动。
A. 流通企业　　　B. 销售企业　　　C. 批发企业　　　D. 零售企业

(12) 销售物流是企业物流的一个重要环节，它与企业的（　　）系统配合，共同完成产品的销售任务。
A. 供应　　　　　B. 流通　　　　　C. 生产　　　　　D. 销售

(13) 电子商务平台的发展，增加了销售物流的（　　）性。
A. 方便　　　　　B. 多样　　　　　C. 灵活　　　　　D. 安全

(14) 产品储存是企业为了保证产品的（　　）及其他需求而必需的物流操作环节。
A. 可靠性　　　　B. 可得性　　　　C. 安全性　　　　D. 经济性

(15) 一个好的物流网络能够保证高效、低成本、低库存的优质的物流服务，促进公司的（　　）。
A. 销售　　　　　B. 物流　　　　　C. 服务　　　　　D. 盈利

(16) 通过对（　　）的采集、处理分析和应用，可以对涉及物流活动的人员、技术、工具等要素进行有效的管理和配置，达到提高效率、降低成本的目的。
A. 作业流程　　　B. 作业能力　　　C. 物流信息　　　D. 物流数据

(17) 销售物流管理具体的内容，不包括（　　）。
A. 制定市场战略和物流战略　　　　B. 规划物流网络布局
C. 策划销售物流总体运作方案　　　D. 根据销售信息制订主生产计划

2. 判断题

(1) 企业物流管理由两部分组成：企业生产物流管理和企业销售物流管理。（　　）

(2) 销售物流又称分销物流，是指销售过程中的物流活动。（　　）

(3) 运输创造货品的时间效用。（　　）

(4) 装卸是局部范围内货品上下位置的移动。（　　）

(5) 搬运是在局部范围内货品平面位置的移动。（　　）

(6) 储存是创造货品的空间效用。（　　）

(7) 准时化送货就是 JIT。（　　）

(8) VMI 即使供应商掌握用户库存。（　　）

(9) 销售物流合理化的途径之一就是输送与配送相分离的体制。（　　）

(10) 建立起通畅的信息传输网络，是实施 VMI 的前提条件。（　　）

(11) 销售物流，具体是指产品从下生产线开始，经过包装、装卸搬运、储存、流通加工、运输、配送，最后送到零售企业手中的物流活动。（　　）

(12) 由于产品的不同和用户、消费者的差异，销售物流在实际的运作管理中具有的行业特点和需求完全相同。（　　）

(13) 运输和配送在物流成本中占据着较大成本，企业需要研究配送运输的方式、批量等。（　　）

(14) 流通加工是在流通过程中，为适应客户需要、促销等进行的必要的加工。（　　）

(15) 销售物流是企业客户服务的对外接口和呈现。（　　）

(16) 满足客户或消费者的需要并将生产资料或产品送达需求方的物流过程，就是生产物流。（　　）

(17) 供应链一方的供应物流便对应着另一方的外部销售物流。（　　）

3. 简答题

(1) 企业销售物流的基本内容和主要环节有哪些？

(2) 企业销售物流合理化实现的措施有哪些？

(3) 需求预测的方法有哪些？

(4) 简述订单处理的过程。

(5) 影响销售运输与配送服务选择的因素有哪些？

(6) 销售配送类型有哪些？

(7) 什么是1.5倍安全库存原则？哪些企业运用了1.5倍安全库存原则？试举出两例，并进行简要介绍。

(8) 如何优化交通路线不成圈现象？

(9) 衡量物流服务水平的因素有哪些？

4. 思考题

(1) 销售物流的主要任务是什么？

(2) 物流服务为什么重要？

5. 案例分析题

鞋服物流仓储及配送解决方案

结合鞋服案例探讨怎样才能既体现订单的多渠道，又保持柔性，适配服装行业的发展趋势。

1. 整体方案及特点

Geek＋仓储配送中心的整体方案示意如图6.10所示。

图6.10　Geek＋仓储配送中心的整体方案示意

Geek＋仓储配送中心为三层楼库，左侧是仓储系统和垂直提升系统，可以通过电梯或者输送线把商品补到各个楼层，二楼和三楼做订单履行和一体化的方案，可通过一些柔性系统串联起来形成一个整体方案。

二楼布局非常的模块化，整个区域面积为 8 000 平方米，两侧是拣货工位，拣选人员在左右两侧的工位上进行作业，只有机器人不断地把商品和对应的货架送到两侧工位上进行拣货作业。

利用机器人拣货，配有两种货架，左侧是托盘货架，做整箱的订单履行，如果门店里面需要铺货，机器人就可以做整箱拣选作业；右侧是拆零货架，电商渠道可以通过这种形式的机器人和货架送到右侧工位上进行电商平台的拣货作业。

这个方案可以兼容门店和电商，也可以通过改变货架形式去适配不同的需求，形成柔性化的整体解决方案。整个货架的层板高度可以调整，冬天可以把货架拉高存放羽绒服，夏天可以把货架拉低存放 T 恤。如果一个门店的需求是 105 件，一个整箱是 100 件，那么就可以采用一个整箱托盘加五个零散的托盘进行配置。

人员也可以根据工位进行柔性切换，如上午上架作业、中午拣货、下午盘点，实现一个工人多工种作业。门店的工位和电商工位也可以切换，如果电商的量很大，可以全部去做电商，峰值过去以后再切换回门店，整个工位的柔性在这里有所体现。

2. 客户背景及方案制定

客户概况：该客户为典型的服装企业，全国有 6 000～8 000 家门店，有区域分发中心（Regional Distribution Center，RDC）、DC 和 Store 三级网络配送体系。

客户需求：客户希望把电商和门店作业整合在一起，同时客户希望仓库里面不仅要做仓储和拣货，还要做退货调拨处理，订单合单工作。客户要求要节省面积，以前仓库可以存 40 万件，现在需要存 80 万件。

关键诉求：提高存储能力和面积利用率；减少作业人员。

3. Geek＋解决方案关键点

（1）多场景物流能力分析

Geek＋作为科技型公司，首先要做深度的数据挖掘，实现业务的深度研究，来适配整个解决方案。其次是对功能模块的梳理，有春季、秋季还有电商高峰，包括门店铺货、门店补货，分别在不同的时间段里面，不同的功能上面有不同的特点。例如，春季周末就可能是一个门店铺货的高峰，但是电商是一个均值。交叉理货是另一个峰值，需要把所有的数据叠加在一起评估方案，分析各个供应商的流量需求，决定整个配置和方案设计。

结合订单特性（包括门店特性、电商特性、补货订单的特性），把订单特性整合在一起，来定义整个策略和流程，通过多场景物流能力分析，把数据挖掘到位，来实现季节性的考虑，以此作为整个设计基准。有了这样的数据能力的分析，就可以保证适配整个业务发展的需求和变化。

（2）全流程、流量能力构建

整个仓里面要实现入库上架、整箱拣选/拆零拣选、质检，把这些流程放在一起，建立一个流程流量图。基于数据分析及流程图，从而构建出整个解决方案。

（3）退货

以前客户是集中退货，现在实现了全年无忧的实时退货，无论什么时间和季节，只要想退货就可以退。可以快速入库按规则理货，何时何地退货都可以处理，处理完以后用不同颜色代表不同的品牌，根据需要到相应货位进行整理，按照品牌、按照门店拆分业务，实现和货架的关联。

（4）路由分工

客户希望仓库快速调拨，快进快出，并进行交叉理货。黄色对应一条路径，绿色是其他的门店路径，在里面是无序的，而且是随机排列的。通过应用这种规则，将货物进行重组，某种颜色类货物整理好后，卡车一旦到达便可以实现快速发货。动态理货不需要人工介入，能保证效率的提升。

4. 方案特色汇总

Geek+方案从布局来看非常模块化、单元化，但是后面的逻辑非常复杂，因为要实现多个流程和业务场景。其具体特色包括：① 按规则合单/路由分配；② 制定规则重组货架系列；③ 忙时作业，闲时优化；④ 多季节商品共同管理；⑤ 计划作业，优先调整；⑥ 存储区整箱补货至拣选区；⑦ 实时优化货位，消除尾箱；⑧ 跨季节配发，释放黄金货位。

5. 机器人拣选系统的价值与优势

（1）存储能力提升

和普通货架对比，机器人拣选方案是不需要主通道的。同时，货架高2.4米，可以增加高度，比搁板货架提升了35%的存储能力。

（2）人员节省

订单量越大，机器人对人员节省的效果越明显，订单量规模效益很好地体现出来，如表6.3所示。

表6.3 订单量规模效益表

日订单能力/件	工作班次/次	人员节省/人	节省与投资对比
20 000	2	60	32%
28 000	2	90	38%
40 000	2	125	44%
53 000	2	200	50%

（3）柔性切换、多流程/品规兼容

货架可以根据库存存量单位（Stock Keeping Unit，SKU）动态调整适配不同的业务场景，工位每天都在不停波动，每个工位都可以实现拣货上架盘点。机器人可以柔性增减工位和业务上的不同需求，通过增减机器人实现波峰波谷切换，实现多流程/多品牌的兼容。

资料来源：[2020-01-06].http://www.sohu.com/a/164592946_649545.

分析：

（1）Geek+方案整体有什么特点？

（2）Geek+如何体现多渠道的订单？

（3）当前鞋服行业发展的趋势是什么？其物流方面会采取怎样的措施？

 应用训练

实训项目：周围中小企业的销售物流情况调研。

实训目的：长期以来，中小企业一直存在销售薄弱、资金周转不畅等问题，严重影响企业的正常运作，中小企业往往更加关注企业的供应物流和生产物流，而忽视销售物流，使客户满意度下降，降低了公司的竞争力。通过调研了解周围中小企业的销售物流情况，理解销售物流在企业发展中的重要作用。

实训内容：调研中小企业的销售物流发展情况，包括销售订单管理、销售配送管理、销售运输管理和物流服务管理等销售物流环节。

实训要求：学生可以组成5～7人的调研小组，在调查当地中小企业销售物流发展现状的基础上，利用现代物流的基本原理，结合现代物流管理领域的先进方法，对中小企业现有的销售物流方式和方法进行改造，从而达到客户满意并提升竞争力的目的，最终形成有针对性的调研报告。

第7章 企业回收与废弃物物流管理

【本章教学要点】

知识要点	掌握程度	相关知识
企业回收物流管理	重点掌握	企业回收物流的含义、特点、驱动因素、应用价值分析及设计原则；企业回收物流的分类管理
企业废弃物物流管理	基本掌握	废弃物的含义与分类；废弃物物流的概念及运行流程、价值分析、处理方法及企业废弃物物流的合理化
企业回收与废弃物物流管理实践	了解	生产者责任延伸制，产品召回，再制造，绿色包装

【本章能力要求】

能力要点	掌握程度	应用能力
回收物流的应用价值	重点掌握	能够分析回收物流在微观层面和宏观层面的价值
企业废弃物物流价值分析	掌握	能够从环境效应、价值效应和公众效应三个层面来分析废弃物物流的价值效应
企业废弃物物流合理化原则	基本掌握	能够遵循企业废弃物物流合理化的原则来设计和评价废弃物物流
基于再制造的企业物流管理策略	掌握	具备运用再制造的理念来制定和分析企业物流管理策略
基于绿色包装的企业物流管理策略	掌握	具备运用绿色包装的理念来制定和分析企业物流管理策略

【本章知识架构】

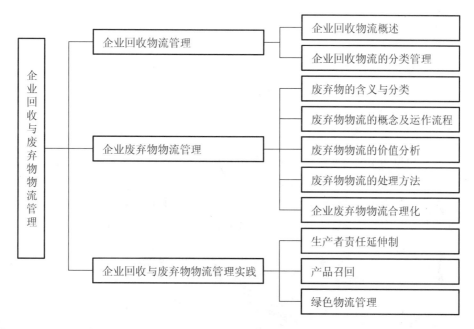

导入案例

沃尔沃：助力可持续发展，引领再制造潮流

凭借自身在再制造领域超过70年的技术积累，沃尔沃再制造中心自成立以来，成功推出了包括发动机、液压泵、喷油机、涡轮增压机、燃油喷射泵五个品类的再制造产品线，同时还建立了完善的旧件逆向物流回收体系，打造出完整的再制造服务链条。

旧件逆向物流回收体系为沃尔沃打造了一个供需平衡的闭环系统，通过与沃尔沃经销商的紧密合作，沃尔沃再制造中心建立了一套成熟的旧件回收、追踪、评估与管理系统，实现了完整的逆向物流流程和再制造产品追踪机制。沃尔沃再制造中心还制定了严格的旧件回收标准，建立了经销商旧件管理体系和旧件回收中心。这套成熟体系保障了沃尔沃再制造中心的生产效率和产品质量，降低了旧件回收成本，有效扩大了再制造产品的规模经济效应。

沃尔沃在产品设计时就已经考虑到了零部件的回收利用。例如，工程师在设计时会充分考虑部件的磨损量，而到了回收阶段，去掉了磨损量的零部件仍能保持在再制造要求的合理的技术标准范围内。这样再制造时就不需要在原始材料基础上增加或者减少材料，更加便于旧件进入再制造环节中。除此之外，沃尔沃再制造中心还能够根据每一台发动机的数据量身制作再制造方案，相当于为每台机器进行定制化服务。

再制造产品不仅要达到原产品的质量要求，还要进一步符合最新的同类产品技术指标，也就是部件升级。因此，对于不同的产品，要相应地进行分析，制定专属方案，这样用户的投入才能够获得最大的效用。相信随着再制造技术覆盖面的扩大和深入，更环保、更节能、更经济的工程产业将不再遥远。

资料来源：肖立业. 助力可持续发展，引领再制造潮流［J］. 工程机械与维修，2017(8)：17－18.

【拓展知识】

思考：
(1) 再制造与翻新有何不同？
(2) 逆向物流回收体系的构建应考虑哪些因素？
(3) 试从经济、社会、资源和环境四个角度来分析再制造产业能够带来哪些效益。

企业物流管理不仅包括正向的供应物流管理、生产物流管理和销售物流管理，还包括逆向的回收与废弃物物流管理。回收与废弃物物流是从供应链下游向上游的运动所引发的物流活动。回收物流主要从价值利用的角度进行研究，将有价值的部分加以分类、加工，使其成为有用的物资，重新进入生产循环领域。废弃物物流是在企业生产、流通和消费过程中不断产生的、基本或完全失去原有使用价值的最终排放物的处理过程中所发生的物流活动。因此，废弃物物流主要从环境保护和安全性的角度进行研究，须确保妥善处理，以免造成环境污染。

7.1 企业回收物流管理

7.1.1 企业回收物流概述

【拓展知识】

1. 企业回收物流的含义

企业回收物流（Returned Logistics）是指企业在供应、生产和销售活动中，不合格物品的返修、退货及周转使用的包装容器从需方返回到供方所引发的物流活动，如运输的周转箱、托盘和集装箱等，生产过程中产生的边角余料和废料，供应和销售运输过程中造成的产品破损，以及客户的产品退回等。这些物品的回收是需要伴随物流活动的，是将有价值的产品、物料等加以分拣和加工再制造及其信息处理的过程。

图 7.1 给出了产品循环链和传统供应链活动之间的关系示意，再循环的回收物流活动包括收集、分配、再使用、再制造、再循环、再分配等。如图 7.1 所示，新产品通过传统的供应链被送到市场。从回收物流的角度看，废品、残次品和过期产品的流动更为重要，因为这些流动形成了回收物流再循环的输入流。因此，回收物流中，物料从供应链的下游向上游运动，属于逆向物流（Reverse Logistics），其目的在于以最小的成本恢复产品最大的经济价值，使其再次成为有用的物质，同时满足技术、生态与法律的要求。

2. 企业回收物流的特点

企业回收物流的特点主要体现在以下几个方面。

(1) 逆向性

回收物流属于逆向物流，具有逆向物流的特点，即逆向性，是从需方流向供方。

(2) 分散性

由于回收物流的起点可能是消费领域的消费者或零售商，也可能是生产领域的制造商或分销领域的经销商。这些消费者或零售商及制造商或经销商在时间上和空间上不仅是多元的，还是分散分布的，这就导致了回收物流的分散性。

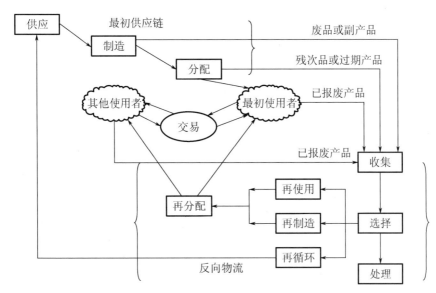

图 7.1 产品循环链和传统供应链活动之间的关系示意

（3）复杂性

第一，回收物品的多样性。回收的物品主要涉及产品、零部件及周转使用的包装容器等，这些物品的型号、新旧程度等不统一。第二，产生回收物流的时间、地点和数量是不确定的，回收物流的起点是分散的，物品无法集中一次转移，回收环节不确定性高。这两点导致回收物流在回收过程中的复杂程度大大提高。

（4）缓慢性

回收物流主体要从分散的需方回流到供方，需要经过收集、整理、加工和改制等复杂过程，这些都需要漫长的时间。

（5）费用高

正是回收物流起点的分散性、回收数量的不确定性、回收物品的复杂性、回收环节的缓慢性及对回收技术的高要求，导致回收物流的处理过程无法统一，难以形成规模效应，所以回收处理的费用相对比较高。

3. 企业回收物流的驱动因素

在生产、流通、销售过程和生活消费中，会产生大量的包装容器、边角余料、不合格品，以及召回、退回的产品。其中，部分物料通过收集、分类、加工、供应等环节转化成新的产品或原料，再重新投入生产、流通或消费中，这样就形成了回收物流。

回收物流的产生，主要有以下几个驱动因素：国际和法律的环境保护因素、顾客的退货行为、供应商的产品召回行为、日益缩短的产品生命周期、新的分销渠道、供应链中的力量转移，以及经济效益、生态效益和社会效益等。具体来看，回收物流产生的原因如下。

（1）在供应过程中产生回收物流，主要包括采购的原材料或零部件因为质量问题而导致的退货、产品召回和周转使用的包装容器返厂等。

（2）在生产制造过程中产生回收物流，主要包括生产过程中产生的原材料剩余、废料、边角余料或副产品与不合格产品等。

（3）在分销流通过程中产生回收物流，主要包括因为运输、装卸搬运和存储不当、产品质量问题或者产品过期而导致的客户退货及周转使用的包装容器返厂等。

（4）在最终用户消费过程中产生回收物流，主要指因产品生命周期终止或者产品原有价值全部或部分失去而进行的回收。产品生命周期的日益缩短导致因技术升级带来产品淘汰，新的分销渠道（如电视直销和网上购物）也增加了产品退回的可能性。

4. 企业回收物流的应用价值分析

企业实施回收物流，不仅有利于节约资源、保护环境，也是创造价值、提升企业形象、提高消费者满意度、增强企业竞争优势的重要方式之一。回收物流的具体应用价值体现在以下几个方面。

【拓展案例】

（1）降低生产成本，提升产品竞争力

产品和零部件具有再生资源回收的价值，经过拆卸、拼修、翻新、改制等回收物流活动，可以重新获得价值，直接进入产品生产过程或销售市场。这为企业节省大量的原材料采购成本，有利于企业产品竞争力的提升，可以取得较好的经济效益。

（2）有利于企业改善质量管理，根除产品质量隐患

企业维修退回、投诉退货及产品召回中暴露出的质量问题，将不断通过逆向物流信息系统传递到生产制造领域及管理层，这有利于提高信息透明度，促使产品设计者不断完善设计质量，企业管理者不断改进品质管理，根除产品质量隐患。

（3）提高客户满意度，增强企业的竞争优势

发展逆向物流有利于提高顾客对产品的满意度，赢得顾客信任，增加企业竞争优势。此外，对于供应链上的企业客户来说，上游企业采取宽松的退货策略，能减少下游客户的经营风险，改善供需关系，促进企业间战略合作，强化整个供应链的竞争优势。因此，回收物流可以提高客户对产品或服务的满意度，有利于培养客户忠诚度并促进企业间战略合作，增强整个供应链的战略竞争优势。

（4）提高环境业绩，提升企业形象

企业实施回收物流战略，一方面通过对用户废弃产品的回收，承担起企业的环保责任；另一方面通过回收资源，减少废弃物排放量，从而降低处理费用。因此，企业通过实施良好的回收物流战略，可减少产品对环境的污染和资源的消耗，可以提高环境业绩，塑造良好的企业形象。

（5）节约资源，促进社会经济的可持续发展

在资源日益枯竭的今天，人们越来越重视通过回收物流将可以利用的物资通过收集和加工，重新补充到生产和销售系统中循环利用。对废旧物资源开发利用，可以减少人类对原生资源的开发，减轻环境的负担和压力，降低原料成本，促进社会经济的可持续发展。

回收物流是物流领域的新视野，它强调通过资源缩减、翻新、改制和再生循环等方式，实现节约资源、保护环境和增加企业竞争力的目的，因而回收物流是企业管理战略的重要组成部分。企业要实现回收物流战略，必须从供应链的范围来构建回收物流系统，最大化地实现回收物流的经济价值。

5. 企业回收物流的设计原则

（1）减量化原则

减量化原则属于输入端方法，旨在减少进入生产和消费过程的物质数量，从源头节约资源的使用和减少污染物的排放。

（2）再利用原则

再利用原则属于过程性方法，旨在提高产品和服务的利用效率，要求产品和包装容器以初始形式多次使用，减少一次性用品的污染。

（3）再循环原则

再循环原则属于输出端方法，要求物品完成使用功能后重新变成再生资源。

7.1.2 企业回收物流的分类管理

依据不同的标准，回收物流存在不同的分类情况。依据企业回收物流形成的原因和途径及处理方式的不同，回收物流可分为投诉退货、终端使用退回、商业退回、维修退回、产品召回、生产报废与副品及包装七大类别。表 7.1 中列出了这七类典型的回收物流类别。回收物流普遍存在于企业的经营活动中，涉及的部门包含采购、配送、仓储、生产、营销及财务部门。

表 7.1 七类典型的回收物流类别

类　别	周期	驱动因素	处理方式	例　证
投诉退货：运输缺少、质量问题、重复运输等	短期	市场营销 客户满意服务	确认检测、退货补货	电子消费品如手机等
终端使用退回：经完全使用后需处理的产品	长期	经济 市场营销	再生产、再循环	电子设备的再生产，地毯循环，轮胎修复
		资产恢复	再生产、再循环、处理	电脑组件及打印机硒鼓
商业退回：未使用商品退回还款	短到中期	市场营销	再使用、再生产、再循环、处理	零售商积压库存，时装、化妆品
维修退回：缺陷损坏产品	中期	市场营销法规条例	维修处理	有缺陷的家用电器、零部件、手机
产品召回：缺陷产品	短期	市场营销法规条例	维修处理、退货	有缺陷的汽车、家用电器、手机、零部件
生产报废与副品：生产过程废品和副品	较短期	经济法规条例	再循环、再生产	药品行业、钢铁业
包装：包装材料和产品载体	短期	经济法规条例	再使用、再循环	托盘、周转箱、包装袋

根据回收物品的种类不同，回收物流分为以下三类。

1. *产品和零部件回收物流*

产品和零部件回收是指对回收的废旧产品和零部件经过分拣、测试后，把有价值的废旧产品和零部件进行拆解、修复或者加工后重新用于产品的生产装配中或者用于修理失效部件或弃之不用的回收过程。例如，飞机、汽车、家具、家电、复印机、手机等产品及其零部件都开始越来越多地进入回收物流的过程中。

产品和零部件的回收是在环境保护、经济利益和商业价值等因素的驱动下，将其中包含的实物价值和信息价值提炼出来，经过细分后传递给逆向供应链上的不同成员。产品和零部件回收物流产生的具体原因表现为以下几个方面。

（1）购买的产品功能和质量有缺陷，不能满足客户的需要。

（2）商品的功能、包装等已经过时，被新的品种所替代。

（3）销售商库存的季节性产品。

（4）销售商的某些产品库存过多。

（5）按规定停止销售的过期、失效产品。

（6）销售商退出或破产等。

（7）产品的召回。

【拓展期刊】

【拓展视频】

 小案例

法国乳业巨头召回婴幼儿奶粉

2017年12月，因怀疑部分产品感染沙门氏菌，法国乳业巨头拉克塔利斯公司宣布，暂停销售并在全球范围内召回由法国西北部克朗镇的一家子工厂生产的婴幼儿奶粉。拉克塔利斯公司宣布召回后，法国消费者保护机构也已下令要求其停止销售相关工厂生产的产品。但是，家乐福、欧尚等多家法国超市却表示，他们发现一些被召回的产品仍然在货架上有售。2018年1月11日，法国总统马克龙表示，拉克塔利斯公司的行为"不可接受"，要求所有相关方共同调查解决问题，并承诺政府将严惩涉事者。

产品和零部件的回收处理方式主要包括直接退回给制造商、重新出售或打折出售、卖给二级市场，以及修理、改造和处理等。具体的回收流程如图7.2所示。

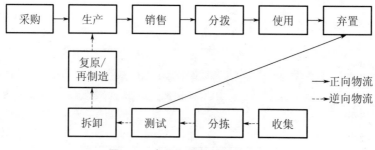

图7.2 产品和零部件回收流程

2. 产品和储运包装回收物流

(1) 产品和储运包装回收物流的含义及运作流程

产品和储运包装回收是指对使用过的产品和储运包装容器及包装材料,通过各种渠道和各种方法进行收集,经过修复、改制,然后由企业再次使用的过程。产品和储运包装的回收和利用不同于一般废旧物资的回收和利用。一般废旧物资的回收和利用是将废旧物资改作其他用途或通过回炉加工成原材料。而包装的回收和利用则是对原物再次使用,重新用来包裹产品并且还有可能连续回收,多次复用。产品和储运包装回收物流的运作流程如图7.3所示。

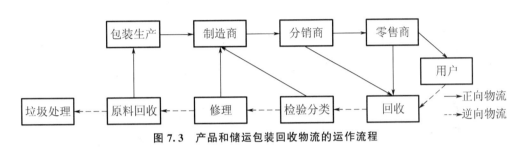

图 7.3 产品和储运包装回收物流的运作流程

(2) 产品和储运包装回收物流的意义

① 回收利用废旧包装,能解决企业的部分急需,并能降低生产成本。废旧包装经过加工整理,重新供企业使用,可以减少企业对包装材料的采购,而且回收利用废旧包装的周期比制造新包装的时间短,能够解决企业生产的急需。另外,企业回收包装还可以降低企业的生产成本。

② 回收利用废旧包装,可以保证产品和储运物流活动的顺利进行。包装具有保护功能,在物流过程中是不能缺少的。由于资源消耗或成本过高使产品包装不足或供应不及时,某种产品包装不足或过弱时,就会影响产品的物流活动。废旧包装物的回收利用,能及时解决产品的包装问题,保证产品物流活动的顺利进行。

③ 回收利用废旧包装,可以为国家节省资源。我国的资源有限,不可再生资源的使用更是紧张。包装材料对资源的消耗数量巨大,企业如能回收利用旧包装,能为国家节省大量的资源。以木质包装为例,我国的森林资源严重不足,各行业用量较大,对森林的乱砍滥伐已经造成严重的不良后果,不仅危及森林数量,还会造成生态失衡、水土流失、气候异常等。

④ 回收利用废旧包装,可以为国家节约能源。塑料属于节能型的包装材料,生产一个同样容量的饮料容器所消耗的电能为:铝为3千瓦时、玻璃为2.4千瓦时、铁为0.7千瓦时、纸板为0.18千瓦时,塑料为0.11千瓦时。在英国等西欧国家,1千克以上的玻璃瓶都已被塑料瓶罐代替。即便是这样,塑料等高分子材料的合成还要消耗大量的石油。因此,企业回收利用废旧包装物,能为国家节约大量的能源。

(3) 产品和储运包装回收物流方法

① 循环复用。一些包装初次使用后完整无缺或有破损但经简单整理,便可由原企业重

新复用。例如，托盘、集装箱、周转箱等储运包装器具及产品销售包装箱。

② 回收再生。一些破损严重的包装废弃物无法原物复用，将其作为再生原料，经过再次加工改制或回炉再生，制成新的包装。这是一种变废为宝、节约资源、保护环境的方式。

③ 生物降解。采用生物技术，将无法回收利用的包装废弃物进行生物降解。

④ 焚烧回收。焚烧包装废弃物产生的热能可用于供热和发电。焚烧节约的能源只是回收利用的二分之一。另外，将废弃物焚烧，产生废气，又对环境造成污染，所以，焚烧并不是理想的能源回收方法。

⑤ 填埋。将包装废弃物当作垃圾深埋于地下，等待自然界的分解、侵蚀。

 小案例

中国面临塑料垃圾新挑战：每天扔6 000万个外卖餐盒

在禁止超市提供免费塑料袋的举措实行十年后，中国正面临塑料垃圾的新一轮挑战。近年来，随着电商、快递、外卖等新业态的发展，塑料餐盒、塑料包装等的消耗量快速上升，造成新的资源环境压力。国家邮政局的报告显示，仅在2016年，中国就使用了140亿个塑料袋，32亿个编织袋，还有3.3亿卷胶带，这些最终通常都进了垃圾填埋场。报道称，城市居民越来越青睐送餐服务，每天下单2 000万份。这意味着每天扔掉大约6 000万个塑料餐盒，其中大多数是不可回收的。

国外包装废弃物治理范式

欧洲国家立法中很注意对某些物资回收利用率的控制，通过立法强制要求在一定期限内回收率达到指定的标准。以包装废弃物为例，法国关于工业及商业包装废弃物处理法中所制定的目标是所有包装废弃物必须回收75%，并要求填埋率不高于10%；荷兰提出废弃物循用率达到60%，焚化率达到40%；奥地利的法规要求对80%回收包装材料必须进行再循环；丹麦要求所有废弃物中50%必须进行再循环处理。被誉为欧洲典范的德国建立了包装废弃物双元回收体系（Duales System Deutschland, DSD），依靠政府立法确定回收率，生产企业为实现回收率，履行生产者责任向DSD系统缴纳绿点费，DSD系统负责统一回收再利用包装废弃物。

3. 企业再生资源回收物流

再生资源（Recycle Resources）是指社会生产和生活消费过程中产生的，已经失去原有全部或部分使用价值，经过回收、加工处理，能够使其重新获得使用价值的各种废弃物。再生资源包括废旧金属、报废电子产品、报废机电设备及其零部件、废造纸原料、废轻化原料、废玻璃等。再生资源具有一定的经济效益、社会效益和环境效益，因此有必要进行回收利用。再生资源回收与循环利用是指将在社会生产和消费过程中产生的，仍有一定价值的，可回收或直接、间接利用的各类废弃物进行回收、加工，重新创造价值从而再利用的过程。

 小知识

> 据测算，每回收 1 吨废纸，可造好纸 850 千克，节省木材 3 立方米，节省纯碱 300 千克，比等量生产减少污染 74%；每回收 1 吨饮料塑料瓶，可获 0.7 吨二级原料；用废钢铁作原材料炼钢可以比用铁矿石炼钢每吨节约 80% 的能源消耗，可以减少对大气污染 88%，可以减少对水污染 76%；用 1 000 千克废旧玻璃进行再生玻璃制作，可以制作出 900 千克的再生玻璃，同时可以节约纯碱 2 000 千克，石英砂 720 千克，长石 60 千克，煤炭 1 000 千克，节约用电 400 千瓦时，降低企业生产成本 20%，可以减少对大气污染 35%。

(1) 再生资源回收的意义

① 再生资源回收利用是治理污染、改善环境的必然要求。各类垃圾对土壤、地下水和大气造成现实和潜在的污染相当严重。因此，积极推进再生资源的回收利用是治理污染的重要措施。加大环境污染综合治理的力度，将为再生资源回收利用的发展创造有利的条件和良好的社会环境。

② 再生资源回收利用是实现资源永续利用的重要措施。积极推进再生资源利用，将大量社会生产和消费后废弃的资源回收利用，可以减少对原生资源的开采，提高资源综合利用水平；既节约了大量的资源，又推动了经济增长方式由粗放型向集约型转变。因此，大力提高再生资源回收利用水平，是促进资源永续利用的重要措施。

(2) 再生资源回收物流的特征

再生资源作为一种被废弃再次利用的特殊商品，它的回收比一般商品的流通更为复杂，有着自身的特点，综合起来主要有以下几点。

① 种类繁多。所有参与社会化大生产的企业都有可能产生再生资源，企业类型的不同产生的再生资源也不同，加上每个企业的每个工序和每个生产阶段不同产生的再生资源也不同，这就导致了再生资源品种繁多、处理工序复杂。由于再生资源产生的方式及回收渠道复杂，这就决定了其回收物流方式多样。

② 回收量大。可再生资源产生于日常消费领域、商品的流通领域和企业生产的各个领域，不仅总量巨大，而且各个种类的再生资源需要单独回收，处理的数量也大，这就决定了再生资源回收物流需要消耗很大的物化劳动和人类活劳动，需要一个很庞大的物流网络回收体系来支撑。

③ 多变性。由于消费者对再生资源回收政策的滥用和回收物流本身的分散性，再生资源回收物流企业无法很好地控制回收物品的回收空间和时间，这就导致了再生资源回收物流具有多变性的特点。

④ 回收企业运作粗放。企业回收的再生资源除了部分特别有价值外，很大一部分是低价值的，这就决定了回收企业采取粗放型的物流方式来处理再生资源，只有这样才能保证较低的回收物流成本。

⑤ 供应渠道相对分散，分销渠道比较集中。再生资源与一般的商品不同，它的流通渠道是一种"倒立金字塔"结构。生产再生资源的企业是海量的，但是流通单位相对较少，最终提供给少数的消费单位作为原料进行再生产加工利用。一般认为普通商品消费单位都是再生资源的生产单位，同时再生产资源的消费单位也是在普通商品生产单位之中的，两个过程的相互联系就形成了"循环经济"框架。但是生产单位多而消费再生资源的单位少，使再生资源供应渠道相对分散，而分销渠道较为集中，因此需要建立一个切实有效的再生资源回收物流系统。

（3）再生资源回收流程

再生资源回收物流企业根据再生资源回收情况，设置回收站点以收集或购买再生资源，经过中转储存后，将各个站点的再生资源集中分类，运送至再生资源回收中心，经过拆解分类、整理、打包等环节，由回收企业分拣并售出，进入深加工中心或回到产品零部件原厂进行深加工和再制造，具体流程如图7.4所示。

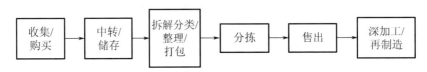

图 7.4 再生资源回收流程

 小案例

再生资源回收

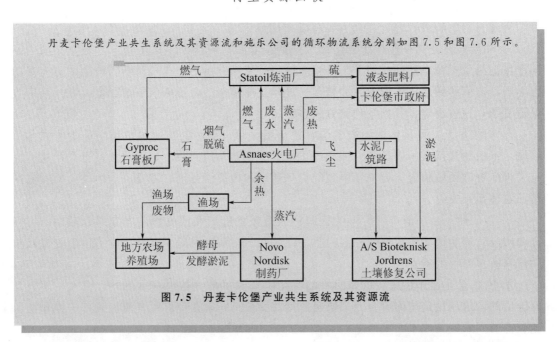

图 7.5 丹麦卡伦堡产业共生系统及其资源流

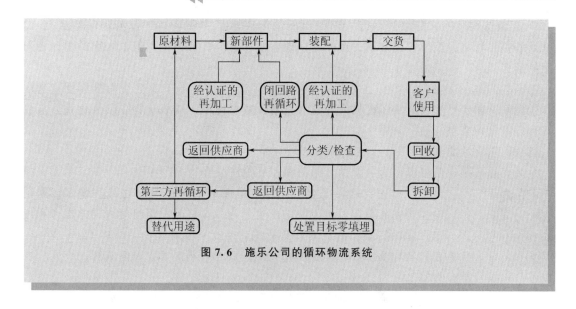

图 7.6 施乐公司的循环物流系统

7.2 企业废弃物物流管理

7.2.1 废弃物的含义与分类

1. 废弃物的含义

废弃物是指在生产建设、日常生活和其他社会活动中产生的,在一定时间和空间范围内基本或者完全失去使用价值,无法回收和利用的排放物。例如,生产过程的边角余料、废渣废水及未能形成合格产品而不具有使用价值的物质;在流通过程中产生的废弃包装材料;在消费后产生的废弃计算机、废弃电池及其他各种无机的家庭垃圾和办公室垃圾等。废弃物是无法再重新利用的最终排放物,这一概念并不是绝对的,只是在现有技术和经济水平下,暂时无法再利用。

在实际生产活动中,人们关注的是使用价值依然存在的这部分商品,即回收物流。由于社会进步及居民环保意识的增强,再生资源已逐渐地被回收,通过分类、加工、分解,进而重新进入生产和消费领域。而对于生产和生活中产生的已经丧失再利用价值的废弃物,如果不妥善加以处理而就地堆放,那么不仅会妨碍生产,还会造成环境污染。

2. 废弃物的分类

(1) 按照形态划分

废弃物按照形态可以分为固体废弃物、液体废弃物和气体废弃物。

① 固体废弃物是指人类在生产、消费、生活和其他活动中产生的固态、半固态废弃物质,通俗地说,就是固体垃圾。固体废弃物主要包括固体颗粒、垃圾、炉渣、污泥、废弃的制品、破损器皿、残次品、动物尸体、变质食品、人畜粪便等。有些国家把废酸、废碱、废油、废有机溶剂等高浓度的液体也归为固体废弃物。

② 液体废弃物又称废液,即人们通常所说的废水,主要包括工业废水和生活废水,其形态是各种成分液体的混合物。液体废弃物中含有大量有害物质,若汇入水源中,会对水体造成污染。

③ 气体废弃物俗称废气,主要是工业企业,尤其是化工类工业企业的排放物,其次是生活和交通中产生的废气。废气中的硫氧化物、氮氧化物、碳氧化物、碳氢化物、臭氧等都是大气污染物。

(2) 按照性质划分

废弃物按照性质可以分为危险性废弃物和非危险性废弃物。

【拓展案例】

随着工业的发展,工业生产过程排放的危险性废弃物日益增多。据估计,全世界每年危险性废弃物的产生量为 3.3 亿吨。这将对人类的生产和发展带来严重的污染和潜在的严重影响。《国家危险废物名录》(2016 修订)中的危险废物为 46 大类 479 种。名录自 2016 年 8 月 1 日起施行。

(3) 按照废弃物的来源划分

废弃物按照废弃物的来源可以分为生产性废弃物、流通性废弃物和消费性废弃物。

① 在生产环节产生的废弃物,称为生产性废弃物,如没有使用价值的边角余料。

② 在流通环节中产生的废弃物,称为流通性废弃物,如运输过程中汽车排放的废气。

③ 在消费环节中产生的废弃物,称为消费性废弃物,如废纸、塑料等包装废弃物。

7.2.2 废弃物物流的概念及运作流程

废弃物物流(Waste Material Logistics)是指将经济活动中失去原有使用价值的物品,根据实际需要进行收集、分类、加工、包装、搬运及存储等,并分送到专门处理场所时所形成的物品实体流动。在进行废弃物物流的管理过程中须对相关的物流影响因素,如物流技术、物流政策及物流环境等进行探索和考虑。废弃物物流虽然不能直接给企业带来经济效益,但其社会效益巨大。其目的是对废弃物进行处理,以防止污染环境、危害社会。

废弃物物流的运作流程包括废弃物产生的减量化,以及废弃物的收集、储存、运输、预处理和最终处置,如图 7.7 所示。

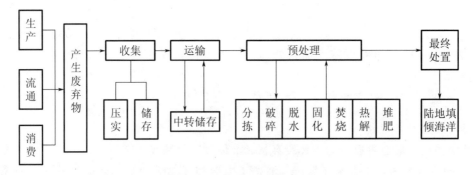

图 7.7 废弃物物流运作流程

小案例

德国基于封闭物质循环思想的废弃物管理体系

德国是世界上在环境保护领域处于领先地位的国家之一。在固体废弃物管理方面，德国坚持预防为主、产品责任者合作原则，着眼于避免不必要的废弃物的产生。在严格执法的基础上，鼓励来自工商企业界的自愿承诺，形成了一套完善的富有特色的基于封闭物质循环思想的废弃物管理体系。

1986年，德国从法律上确定了废弃物管理的优先顺序：避免、再循环、处置。这要求各部门在生产和消费中把避免废弃物产生放在首位。如果废弃物产生无法避免，则要考虑将其再循环。只有那些实在无法进行再循环的部分，才可以进行焚烧或填埋。1996年，新的《封闭物质循环与废弃物管理法》生效。这一法律的核心思想是促使生产者对其产品的整个生命周期进行负责，即"从摇篮到墓地"的管理。生产者的责任从产品的设计和生产开始，包括运输、销售、售后服务，直到产品的生命终结而进行的废弃物处理，必须贯彻始终。与此同时，消费者也有义务在产品使用的过程中避免废弃物的产生，并在产品报废后使其返回循环过程。只有确实无法进行再循环的方可采用目前最安全的方法来处置。

资料来源：何海军. 企业物流管理 [M]. 北京：北京理工大学出版社，2009.

7.2.3 废弃物物流的价值分析

1. 环境效应

大量生产、大量消费的结果必然导致大量废弃物的产生，废弃的汽车、手机、家电、电池及其他各种垃圾等废弃物对消费者已没有再利用的价值。不经过处理直接排放到自然界中的废弃物，会严重影响农业土壤、植被和饮用水源，这样不仅污染了环境，还存在隐患。现实中"先污染，后治理"的模式已经使人们生活的环境日益恶化。因此，必须在污染产生之前就预料到后果的严重性。

2. 价值效应

绝大部分自然资源都是不可再生的，人类如果无限制地消耗现有资源，必然导致生产成本越来越高，制约经济发展，并且影响人类社会的长久发展。正因为人们已经认识到自然资源的有限性及不可再生性，所以也就有了"循环经济"的提法，即"资源—产品—再生资源"。从资源稀缺性和可持续发展性来分析，人类必须考虑资源保护和对可再生性废弃物的回收再利用。据统计，世界钢产量的45%，铜产量的22%，锌产量的30%，纸张产量的33%，是通过废弃物回收取得的。

3. 公众效应

作为产品提供方的企业，其责任不仅是把产品送到客户手中，还应该在销售商品的同时，致力于改善消费者的生活环境。因此，环境业绩已成为评价企业运营绩效的重要指标之一。而进行产品废弃物回收,则是企业减少环境破坏,提升公众形象的重要方式。例如,耐克公司就鼓励其消费者通过其回收渠道把不能穿的鞋子送回公司,然后公司把这些鞋子碎化,制成篮球场。2015年8月,宜家宣布在中国推出免费上门回收旧床垫活动,这是宜家可持续发展计划的一部分。

7.2.4 废弃物物流的处理方法

1. 焚烧

一些有机物在垃圾中存放的时间过长会自动发生生物化学反应,这恰巧也是造成空气和环境污染的主要祸根。有机物的可燃性一般较高,因此,采取焚烧的方式是处理含有机物较高的废弃物的好方法,对生态环境能起到一定的保护作用。废弃物焚烧在国外获得广泛应用,在日本、荷兰、瑞士、丹麦、瑞典等国家已成为废弃物处理的主要手段。

2. 净化加工

净化加工主要体现在对废水、废物进行净化处理。在废弃物物流领域中,净化加工是一种具有特殊性的加工方式,其处理成本较高,但具有良好的社会效益。

3. 掩埋

废弃物掩埋主要是针对那些不会对地下水产生污染,同时又是以固体的形式存在的废旧产品。例如,在悉尼奥运会前夕,悉尼市政府为了改善环境,营造绿色奥运,将无法处理的矸石山用类似足球场的草皮包起来,饰以曲径、凉亭,变成休闲场地,一则可以减少扬尘淋水,二则将其保护起来留待后人开发。

4. 堆放

在远离城市地区的沟、坑、塘中,选择合适位置直接堆放废弃物,也是一种处理方式。一般来说,堆放的处理成本最低。

随着科技发展,垃圾处理设备不断改进,废弃物处理的现代化、科学化、系统化水平也逐渐提高。例如,现代机械用于垃圾分拣;生物工程用于填埋场建设;生物技术用于垃圾制肥,提高制肥效率和质量;现代化信息技术用于垃圾综合管理系统等。

7.2.5 企业废弃物物流合理化

企业废弃物的物流合理化必须从能源、资源及生态环境保护三个战略高度进行综合考虑,形成一个将废弃物的所有发生源包括在内的广泛的物流系统。企业废弃物的产生、处理系统如图7.8所示。这一物流系统实际包括三个方面:一是尽可能减少废弃物的排放量;二是对废弃物排放前进行预处理,以减少对环境的污染;三是对废弃物的最终排放处理。

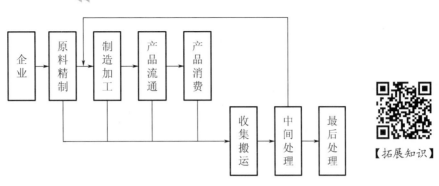

图 7.8　企业废弃物的产生、处理系统

　小知识

当前废弃物处理的国际潮流——综合性废物管理，就是动员全体民众参与 3R 行动，把垃圾的产量减下来，3R 的行动口号是：减少浪费（Reduce）、物尽其用（Reuse）、回收利用（Recycle）。因为经济全球化及社会资源趋于全球流动，需要全社会这样做，减少废弃物总量和城市处理垃圾的负担。

1. 生产过程中产生的废弃物的物流合理化

为了做到对企业废弃物的合理处理，实现废弃物物流合理化，在产品设计和生产过程中，企业要控制废弃物的排放，通常可以采取以下做法。

（1）建立一个对废弃物收集、处理的管理体系，要求企业对产生的废弃物进行系统管理，把废弃物的最终排放量控制到最小限度。

（2）在设计研制产品开发时，就要考虑到废弃物的收集及无害化处理的问题。

（3）加强每个生产工序变废为宝的开发，并鼓励员工群策群力。

（4）尽可能将企业产生的废弃物在厂内合理化处理。暂时做不到的要经过无害化处理后，再考虑向厂外排放。

　小思考

废弃物不仅威胁着城市，也在向农村蔓延。以甘肃省民勤县为例，一个原本生态环境就很薄弱的地方，近几年因为耕地大量使用地膜覆盖，形成的废旧塑料垃圾已开始严重影响农作物的产量，田间地头这种不可降解的塑料膜随处可见，这种白色污染，后果由谁来承担？如何减少这种白色污染？

2. 流通领域和消费领域产生的废弃物的物流合理化

为了建立一个良好的企业形象，加强对社会的保护意识，企业还应关注产品进入流通领域和消费领域产生的废弃物的物流合理化。

（1）遵守政府有关规章制度，鼓励企业和消费者支持产品废弃物的收集工作，如可以采取以旧换新的方法等。

(2) 要求消费者将产品包装废弃物纳入企业废弃物的回收系统，不再作为城市垃圾废弃，以减轻环境压力。例如，购买产品时对回收部分收取押金或送货上门时顺便带回废弃物。

(3) 教育企业员工增强环保意识，改变价值观念，注意本企业产品在流通和消费中产生的废弃物的流向，积极参与物流合理化的活动。

3. 企业排放废弃物的物流合理化

为了使企业最终排放废弃物的物流合理化，主要应做到以下几点。

(1) 建立一个能被居民和员工接受并符合当地商品流通环境的收集系统。

(2) 通过有效收集和搬运废弃物，努力做到节约运输量。

(3) 在焚烧废弃物的处理中，尽可能防止二次污染。

(4) 对于最终填埋的废弃物，要尽可能减少它的数量和体积，使之无害化，保护处理场地周围的环境。

(5) 在处理最终废弃物的过程中，尽可能采取变换处理，把不能回收的部分转换成其他用途。例如，用焚烧废弃物转化的热能来制取蒸汽、供暖、供热水等。

7.3 企业回收与废弃物物流管理实践

7.3.1 生产者责任延伸制

1. 生产者责任延伸制的内涵

生产者责任延伸制（Extended Producer Responsibility，EPR）是指将生产者对其产品承担的资源环境责任从生产环节延伸到产品设计、流通消费、回收利用、废物处置等全生命周期的制度。实施生产者责任延伸制，是加快生态文明建设和绿色循环低碳发展的内在要求。生产者责任延伸制不仅是企业社会责任的产物，还体现了循环经济落实于微观经济主体的必然，具有广阔的应用前景。

生产者责任延伸制的概念，最早是1988年由瑞典隆德大学（Lund University）的环境经济学家托马斯·林赫斯特（Thomas Lindhqvist）在给瑞典环境署提交的一份报告中提出的。林赫斯特教授将其定义为：通过将责任延伸到整个产品的生命周期，特别是对回收、再循环和最终处理承担责任，从而减少产品对环境影响的一项环境保护策略。生产者责任延伸制设计了生产者须承担的五种责任。

(1) 环境责任

生产者对已经证实的由产品导致的环境损害负责，其范围由法律规定，可以包括产品生命周期的各个阶段。

(2) 经济责任

生产者为其生产的产品的收集、循环利用或最终处理全部或部分付费。生产者可以通过某种特定费用的方式来承担经济责任。

(3) 物质责任

生产者必须实际地参与处理其产品或其产品造成的影响，包括发展必要的技术、建立并运转回收系统及处理他们的产品。

（4）所有权责任

在产品的整个生命周期中，生产者保留产品的所有权，该所有权牵连产品的环境问题。

（5）信息责任

生产者有责任提供有关产品及产品在其生命周期的不同阶段对环境的影响的相关信息。

经济合作与发展组织（Organization for Economic Cooperation and Development，OECD）非常重视生产者责任延伸制在各国的实施，其对生产者责任延伸制的定义是：产品生产者的责任（经济责任与实体责任）延伸至产品消费后阶段的一种环境政策。它包含两个相互联系的特征：废弃物回收、处理等责任由地方政府转移到生产者，鼓励生产者将环境因素纳入产品设计。它突出强调了生产者责任延伸制的两个核心特点：一是环境责任回归到生产者；二是对生产者的责任要求延伸到生产者的产品设计阶段。生产者责任延伸制旨在通过这两个上溯机制使外部化的环境成本以一种经济上有效的方式得以内部化，以微观层面的努力实现宏观环境问题的改善。

2. 生产者责任延伸下的废弃物物流体系

废弃物物流活动中的主要利益相关者包括生产者、分销商、第三方回收商、第三方处理商、消费者和政府。生产者是回收物流中物流责任的主要承担者，负责产品的回收与利用，有义务在其产品说明书或产品包装上说明商品的材质及回收途径等事项，分担废弃产品的回收处理费用。分销商则是生产者功能的延伸，承担回收废旧产品、收取费用、退还押金、选择并储存回收来的产品，并承担一定的信息告知义务。在中国，第三方回收商更多的是以小商贩为主，是现在废弃物回收的主体。而第三方处理商是目前整个回收体系中营利点所在。消费者是废弃物物流的发起点，消费者的责任首先是把废旧产品交给逆向回收点或指定地点，其次是分担废旧产品的回收处理费用。现有的第三方处理企业并不一定具备专业的处理知识，如广东省汕头市潮阳区贵屿镇的电子产品处理地，拆解依然是以家庭作坊为主，所采用的方式被称为"用19世纪工艺处理21世纪的垃圾"，除了对环境造成巨大污染，还对操作人员及周围居民的健康造成了极大危害。因此，废弃物处理方式的专业性需要产品生产者参与。

为了充分利用废弃物，生产者参与到废弃物回收也变成了社会共识，但是成本必然比较高，必须以法律的形式强制要求，因此，政府角色便是约束、监控实施各方的行为规范。

【拓展知识】

7.3.2 产品召回

产品召回是指按照规定程序和要求，对缺陷产品，由生产者通过警示、补充或者修正消费说明、撤回、退货、换货、修理、销毁等方式，有效预防、控制和消除缺陷产品可能导致损害的活动。由于缺陷产品往往具有批量性的特点，因此，当这些产品投放到市场后，如不加以干预，其潜在的危害是巨大的，有可能对消费者的生命、财产安全或环境造成损害。

一般来说，产品召回涉及的缺陷分为以下几类。第一，产品设计缺陷。在产品设计上具有危险性，而这种危险是不合理的，是产品存在危险的原因。第二，制造缺陷。在制造、装配过程中，产品不符合设计要求，未达到质量标准，造成产品存在不安全因素。第三，警示缺陷。产品缺乏在使用上或危险防止上必要的、适当的说明或警告而存在的危险。第四，发展风险。产品在制造或投入流通时，依据当时的科技水平不能发现产品存在不合理危险，而后被证明该产品存在危险的产品。

【拓展案例】

许多企业一味追求创新，争夺市场份额，在新产品的产品设计和生产工艺尚不成熟的情况下，就进行生产和销售，结果产品在日后的使用过程中产生诸多问题，企业不得不将它们召回重新处理。随着产品召回制度的形成，产品召回的数量将会越来越多，在这方面所形成的回收与废弃物物流也会越来越多。缺陷产品召回时逆向物流具有以下特点：突发性强、规律性差；处理难度大；召回的产品对象广、数量大、地域跨度广；召回物流成本高；对高水平信息管理依赖度高等特点。

7.3.3　绿色物流管理

1. 再制造

（1）再制造的含义

【拓展案例】　　【拓展案例】

再制造（Remanufacture）是指以产品全寿命周期理论为指导，以实现废旧产品性能提升为目标，以优质、高效、节能、节材、环保为准则，在性能失效分析、寿命评估等分析的基础上，进行再制造工程设计，以先进的技术和产业化生产为手段，进行修复和改造废旧产品的一系列技术措施或工程活动的总称。再制造是对废旧产品进行专业化修复的批量化生产过程，再制造产品能达到或超过新产品的质量和性能。

作为循环经济"再利用"的高级形式，再制造产业的发展打通了"资源—产品—报废—再制造产品"的循环型产业链条，构筑了节能、环保、可持续的工业绿色发展模式，为工业绿色化发展奠定了基础。发展再制造产业，一方面可缓解大量报废产品带来的环境负荷加重的诸多难题，促进废旧机电产品的反复循环利用，减少制造业的重复制造。另一方面，再制造与制造新产品相比，可节能60％、节材70％、节约成本50％以上，几乎不产生固体废物，大气污染物排放量降低80％以上。

在再制造产业发展过程中，高端化、智能化的生产实践不断涌现，激光熔覆、3D打印等技术在再制造领域应用广泛，如航空发动机领域已实现叶片规模化再制造，医疗影像设备关键件再制造技术取得积极进展。

（2）基于再制造的企业物流发展障碍和管理策略

作为制造业的自然延伸，再制造产业的发展潜力无疑是巨大的，但再制造产业的发展也面临着市场认可、技术、政策、逆向物流等一系列障碍和挑战，发展之路任重道远。例如，再制造企业普遍规模小，总体竞争力不强，产业生产未形成规模；旧件回收相关政策亟待修订；旧件逆向物流回收体系建设严重滞后，尚未形成与再制造能力匹配的旧件回收规模；关键生产装备还要依赖进口等。

按照分散回收、集中配送、利用规范的原则，积极推进逆向物流体系建设。可以借鉴国外市场和企业（如卡特彼勒）的经验，消除市场流通的障碍；同时要通过试点、联盟，探索符合中国国情的逆向物流体系,如 4S 店体系、以旧换新的定价机制等。在当前互联网等新一轮信息技术影响下,可以充分考虑利用互联网的作用,实施"互联网+"再制造行动计划,加快探索建立规范有序的逆向物流体系。

2. 绿色包装

(1) 绿色包装的含义

绿色包装(Green Package)又称环保包装、无公害包装,是指既可充分发挥各种包装功能,又有利于保护环境、减少废弃物、循环利用及再生利用或自行降解的包装。其目的就是最大限度地保护自然资源,形成最小数量的废弃物和最低限度的环境污染。绿色包装的内涵注定了其与其他包装具有不同的特性。

具体言之,绿色包装应具有以下的含义。

① 实行包装减量化。绿色包装在满足保护、方便、销售等功能的条件下,应是用量最少的适度包装。发达国家将包装减量化列为发展无害包装的首选措施。

② 包装应易于重复利用或易于回收再生。通过多次重复使用,或通过回收废弃物、生产再生制品、焚烧利用热能、堆肥化改善土壤等措施,达到再利用的目的,既不污染环境,又可充分利用资源。

③ 包装废弃物可以降解腐化。为了不形成永久的垃圾,不可回收利用的包装废弃物要能分解腐化,进而达到改善土壤的目的。世界各工业国家均重视发展利用生物或光降解的包装材料。减量化、重复利用、回收再生和降解腐化是现今世界公认的发展绿色包装的 3R 和 1D 原则。

④ 包装材料对人体和生物应无毒无害。包装材料中不应含有有毒物质或有毒物质的含量应控制在有关标准以下。

⑤ 在包装产品的整个生命周期中,均不应对环境产生污染或造成公害。即包装制品从原材料采集、材料加工、制造产品、产品使用、废弃物回收再生,直至最终处理的生命全过程均不应对人体及环境造成公害。

(2) 基于绿色包装的企业物流管理策略

① 强化绿色包装意识,树立绿色营销观念。包装文化是物流文化的重要组成部分,是将物流需要、加工制造、市场营销、产品设计要求及绿色包装结合在一起考虑的文化体现形式。建设绿色包装文化,必须强化员工的绿色包装意识,定期开展有关绿色包装方面的培训和讲座,在企业文化中加入绿色包装方面的内容,使更多的员工能够认同绿色包装。低消耗、可回收、再利用、再循环和可降解的绿色包装是目前国际包装的主流,企业应该高度重视绿色营销观念。

② 政府加强对绿色包装的法律调控。健全完备的法律制度能够保证绿色包装体系顺利运行,使绿色包装的生产、流通和使用有法可依,以法律形式促进和规范绿色包装发展。

③ 加强物流包装的标准化运作。物流包装的标准化有利于物流作业效率的提高和绿色包装的发展。从绿色包装的环境目的来看,物流包装标准化包括以下几个方面:a. 绿色包装材料标准及其性能标准的确定;b. 包装容器结构及基础尺寸规格的标准化,包装模数化;c. 包装物产生过程中的环境标准。

④ 加强对资金、技术和人才的投入。企业要创造条件,加强与国外相关企业的联系

与合作，结合我国的实际情况，积极引进国外成熟、先进的环保技术，缩短与国外企业间的技术差距，利用外资发展环保型企业。

绿色包装工程的技术创新研究主要包括对新的环保型包装材料的研究、现有包装材料有害成分的控制和替代技术的研究及自然界"贫乏材料"的替代技术研究、易于回收和易于直接多次重用的绿色包装方式和结构的研究等。

包装材料、设计和技术的创新要求我们必须加大人才培养力度，完善高校学历教育、职业培训、资格认证等多层次、多渠道的人才培养和认证体系，也需要政府相关部门给予资金支持，鼓励人才的培养。

【拓展案例】

包装与人类生活息息相关，但包装对环境的危害已经是不争的事实。现代物流强调企业管理的全局和长远利益，强调对环境保护的全方位关注，体现企业绿色形象。因此，企业应该大力发展绿色科学和绿色技术，强化绿色包装意识，加强绿色创新技术，重视包装人才培养。

小　　结

回收物流是物流领域的新视野，它不仅强调对废旧物资的回收利用，更强调通过资源缩减、翻新、改制和再生循环等方式，实现节约资源、保护环境和增强竞争力等目标，因而是企业管理战略的重要组成部分。回收物流是指企业在供应、生产和销售活动中，不合格物品的返修、退货及周转使用的包装容器从需方返回到供方所引发的物流活动。回收物流具有逆向性、分散性、复杂性、缓慢性和费用高等特点，回收物流的应用价值体现在降低生产成本、改善品质、增强企业在整个供应链中的竞争优势、促进经济的可持续发展等方面。企业回收物流可以分为产品和零部件回收物流、产品和储运包装回收物流及再生资源回收物流三个类别。

废弃物物流是指将经济活动中失去原有使用价值的物品，根据实际需要进行收集、分类、加工、包装、搬运、存储等，并分送到专门处理场所时所形成的物品实体流动。其目的是对废弃物进行处理，以防止污染环境、危害社会。废弃物物流具有环境效应、价值效应和公众效应，发展废弃物物流有利于保护自然环境，有利于资源循环利用，有利于提升企业形象，有利于促进供应链中企业的合作意识。废弃物物流常用的处理方法有焚烧、净化加工、掩埋和堆放。企业废弃物的产生和处理系统主要包括三个方面：一是尽可能减少废弃物的排放量；二是对废弃物排放前的预处理，以减少对环境的污染；三是废弃物的最终排放处理。

在企业回收与废弃物物流管理实践方面，本章主要介绍了生产者责任延伸制、产品召回、再制造和绿色包装。生产责任延伸制不仅是企业社会责任的产物，更体现了循环经济落实与微观经济主体的必然，具有广阔的应用前景。随着产品召回制度的形成，产品召回的数量将会越来越多，在这方面所形成的回收与废弃物物流也会越来越多。作为循环经济"再利用"的高级形式，再制造产业的发展打通了"资源—产品—报废—再制造产品"的循环型产业链条，构筑了节能、环保、可持续的绿色工业发展模式。绿色包装又称环保包装、无公害包装，是指既可充分发挥各种包装功能，又有利于保护环境、减少废弃物、循环利用及再生利用或自行降解的包装。其目的就是最大限度地保存自然资源，形成最小数量的废弃物和最低限度的环境污染。

 **关键词**

回收物流（Returned Logistics）　　废弃物物流（Waste Material Logistics）
生产者责任延伸制（Extended Producer Responsibility）　　产品召回（Product Recall）
再制造（Remanufacture）　　绿色包装（Green Package）

思考与练习

1. 选择题

（1）（　　）是指企业在供应、生产和销售活动中，不合格物品的返修、退货及周转使用的包装容器从需方返回到供方所引发的物流活动。

A. 企业物流　　B. 回收物流　　C. 废弃物物流　　D. 微观物流

（2）回收物流的特点体现在（　　）、（　　）、（　　）、缓慢性和费用高五个方面。

A. 逆向性　　B. 单一性　　C. 分散性　　D. 复杂性

（3）回收物流的驱动因素主要有（　　）。

A. 法律的环境保护因素　　　　　　B. 顾客的退货行为
C. 产品召回　　　　　　　　　　　D. 新的分销渠道

（4）企业回收物流的设计原则包括（　　）。

A. 减量化原则　　B. 再利用原则　　C. 再循环原则　　D. 再制造原则

（5）产品与储运包装回收物流的方法有（　　）。

A. 循环复用　　B. 回收再生　　C. 生物降解　　D. 焚烧回收
E. 直接掩埋

（6）可再生资源回收物流的特征包括（　　）。

A. 污染性强　　B. 种类繁多　　C. 回收量大　　D. 多变性

（7）（　　）是指将经济活动中失去原有使用价值的物品，根据实际需要进行收集、分类、加工、包装、搬运、存储等，并分送到专门处理场所时所形成的物品实体流动。

A. 废弃物物流　　B. 回收物流　　C. 逆向物流　　D. 再生物流

（8）废弃物物流的价值分析主要体现在（　　）上。

A. 环境效应　　B. 能源效应　　C. 资源效应　　D. 公众效应

（9）废弃物物流的处理方法有（　　）。

A. 净化加工　　B. 焚烧　　C. 生物降解　　D. 堆放
E. 掩埋

2. 判断题

（1）产品召回的原因或前提条件是所售出的产品被发现存在缺陷。（　　）

（2）由于消费者对可再生资源回收政策的滥用和回收物流本身的分散性，使可再生资源回收物流企业无法很好地控制回收物品的回收空间和时间，这就导致了可再生资源物流具有多变性的特点。（　　）

（3）产品包装的回收和利用等同于一般废旧物资的回收和利用。（　　）

（4）在生产销售过程和生活消费中，部分物料可通过收集、分类、加工、供应等环节转化成新的产品，重新投入生产或消费中，这样就形成了回收物流。（　　）

（5）绿色包装又称环保包装、无公害包装，是指既可充分发挥各种包装功能，又有利于保护环境、减少废弃物、循环利用及再生利用或自行降解的包装。（　　）

（6）生产者责任延伸制是指将生产者对其产品承担的资源环境责任从生产环节延伸到产品设计、流通消费、回收利用、废物处置等全生命周期的制度。（　　）

（7）再制造就是产品翻新。（　　）

（8）再制造是对废旧产品进行专业化修复的批量化生产过程，再制造产品能达到或超过原有新品的质量和性能。（　　）

3. 简答题

（1）企业回收物流的应用价值体现在哪些方面？

（2）简述产品和储运包装回收物流的意义。

（3）企业废弃物的产生和处理系统主要包括哪些内容？

（4）生产者责任延伸制下生产者须承担哪几种责任？

（5）简述生产者责任延伸制下的废弃物物流体系的作用。

（6）绿色包装的含义有哪些？

（7）基于绿色包装的物流企业管理策略包括哪些？

4. 思考题

（1）分析回收物流和废弃物物流之间的区别和联系。

（2）分析企业回收和废弃物物流未来的发展趋势。

5. 案例分析题

特斯拉如何布局电池回收

特斯拉汽车公司的首席技术官（Chief Technology Officer，CTO）斯特劳贝尔（JB Straubel）成立了一家名为 Redwood Materials 的公司，主营电池回收业务，定位于原材料的回收、再制造和二次利用。

1. 坚定支持原材料回收

电池回收的方式有以下几种。

第一种是二手电池的梯次利用，简单来说，就是对达到设计寿命，但还未报废的电池的二次利用，如将其应用在储能市场、轻型动力或低速车市场、备用电源市场等。

第二种是原材料回收，是对已经报废的动力电池进行拆解和回收。

第三种不能算是严格意义上的电池回收，如主机厂会将整车回收，把电池组拆下来测试性能，用于技术研发的优化。

斯特劳贝尔坚定地支持第二种方案。他在参加墨西哥的国家企业周活动中提到，在他们对电池生命周期的反复研究中发现，对电池的二次利用，既不具备经济效益，也没有很好的利用价值。

通常，电池的最低使用寿命是 10~15 年，在电池使用寿命结束后，这些电池上应用的技术已经非常陈旧，而电池的容量和效率都会下降，并且呈非线性下降趋势，想要实现更高的可靠性和可预测性将非常困难。另外,市场上会出现更高循环寿命的电池,新电池的价格在不断下降,对电池的二次利用节省不了多少成本。

斯特劳贝尔提出,特斯拉会在超级工厂中尽可能100%回收电池原材料。可以看出,特斯拉本身是有电池回收的规划,也有明确的业务方向,而超级工厂整合供应链的做法,也非常适合进行电池拆解,原料回收,到再次利用的过程。也就是说,行业内的电池回收主体还存在发展空间。

2. 电池回收行业还需成长

由于国内动力电池回收的市场还未进入高速增长期,回收企业规模普遍较小,也有部分没有回收资格的企业非法从事废旧电池回收。

2016年12月,环境保护部修订了《废电池污染防治技术政策》,提出"鼓励电池生产企业履行生产者延伸责任",明确了整车生产者需要承担回收的一部分责任。在电池回收时,由于物流成本制约,必须社会多方参与才能真正降低回收成本,因此,政策明确提出应社会多方参与回收共同承担责任,鼓励电池生产企业、废电池收集企业及利用企业等共同建设废电池收集系统。

但在现在技术规范尚未完善,回收体系还未建立的条件下,《废电池污染防治技术政策》相关的系列政策多为鼓励性政策,没有强制管理,企业也不具备足够的积极性,以动力电池生产企业或电动汽车企业为主体的回收体系还没有出现。

2016年11月,工业和信息化部发布了《工业和信息化部关于进一步做好新能源汽车推广应用安全监管工作的通知》,强调"自2017年1月1日起对新生产的全部新能源汽车安装车载终端,通过企业监测平台对整车及动力电池等关键系统运行安全状态进行监测和管理,按照国家标准《电动汽车远程服务与管理系统技术规范》(GB/T 32960—2016)要求,将公共服务领域车辆相关安全状态信息上传至地方监测平台。"

这条监管政策既可以查骗补,监测车辆电池安全状态,也跟电池回收息息相关。厂家记录了每节电池的编码和每节电池使用的充放电数据,甚至包括用户位置等隐私数据。厂家通过对这些数据的采集,可以预判故障,监控电池安全状态,在回收电池的时候了解每节电池的寿命和使用情况,从而更好地采用回收方案。

随着动力电池的技术进步,电池回收技术也需要更新。而且,动力电池型号多样,电池模组结构不一,组装工艺也是千差万别,电池拆解的技术和成本要求都不低。

电池回收需要明确的责任主体,传统的电池回收企业也需要成长。

由于各国的政策不同,电池回收存在物流成本,电池回收这件事一定是基于本土化的。在德国和日本,电池生产商都对电池回收承担主要责任。在美国,政府采用收取环境费的方式作为资金支持,回收企业可以将回收后的原材料卖给电池生产企业。

特斯拉是一家技术创新驱动型的公司,斯特劳贝尔从学生时代开始就挚爱电池,他多次在公开场合表示,他热爱电池胜过汽车。Redwood Materials成立的动机背后,不止环保或者商业前景这么简单,电池回收技术存在可变化的空间。在新能源汽车销量增长初期,高端玩家早一点进入电池回收领域,是一件好事情。

资料来源:[2020-01-06]. https://mp.weixin.qq.com/s/3ZOX286swLacPZjj8RFNYw.

分析:

(1) 根据案例,分析当前电池回收面临的机遇和挑战。

（2）与发达国家相比，我国电池回收体系存在哪些不足？如何建立完善的电池回收物流体系？

（3）在动力电池的技术进步下，电池回收技术需要哪些革新？

 应用训练

实训项目：企业回收与废弃物物流业务流程及改进措施。

实训目的：了解生产企业或商贸零售企业回收与废弃物的产生、收集、储存、运输和处理等流程，并探讨改进措施。

实训内容：到某一生产企业或商贸零售企业进行实地调查，了解该企业在运作过程中有哪些回收物流和废弃物物流，该企业是如何回收处理的？从物流合理化的角度分析有哪些改进措施？

实训要求：学生以小组为单位，每组3～5人，其中组长1人；以小组为单位将上述调研内容形成一份调研报告。

第8章　企业物流信息管理

【本章教学要点】

知识要点	掌握程度	相关知识
企业物流信息管理概述	掌握	狭义和广义两个方面理解企业物流信息的概念，企业物流信息的特征，企业物流信息管理的内容
企业物流信息技术	掌握	条码技术、射频识别技术、GIS、GPS、物流自动化、物流大数据、AR/VR、物流无人技术等技术的概念和应用
订单管理系统	重点掌握	概念，系统功能
仓储管理系统	重点掌握	概念，系统目标，系统特点，系统功能
运输管理系统	重点掌握	概念，系统目标，系统特点，系统功能
典型的企业物流信息系统	了解	生产和流通信息系统的流程和功能、联系和区别

【本章能力要求】

能力要点	掌握程度	应用能力
企业物流信息技术	掌握	掌握物流信息技术、地理分析和动态跟踪技术；了解智能物流技术，能够结合企业实际需求，为企业选择合适的物流信息技术
订单管理系统	重点掌握	熟悉订单管理信息系统的流程和功能，为有效实施订单管理信息系统提供支撑
仓储管理系统	重点掌握	熟悉仓储管理信息系统的流程和功能，为有效实施仓储管理信息系统提供支撑
运输管理系统	重点掌握	熟悉运输管理信息系统的流程和功能，为有效实施运输管理信息系统提供支撑

【本章知识架构】

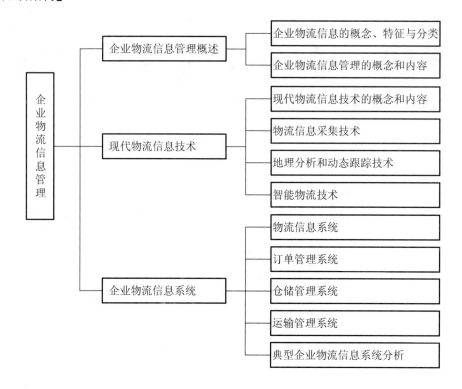

导入案例

沃尔玛成功的奥秘：物流信息技术

沃尔玛在美国本土已建立70个配送中心，整个公司销售商品85％由这些配送中心供应，而其竞争对手只有50％～65％的商品集中配送。沃尔玛完整的物流系统号称"第二方物流"，相对独立运作，不仅包括配送中心，还有更为复杂的资料输入采购系统、自动补货系统等。其配送中心的平均面积约10万平方米，相当于23个足球场，全部自动化作业，现场作业场面就像大型工厂一样壮观。配送中心的基本流程是：供应商将商品送到配送中心后，经过核对采购计划、进行商品检验等程序，分别送到货架的不同位置存放。提出要货计划后，计算机系统将所需商品的存放位置查出，并打印有商店代号的标签。整包装的商品直接由货架上送往传送带，零散的商品由工作台人员取出后也送到传送带上。一般情况下，商店要货的当天就可以将商品送出。

沃尔玛要求他所购买的商品必须带有商品通用条码。从工厂运货回来，卡车将停在配送中心收货处的数十个门口，把货箱放在高速运转的传送带上，在传送过程中经过一系列的激光扫描，读取货箱上的条形码信息。而门店需求的商品被传送到配送中心的另一端，那里有几十辆货车在等着送货。其十几千米长的传送带作业就这样完成了复杂的商品组合。其高效的计算机系统，使整个配送中心用人极少。数据的收集、存储和处理系统成为沃尔玛控制商品及其物流的强大武器。

为了满足美国国内3 400多个连锁店的配送需要，沃尔玛公司在国内共有近30 000个大型集装箱挂车，5 500辆大型货运卡车，24小时昼夜不停地工作。每年的运输总量达到77.5亿箱，总行程6.5亿千米。

合理调度如此规模的商品采购、库存、物流和销售管理，离不开高科技的手段。为此，沃尔玛公司建立了专门的计算机管理系统、卫星定位系统和电视调度系统，拥有世界一流的先进技术。

全球4 700多个店铺的销售、订货、库存情况可以随时调出查问。公司5 500辆运输卡车，全部装备了卫星定位系统，每辆车在什么位置，装载什么货物，目的地是什么地方，总部一目了然。可以合理安排运量和路程，最大限度发挥运输潜力，避免浪费，降低成本，提高效率。沃尔玛正是通过信息流对物流、资金流的整合、优化和及时处理，实现了有效的物流成本控制。

思考：
(1) 对物流信息的高效管理和物流信息技术的有效利用是如何提升沃尔玛的核心竞争力的？
(2) 企业加强物流信息管理的重要意义是什么？

8.1 企业物流信息管理概述

在经济全球化的大环境下，信息发挥着越来越重要的作用。物流过程中的各个环节都会产生大量的信息。物流信息是物流活动各个环节的桥梁、纽带和黏合剂，对整个物流起着支撑保障作用。及时准确地获取、存储、处理及传递物流各环节的信息，可以达到对物流活动科学的管理。

8.1.1 企业物流信息的概念、特征与分类

企业物流与信息之间有着密不可分的关系，物流凭借信息的作用才能由一般的活动变成系统化活动。如果物流运作过程中没有信息的参与，那么物流活动就变成一个单向的运营活动，只有在物流过程中有了反馈的物流有关信息，物流活动才能变成包含输入、转换、输出及信息反馈等功能在内的有反馈作用的现代物流系统。

1. 企业物流信息的概念

国家标准《物流术语》（GB/T 18354—2006）中，物流信息（Logistics Information）的定义是物流活动中各个环节生成的信息，一般随着从生产到消费的物流活动的产生而产生，与物流过程中的运输、储存、装卸、包装等各种职能有机结合在一起，是整个物流活动顺利进行所不可缺少的。从来源看，物流信息一部分来自物流活动本身，另一部分则来自商品交易活动和市场。因此，物流信息的内容可以从狭义和广义两个方面来考察。

从狭义范围来看，物流信息是指与物流活动（如运输、仓储、包装、装卸搬运、流通加工和配送等）有关的信息。在物流活动的管理与决策中，如运输工具的选择、运输路线的确定、仓库的有效利用、最佳库存数量的确定。

从广义范围来看，物流信息不仅包括与物流活动相关的信息，还包括大量与其他流通活动有关的信息，如商品交易信息、市场信息、政策信息等。广义的物流信息不仅对物流活动具有支持保证的功能，还能起到连接整合从生产商、批发商、零售商到消费者的整个供应链的作用。

2. 企业物流信息的特征

企业物流信息除具有信息的真实性、价值性、不对称性、滞后性、有效性、可传输性等一般特征外，还表现出以下特征，如图8.1所示。

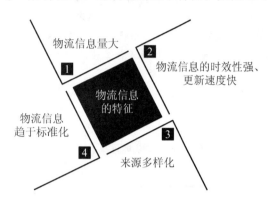

图8.1 企业物流信息的特征

（1）物流信息量大

物流连接了生产和消费，在整条供应链上产生的信息都属于物流信息的组成部分。这些信息从产生到加工、传播和应用，在时间和空间上存在不一致，这需要性能较高的信息处理机构与功能强大的信息采集、传输和存储能力。

（2）物流信息的时效性强、更新速度快

在现代物流活动中，物流信息是在物流活动中动态产生的。由于市场状况及用户需求的变化多样，物流信息瞬息万变，又因为信息的价值衰减速度快，这就对信息管理的及时性要求高。此外，现代物流企业为满足客户的个性化服务需求，多品种小批量生产、多额度小数量配送使各种作业活动频繁发生，从而要求物流信息不断更新，而且更新的速度越来越快。

（3）来源多样化

物流信息不仅包括企业内部的物流信息，还包括企业之间的物流信息和与物流活动有关的基础设施信息。企业竞争优势的获得需要供应链中各参与企业相互协调合作，协调合作的手段之一便是信息的即时交换和共享。物流活动还往往利用道路、港湾及机场等基础设施，为了高效地完成物流活动，必须掌握与基础设施有关的信息。由于物流信息种类多、来源广，所以采集、分类、筛选、统计等工作的难度较大。

（4）物流信息趋于标准化

随着信息处理手段的电子化，物流信息标准化越来越重要。物流信息标准化体系主要由基础标准、工作标准、管理标准、技术标准和单项标准组成。其中基础标准处于第一层，工作标准、管理标准和技术标准处于第二层，各单项标准处于第三层。

鉴于以上物流信息的特点，在组织物流活动中，应协调各个环节，及时收集、加工和传输有关信息，并通过信息的合理流动，把仓储、运输、加工、配送等物流业务有机联系在一起，才能使货畅其流，提高物流整体作业效率。

3. 企业物流信息的分类

企业物流信息可以按照不同的标准进行分类。

（1）按管理层次分类

按照管理层次，企业物流信息可分为战略管理信息、战术管理信息、知识管理信息、操作管理信息，如图8.2所示。

① 战略管理信息。战略管理信息是企业高层管理决策者指定企业年经营目标、企业战略决策所需要的信息，如国家有关政策、法规、经营者收入动向和市场动向、企业年度经营业绩报表等。

② 战术管理信息。战术管理信息是部门负责人做出关系局部和中期决策所涉及的信息，如销售计划完成情况、单位产品的制造成本、库存费用等信息。

③ 知识管理信息。知识管理信息是知识管理部门相关人员对企业自己的知识进行收集、分类存储和查询，并进行知识分析得到的信息，如专家决策知识、物流企业相关业务知识、工人的技术和经验形成的知识信息。

图 8.2 物流信息按管理层次进行分类

④ 操作管理信息。操作管理信息产生于操作管理层，反映和控制企业的日常生产和经营工作，如每天的产品质量指标，用户订货合同、供应商原材料信息。这类信息通常具有量大且发生频率高的特点。

（2）按照信息的功能和作用分类

按照信息的功能和作用，企业物流信息可分为计划信息、控制及作业信息、统计信息和支持信息。

① 计划信息。计划信息是指尚未实现的但已当作目标加以确认的信息，如仓储计划、物流量计划等。这类信息相对稳定，变动频率较小。

② 控制及作业信息。控制及作业信息是指物流活动过程中产生的信息，如库存量、运输工具状况等。这类信息动态性较强，更新速度快，是掌握物流现实活动状况不可缺少的信息。

③ 统计信息。统计信息是在物流活动结束后，对整个物流活动的一种总结性、归纳性的信息，如上一年度或月度发生的物流量、运输工具使用量等。这类信息是恒定不变的信息，有很强的资料性，具有很强的战略价值。

④ 支持信息。支持信息是指能对物流计划、业务、操作有影响，以及与其相关的文化、科技、产品、法律、教育、民俗等方面的信息，如物流人才需求、物流技术革新等。这类信息不仅对物流战略发展具有价值，也对控制、操作起到指导和启发作用。

4．企业物流信息的作用

物流信息在物流活动中具有十分重要的作用，通过物流信息的收集、传递、存储、处理、输出等成为决策依据，对整个物流活动起指挥、协调、支持和保障的作用，其主要作用表现在以下几个方面。

（1）物流信息有助于企业内部各业务活动之间的衔接

企业内采购、运输、库存及销售等各项活动互相作用，形成一个有机的整体系统，物流信息在其中充当桥梁和纽带。各项业务活动之间的衔接通过信息进行，基本资源的调度也通过信息的传递来实现。物流信息保证了整个系统的协调性和各项活动的顺利运转。

 小案例

我国运输中的空载现象

目前，全国范围内的运输协调、调度及综合控制能力大大滞后于公路与车辆的发展速度，与现有公路承载能力及实际拥有的运输能力形成了极大的反差。全国运营车辆的平均实载率只有56%，在公路上跑的车辆中，有44%处于空驶状态，由此造成的无效消耗每年高达108亿元。与此同时，一批拥有大量货物的货主，却因为找不到价格合理的车辆而焦急万分。改收养路费为征收燃油费，则更令商品供应商感觉到危机。来自这两个方面的弊端形成了一个怪圈，一方是急急火火的"货找车"，想多快好省地把货运出去；另一方又是真心实意的"车找货"，却常常在无奈中空车而回。

资料来源：王恒，杨巧丽，王俊红，等. 提高公路物流运输中空车利用率的研究[J]. 交通标准化，2007(2)：131-137.

（2）物流信息有助于物流活动各个环节之间的协调与控制

在整个物流活动过程中，每一个环节都会产生大量的物流信息，而物流系统则通过合理应用现代信息技术对这些信息进行挖掘和分析，得到每个环节下一步活动的指示性信息，进而对各个环节的活动进行协调和控制。畅通的信息通道是物流运行控制、服务质量控制、成本控制的基本前提。

（3）物流信息有助于提高物流企业科学管理和决策水平

物流管理需要大量、准确、实时的信息和用以协调物流系统运作的反馈信息，任何信息的遗漏和错误都将直接影响物流系统运转的效率和效果，进而影响企业的经济效益。物流管理通过加强供应链中各活动和实体间的信息交流与协调，使其中的物流和资金流保持畅通，实现供需平衡；并且运用科学的分析工具，对物流活动所产生的各类信息进行科学分析，从而获得更多富有价值的信息。这些信息在系统各节点间共享，有效地缩短了订货提前期，降低了库存水平，提高了搬运和运输效率，减少了递送时间，及时高效地响应顾客提出的各种问题，极大地提高了顾客满意度和企业形象，加强了物流系统的竞争力。

物流信息用于决策分析

沃尔玛通过全球全集团全方位全过程全天候的自动数据采集技术，改变传统的依靠假设和推断来确定订货的方式。他们从数据的不断积累过程中，对大量物流信息采用数据挖掘技术，以小时为单位动态地运行决策模型，导出数亿个品类的最佳订货量、最佳商品组合、分配、定价及商品最佳陈列等，大大提高了其物流决策能力，比其竞争对手管理费用低7%，物流费用低30%，存货期由6周降至6小时。

8.1.2 企业物流信息管理的概念和内容

1. 企业物流信息管理的概念

企业物流信息管理就是对物流信息资源进行统一规划和组织，并对物流信息的收集、加工存储、检索、传递和应用的全过程进行合理控制，从而使供应链上各环节相互协调一致，实现信息共享和互动，减少信息冗余和错误，辅助支持决策，改善客户关系，最终实现信息流、资金流、商流、物流的高度统一,达到提高物流供应链竞争力的目的。其实质是综合应用技术、经济和社会手段对物流活动的信息进行组织和控制,以提高物流信息利用的效率,最大限度实现物流信息的效用。

2. 企业物流信息管理的内容

具体来说,企业物流信息管理主要包括以下几个方面的内容。

(1) 物料信息管理

物料信息管理围绕物料转化过程来组织生产资源,实现按需准时生产。物料信息需求的内容主要包括物料需求时间、数量、规格,在制品数量、库存数量,订货时间、数量等。

通过对物料信息的有效管理可以辅助生产计划的制订、减少物料的浪费,降低库存并对市场需求做出较快的反应。

(2) 采购信息管理

在物流供应链中,采购业务具体包括采购计划、采购订单管理、采购收货等。采购信息包括采购物料的名称、数量、需要时间、技术规格信息、供应商信息、市场及价格信息等。

(3) 库存信息管理

库存管理业务以物的管理为基础,重点管理实际物品的入库、出库、库存及所产生的信息。库存物品的基本信息有存放地点、物品名称、结构、质量、形状、包装类别、数量、储存要求、入库时间、适用装卸方式等;其他信息还包括物品需求信息、供应商信息。

库存信息管理需要完成具体的信息分析,如入出库频率、物品需求预测、库存安全、订货周期、订货批量、占用资金、主被动的各种形态的储备、超储、积压等方面的分析,以使储存进一步合理化。

(4) 运输信息管理

运输信息包括发货时间、发货地点、运输距离、到货时间、到货地点、运输方式、运输工具、运输费用、运输人员、接受方、运输损耗等。运输信息管理在充分分析运输距离、运输环节、运输工具、运输时间、运输费用的基础上,制定出合理的实施方案,以减少或避免空驶、对流运输、迂回运输、重复运输、倒流运输、过远运输,以及运力选择不当、运输方式选择不当等。

8.2 现代物流信息技术

8.2.1 物流信息技术的概念和内容

1. 物流信息技术的概念

物流信息技术(Logistics Information Technology)是指运用于物流作业各环节中的现代信息技术的总称,是物流现代化的重要标志。

物流信息技术通过切入物流企业的业务流程,并提供迅速、及时、准确、全面的物流信息,来实现对物流企业的各生产要素进行合理组合与高效利用,降低经营成本,直接产生明显的经济效益。

2. 物流信息技术的内容

物流信息技术主要包括基础信息技术、信息采集技术、地理分析和动态跟踪技术及智能物流技术等。物流信息技术的内容如表8.1所示。

表8.1 物流信息技术的内容

名 称	项 目
基础信息技术	计算机技术、网络技术和数据库技术
信息采集技术	条码技术和射频识别技术
地理分析和动态跟踪技术	地理信息系统、全球卫星定位系统
智能物流技术	物流自动化技术、物流大数据技术、虚拟现实技术、增强现实技术、物流无人技术

8.2.2 物流信息采集技术

信息采集技术是指收集原始数据并输入信息系统的,其核心技术是自动识别技术。自动识别技术是信息数据自动识读、自动输入计算机的重要方法和手段,是以计算机技术和通信技术的发展为基础的综合性科学技术,目的是能够快速、准确地将现场庞大的数据有效地录入计算机系统的数据库中,从而加快物流、资金流、信息流的速度,显著提高商家的经济效益和客户服务水平。

1. 条码技术

条码技术是一种接触式自动识别技术,解决了数据录入和数据采集的瓶颈问题。在物流过程中,条码装载着物流信息,并附着在物流单元上,保证标识信息与实物同步。

(1) 条码技术的概念

条码是一种信息代码,由一组宽度不同、反射率不同的条和空按规定的编码规则组合起来,用以表示一定的字符、数字及符号组成的信息,它是一种用光电扫描阅读设备识读并将数据输入计算机的特殊代码。

(2) 条码的分类

按照维数的不同,条码可以分为一维条码(图8.3)和二维码(图8.4)。

一维条码只在一个方向(一般是水平方向)表达信息,而在垂直方向不表达任何信息,其一定的高度通常是为了便于阅读器对准。条码信息通过条和空的不同宽度与位置来传递,信息量的大小由条码的宽度和印刷精度来决定。

"条"指对光线反射率较低的部分,"空"指对光线反射率较高的部分,这些条和空组成的数据表达一定的信息,并能够用特定的设备识别,转换成与计算机兼容的二进制或十进制信息。

在水平和垂直方向的二维空间存储信息的条码,称为二维码。二维码可以直接显示英文、中文、数字、符号、图形;可在有限面积上表示大量信息,储存数据容量大,数据可加密，保密性能高，可用扫描仪直接读取内容，不需要另接数据库，因而二维码可以对物品进行精确描述。

图8.3　一维条码示意图

图8.4　二维码示意图

二维码作为一种信息容量大、可标识文字和网址等多种信息、成本低廉的自动识别技术，目前已经在我国众多行业取得规模化应用。近年来，随着智能手机技术的发展与普及，通过手机等移动智能设备，获得二维码承载相关信息与服务的应用已经走入千家万户。

条码自动识别技术由于其输入简便、迅速、准确、成本低、可靠性高等显著优点，被充分应用于物品装卸、分类、拣货、库存等各物流环节，使物流作业程序简单而且准确。条码技术在现代物流中的典型应用如表8.2所示。

表8.2　条码技术在现代物流中的典型应用

典型应用领域	具　体　应　用
物料管理	将原材料、半成品及成品进行编码，打印条码标签并粘贴，便于物料跟踪管理，进而建立完整的产品档案；通过产品条码在生产线上的信息采集点控制生产信息、采集质检数据，判定产品是否合格
仓储管理与物流跟踪	在库存物资上（尤其是规格包装、集装、托盘货物上），应用条码技术入库时自动扫描并输入计算机，由计算机处理后形成库存的信息，并输出入库区位、货架、货位的指令可以快速、准确地记录每一件物资，采集到的各种数据可实时地由计算机系统进行处理，使各种统计数据能够准确、及时地反映物资的状态
分货拣选系统	在配送方式和仓库出货时，采用分货、拣选方式。需要快速处理大量的货物时，由于在每件物品外包装上都印（贴）有条码，利用条码技术便可自动进行分拣选，并实现有关的管理
销售信息系统	在商品上贴上条码就能快速、准确地利用计算机进行销售和配送管理，其过程为：对销售商品进行结算时，通过光电扫描读取并将信息输入计算机，然后输入收款机，收款后开出收据，同时，通过计算机处理掌握进、销、存的数据
售后服务	根据产品条形码建立产品档案，记录产品信息、重要零部件信息；通过产品条码建立售后维修档案，记录维修过程

2. 射频识别技术

射频识别技术是一种非接触式的自动识别技术，它的基本原理是电磁理论，利用无线电波对记录媒体进行读写。射频系统的优点是不局限于视线，识别距离比光学系统远，射频识别卡具有读写能力、可携带大量数据、难以伪造且具备一定的智能性。识别工作不需要人工干预，可工作于各种恶劣环境。

射频识别系统通常由应用系统、阅读器、电子标签组成，如图 8.5 所示。

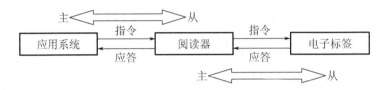

图 8.5　射频识别系统的组成

（1）应用系统

应用系统是针对不同行业的特定需求而开发的应用软件系统，可以有效地控制阅读器对标签信息的读写，并且对收到的目标信息进行集中的统计与处理。

应用系统可以集成到现有的电子商务和电子政务平台中，通过与 ERP、CRM 和 SCM 等系统集成，提高工作效率。

（2）阅读器

阅读器通过天线和标签进行无线通信，可以实现对标签识别和内存数据的读入或写入操作。阅读器根据支持的标签类型与完成的功能不同，具有不同的复杂性，但一般都由天线、射频模块和读写模块组成。

（3）电子标签

电子标签一般保存有约定格式的电子数据，有耦合元件及芯片组成，内置射频天线，用于与阅读器进行通信。电子标签携带电子产品编码（Electronic Product Code，EPC），电子产品编码记录每个物品的全球唯一标识。图 8.6 所示为射频识别标签示意图。

图 8.6　射频识别标签示意图

射频识别技术应用广泛，在现代物流中的典型应用如表 8.3 所示。

表 8.3　射频识别技术在现代物流中的典型应用

典型应用领域	具体应用
仓储、配送等物流环节	主要应用在入库和检验、整理和补货、出库，能节省人力、简化程序并减少差错
生产线产品加工过程自动控制	主要应用在大型工厂的自动化流水作业线上，实现自动控制、监视，提高生产效率，节约成本
货物的跟踪、管理及监控	射频识别技术为货物的跟踪、管理及监控提供了快捷、准确、自动化的手段；以射频识别技术为核心的集装箱自动识别技术，已成为全球最大的货物跟踪管理应用
高速公路收费及智能交通系统	高速公路自动收费系统是射频识别技术最成功的应用之一，充分体现了非接触识别的优势；在车辆高速通过收费站的同时完成缴费，解决了交通的瓶颈问题，提高了车行速度和收费结算效率

 小案例

【拓展视频】

铁路车号自动识别系统

据了解，国内最早也是最成功应用射频识别技术的案例之一是铁路车号自动识别系统。铁道车号自动识别系统的目标是：在所有机车和货车上安装电子标签，即射频识别标签；在所有区段站、编组站、大型货运站和分界站安装地面识别设备；对运行的列车及车辆信息进行准确的识别；经计算机处理后为铁路管理信息系统等系统提供实时追踪管理列车、车辆、集装箱所需的准确的、实时的基础信息；为分界站货车的精确统计提供保证；为红外轴温探测系统提供车次、车号的准确信息；实现部、局、车站各级车的实时管理，车流的精确统计和实时调整等；建立一个铁路列车车次，机车和货车号码、标识、属性和位置等信息的计算机自动报告采集系统。

铁路车号自动识别系统由四大部分构成。①货车/机车射频识别标签，安装在机车、货车底部的中梁上，由微带天线、虚拟电源、反射调制器、编码器、微处理器和存储器组成。每个标签相当于每辆车的"身份证"。②地面识别系统，由安装在轨道间的地面天线、车轮传感器及安装在探测机房的 RF 微波射频装置、读出计算机（工控机）等组成，对运行的列车及车辆进行准确的识别。③后台的集中管理系统。车站主机房配置专门的计算机，把工控机传送来的信息通过集中管理系统进行处理、存储和转发。④铁道部中央数据库管理系统，这是全路标签编程站的总指挥部。把标签编程站申请的每批车号与中央车号数据库进行核对，对重车号重新分配新车号，再向标签编程站返回批复的车号信息，即集中统一地处理、分配和批复车号信息，就像人脑的中枢神经系统。

这些组成部分中，将标签顺利识别并将数据传到后台是关键。在采用射频识别技术以后，铁路车辆管理系统实现了统计的实时化、自动化，降低了管理成本。据铁路有关部门的统计，使用射频识别技术后，货运物流每年的直接经济效益达到 3 亿多元。

资料来源：[2020-01-06]. http://www.afzhan.com/Tech_news/Detail/20040.html.

8.2.3 地理分析和动态跟踪技术

随着互联网的发展和通信技术的进步，跨平台、组件化的地理信息系统（Geographic Information System，GIS）和全球定位系统（Global Positioning System，GPS）技术的逐步成熟，基于地理信息系统/全球定位系统的应用将构造具有竞争力的透明物流企业。基于互联网的地理信息系统/全球定位系统技术，在现代物流及供应链管理领域有着广阔的应用前景，对于物流企业优化资源配置、提高市场竞争力，将起到积极的促进作用。

1. 地理信息系统

（1）地理信息系统的概念

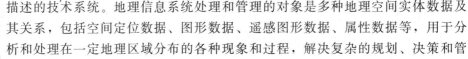
【拓展视频】

地理信息系统是在计算机硬件和软件系统支持下，对整个或部分地球表层（包括大气层）空间中有关地理分布的数据进行采集、储存、管理、运算、分析、显示和描述的技术系统。地理信息系统处理和管理的对象是多种地理空间实体数据及其关系，包括空间定位数据、图形数据、遥感图形数据、属性数据等，用于分析和处理在一定地理区域分布的各种现象和过程，解决复杂的规划、决策和管理问题。

地理信息系统是多种学科交叉的产物，它以地理空间数据为基础，采用地理模型分析方法，适时地提供多种空间的和动态的地理信息，是一种为地理研究和地理决策服务的计算机技术系统。其基本功能是将表格型数据（无论它来自数据库、电子表格文件还是直接在程序中输入）转换为地理图形显示，然后浏览、操作和分析显示结果。显示范围可以从洲际地图到非常详细的街区地图，显示对象包括人口、销售情况、运输线路和其他内容。

（2）地理信息系统的功能

① 地理数据采集、检测与输入。地理信息系统的核心是一个地理数据库，为此必须将地面上实体图形数据及其属性数据输入数据库。

② 空间信息查询和分析。空间信息的查询和分析是地理信息系统的基本功能，地理信息系统不仅能够提供静态的地理位置、属性特征查询和检索，还可以进行动态的分析，如空间信息查询和分析、地形分析、网络分析、叠置分析等。

③ 数据处理。地理信息系统通过对跨地域数据进行处理、分析，揭示其中隐含的模式，发现其内在的规律和发展趋势，以电子地图的形式直观地显示出来。地理信息系统把空间和信息结合起来，实现了数据的可视化。

④ 数据存储与组织。设计空间数据和属性数据的组织是建立地理信息系统数据库的关键步骤。空间数据结构的选择一定程度上决定了系统所能执行的数据与分析能力。栅格模型、矢量模型或两者的混合模型是常用的空间数据组织方法。

⑤ 图形与交互显示输出。地理信息系统为用户提供了许多用于地理数据表现的工具和交互式的制图环境，其形式既可以是计算机屏幕显示，也可以是报告、表格、地图等，尤其要强调的是地理信息系统的地图输出功能。

2. 全球定位系统

（1）全球定位系统的概念

全球定位系统是美国国防部开发的一个基于卫星的无线导航系统，利用分布在高度为

20 200 千米的 6 个轨道上的 24 颗卫星发射的卫星信号测定地面运动载体的三维位置和三维速度。

由于全球定位系统能对静态对象和动态对象进行动态空间消息的获取，且快速、精度均匀、不受天气和时间的限制反馈空间消息，因此全球定位系统广泛用于船舶和飞机导航、对地面固定目标和移动目标的精度定时和精确定位、地面及空中交通管制、空间与地面灾害监测、地质测绘等。在物流领域，全球定位系统技术可以应用于汽车自动定位和跟踪调度、船队的最佳航程和安全航线的测定、铁路运输管理、空中和机场交通管理及军事物资调拨等。

（2）全球定位系统的功能

目前，国内全球定位系统应用发展势头迅猛。交通运输业已经充分认识到全体定位系统在信息化管理方面的优势，并且已经开始逐渐发挥其作用，主要体现在以下几个方面。

① 导航功能定位。导航功能也就是电子地图，这个功能是全球定位系统最正统也是最基本的功能。车主只要输入起点和终点，该系统便可立即将两地之间的最佳路径指给车主。目前，市场上已经存在很多不同种类的全球定位系统导航产品，可以为车主提供便利的导航功能，这大大方便了出行。这一功能的发挥需要与地理信息系统技术相结合使用。

② 实时跟踪功能。监控中心能设定跟踪网内的任何车辆，时间可以是几秒（可精确到秒级）或者几分钟、几小时监控一次，监控时间和次数都由中心设定。被监控的车辆能直观地显示在中心电子地图上，全球定位系统能详细地记载车辆行驶路线，以便管理人员随时回顾查询。

③ 防盗报警功能。当车主离开车辆，车辆处于设防状态时，如果有人非法开启车门或发动车辆，车辆会自动报警，此时车主手机、车辆监控中心同时会收到报警电话，监控中心的值班人员会立即报警，且车辆自动启动断油、断电程序。

④ 反劫功能。车主将车辆，尤其是出租车开到郊外，如果遇到几个劫匪，将不再是孤军奋战，因为有强大的全球定位系统的支持。车主只要按下报警开关，车辆就会自动向监控中心发出报警信号，监控中心便立即启动自动实现系统，立即将车辆的位置信息反馈给公安机关，以便对车主进行及时营救。

 小案例

有趣的物流——京东商城的地理信息系统物流系统

在如今电商的竞争中，用户体验逐渐成为人们关注的焦点，配送的速度是用户体验的关键点之一。

国内大型 B2C（Business to Customer，商对客）电子商务网站京东商城上线了一个新的服务，名为"订单轨迹"。顾客可以通过这项服务在购物之后追踪到购得物品的准确位置，什么时间发货，距离顾客有多远，什么时间可以抵达，都可以通过这一系统来进行追踪。

通过单击"订单详情"链接，在"订单轨迹"一栏就可以看到和平时看到的 Google 电子地图无异的地图界面，但是上面会多出来一条轨迹，而这条轨迹就记录了所购买的物品从库房一直到派送员手中的过程。有了定位的数据，客户不用再模糊地猜测送货员现在到哪里了。原来物流也可以如此有趣，而这一切，都是源于京东商城新开发的地理信息系统。

通过地理信息系统，物流管理者在后台可以实时看到物流运行情况，同时，车辆的位置信息、车辆的停留时间、包裹的分拨时间、配送员与客户的交接时间等都会形成原始的数据。这些数据经过分析之后，可以为管理者提供更多、更有价值的参考。

在仓库生产的子订单包装好后放在待发货区，在北京、上海、广州是由京东商城自己的配送队伍在配送，在一些其他城市，京东商城给每个快递公司的货都分区域摆放好。每个区都有联网的计算机，快递公司把货拿走的同时，会进行计算机扫描，此时，用户子页面上看到订单信息会变成"已经发货"。用户在自己的页面上可以观察到这个订单每个时间点分别到达什么位置、什么时间到达配送站点、什么时间分配给配送员等。

资料来源：姜蓉．京东商城：看得见的包裹［N］．中国经营报，2011-08-10（7）．

8.2.4 智能物流技术

1. 物流自动化技术

物流自动化是充分利用各种机械和运输设备、计算机系统和综合作业协调等技术手段，通过对物流系统的整体规划及技术应用，使物流的相关作业和内容省力化、效率化、合理化，快速、准确、可靠地完成物流的过程。

（1）自动化立体仓库技术

① 概念。

自动化立体仓库系统（Automated Storage and Retrieval System，AS/RS）是在不直接进行人工处理的情况下能自动存储和取出物料的系统。自动化立体仓库是由电子计算机进行管理和控制，不需人工搬运作业而实现收发作业的仓库，如图8.7所示。

图8.7 自动化立体仓库

② 组成。

自动化立体仓库系统由货物储存系统、货物存取系统、货物输送系统、控制和管理系统等组成，如表8.4所示。

表8.4 自动化立体仓库系统的组成

自动化立体仓库系统的组成	具体设施设备
货物储存系统	自动化仓库的基础，主要由立体货架的货格（托盘或者货箱）组成
货物存取系统	存取装置主要有吊车、叉车和堆垛机等
货物输送系统	主要有传送带、各种流动小车及自动导引小车等，短距离的传送还可以用机器人
控制和管理系统	由中央控制计算机和直接控制堆垛机、出入库输送机等现场设备的可编程序控制器组成控制和管理系统

③ 特点。

与普通仓库相比，自动化立体仓库具有空间利用率高、劳动生产率高、作业准确率高的明显优势，应用该技术可以提高出入库效率、降低物流成本、提高仓库管理水平。

a. 空间利用率高。自动化立体仓库采用高层货架存储货物，存储区大幅度向高空发展，充分利用仓库地面和空间，节省了库存占地面积，提高了空间利用率。

b. 劳动生产率高。自动化立体仓库采用机械和自动化设备，加快了作业处理速度，可以降低操作人员的劳动强度，提高劳动生产率。

c. 作业准确率高。自动化立体仓库通过使用计算机控制系统，对各种信息进行存储和管理，减少了货物处理和信息处理过程中的差错，提高了仓库的管理水平。

小案例

立体仓库在北京奔驰发动机厂的应用

北京奔驰汽车有限公司（简称北京奔驰）成立于2005年8月8日。作为全球面积最大、综合性最强的梅赛德斯-奔驰乘用车生产制造基地，北京奔驰为了保证生产的顺畅、稳定和高效，也在一直努力打造高水平的供应链管理和物流运营体系。其中，立体仓库在北京奔驰发动机厂的应用尤其具有代表性。

2013年启用的北京奔驰发动机厂，是戴姆勒在德国以外的第一家发动机厂。北京奔驰发动机厂坐落在北京市的六环外，与六环内的整车厂遥遥相望，设计产能为50万台/年。发动机厂立体库共分两期建成，由西门子工厂自动化工程有限公司承建。货架部分，长约50米，宽约36米，高约10米，占地面积约1 800平方米。库位方面，长52排，高7层，10条巷道（即20排料架），除去厂房立柱所减少的库位，共计6 888个库位。库区的发动机存储，由10台巷道堆垛机完成。发动机自动化立体仓库以完备的功能及高速的运转，保证了整车生产的排序与节拍。

(2) 自动分拣系统

① 概念。

自动分拣系统（Automated Sorting System）是配送中心依据客户的订单要求或配送计划，迅速准确地将商品从其储位或其他区位拣取出来，并按一定方式进行分类、集中的作业过程。

② 组成。

自动分拣系统的货物从进入分拣系统到送至指定的分配位置为止，都是按照人们的指令并依靠自动分拣装置来完成的。自动分拣系统由一系列各种类型的识别及控制装置、分类装置、输送装置及分拣装置等组成，它的组成与功能如表8.5所示。

表 8.5 自动分拣系统的组成与功能

自动分拣系统的组成	功　能
识别及控制装置	通过条形码扫描等方式，将分拣要求传给控制装置；控制装置接收和处理分拣信号

续表

自动分拣系统的组成	功　能
分类装置	根据控制装置发出的分拣指示，当具有相同分拣信号或与分拣信息匹配的货物经过该装置时，该装置自动改变货物在输送装置上的运行方向使货物进入其他输送机或进入分拣道口
输送装置	由输送机或传送带组成，其主要作用是使待分拣货物通过控制装置、分类装置
分拣装置	使已分拣货物脱离主传送带（或主输送机）进入集货区域的通道，一般由钢带、皮带、滚筒等组成滑道

③ 特点。

自动分拣系统的特点包括以下几个方面。

a. 连续、大批量地分拣货物。自动分拣系统采用流水线自动作业方式，不受气候、时间、人的体力等因素的限制，同时由于自动分拣系统单位时间分拣件数多，因此自动分拣系统的分拣能力可以连续运行 100 个小时以上。

b. 分拣误差率极低。自动分拣系统主要采用条码来识别货物，误差率低；如果采用人工键盘输入，则误差率在 3% 以上。

c. 分拣作业基本实现无人化。自动分拣系统能最大限度减少人员的使用，自动分拣作业本身并不需要人员，基本做到了无人化。

 小案例

【拓展视频】　顺丰的智能物流自动分拣系统

为不断尝试缩减人力投入，发达国家的物流行业都在试图提高仓储效率，努力开发新项目。在中国，顺丰、京东、亚马逊、阿里等，也纷纷采取措施实现"人工智能＋快递"的战略布局。

据顺丰华南运营枢纽负责人介绍，"按照顺丰智能物流自动分拣系统的设计，1 小时至少处理 7.1 万件"。按照人工每小时分拣 500 件货物的速度，分拣 7.1 万件大概需要 150 人同时工作 1 小时才能完成。

这套分拣设备背后有强大的中央分拣系统支撑。所有的快件到自动分拣机上之后，都要经过扫描实现条码识别，然后再由中央分拣系统进行分拣派送，让不同的快件按照不同的目的地，流向它该去的地方。从入库、在库到分拣、装车的完整过程，都无须人力参与。库房显示出极高的效率和出色的灵活性。

在这里，科学技术真正成为第一生产力。采用机械化生产最直接明显的优势就是能大大提高生产过程中的效率，采用机器分拣扫描入库将大大减少人力的投入。顺丰只需要详细制订员工的工作计划，使员工能够更好地配合机器生产，便能获得更高的经济效益。

(3) 自动导向车技术

① 概念。

自动导向车（Automated Guided Vehicle，AGV）以电池为动力，并装有非接触导引装置，可实现无人驾驶的自动运输车，是一种集声、光、电、计算机为一体的简易移动机器人，其主要结构由车身、蓄电池、驱动装置、阻碍物检测装置、自动装卸货物的执行机构、警报装置构成。自动导向车有导向行驶、认址停准和移交载荷的基本功能。

自动导向车上装备有自动导向系统，不需要人工操作就能沿预定的路线行驶，另外，车上还配置有辅助物料装卸机构（如机械手、有动力或无动力的辊道、推杆等），可以与其他物流设备自动接口，实现物料装卸和搬运全过程的自动化，如图8.8所示。

图 8.8　自动导向车

② 特点。

a. 自动导向车系统可以十分方便地与其他物流系统实现立体仓库到生产线的连接、立体仓库到立体仓库的连接，从而实现自动化物流；而完成物流及信息流的自动连接，均可通过无线通信完成。

b. 利用自动导向车进行输送对于减少货物在运输过程中的损坏、降低工人的劳动强度等均具有积极意义。

c. 自动导向车系统采用埋设在地下的通信电缆或采用激光制导技术，能够保持地面平整并不受损坏。

d. 自动导向车系统具有较高的可靠性（如能耗较低等），近年来得到了广泛应用。

2. 物流大数据技术

(1) 大数据的概念

大数据（Big Data），或称巨量资料，指的是所涉及的资料量规模巨大到无法通过目前主流软件工具，在合理时间内达到摘取、管理、处理、并整理成为帮助企业经营决策更积极目的的资讯。

(2) 大数据的特征

① 体量（Volume）。体量是大数据的空间属性：数据体量巨大，非结构化数据的超大规模和增长，从TB级别跃升到PB级别。

② 多样性（Variety）。多样性是大数据的结构属性：数据类型繁多，有很多不同类型的数据，如文本、图像、视频、机器数据、地理位置信息等。

③ 价值密度（Value）。价值密度是大数据的内容属性：价值密度低，商业价值高。以视频为例，连续不间断监控过程中，有用的数据可能仅有一两秒。

④ 速度（Velocity）。速度是大数据的时间属性：数据增长速度快，要求处理速度也快，遵循一秒定律，实时分析而非批量处理。

（3）大数据应用于物流管理的重要意义

【拓展知识】

① 降低物流成本。大数据技术应用于物流管理决策可以提高物品流通速度，降低物流成本。尤其对一些特定产品来说，对时间、新鲜程度的要求很高。发展现代物流，关键是能够充分运用专业的现代化运输工具迅速及时地运往消费地，提高商品流通速度，降低商品积压在产地所占据的成本，同时通过大规模作业可降低作业成本，减少因多次装卸搬运导致的产品破损，从而有效地降低物流成本。

② 做出科学决策。物流管理中，不管是管理部门还是生产经营单位，不管是产品配送企业还是农户，都涉及运筹和决策的问题。例如，产品库存水平的确定、运输路线的选择、产品配送中心的经营管理等决策问题，都需要借助大量的管理知识、经验和信息来解决。基于大数据的物流管理信息系统可以把相应的业务数据提取出来进行分析，分析过程可以不脱离物流企业和客户的操作流程，时效性强，可以克服在管理决策中出现的大量的主观决策，避免导致供应链上信息扭曲逐级放大。

③ 有利于物流产业化升级。将数据挖掘应用到物流管理决策中，不仅增强了物流系统的功能，还可以实现物流结构的调整，有利于物流产业良性升级，减少人工投入量。另外，在物流园区和物流中心的建设、库存控制、运输配送等方面建立起能够有效控制的运行机制，使物流体系能够适应市场的变化，提高物流系统的效率和决策的准确性。

（4）大数据的关键技术

大数据从各种类型的数据中快速获得有价值信息，其关键技术包括大数据采集、大数据预处理、大数据存储及管理、大数据分析及挖掘等。

① 大数据采集技术。物流系统数据繁多，数据的采集是大数据价值挖掘最重要的一环，其后的集成、分析、管理都构建于采集的基础。大数据采集技术就是通过不断发展的数据收集方法及技术获取海量有价值的数据，包括文本、照片、视频、链接信息等。

② 大数据预处理技术。大数据预处理技术主要完成对已接收数据的辨析、抽取、清洗等操作。因获取的数据可能具有多种结构和类型，数据抽取过程可以帮助我们将这些复杂数据转化为单一的或者便于处理的构型，以达到快速分析处理的目的；大数据并不全是有价值的，有些数据不是我们所关心的内容，而另一些数据则可能是完全错误的干扰项，因此要对数据进行清洗转化从而提取出有效数据。

③ 大数据存储及管理技术。大数据的存储与管理是指用存储器把采集到的数据存储起来，建立相应的数据库，并进行管理和调用。只有数据与适合的存储系统相匹配，且采取相应的管理数据的战略，才能低成本、高可靠、高效益地应对大量数据。

④ 大数据分析及挖掘技术。大数据分析涉及的技术方法很多，根据挖掘任务可分为分类或预测模型发现、数据总结、聚类、关联规则发现、序列模式发现、依赖关系或依赖模型发现、异常和趋势发现等。大数据分析及挖掘就是从大量的、不完全的、有噪声的、模糊的、随机的应用数据中，提取隐含在其中的、人们事先不知道的、但又是潜在有用的信息和知识的过程。

3. 其他智能物流技术

（1）虚拟现实技术与增强现实技术

虚拟现实（Virtual Reality，VR）技术利用计算机模拟产生一个三维空间的全虚拟世界，给用户体验视觉、听觉、触觉等感官的模拟，使用户如同身历其境、感同身受地沉浸式体验，可以即时、没有限制地观察三维空间内的事物并进行实时交互。

在虚拟现实系统中，双目立体视觉起了很大作用。用户的两只眼睛看到的不同图像是分别产生的，用户戴上 VR 眼镜（图 8.9）后，一只眼睛只能看到奇数帧图像，另一只眼睛只能看到偶数帧图像，奇偶帧之间的不同（即视差）产生了立体感。

增强现实（Augmented Reality，AR）技术是在虚拟现实技术基础上发展起来的新技术，主要特异功能是通过计算机系统提供的信息增加用户对现实世界感知的技术，并将计算机生成的虚拟物体、场景或系统提示信息叠加到真实场景中，从而实现对现实的"增强"。把无法实现的场景在真实世界中展现出来。由于与真实世界的联系并未被切断，因此交互方式显得很自然、很逼真。增强现实技术将图像和指令叠加在现实世界中，为物流工作人员提供了非常有价值的操作指南，提高了仓储和运输的效率。增强现实技术辅助物流拣选如图 8.10 所示。

图 8.9　VR 眼镜

图 8.10　增强现实技术辅助物流拣选

 小案例

菜鸟增强现实智慧物流系统

【拓展视频】

通过佩戴 AR 眼镜，所有商品的库存信息、商品资料都能够一览无余，仓库商品的质量、体积等相关信息会映入菜鸟网络工作人员眼帘。当工作人员戴上 AR 眼镜，打开 AR 智慧物流操作系统后便可接到用户提交的订单，AR 眼镜系统可以根据订单中的商品清单规划最优取货路线，提示操作人员拿到订单相应商品。仓内工作人员可以快速核对入库商品的数量与质量，并做出相应的决策处理。例如，利用可视化的仓内导航与库区识别系统推动商品精准快速上架；快速找到商品、快速核对及检测质量；将包裹科学分类并科学配送。

资料来源：[2020-01-06]. http://www.sohu.com/a/117186524_335284.

（2）物流无人技术

① 物流无人配送车技术。无人配送车（图 8.11）需要具有自主规划路线、规避障碍的

能力,需要应对各类订单配送的现场环境、路面、行人、其他交通工具及用户的各类场景,需要进行及时有效地决策并迅速执行。这些都要求无人配送车具备高度的智能化和自主学习能力。除了具有强大的硬件支持使无人配送车得以运行复杂的人工智能运算外,还需要在实际场景中试错和不断调优。

② 物流无人机技术。近年来无人机技术的应用从高技术武器拓展到工业生产,甚至大众消费品。人们一直在探索无人机的新应用领域,物流也是无人机的一大应用场景。物流无人机可以较好地解决物流的时效性、可达性问题。

首先,相对于地面运输,无人机物流具有方便快速的优点,特别是在拥堵的城市和偏远的山区运送急需物品,则可能比陆运节省80%的时间,而且按照发达国家经验,高层建筑势必会越来越多地配备直升机停机坪,也能够方便无人机起降。其次,在极端条件下,无人机可以轻松抵达地面车辆无法到达的区域,如在应急救援物资的投送任务中,无人机配合直升机可以大大提高投送效率。图8.12所示为无人机送货。

图 8.11　无人配送车

图 8.12　无人机送货

【拓展案例】

顺丰物流无人机

【拓展视频】

> 顺丰目前拥有30多架货机,并且还拥有大量的客机腹舱资源。尽管如此,由于中国的航线主要覆盖在一二线大城市,如果想要将快递运送到四五线城市和城镇,都需要通过车辆的长途运输,时效性不够理想。那些地方由于机场少,山脉纵横,道路条件差,卡车也无法实现快速转运,一个快递往往需要72~90个小时才能到达。
>
> 早在2013年,顺丰已经开始在广东东莞测试无人机送货,当时使用的是自主研发的八旋翼飞机。飞机下方有两根支架用于搭载货物,质量不超过25千克。无人机飞行高度在100米以下,内置导航系统。除了自主研发之外,2015年,顺丰和上市公司炼石有色及成都中科航空发动机有限公司共同成立了朗星无人机系统有限公司,合作研发荷载超过1吨的大型无人机。
>
> 按照顺丰的设想,在不久的将来,快件将通过"大型有人运输机+支线大型无人机+末端小型无人机"三段式空运网实现36小时通达全国,即便是地形复杂或偏远地区也不例外,完成对三线及以下城市的空网覆盖,大幅度提升物流效率。
>
> 资料来源:[2020-01-06]. http://tech.sina.com.cn/i/2017-07-15/doc-ifyiakur8953181.shtml.

8.3　企业物流信息系统

物流系统中各环节的相互衔接是通过信息交换实现的，基本资源的调度通过信息共享来实现。因此，组织物流活动必须以信息为基础。为了有效地对物流系统进行管理和控制，使物流活动正常而有规律地进行，企业必须建立完善的物流信息系统，保证物流信息畅通。

8.3.1　物流信息系统

1. 物流信息系统的概念

物流信息系统（Logistics Information System，LIS）是根据物流运作、管理和决策的需要，利用计算机硬件、软件、网络通信设备及其他设备，进行物流信息的收集、存储、传输、加工、更新和维护，以支持物流管理人员、行业中高层决策、中层控制、基层运作的集成化人机系统。

2. 物流信息系统的结构

物流信息系统是包括基层作业层、数据处理层、计划控制层、管理决策层四个层次的"金字塔模型"，如图 8.13 所示。

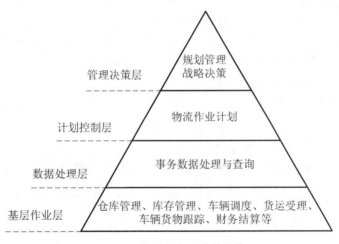

图 8.13　物流信息系统的结构

（1）基层作业层

基层作业层负责完成物品的时间转移和空间转移，主要包括订单处理、采购、发货和储存、运输、装卸、包装、流通加工、配送中的作业操作、质量控制，以及相应的信息采集、传输和存储等。

（2）数据处理层

数据处理层主要负责物流信息资源的分析、统计和查询，并将处理结果反馈给计划控制层和管理决策层以支持中层管理和高层决策。

(3) 计划控制层

计划控制层主要负责企业物流中短期计划方案，其作用是对物流流程进行计划、调度和控制，主要包括订货处理和顾客服务、用料管理、采购计划、仓储和库存计划、补货计划和运输计划的生成及与完成这些计划相联系的流程的管理等。

(4) 管理决策层

管理决策层主要负责有关企业物流管理全局的重大战略性决策，是对从总体上长期影响物流系统服务水平和总成本的因素进行规划和控制，包括物流网络拓扑、库存策略、补货模式、计划周期等，并对物流系统进行评估和改进，以形成有效的反馈约束和激励机制。

3. 物流信息系统的功能

物流信息系统是企业信息系统的一个子系统，是构成现代物流系统的重要组成部分，也是提高物流服务效率的重要技术保障。

物流活动过程中的各个环节通过信息流紧密地联系在一起。因此，物流信息系统要完成对物流信息进行收集、整理、存储、传输、处理、分析和利用的各项任务。它的基本功能可归纳为以下几个方面。

(1) 沟通联系

物流系统涉及很多行业、部门及企业群体，系统内部正是通过各种指令、计划、文件、数据、报表、凭证、广告、商情等物流信息，建立起各种纵向和横向的联系，沟通供应商、生产商、批发商、零售商、物流服务商和消费者，满足各方面的需要。企业内部通过办公自动化系统、物流作业信息系统、物流管理信息系统搭起沟通各个方面的信息桥梁；而企业外部通过配送规划系统、电子订购系统或电子商务系统便捷地和客户进行沟通，通过外联网或EDI系统实现和供应商的交互。

(2) 引导和协调

物流运作中，物流信息系统随着物资、货币及物流当事人行为活动的发生，从而采集生成所有物流信息，并经过网络快速把信息反馈到物流供应链上的各个环节，依靠这些物流信息及其反馈来引导物流结构的变动和物流布局的优化，协调物资流动的情况，使供需之间平衡；协调人、财、物等物流资源的配置，促进物流资源的整合与合理使用。

(3) 管理控制

通过移动通信、计算机网络、EDI、GPS等信息技术实现物流活动的电子化，如货物实时跟踪、车辆实时跟踪、库存自动补货等，用信息化代替传统的手工作业，实现物流运行、服务质量和成本等管理控制。例如，通过仓储管理系统可以及时掌握动态的库存情况，包括库存数量、库存能力、配送能力、在途数量和门店需求、发货能力、结算状况等信息，便于进行库存管理和订、发货管理。

(4) 帮助压缩物流管道长度和宽度

为了应付需求波动，在物流供应链的不同节点上通常都设置有库存。物流管道越长或越宽，就包括越多的中间库存，如零部件、在制品、制成品的库存等。这些库存增加了物流流动的长度和宽度，大大提高了物流成本。通过计算机信息系统，如货物跟踪系统、车辆调度跟踪系统和物流管理系统配合,如果能够实时地掌握供应链上不同节点中存储的信息,增加管道的透明度,就可以了解物流中间环节中的过多库存并及时进行缩减,以缩短物流管道中的不必要环节,提高物流服务水平。

(5) 辅助决策分析

物流信息是制定决策方案的重要基础和关键依据。物流管理决策过程本身就是对物流信息进行深加工的过程,是对物流活动的发展变化规律性认识的过程。物流信息系统通过对信息的处理、建模和分析比较,协助物流管理者鉴别、评估并比较物流战略和策略的可选方案,如车辆调度、库存管理、设施选址、资源选择、流程设计及有关作业比较和成本收益分析等,做出科学的决策。

(6) 支持战略计划

作为决策分析的延伸,物流战略计划涉及物流活动的长期发展方向和经营方针的制定。例如,战略联盟的形成、以利润为基础的顾客服务分析及能力和机会的开发和提炼,作为一种更加抽象、松散的决策,是对物流信息进一步提炼和开发的结果。战略计划的制订更多依靠决策者本身的决策风格,但物流信息系统能够快速地提供来自企业内部、外部的多种信息,并能根据要求做出各种形式的图表和比较分析,这些对高层决策者进行决策是有很大辅助作用的。

(7) 价值增值

表面上看,物流信息系统本身对物流企业不创造价值,而建设物流信息系统的成本是很高的,并且建设物流信息系统的过程还需要对企业管理流程进行梳理和优化,需要对员工进行培训,需要对所有的物流数据进行标准化等,如果一些环节没有做到位,失败的风险就会很大。物流信息系统建设成功后带来的显性价值(如降低成本)和隐性价值(如管理的规范化)都是增长性的,应用物流信息系统的时间越长,它体现出来的价值就越大。

 小案例

海尔物流管理系统的成功应用

德国 SAP 公司为海尔量身定做了基于协同电子商务的现代物流管理系统。利用 SAP 物流管理系统搭建一个面对供应商的采购平台,能降低采购成本,优化分供方,为海尔创造新的利润源泉。通过该平台,海尔每月接到 6 000 多销售订单,定制产品品种逾 7 000 个,采购的物料品种达 15 万种。新物流体系降低呆滞物资 73.8%,库存占压资金减少 67%。如今,海尔特色物流管理的"一流三网"充分体现了现代物流的特征:"一流"是以订单信息流为中心;"三网"分别是全球供应链资源网络、全球用户资源网络和计算机信息网络。"三网"同步运行为订单信息流的增值提供支持。

资料来源:[2020 - 01 - 06] . http://info.jctrans.com/zhuanti/zta/2/2006324230834.shtml.

8.3.2 订单管理系统

客户订单是企业物流活动的起点,是引发物流过程运转的信息。订单处理的效率直接影响客户服务水平,同时牵动着物流作业的合理性和有效性。低速、缺乏稳定性的信息传输不但会导致失去客户,而且会增加运输、库存和仓储成本。订单管理系统是物流系统的中枢,有利于提高物流绩效水平。

1. 订单管理系统的概念

订单管理系统(Order Management System,OMS)是物流信息系统的前端,通过对客户下达的订单有关的信息和资料进行管理及跟踪,动态掌握订单的进展和完成情况,提升物流过程中的作业效率,提高企业的市场竞争力。

订单处理是物流管理链条中的不可或缺的部分。通过对订单的管理,可以使仓储、运输、订单成为一个有机整体,满足物流系统信息化的需求。一般的订单处理过程主要包括订单准备、订单传递、订单录入、订单履行和订单处理状态追踪。

2. 订单管理系统的功能

订单管理系统的功能,可以归纳为以下几个方面,如图 8.14 所示。

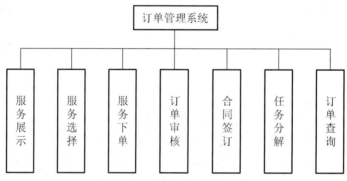

图 8.14 订单管理系统的功能

(1) 服务展示

企业通过订单管理系统将可提供的服务项目、服务内容发布到网络平台供客户浏览和选择。

(2) 服务选择

客户可以浏览企业的一种或几种服务,订单管理系统对相应服务的资格、资源、人才、监管等优势进行描述,详细说明业务范围。客户如果满意服务则选择下单。订单管理系统还能对各个服务项目被浏览和被下单情况进行统计,供企业决策参考。

(3) 服务下单

订单管理系统根据客户所选择的服务种类提供相应的电子表格,其中必要信息包括客户资料、货物信息,还有所选服务的相关信息、支付信息等。客户填完后提交订单,等待企业确认和签订正式合同。

(4) 订单审核

客户填写的订单由销售部门接收,建立客户档案和订单档案;同时,客户服务部门、配货部门、运输部门、流通加工部门、财务部门也接收到订单,分别对资料的真实性、技术可行性与财务信用度等方面给出审核意见,遇到信息不完全、情况不明或委托难以完成的情况,将把疑问转到客户服务部门,由客户服务部门与客户协商并修正订单,继续接受审核。

(5) 合同签订

订单审核通过以后，销售部门代表企业以电子数据的方式与客户签订合同。得到客户认可的合同通过网络传送回来，即开始为客户提供物流服务。

(6) 任务分解

订单管理系统获取正式合同后，对其中的服务条款进行识别和面向具体作业环节进行任务分解（如分解为配货子任务、运输子任务、流通加工子任务等），然后为其选配相应的工作流程，生成一系列的服务起始单据。

(7) 订单查询

企业和客户可以按照订单编号、下单日期、服务项目、订单状态、货物名称、交易金额等方式查询已签订的订单，浏览订单的各项细目和相关单据。

8.3.3 仓储管理系统

1. 仓储管理系统的概念

仓储管理系统（Warehouse Management System，WMS）是物流管理系统的主要作业系统之一，用于管理仓库中货物、空间资源、人力资源、设备资源等仓库中的活动，是针对货物的入库、检验、上架、出库及转仓、转储、盘点及其他库内作业的管理系统。这里所称的"仓库"，包括生产和供应领域中各种类型的储存仓库。仓储作业过程是指以仓库为中心，从仓库接收货物入库开始，到按需要把货物全部完好地发送出去的全部过程。

2. 仓储管理系统的目标和特点

(1) 仓储管理系统的目标

① 保证作业流程标准化。仓储管理系统运用实时数据采集和数据库技术，为物流仓储环节提供了从订单开始到收货、分配仓位、盘点、货物出库和货物装运等全过程的信息处理和管理功能，保证了作业流程的标准化和统一化。

② 提高作业准确度。仓储管理系统可以控制错发货、错配货、漏配送的事故，通过订货、发货业务的自动化，提高了作业准确性和工作精确度，缩短了从订货到发货的时间。

③ 提供信息咨询。仓储管理系统要为客户提供信息咨询及有关资料的查询和统计，满足用户对信息的实时需求。

总之，通过使用仓储管理系统可以提高客户服务水平，实现物流合理化，降低物流总成本。

(2) 仓储管理系统的特点

仓储管理系统是物流信息系统的一个子系统，它首先具备物流信息系统的特征，除此之外，它还具有自身的特点。

① 支持零库存仓储管理。仓储管理的终极点是实现零库存。在信息技术发展的今天，通过仓储管理系统准确地收集与传递库存信息，零库存是可以实现的。

② 支持物流信息采集设备及自动化设备。仓储管理系统与先进物流技术，如手持终端、射频识别系统、全球定位系统、地理信息系统等均设有接口，能够与电子标签、自动化物流设备系统相连接。仓储管理系统可通过应用先进的图形技术，实现可

视化管理。

③ 支持离散仓储作业管理。仓储管理系统采用先进的体系结构,利用最新的网络技术,支持处于离散状态的仓储物流作业,同时确保系统的安全。

3. 仓储管理系统的功能

仓储管理系统主要包含以下功能模块:基本信息管理、入库管理、库内管理、出库管理、查询管理。

仓储管理系统针对入库、库内、出库等一系列工作提供了全面的技术支持,使用户在友好的界面下在任何时间任何地点都可以操作、显示、检查资料,实时性地收集和传输数据,从而极大地提高了工作效率。

(1) 基本信息管理

基本信息管理模块主要是对仓库信息、货品信息、人员信息、客户信息、合同信息进行管理。

① 仓库信息管理。仓库信息管理包括仓库类型、仓库基本信息、仓库区域信息和储位信息等的管理。系统初始化时设置的顺序为仓库类型、仓库基本信息、仓库区域信息、储位信息。仓库类型指仓库所属的类别,主要包括普通仓库、冷冻仓库、化学仓库、危险品仓库等。

② 货品信息管理。货品信息是指条码信息、货品编号、货品种类、规格、型号、单位、质量、体积、尺寸、价值、保质期、最高库存、最低库存等。货品信息包括货品类型、计量单位信息等。系统初始化时设置的顺序是货品类型、计量单位信息。

③ 人员信息管理。人员信息管理是对企业内部的人力资源进行管理,人员信息包括员工编号、员工姓名、所属部门、岗位、工作年限、联系方式等基本信息。

④ 客户信息管理。客户信息包括客户编号、客户名称、联系电话、传真、地址、电子邮件及联系人等客户的基本信息。

⑤ 合同信息管理。合同信息包括合同号、甲方名称、甲方代表人、乙方名称、乙方代表人、签订合同日期、租仓地点、租仓面积、租仓标准、结算方式、保管商品名称等。

(2) 入库管理

入库管理主要包括对货品数量的管理,如箱数、件数;对货品的储位管理;对货品的管理,如客户、到期日、质量、体积、批次;对验收的确认,根据入库通知单的数量比较分析,解决少货、多货、窜货等情况。

① 填写入库通知单。入库通知单是在货品到达之前,货主通知在何时进入什么货品的单证,仓库可以根据这些信息制订入库作业计划,如安排和调度装卸货的工具、清理装卸货区域等。入库通知单主要包括客户信息、收货信息和货品明细等,并为安排卸货工具、指定卸货区和处理区提供信息。

② 卸货及验收管理。卸货及验收管理是收到入库通知单后,指定货品的装卸区及验收处理区等业务。相对应的实际操作是货品到达仓库后,仓管员指定卸货区域,在卸货区装卸货品,以及检查数量和验收质量等工作。系统根据入库通知单编号自动产生验收单编号,显示入库通知单中货品的详细列表信息。指定卸货区和验收区时,选择仓库号和区域号。验收结束后,如果发现有不合格货品,应该进行登记记录。在不合格数量、不合格原

因、处理意见三个字段中录入具体的内容。

③ 入库储位分配。入库储位分配就是为入库货品安排货位的操作，即选中某一入库货品，选择合适的仓库号、区域号。在排号、列号、层号中输入分配的数值，确认分配，并依次为每一种货品分配货位。

（3）库内管理

库内管理具体包括仓库储存货品的盘点管理、仓库内部货品在储位间的转储管理、货品在不同仓库间的转库管理、保管货品的报废管理、不合格品的退货管理等业务。

① 盘点管理。盘点管理包括对货品的全面盘点、随机抽盘与指定盘点等。其中，指定盘点根据储位盘点和货品盘点的功能，可分区、分类进行盘点。盘点作业，首先要生成盘点单，确定要盘点货品的编号、名称、储存位置、系统结存数量的详细清单；其次录入盘存数据；再次审核盘点单；最后盘点差异结转。

② 转储管理。转储管理主要对货品在同一仓库内不同储位之间转移的作业进行管理。转储单号由系统自动产生，选择要转移货品的所在仓库、转储部门等，并填写制单人、转储时间、制单时间。在转储货品及存储货位清单中选择货物，输入数量及选择目的区域，完成转储货品的选择。

③ 转库管理。转库管理主要对货品在不同仓库之间转移的作业进行管理，即提出转仓申请，指定货品的转出仓库、区位及储位，并指定转入仓库的区域和储位等。系统自动产生转库单号，选择要转移货品的所在转出仓库、转入仓库、转仓部门，并填写转仓时间、制单时间、制单人及备注等信息。在转仓货品及存储货位清单中选择货品，输入数量及选择目的区域，完成整个转仓的过程。

④ 报废管理。报废管理主要对仓库中报废货品的名称、编号、位置等进行管理，即提出报废申请，录入报废货品的信息，指定报废货品的所在仓库、区域及储位，以及对上述报废信息进行维护。

⑤ 退货管理。退货管理主要对被退回货品的编号、名称、数量、存放位置、处理方法等信息进行管理，主要处理退货申请、审批、结转等相关事务。

（4）出库管理

出库管理包括对出库货品数量的管理，如箱数、件数；对出货方式的选择，如先进先出、后进先出、保质期管理、批次确定；对出货运输工具的管理，如运输公司、车辆号、司机姓名管理。

① 出库通知单管理。出库通知单管理，就是处理收货方要求的出库信息，包括收货方名称、编码信息、出库货品明细等，为确定备货区提供信息。将库存表中货品、数量、批次信息自动生成到出库通知单的出库货品列表中。

② 出库备货。出库备货，是指操作员收到出库通知单后，录入出库备货货品信息，指定备货区和安排出库货品的货位等事务。

系统根据出库通知单编号自动生成备货单号，填写出库备货时间、制单人、制单时间等出库备货信息。

根据出库备货货品清单，显示出货仓库和区域指定窗口，选中某一出库备货货品，即可指定出货仓库和区域。针对出库备货货品信息清单中的每一种货品，重复上述的指定工作,可为每一种出库货品指定出库仓库和区域。

③ 出库单管理。出库单管理是指完成出库备货后,对出库货品的信息进行登记、查询等管理。例如,采用先进先出的出库原则,可根据入库单的时间自动生成出库单,也可以根据需要,选择指定的入库单来生成出库单。

(5) 查询管理

① 在任何时间和地点都可以通过终端进行查询。查询内容包括货主信息、商品信息、库存情况、订单状态等。

② 每次查询可以包括各项信息的逐一核对,并将有效结果反馈给系统,使现场实时查询和实时指挥工作变得方便快捷。

 小案例

【拓展知识】

保时捷汽车股份有限公司采用 WMS 获得准时信息

保时捷汽车股份有限公司(以下简称保时捷)在内华达州的利诺有一个部件仓库。这个仓库存储价值共计 1 800 万美元的存货,大约是 35 000 个存储单元,每天大约平均需要履行 500 个订单。当保时捷的管理人员开始寻找可以提高零售商部件服务水平的方法时,他们便快速得出这样的结论:WMS 不仅可以提供关于分销中心中存储部件的累加精确的信息,而且避免了对书面记录的需求。除了 WMS 之外,保时捷还安装了射频数据收集系统,可以实时处理存货控制。当工人在接收地区检验条码时,信息已经通过电波传给了仓库中负责部件记录的计算机。

WMS 和射频数据收集系统一起加速了部件接受的流程。过去,保时捷运一批货需要 10 天,现在仅需要 3 天,几乎可以同步获取零件来满足订单。WMS 的应用不仅实现了存货状态的可视性,而且提高了汽车制造商部件接收和运输中的准确性。这意味着保时捷可以给销售商提供部件的实时可得性信息,降低了运输差错率,减少了销售损失,仓库吞吐量提高了 17%。

资料来源:田宇. 物流管理 [M]. 广州:中山大学出版社,2013:125.

8.3.4 运输管理系统

现代运输管理是对运输网络和运输作业的管理,在这个网络中传递着不同区域的运输任务、资源控制、状态跟踪、信息反馈等信息。实践证明,通过人为控制运输网络信息和运输作业,效率低、准确性差、成本高、反应迟缓,无法满足客户需求。运输管理系统可以帮助企业进行日常运输工作的管理,实现运输管理信息化、运输服务最优化、运输利润最大化。

1. 运输管理系统的概念

运输管理系统(Transportation Management System,TMS)是基于运输作业流程的管理系统,它利用计算机网络等现代信息技术,对运输计划、运输工具、运送人员及运输过程进行跟踪、调度、指挥。

2. 运输管理系统的目标和特点

（1）运输管理系统的目标

① 运输作业流程实现标准化、统一化。

② 运输作业信息高度透明化。

③ 降低空驶率，提高运载效率。

④ 对货品进行全程跟踪。

（2）运输管理系统的特点

① 运输管理系统是基于网络环境开发的支持多网点、多机构、多功能作业的立体网络运输软件。

② 运输管理系统是在全面衡量、分析、规范运输作业流程的基础上，运用现代物流管理方法设计的先进且标准的运输软件。

③ 运输管理系统采用先进的软件技术实现计算机优化辅助作业，特别是对于机构庞大的运输体系，此系统能够协助管理人员进行资源分配、作业分配、路线优化等操作。

④ 运输管理系统与现代信息采集技术及物流技术无缝连接，在基于条码作业的系统内可以实现全自动接单、配载、装运、跟踪等。

3. 运输管理系统的功能

运输管理系统主要包含客户管理、车辆管理、驾驶员管理、运输管理、财务管理、绩效管理、海关/铁路/航空系统对接管理、保险公司和银行对接管理几个模块。运输管理系统的总体功能，如图 8.15 所示。

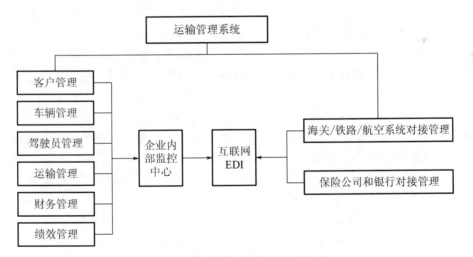

图 8.15 运输管理系统的总体功能

（1）客户管理

客户管理模块可以实现订单处理、合同管理、客户查询管理和投诉理赔管理功能。

① 订单处理。订单处理可以提供多种订单受理方式。客户可通过电话、传真提交订单，同时系统在互联网环境中实现安全的、标准的 EDI，接受网上直接下单，根据客户的指令进行订单的录入，主要包括受理日期、订单号（可人工输入或自动生成）、起运地址、

货物名称、质量、体积、数量、货主及其电话、收货单位、联系人到达地址及各种费用等订单信息。对下达的订单进行分析审核，经双方确认后签订运输合同。系统支持多种发运订单，主要包括车运单、散户运单、合同运单和货物运单等。

② 合同管理。对签订的合同进行统一管理，主要包括受理日期、合同编号、订单号、起运地址、货物名称、质量、体积、货主及其电话、收货单位、联系人、到达地址、车辆种类、车辆数量、签订人、审核人、起运时间、到达时间、预付费用计算和结算方式等信息。

③ 客户查询管理。客户通过输入货物代码，就可以得知货物在库情况、在途状况和预计到达时间等。

④ 投诉理赔管理。对客户的投诉进行分析和统计，做出投诉处置并进行相关记录，向上汇报。对客户反馈的信息进行分析、记录，提高服务水平。

（2）车辆管理

车辆管理模块可以帮助管理人员对运输车辆（包括企业自用车辆和外用车辆）的信息进行日常管理维护，随时了解车辆的运行状况，确保在运输任务下达时，有车辆可供调配。

① 管理每天的出车记录，输入运单号，显示出车日期、出车车辆、客户名称、工作内容、吨位、单价、提货地和目的地等。

② 输入车辆编号，查看车辆维修与保养计划、车辆维修情况、添加零件情况、车辆违章情况、车辆事故情况等多项信息。

③ 查看出车车辆、待命车辆、维修车辆。

（3）驾驶员管理

通过对驾驶员的基本信息和工作状况的管理可以随时跟踪驾驶员的情况，并对驾驶员的准驾证件、出勤情况、违章记录、事故情况进行管理。

① 驾驶员档案管理。主要包括驾驶员姓名、家庭详细住址、家庭电话、手机、身份证号码、所属公司、驾驶证主证号、驾驶证副证号、驾龄、上岗证、准营证和劳动合同情况等信息。

② 驾驶员查询。分日常和月度对不同驾驶员的业绩、费用等情况进行统计查询；显示驾驶员月度或年度的业务量情况；对某一驾驶员发生的费用进行统计，显示驾驶员所用的运杂费、人工费、工资等费用。

③ 支持驾驶员刷卡功能，对驾驶员进行考勤监督，考核驾驶员的业务素质，实行绩效管理，以保证驾驶员队伍的稳定和发展。

（4）运输管理

运输管理模块包括运输计划安排、运输方式选择和运输路线优化三个环节。

① 根据客户的要求制订运输计划并生成运输计划书。

② 根据货物的性质、特点、运输批量及运输距离等实际情况，在保证按时到货及运费不超出预算的前提下，选择合适的运输方式。

③ 根据客户输入的起点和目的地，自动设计最佳行驶路线，包括最快的路线、最简单的路线、通过高速公路分段次数最少的路线等。线路规划完毕后，显示器自动在电子地图上显示设计线路，并同时显示汽车运行路径。

(5) 财务管理

财务管理模块具有以下功能。

① 提供全国各地运输价格和所需时日的查询。

② 设置联盟运输商的价格信息数据库。

③ 依据合同分客户编制运输价格表。

④ 生成费用结算报表和费用明细列表。

⑤ 每趟运输出行的过桥过路费、油费、人工费和资产折旧费等费用进行成本核算。

⑥ 支持多种结算方式及利率统计。

(6) 绩效管理

绩效管理模块具有以下功能。

① 辅助高层管理者对业务管理和经营事务进行控制、优化和决策。

② 帮助进行事前、事中和事后的管理和控制。

③ 支持经营决策。例如，要不要进行外包车辆等，系统都会根据数据给出一个分析和参考的指标。

(7) 海关/铁路/航空系统对接管理

海关/铁路/航空系统对接管理具有以下功能。

① 涵盖所有的运输方式，包括水路运输、公路运输、铁路运输和航空运输，并提供对多式联运业务的支持。

② 实现对不同运输方式的衔接互补。当某种运输任务牵涉多种运输方式时，能实时提出运输组织的策略，以合理的组织方式完成运输任务。

③ 通过与海关部门的对接，为外贸交易提供系统的报关服务，方便了客户，也扩大了企业的业务。

(8) 保险公司和银行对接管理

保险公司和银行对接管理，保证了运输业务的保险便捷。

① 为物流运输部门的车辆和员工提供保险业务。

② 承接网上投保业务，随时为物流公司承接的运输货物办理保险业务。

③ 分担了物流企业的风险。

④ 通过与银行接口实现网上支付和结算业务，缩短了作业时间，减少了费用。

 小案例

唯智运输管理系统在国美电器中的应用

国美电器的唯智运输管理系统于 2010 年 10 月开始启动，圆满通过了"十一"黄金周的订单井喷考验，并于 2011 年 11 月 1 日在全国成功上线。唯智运输管理系统覆盖国美电器全国 1 651 家门店，433 个公司代码、9 个物流公司；成功处理了 393 个 DC 的接单、派工、发货和计费等操作，最大并发用户数达到 1 500 户。该系统的价值体现在：基于智慧物流、供应链网络设计的运输管理模块帮助国美电器解决了总部与分公司的分级管理；有效整合资源，实现跨区域销售；提供端到端的全程物流服务；大幅度提高了国美电器的物流管理水平，降低了供应链总成本；保证在顾客购买商品的时候就可以准确承诺配送时间,实现可承诺量(Available to Promise,ATP);提高客户满意度,大幅降低了关于物流配送和送货服务的投诉,部分地区实现了零投诉。

资料来源:[2020-01-06].http://www.chinawuliu.com.cn/information/201212/28/203409.shtml.

8.3.5 典型企业物流信息系统分析

物流信息系统根据不同类型企业的需要,可以有不同层次、不同程度的应用和不同子系统的划分,如生产企业、流通企业面对的物流不同,处理的方式与方法也不同。下面介绍两种主要的物流信息系统的运作模式。

1. 生产企业物流管理信息系统

生产物流是指企业在生产过程中所发生的物流,包括原材料、半成品和成品的仓储、装卸、搬运、包装、管理和相应信息的处理和传递,以及这些物流活动进行时所需的相关物流设备和软件所构成的整体系统。

生产物流管理信息系统是以管理信息系统为骨架,重点放在生产物流的组织、计划、管理、控制和监督上,是对一个组织进行全面管理的人和计算机相结合的系统。生产管理信息系统综合运用计算机技术、信息技术、管理技术、决策支持系统,同现代化的管理经验和现代化的管理方法、手段结合起来,辅助管理工艺,进行生产管理、物流调配、计划布置、决策分析。

生产物流管理信息系统的基本功能,如表8.6所示。

表8.6 生产物流管理信息系统的基本功能

基本功能	具体内容
计划管理	是平衡整个企业生产活动的重要工具,能够将客户的订货需求和企业的预测数据分解为企业内部具体的工作任务,同时按照不同的要求将结果传送到生产管理和采购管理中,并提供各种可行性计划
采购管理	是物料在企业内流动的起点,从计划、销售等系统和本系统获得购货需求信息,与供应商和供货机构签订订单、采购货物,传递给需求系统
生产管理	是企业生产过程的执行系统,能够根据企业的生产任务,控制所用材料的领取,跟踪加工过程并控制产品完工
仓存管理	作为物流管理的核心,是进行货物流动、循环管理控制的系统
存货核算	对物料在其他系统循环流转所伴随产生的资金流动进行记录和成本核算,同时将财务信息传递到总账系统、应付款系统等财务系统
物流作业	货物装卸顺序、配送路线、车辆安排、运输方式、运输路径、交货时刻表、运输工具的跟踪和监督、装载量计划等
销售管理	是物料在企业内流动的终点,是将从客户和购货机构获得的订货需求等信息传递给计划、采购、仓存等系统,将从仓库、采购等系统获得的货物传递给购货单位,完成物流管理

生产企业物流信息系统主要针对行业的生产管理特点，制定了以客户需求为导向，以生产制造管理为核心，注重按需、敏捷、准时、质量、成本等关键因素管理控制的总体框架，帮助企业建立起灵活有效的由主生产计划、物料需求计划和车间作业计划所组成的计划管理体系，优化排产排程，合理控制库存，最大限度缩短产品生产周期、采购周期，严格控制交货期，快速响应客户需求，提高售后服务水平，及时准确地采集、分析和控制成本要素，全面掌握企业资金流向，真正实现对物流、资金流和信息流的实时控制、集成控制及同步控制，从而保证企业管理增值的实现。

2. 流通企业物流管理系统

对于流通型企业，物流是企业的一项主要业务活动之一，公司的计划、采购、入库、储存、销售、配送等物流活动都要通过物流信息系统来进行管理。物流信息系统是流通企业计算机系统的核心内容。

流通企业的物流可分为采购物流、流通企业内部物流和销售物流三种形式。采购物流是流通企业组织货源，将物资从生产商集中到流通部门的物流；流通企业内部物流包括流通企业内部的储存、保管、装卸、运送、加工等各项物流活动；销售物流是流通企业物资转移到消费者手中的物流活动。

流通企业物流管理系统在业务层次上主要划分为四个业务操作子系统，如图8.16所示。

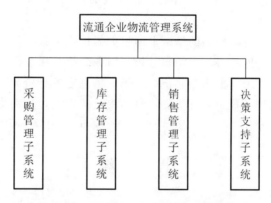

图 8.16 流通企业物流管理系统的功能

（1）采购管理子系统

采购管理子系统主要功能包括以下几点。

① 商品数量需求统计。门店的要求补货数量。

② 制订采购计划。结合配送中心库存情况和市场需求与供应情况，制订统一的面向供应商的采购计划。

③ 市场价格信息管理。市场价格信息进行自动更新。

④ 供应商信息管理。供应商信息的存储和查询，包括供应商的名称、地点、联系方式、联系人，以及供货商品的品种、规格、价格等信息。

⑤ 购货合同管理合同文档的统计、查询和维护。

⑥ 到货管理。票据的登录、查询、统计和维护；合同执行情况的通知等。

(2) 库存管理子系统

库存管理是对仓库中的商品和实物进行管理，其主要功能包括以下几点。

① 到货登记。对采购到货的商品进行库存数量登记。

② 库存情况查询。根据有关部门的要求对库存商品的基本情况进行查询。

③ 库存结构分析。对存放在不同配送中心的商品的位置进行标号、登记和管理。

④ 对各种库存商品进行结构分析，进行保本、保利、保质等管理。

⑤ 商品配送管理。统计向门店调配商品的品种、数量。

⑥ 库存查询与统计。查询在库货物数量并按时、分类进行库存统计。

(3) 销售管理子系统

销售管理子系统主要对销售信息进行分析，以便合理进货，其主要功能包括以下几点。

① 到货管理。验收入库，把到货信息写入商品库，增加相应商品在架数。

② 在架管理。对在架商品进行数量和金额的统计与管理。

③ 出库发货。按照销售订单调拨出库，派车发货。

④ 销售数据统计。例如，以商品为单位，统计日销售数量及金额等情况；按照部门或商品类别，统计商品销售情况；按照各种不同促销手段产生的效果，统计商品的销售情况；按照商品的规格和花色，统计商品销售情况等。

⑤ 销售报表分析，包括商品销售排行分析及商品获利率分析等。

(4) 决策支持子系统

决策支持子系统在运筹学模型的基础上通过数据挖掘工具对历史资料进行多角度、立体的分析（如采购分析、库存分析、销售分析、财务分析、质量分析、人事结构分析等），实现对企业中的人力、物力、财力、客户、市场、信息等各种资源的综合管理，为企业管理、客户管理、市场管理、资金管理等提供科学决策的依据，从而提高管理层决策的准确性和合理性。

小　　结

物流信息是反映物流各种活动内容的知识、资料、图像、数据、文件的总称。物流信息伴随着物流活动产生，是物流活动各个环节的桥梁和纽带，对整个物流起着支持和保障作用。物流信息除了具备信息的一般特征之外，还具有信息量大、分布广、更新速度快、种类多、信息趋于标准化的特点。

在物流领域中应用信息技术，可以使企业降低物流成本，提高物流运作效率和对市场反应的灵敏度，从而更好地满足客户的需求，增强企业的核心竞争力。常用的物流信息技术主要包括信息采集技术、地理分析与动态跟踪技术、物流自动化技术及智能物流技术。

物流信息系统是企业信息化的基础，可以帮助企业提高物流效率、降低物流成本、保障物流安全、提升物流品质。订单管理系统、仓储管理系统和运输管理系统是三种主要的物流业务信息系统，这些信息系统通过特定的功能模块协同完成任务，帮助实现物流业务的信息化、标准化、精确化和高效化。

关键词

物流信息（Logistics Information）　　物流信息系统（Logistics Information System）
订单管理系统（Ordering Management System）　　仓储管理系统（Warehouse Management System）
运输管理系统（Transportation Management System）

思考与练习

1. 选择题

（1）物流信息按管理层次不同可以分为战略管理信息、战术管理信息、（　　）和操作管理信息。

　　A. 控制及作业信息　　　　　　　　B. 知识管理信息
　　C. 支持信息　　　　　　　　　　　D. 统计管理信息

（2）（　　）不是物流信息的特征。

　　A. 时效性强　　　　　　　　　　　B. 信息量大
　　C. 更新快　　　　　　　　　　　　D. 来源单一

（3）物流信息按（　　）不同可分为计划信息、控制及作业信息、统计信息、支持信息等。

　　A. 信息领域　　　　　　　　　　　B. 信息加工程度
　　C. 信息的功能和作用　　　　　　　D. 活动领域

（4）（　　）不属于物流信息系统的层次。

　　A. 管理决策层　　　　　　　　　　B. 基础作业层
　　C. 知识管理层　　　　　　　　　　D. 计划控制层

（5）条码技术属于（　　）。

　　A. 信息交换技术　　　　　　　　　B. 信息采集技术
　　C. 动态跟踪技术　　　　　　　　　D. 物流自动化技术

（6）（　　）不是RFID技术的应用领域。

　　A. 高速公路自动收费　　　　　　　B. 人员识别与物资跟踪
　　C. 生产线自动控制　　　　　　　　D. 车辆跟踪

（7）GIS是指（　　）。

　　A. 全球定位系统　　　　　　　　　B. 电子数据交换
　　C. 地理信息系统　　　　　　　　　D. 物流管理信息系统

（8）GPS的卫星数目是（　　）颗。

　　A. 30　　　　　　　　　　　　　　B. 28
　　C. 24　　　　　　　　　　　　　　D. 21

（9）（　　）不是自动分拣系统的构成装置。

　　A. 识别及控制装置　　　　　　　　B. 存取装置
　　C. 输送装置　　　　　　　　　　　D. 分拣道口

（10）（　　）不属于流通企业物流信息系统的业务子系统。

A. 库存管理子系统　　　　　　　　B. 采购管理子系统
C. 生产管理子系统　　　　　　　　D. 销售管理子系统

（11）对物流流程进行计划、调度和控制属于（　　）。
A. 基层作业层　　　　　　　　　　B. 数据作业层
C. 计划控制层　　　　　　　　　　D. 管理决策层

（12）（　　）不属于仓储管理系统的核心功能。
A. 入库管理　　　　　　　　　　　B. 销售管理
C. 出库管理　　　　　　　　　　　D. 盘点查询

（13）运输信息系统可以提供（　　）。
A. 在途货物情况　　　　　　　　　B. 库存数量
C. 货物质量　　　　　　　　　　　D. 配送成本

2. 简答题

（1）什么是物流信息？
（2）简述物流信息的特点和作用。
（3）企业物流信息管理包含哪些内容？
（4）企业物流信息的作用是什么？
（5）物流信息技术包括哪些内容？
（6）简述全球定位系统的主要功能。
（7）简述物流大数据的关键技术。
（8）简述物流信息系统的构成。
（9）简述仓储管理系统的主要功能模块。
（10）试述生产企业物流管理系统的功能。

3. 案例分析题

麦德龙射频识别技术智造"未来商店"

【拓展视频】

1. 麦德龙"未来商店"情况

麦德龙是世界零售商巨头之一，业务范围遍及全球 30 多个国家和地区。麦德龙拥有 Kaufhof Galleria 百货商店、麦德龙现购自运批发连锁店、Extra 和 Real 食品店、Media Market 消费电子卖场及 Praktiker——麦德龙的家居装饰店等多个品牌。

2003 年起，通过与消费品、信息技术及服务业领域代表性厂商合作，麦德龙集团创立了 Future Store Initiative（未来商场计划），在德国杜伊斯堡市的郊区建造了一家基于射频识别技术的"未来商店"——莱茵博格。在该商店内，射频识别技术适用的范围很广泛，其中包括：从内部货物接收到仓库实时库存管理，利用固定式读取器与便携式读取器实时跟踪；显示服饰配搭的智能镜子、配备屏幕的智能货架；显示服装尺码与式样；于通道内快速扫描货架上的产品，即可知道所有产品资料；采用射频识别技术，提高付款的效率。莱茵博格成功地应用射频识别技术追踪从供应商到仓库、配送中心和商店的货品，开展形成一个创新、以客户为中心的射频识别项目，提高了运营效率和顾客的购物体验。

2. 射频识别技术在商店的应用分析

（1）智能购物车

麦德龙的智能购物车在置物篮的底盘上安装了射频识别读取器，而在每一个商品上都贴有记录了这个商品关键信息的射频识别标签。当这个商品被放入购物车的时候,射频识别标签中的信息就直接被读取,并显示在购物车附带的显示器上。

顾客推着购物车进入或走出商场,商场入口处的读取器能够告诉商场经理有多少购物车进入或走出商场。根据这些读取的数据,商场可以决定开通多少条结账通道。

（2）智能货架

智能货架可以读取和记录现场货架上的商品数量,当货架上只剩下一两件商品时,货架会自动生成信息,通知商场售货员的移动终端及时补充,从而减少商品的脱销。同时,售货员也可以通过终端了解商品的库存情况。如果库存数量少,系统会自动生成订单,并通知该商品的供货商。供货商收到订单后,可以及时发货补充库存。而供应商发出的货物又通过仓板上的射频识别标签,将信息同时传输到商场的管理系统中,并通知售货员。

（3）自助销售终端

顾客从货架上取下一瓶白葡萄酒,当走到货架尽头时,只要把酒瓶上的射频识别标签在自助销售终端上扫一下,不但可以看到这瓶酒的品名、产地、年份、酒精度等常规信息,还会看到一份"厨师的建议",告诉你适合与这瓶酒搭配的菜肴,并且详细介绍这道菜的制作方法。

（4）自动结账系统

在商场出口处,射频识别读取加快了结账流程。当顾客推着装满商品的购物车通过装有射频识别读取设备的支付通道,带有射频识别标签的商标由扫描器将整车货物一次性扫描,每一件商品的价格会同时被获取、核算总价、打印账单,并且直接从顾客的信用卡账户中扣除。

（5）进出货物

麦德龙的商场和配送中心都装备了射频识别门,每一件进出仓库的货物仓板都贴有射频识别标签。当货物到达麦德龙的商场时,工作人员就会把货物托盘从卡车上搬下来,通过商场后面入口处射频识别大门进入商场。每个托盘和包装箱储存在芯片里的数据都被读取,所有的货物则都会被登记为"收到",然后商场的工作人员就会把收到的货物和订单进行对比。送来的货物被放置在商场后面的存货间里,每一个存货位也都装有一个电子标签,货物经过扫描进入商场的商品管理系统。

资料来源：[2020-01-06]. http://www.chinawuliu.com.cn/information/201108/04/165286.shtml.

分析：

（1）结合案例,分析射频识别技术对销售商的作用。

（2）通过该案例,谈谈射频识别技术给现代物流业的发展带来的影响。

（一）

实训项目： 连锁企业物流信息管理系统调研。

实训目的： 通过实训,调研连锁企业物流信息管理现状及存在的问题。

实训内容：了解连锁企业物流信息系统开发流程及应用情况，针对存在的问题提出相应对策。

实训要求：将学生进行分组，在教师指导下进行调研，完成实训调研报告。

（二）

实训项目：某大型生产企业物流管理信息系统和物流信息技术应用情况调研。

实训目的：通过实训，了解该企业物流管理信息系统和信息技术的应用情况，分析信息系统和物流信息技术的应用给企业带来的益处。

实训内容：调研当地的一家大型生产企业，了解该企业物流管理信息系统和信息技术的应用情况。

实训要求：将学生进行分组，在教师指导下进行调研，分析该企业物流信息系统的功能和体系结构；物流信息技术应用的种类和应用范围，进行效益分析，完成调研分析报告。

第 9 章　企业物流项目管理

【本章教学要点】

知识要点	掌握程度	相关知识
企业物流项目管理的特殊性	了解	管理需求的个性化，过程的协同化，资源的服务化，团队的专业化
企业物流项目的策划与评价	掌握	企业物流项目的可行性研究、评价及不确定性分析
企业物流项目的实施计划	重点掌握	时间进程计划，沟通计划，质量计划，资源与费用计划，风险管理计划
企业物流项目的组织	掌握	项目组织的基本类型
企业物流项目的控制	掌握	进度控制，质量控制，成本控制，风险控制
企业物流项目招标与合同管理	基本掌握	招标方式，合同的终止及变更，合同纠纷
企业物流项目的现场管理	基本掌握	现场管理要素及现场管理内容

【本章能力要求】

能力要点	掌握程度	应用能力
企业物流项目的策划	掌握	企业物流项目的实际编写
企业物流项目的评价	掌握	财务评价、经济评价及社会评价指标体系的构建及运用
企业物流项目的实施计划	掌握	项目实施计划的制订及调整
企业物流项目的控制	掌握	项目控制的策略及方法选择
企业物流项目的招标	基本掌握	招标文件编制及招标流程
企业物流项目的合同管理	基本掌握	合同终止、变更，纠纷的管理
企业物流项目的验收	基本掌握	项目验收的基本实现过程

【本章知识架构】

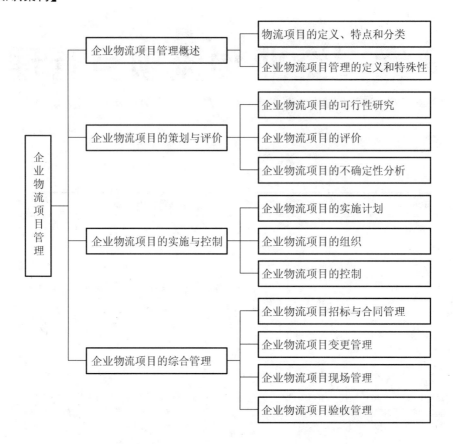

导入案例

施多特公司的物流服务项目

德国的施多特公司主要从事运输及运输代理、旅游、仓储及技术服务等业务，在其经营的物流领域属于典型的第三方物流经营者。施多特公司员工只有3 000人，年营业额却达4亿马克，在国内设有40多个分公司。分析和总结施多特公司成功经营物流服务的经验，其秘诀之一是利用自己的运输与仓储优势，为用户设计物流服务项目。

例如，施多特公司与奥宝汽车公司进行的合作，施多特公司按照奥宝汽车公司凯萨劳腾分厂生产的特点，投入1 300万欧元设计建造了一座面积达9 000平方米的仓储中心。仓储中心负责零配件集散，主要工作是对从协作厂运来的零配件进行验收、存储等后勤保障工作。凯萨劳腾分厂的协作厂、供应商达300余家，与交货有关的服务都交由仓储中心负责。仓储中心收货后将零配件重新包装并装入特制的箱内，通过运载工具送到工位，由工人组装车辆。奥宝汽车公司凯萨劳腾分厂的仓储中心对供货有严格的要求。由于生产和业务运作都由电子计算机相互连接成网进行控制作业，所以，当奥宝汽车公司凯特劳腾分厂的电子计算机发出指令后，仓储中心2小时左右就会供货到位，衔接非常紧密，从未出现过差错。生产厂家使用这样的物流服务系统后，可以专门致力于组装式生产，而不需要自己建立耗资巨大的仓库，仓储及配送业务均由物流企业为之服务。供需双方各自专业化经营，在互为依存中，彼此都得到益处。

资料来源：[2020-01-06]. http://www.stute.de/en/company/history/20110311/230488.html.

思考：

(1) 施多特公司为奥宝汽车公司提供了哪些项目服务？

(2) 在合作当中为保证项目服务质量，需要采取哪些控制手段？

物流项目管理是物流管理与项目管理的创新式结合，它作为物流管理与创新的一种重要方式，既能从微观层面上降低物流过程成本，改进企业的物流运作效率并提升客户满意度，又可以在宏观层面上提高国家或整个地区的物流竞争能力。物流项目管理作为社会和企业物流实践的重要组成部分，在现代物流业的快速发展过程中扮演着越来越重要的角色。

9.1 企业物流项目管理概述

【拓展知识】

9.1.1 物流项目的定义、特点和分类

当前，物流项目作为物流业发展和物流企业组织创新的基本单元，已成为一个国家、地区和企业组织快速发展的重要支柱。物流项目作为动态多变环境中的创新载体，正逐渐成为企业战略实施和调整的重要手段。

1. 物流项目的定义

作为服务业中的新兴复合型产业，物流业的发展空间巨大。为实现物流业创新性发展，人们对物流过程中的项目数量和质量的关注程度也越来越高，既包括物流"硬件"设施的建设项目，如物流园区、物流配送中心、自动化仓库的建设等，也包括物流"软件"规划与咨询项目，如地区物流业的相关发展规划的制定。

物流项目是指在一定的资源和环境约束条件下，为实现某一特定的物流目标而设定的一次性系列任务。例如，考虑如何将物联网、云计算、大数据等新兴信息技术纳入物流过程中，进而提供一项全新的物流服务或物流产品；在这种新兴信息技术环境下如何实现对原有物流组织结构的改变；企业组织对现有物流设备及物流技术的更新升级；新的物流配送中心的修建，以及与此相关的物流人员的配置等。

物流项目与其所服务的整体项目相互依赖、相互制约。首先，整体项目给出了物流项目运行的整体框架，决定了物流项目的具体要求及项目内容；其次，物流项目的具体运行状况又很大程度决定了整体项目的执行效率及质量，对整体项目的成败起到关键作用。

2. 物流项目的特点

物流项目既具有项目的一般特性，又具有物流本身的独特性。总体来说，物流项目的特点可以归纳为以下几个方面。

(1) 物流项目活动的伴随性

物流是流通领域的主要构成部分，物流项目广泛存在于社会经济活动的诸多方面，它既存在于人们的社会生活中，又是企业经济活动的重要组成部分，在军事活动中也扮演着至关重要的角色。任何社会经济活动都伴随着物流的发生，也都需要物流项目的管理。

(2) 物流项目管理的集成性

任何物流项目的建设及具体运营均涉及众多的利益相关者，既包括企业的不同部门，也包括政府、项目投资者及社会公众等。除此之外，物流项目往往需要不同行业、不同地区之间的协调运行，这就需要在综合不同利益相关者的前提下，对物流项目进行集成性的管理：一方面需要对物流项目的造价、工期、质量等要素进行集成性管理，另一方面也需要对物流项目具体实施过程中的确定性事件及不确定性事件进行集成性管理，以实现多部门、多行业、多智能、多项目及多技术的联动。

(3) 物流项目内容的物理特性

物流项目的主要内容是物理实体在时间和空间上的转移，其中也包括一些对物理实体所进行的包装加工及保管存储等方面的活动内容，但最主要的还是将对应物理实体从生产经营的一处搬运到另一处所进行的加工处理或保存等。因此，物流项目的最终效益通过物理实体的时间或空间效用而体现出来，并不通过实物的形式而存在。

(4) 物流项目实施环境的动态开放性

市场需求的复杂多变，需要多领域的行为主体共同参与以满足客户的多样化需求。同时，由于社交软件在物流过程中的广泛应用，越来越多的社会公众可以参与到物流过程中，这就造成物流项目所处环境的动态开放性，也一定程度提高了物流项目的不确定性。

(5) 物流项目的其他特征

除上述特征之外，物流项目还有一些其他特征，如物流项目一般具有创新性和风险性，二者之间相互影响且相互关联；物流项目由于实施周期比较长，因此需要投入较高的人力、物力及财力等宝贵资源，但物流项目一旦落成，又很难更改，体现出不可再造性；物流项目的具体实施需要跨行业、跨地区的协同合作，项目组织具有一定的临时性和组织开放性。

小思考

在物联网及云计算等新兴信息技术与物流过程深度融合的背景下，没有实物资产的物流服务项目会表现出哪些特点？

3. 物流项目的分类

根据不同的参照标准可以对物流项目进行不同种类的划分。物流项目按照项目内容不同可以分为仓库项目、配送项目、物流加工项目等；按照客户类型不同可以分为企业物流项目、社会物流项目；按照物流涉及的区域不同可以分为国际、国内、城际、市内等不同物流项目；按照物流对象不同可分为一般货物、特种货物、液态货物、散货物流项目等；按照物流实施主体与物流项目的关系不同可以分为自营项目、第三方物流项目、物流咨询项目；按照物流业务的范围不同可以分为物流工程项目与物流服务项目等。

9.1.2 企业物流项目管理的定义和特殊性

企业物流项目是把企业作为客户而开展的一系列专门物流任务,是指为某一个或若干个客户企业所提供的物流服务项目,它是企业开展物流活动的重要组成部分。企业物流项目可以由企业自营完成,也可以交由第三方进行,如宝供物流为宝洁公司提供日用品国内配送项目。

1. 企业物流项目管理的定义

企业物流项目管理是针对企业相关物流项目而开展的一系列管理实践活动,是综合运用项目管理及物流与供应链管理的相关理论、方法与技术,以实现对企业物流项目的计划、组织、指挥、协调及控制,实现企业不同物流项目活动之间的协同与配合,以达到降低企业物流成本、提高企业物流效率和经济效益的目的。

2. 企业物流项目管理的特殊性

企业物流项目管理的核心内容就是要创造和保持开放灵活的组织环境和平台,在这个环境和平台下企业的各项物流任务能够得到有效的实施和管理。因此,企业物流项目管理也具有其自身的特殊性,具体如下。

(1) 项目管理需求的个性化

与一般的物流项目环境不同,企业物流项目要根据企业自身的特殊需求进行设计和执行。互联网技术的发展与应用拉近了企业与客户之间的距离,使得企业更加关注客户的个性化需求。按照客户的个性化需求进行物流项目的设计与实施,需要使用专门的程序和方法实现对企业物流项目的个性化管理。

(2) 项目管理过程的协同化

现代物流系统的竞争是整个物流价值链上的网络竞争,企业不再是单独的行为主体,需要整合全球范围内的优势资源促进企业物流系统的高效率运行,以最低的成本和最优的质量实现企业物流项目的实施。企业需要通过物流价值链的横向集成和企业内部的纵向集成,以协同管理的思想实现与企业物流资源的有效整合与运用。

(3) 项目管理资源的服务化

随着云计算等新兴信息技术在物流过程中的应用,企业所拥有的物流设备、仓库、配送中心等都能以功能单元的形式,在云物流共享平台上,以虚拟化服务的方式参与到企业物流项目的具体实施过程中,通过云物流平台形成价值网络,以协同化物流服务提高企业物流能力,完成相应的企业物流项目。

小思考

> 牛鞭效应是营销过程中的需求放大现象,主要是由于供应链上的信息传递误差引起的。那么随着云计算等共享信息技术在物流过程中的应用,信息及资源的服务化会不会减少牛鞭效应的出现?试说明理由。

(4) 项目管理队伍的专业化

由于企业物流项目涉及的范围比较广,除了项目技术性的内容之外,在企业物流项目的策划与设计中，还需要法律、经济等多领域的专业知识。因此，除了需要经验丰富的项目管理专家之外，企业物流项目在具体的运作过程中还需要特定的具有财务及法律等知识的专业人士。一专多能的复合型人才是企业物流项目管理最合适的人选。

综上所述，随着新型信息技术的发展及其与物流过程的深度融合，企业物流项目管理正在向着全球化、协同化、服务化的方向发展，更加注重多主体协同的价值创造过程，且准确地获得客户的个性化物流需求，并以低成本实现个性化物流服务是企业物流项目管理的主要目标。

9.2 企业物流项目的策划与评价

企业物流项目的策划是指一个企业物流项目由最初的构思到最终正式立项批准的过程，它处在整个企业物流项目的孕育阶段。企业物流项目不同阶段的用时、投资及对项目的影响如图9.1所示。可以看出，对整个企业物流项目来说，虽然耗费在策划阶段的时间和费用所占比重并不大，但对整个项目的后续实施起到至关重要的作用。它给出了企业物流项目实施的原因，并从政策、经济、环境及技术等维度论证了项目的可行性，并提出了企业物流项目实施的总体目标、思路和规划，为项目的后续执行指明了方向，是决定企业物流项目命运的关键时期。

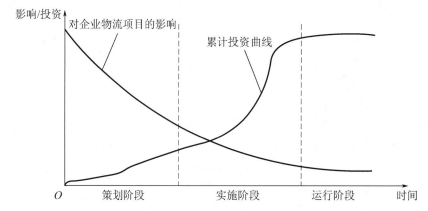

图 9.1　企业物流项目不同阶段的用时、投资及对项目的影响

9.2.1　企业物流项目的可行性研究

企业物流项目的可行性研究是企业物流项目前期策划的一项重要内容。企业物流项目一般都会涉及大型的工程建设项目，依据我国法律及国际惯例，必须进行可行性研究。企业物流项目的可行性研究是在投资决策前对拟建的物流项目进行全面的环境、经济和技术论证，为企业物流项目的投资决策和实施提供科学的依据。

1. 企业物流项目可行性研究的概念

企业物流项目的可行性研究主要是指企业分别从技术的先进性和适用性、经济的合理性和赢利性、环境的安全性和生态性、项目实施过程中的可能性和风险性等多个方面，对拟实施的企业物流项目进行全面科学合理的综合性分析，为项目决策提供客观依据进而开展的一种分析研究活动,是企业物流项目正式立项的决策基础。一般来讲,完备可靠的资料数据是进行企业物流项目可行性研究的重要保障,同时也需要借助一些先进的技术方法,并配备相应的物流人才及资金等条件,以回答以下问题。

(1) 开展该企业物流项目的必要性体现在哪里?
(2) 企业是否具备了实施该物流项目所必备的技术条件?
(3) 该物流项目能为企业创造多大利润?在经济上是否具有生命力?
(4) 该企业物流项目会产生哪些外部效应?对社会及周边环境是否有益?
(5) 企业需要投入多少资金才能保证物流项目的顺利完成?筹资渠道又是什么?
(6) 该企业物流项目的建设周期是多长?
(7) 企业需要配备多少资源以保证该物流项目的正常运行?
(8) 该企业物流项目在具体实施过程中会有哪些风险?企业如何规避这些风险?

2. 企业物流项目可行性研究的作用

企业物流项目的可行性研究对于企业物流项目的成功与否具有极其重要的作用,主要体现在以下几个方面。

(1) 它为企业是否开展对应的物流项目提供了决策依据。
(2) 它为企业物流项目的资金筹措提供了立项依据。
(3) 企业可以依据物流项目可行性研究结果进行相关许可文件的申请和审批。
(4) 企业可以据此与相关利益者进行相关合同及协议的签订。
(5) 它是企业开展整个物流项目活动的工作安排依据。
(6) 它为企业对物流项目的考核评估提供了参考标准。

3. 企业物流项目可行性研究的一般步骤

企业物流项目的可行性研究是一个持续的动态过程,它主要包括六个步骤,如图9.2所示。

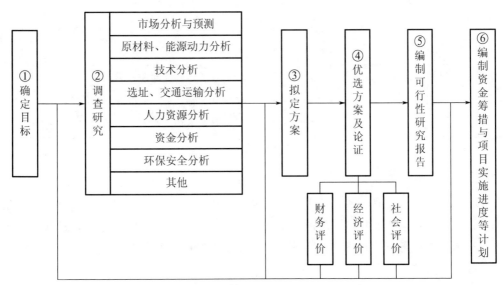

图9.2 企业物流项目可行性研究的工作过程

(1) 确定企业物流项目的可行性研究目的及范围。
(2) 收集与该物流项目相关的数据资料，并进行分析。
(3) 拟订多个可行且具有相互替代性的方案。
(4) 对上述不同方案进行比较分析论证，选择出最优的可行方案。
(5) 依据选出的最优方案编制企业物流项目的可行性研究报告。
(6) 编制资金筹措与项目实施进度等计划。

4. 企业物流项目可行性研究报告的主要内容

不同企业的物流项目可行性研究报告可能会根据客户的不同需求而具有一定的差异性，但其主要内容如表9.1所示。

表9.1 企业物流项目可行性研究报告的主要内容

报告条目	内容说明
总论	企业物流项目背景、概况及存在的问题与建议
物流产品或服务的市场需求	近期国内外物流市场需求状况、对未来市场的需求预测与分析
项目选址	选址所涉及的资源、基础设施、技术、地理及社会人文环境等分析
建设规模及技术方案	项目建设规模及所涉及的物流技术、工程技术和设备技术等方案
原材料、燃料供应	获取渠道、供应商情况、价格及运输存储等
节能	项目的能源指标体系、节能措施及单项节能工程等
环境影响及保护	选址环境状况分析、项目所采用的环境保护及治理方案、环境评价等
组织机构、人员及培训	机构设计原则、组织制度、工作形式、人员类别、工资福利待遇及培训等
建设方式及进度计划	确定各阶段所需要时间、编制进度计划表
投资估算及资金筹措	筹措资金来源、固定资产及流动资金配置方案、投资效益分析等
项目经济评价	微观经济评价（企业财务）、宏观经济评价（国民经济）
项目社会评价	社会影响分析、社会适应性分析等
风险分析	风险评估、风险防范等
综合评价结论及建议	企业物流项目的全面分析评价、存在问题分析及改进建议等
附件和附图	必要的相关文件和图表说明，如环境影响报告、营业执照等
其他	项目在实施过程中需要说明的其他内容，如安全、卫生、消防等

9.2.2 企业物流项目的评价

企业物流项目评价是企业物流项目可行性研究中的重要组成部分，它是结合企业所处环境及发展规划，从企业物流项目的角度出发，通过数据采集及资料收集，进行相关的研究分析，为项目的可行性及后续的实施开展给出综合性的判断分析。

1. 财务评价

企业物流项目的财务评价是指通过对物流建设期和运营期内财务资料和数据的收集、

分析和预测，识别物流项目生命周期内的收益和费用，编制物流项目的各类财务报表，选取合适的财务评价指标，对物流项目的财务效益及财务风险进行分析和评价，为物流项目的投资、融资、资金使用和平衡及物流项目方案选择提供依据的评价方法和过程。企业物流项目的财务评价是企业进行物流项目投资决策的基础，企业可以依据财务评价结果实现对物流项目赢利能力的有效衡量，为企业协调不同企业主体之间的相互利益提供决策依据。

（1）企业物流项目财务评价的基本步骤（图9.3）

① 费用及收益识别。费用主要包括物流项目开展过程中需要投入的固定资产、无形资产、经营成本及相关税费。收益主要是指物流产品及服务所带来的企业收入及补贴等。

② 基础财务报表编制。企业基础财务报表内容与一般企业财务报表相类似，包括投资估算表、投资计划与资金筹措表、现金流量表、资产负债表等。

③ 资金规划。通过统筹考虑资金来源、资金结构、财务风险及企业偿还能力，对企业现有的物流项目资金进行合理安排，以实现资金效益的最大化。

④ 财务效果计算。主要从整体投资和自有资金两个维度对企业物流项目进行相关的财务效果评价。

⑤ 不确定性分析。主要借助盈亏平衡分析和敏感性分析等技术手段，对企业物流项目的市场适应能力和抗风险能力进行分析说明。

⑥ 编制财务评价报告，给出企业物流项目的综合性财务评价分析。

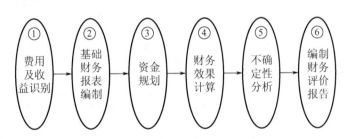

图9.3 企业物流项目财务评价的基本步骤

（2）企业物流项目财务评价的指标体系

为保证企业物流项目财务评价结果的有效性，首先要保证所收集数据的真实可靠性，其次，企业在评价过程中所构建的评价指标体系是否科学合理，对评价结果也会产生重大影响。财务评价的指标体系如图9.4所示。

依据是否将时间因素纳入评价过程，评价指标可以分为静态评价指标和动态评价指标两类。静态评价指标可以对企业物流项目进行一个粗略的评价，当企业物流项目的年收益波动不大或者企业物流项目时间跨度较短时，可以采用静态评价指标。如果在不同阶段伴随有较多资金的流入和流出，且企业物流项目的时间收益波动较大时，可采用动态评价指标并借此判断企业物流项目的未来发展方向。一般情况下，在评价一个物流项目时，企业会综合考虑静态评价和动态评价两类指标，以保证评价指标体系的科学合理性。

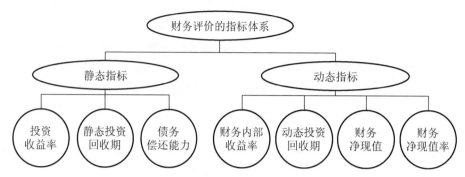

图 9.4 企业物流项目财务评价的指标体系

2. 经济评价

经济评价是从宏观角度对企业物流项目进行效益和费用的考查分析,以促进资源的合理配置。经济评价与财务评价的异同如表 9.2 所示。由表 9.2 可以看出,在某些情况下同一物流项目可能会因为企业所采取的不同评价方式而产生完全相反的结果,因此在实际的评价过程中,企业应综合考虑宏观与微观两个不同层面,以实现对物流项目的合理评价。

表 9.2 经济评价与财务评价的异同

比较维度		财务评价	经济评价
相同点		基于基本的经济理论和评价方法,追求投资最小化和利润最大化	
		需要在完整的业务流程分析的基础上进行	
不同点	评价层次	从企业或项目等微观层面	从地区、国家等宏观层面
	费用及效益的界定	企业实际发生的收支费用	社会资源与效益
	所采用的价格	现行价格	影子价格
	主要评价参数	官方汇率和行业基准收益率	影子汇率和社会折现率

(1) 企业物流项目经济评价的基本步骤

一般来讲,企业物流项目的经济评价主要包括以下内容,如图 9.5 所示。

① 从国民经济宏观角度对企业物流项目的费用及收益进行识别和划分,考查企业物流项目对社会经济发展的影响,以及对国家资源合理利用的影响。

② 对计算企业物流项目效益及费用所涉及的经济价格等相关参数进行分析。其中,确定影子价格是企业物流项目经济效益分析中的主要内容。

③ 依据影子价格对企业物流项目的效益及费用进行调整,依据已经确定的影子价格重新计算物流项目的经济价值,并进一步鉴定分析所调整的内容是否科学合理。

④ 编制经济评估报表,主要包括现金流量表,如果物流项目涉及外资项目,还需要编制相对应的经济外汇流量表。

⑤ 计算企业物流项目的经济效益指标,主要包括企业物流项目的经济赢利能力及外汇效果等方面的评估。

⑥ 不确定性分析，主要借助盈亏平衡分析和敏感性分析等方法，对企业物流项目的经济可靠性和抗风险能力进行分析评价。

⑦ 结论与建议。给出企业物流项目综合性的经济评价，就评估中所反映的问题进行说明并给出相关建议。

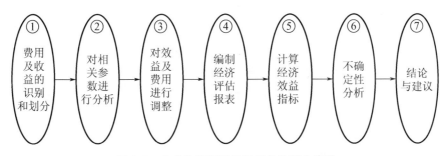

图 9.5　企业物流项目经济评价的基本步骤

(2) 企业物流项目经济评价指标

① 经济净现值（Economic Net Present Value，ENPV），是指按照社会折现率将计算期内各年的经济净效益流量折现到建设期初的现值之和。其计算公式为

$$\text{ENPV} = \sum_{t=1}^{n}(B-C)_t(1+i_s)^{-t}$$

式中，B 为经济效益流量；C 为经济费用流量；$(B-C)_t$ 为第 t 年的经济净效益流量；i_s 为社会折现率；n 为计算期。

② 经济内部收益率（Economic Internal Rate of Return，EIRR），是指项目在计算期内净效益流量的现值累计等于零时的折现率，它表示项目占用资金所获得的动态收益率。其计算公式为

$$\sum_{t=1}^{n}(B-C)_t(1-\text{EIRR})^t = 0$$

③ 经济效益费用比（R_{BC}），是指在计算期内效益流量的现值与费用流量的现值比率，是经济费用效益分析的辅助评价指标。其计算公式为

$$R_{\text{BC}} = \frac{\sum_{t=1}^{n}B_t(1+i_s)^{-t}}{\sum_{t=1}^{n}C_t(1+i_s)^{-t}}$$

式中，R_{BC} 为效益费用比；B_t 为第 t 期的经济效益；C_t 为第 t 期的经济费用。

3. 社会评价

企业物流项目的社会评价是指通过系统的调查分析，对拟实施的企业物流项目所产生的社会影响及社会效益进行评价分析，以判别企业物流项目的社会适应性和社会可接受程度，计算企业物流项目的社会可行性，以规避物流项目在实施过程中的社会风险，促进物流项目的顺利进行，进而维护社会稳定。

(1) 企业物流项目社会评价内容

企业物流项目的社会评价主要包括以下几个方面的内容，如图 9.6 所示。

【拓展案例】

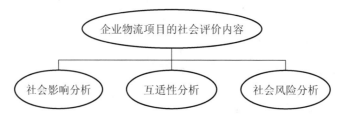

图 9.6 企业物流项目的社会评价内容

① 社会影响分析。主要包括企业物流项目可能会对社会环境及社会经济所产生的影响，一般可以分为正面的社会效益影响和负面的社会成本影响两部分，如表 9.3 所示。

表 9.3 社会影响的基本内容

社 会 影 响	分 析 内 容
对居民收入的影响	收入增加或减少、收入的公平性，以及相关的公平分配的措施建议
对当地生活水平及生活质量的影响	居住水平、人均寿命及当地消费水平及结构
对居民就业的影响	产生多少就业机会，对就业结构的影响
对不同利益相关群体的影响	收益及受损群体的类型及规模，可采取哪些措施对受损群体进行补偿
对弱势群体的影响	主要是对儿童、妇女、老人及残疾人的影响
对地区文化、教育、卫生等的影响	对当地教育水平、医疗卫生水平及人文环境的影响
对基础设施建设及城市化进程的影响	对当地社会基础设施的占用及影响等
对当地风俗习惯及宗教的影响	是否充分考虑了当地的风俗习惯，会不会产生民族及宗教矛盾等

② 互适性分析。主要考查分析企业物流项目与当地社会环境的相互适应性，是否符合当地的社会人文环境要求，当地政府及居民对企业物流项目的支持程度。

③ 社会风险分析。主要对可能影响企业物流项目实施的社会因素进行识别分析，并对可能因此产生的社会影响进行预测，并采取与之相适应的措施。

(2) 企业物流项目社会评价方法

企业物流项目的社会评价主要是以定性分析为主，以下是几种常见的社会评价方法。

① 有无比较分析法。首先分析在没有相应企业物流项目前提下的当地社会现状，然后预测分析项目建成后对该地区的社会影响，通过对二者的比较分析，识别出企业物流项目对社会的影响。

② 逻辑框架分析法。基于逻辑因果关系，分析物流项目在实施过程中的一系列过程变化，找出与之相关联的社会条件，以此为依据来评价进而改善企业物流项目的实施方案。

③ 相关利益群体分析法。识别并划分出与企业物流项目相关的利益相关者群体，包括受益群体、受损群体和政府及非政府组织，依据不同利益相关者群体的重要程度对企业物流项目进行社会评价。

9.2.3 企业物流项目的不确定性分析

由于企业物流项目的实施周期一般都比较长，在此期间物流项目难免会受到来自市场、社会、自然及政治等诸多方面的影响，因此，为保证企业物流项目的顺利进行，需要在可行性研究过程中对企业物流项目进行不确定性分析。

1. 企业物流项目不确定性产生的原因

现实当中造成企业物流项目不确定性的因素主要有以下几个方面，如图9.7所示。

(1) 政策变化。国家的法律法规及相关政策都会在一定程度上影响物流项目的经济效益，如税收制度、价格体制等；此外，外国政府的一些对华贸易政策也会在一定程度上影响到与企业相关的进出口物流项目。

(2) 市场波动。客户需求的变化，物价波动（如煤炭、石油等燃料价格的变化），以及人力资源价格的变化都会在一定程度上为企业物流项目带来不确定性。

(3) 科学技术发展。现阶段以物联网、云计算、大数据等为代表的新兴信息技术发展速度迅猛，但企业物流项目的周期一般都比较长，

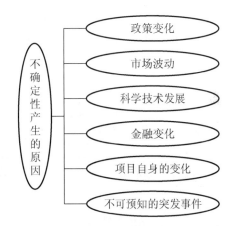

图 9.7 企业物流项目不确定性产生的原因

这就会使企业原采用的技术及工艺提前老化，在一定程度上会降低企业物流项目的经济效益。

(4) 金融变化。例如，汇率的变化，会对与外汇有关的企业物流项目带来一定的影响。

(5) 项目自身的变化。企业物流项目自身的工期延长、经营资金的变动及债权结构的变化，都会影响到物流项目的实施。

(6) 不可预知的突发事件，如地震、海啸及战争等。

2. 企业物流项目不确定性分析的含义及作用

【拓展视频】 【拓展案例】

对企业物流项目进行不确定性分析，目的在于衡量项目在开展过程中所产生的经济效益波动范围，进而提高企业物流项目决策的科学合理性。企业物流项目不确定性分析的作用主要体现在以下几个方面。

(1) 明确不确定因素对企业物流项目的影响范围，可以较为准确地衡量出企业物流项目经济效益的波动范围。

(2) 确定企业物流项目评估结论的有效范围。

(3) 提高企业物流项目评估结论的可靠性。

(4) 寻找在物流项目效益指标达到临界点时，变量因素允许变化的极限值。

9.3 企业物流项目的实施与控制

完成物流项目的策划与评价之后，企业即会转入项目的具体指导实施，这包括在项目计划范围内的一系列行动规划，涉及项目的时间进度、质量、成本、风险等多方面的具体安排。然而，在项目的具体实施过程中，企业所处的内外部环境和条件又处在实时的动态变化之中，因此需要定期或不定期地对项目的实施进展情况进行检查，以及时识别项目实施过程中出现的偏差，并借助于一定的控制方法和技术，调整项目的执行情况，以保证项目获得成功。

9.3.1 企业物流项目的实施计划

企业物流项目的实施计划是指企业为了完成既定的物流项目目标，借助科学的方法手段对实施过程中所需要的各项工作活动做出合理的系统安排，涉及项目的时间进度、质量、成本、风险及协调管理等方面的统筹规划，为物流项目的具体实施提供依据。

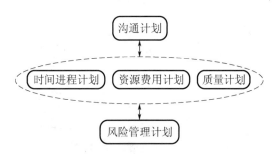

图 9.8 企业物流项目的实施计划

企业物流项目的实施计划一般可分为两大类：核心计划和辅助计划。如图 9.8 所示，时间进程计划确定了项目实施过程不同阶段之间清楚的时间依赖关系，资源费用计划给出了不同阶段的成本估算，质量计划为各阶段的项目成果评价及验收提供评判依据，三者构成了物流项目的核心计划；风险管理计划及沟通计划为保证物流项目计划的顺利实施提供辅助支持。

1. 时间进程计划

时间进程计划是企业物流项目实施计划中的核心计划之一，具有十分重要的地位和价值。它是保证企业物流项目按时完成、实现企业物流资源的合理安排、节约物流成本的重要措施之一。项目时间进程计划编制的基本过程，如图 9.9 所示。

(1) 项目描述，主要是对物流项目做一个总体性概括，为物流项目的计划编制及工作分解提供依据。

(2) 项目分解与活动定义，主要是将总项目细分为若干个可具体操作的工作或活动，并确定与之相对应的活动范围及内容。

(3) 工作描述，是在工作分解的基础上，依据各项物流活动的具体内容及要求，对各项工作进行描述说明，以便于物流活动的实际展开。

(4) 工作责任分配，就是将工作分配到对应的人员，形成工作责任分配表。

(5) 工作排序，是指依据不同物流工作的重要度及其之间的逻辑关系，确定不同物流工作之间的项目依赖关系。

(6) 工作资源估算，就是要确定企业物流项目在实际的实施过程中所需要的资源的种类数量，以及资源的配置规划等。

(7) 工作持续时间估算，是指在一定的环境条件下，企业完成项目任务所需要的工作时间及必要停歇时间之和的估算。

(8) 进度安排，是指在上述工作的基础上编制企业物流项目的时间进程计划。

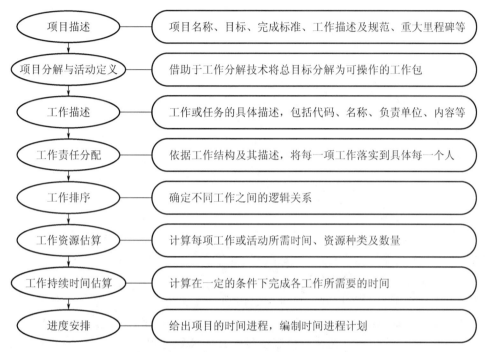

图9.9 项目时间进程计划编制的基本过程

在企业物流时间进程计划的实际编写过程中，可以选择甘特图、里程碑法和网络技术法等不同方法进行编写，但具体选择哪一种方法，还需要根据企业物流项目的规模、复杂程度及项目的紧急程度等多方面进行综合考虑，同时也会受到企业现有的技术力量及专有设备等因素的影响。

 小知识

> 帕累托定律是由意大利经济学家维弗雷多·帕累托于1879年在研究社会财富分配时提出的。帕累托发现占人口比重不大的少数人（20%）的收入占总收入的大部分（80%），而大多数人（80%）的收入只占总收入的很小一部分（20%），即社会财富分布是不均等的。由此，帕累托提出很多情况都是由少数的关键因素所主宰，占总数相对很少的一部分却在总的影响力或价值上占很大一部分比重的原理，也被称为二八定律。企业应意识到"关键的少数和次要的多数"这一原理在物流项目计划制订过程中的选择性作用。

2. 资源费用计划

企业任何项目的开展实施都需要一定的资源，因此在制订企业物流项目计划的过程中，也需要弄清楚实施物流项目所必需的相关资源及数量，以及在实施过程中会发生的费用等，为企业物流项目的成本管理提供依据。

(1) 企业物流项目资源计划内容

企业物流项目资源计划是指企业利用技术方法有效地识别并分析项目在实施过程中的资源需求，进而明晰整个物流项目过程中需要投入的人力、设备、材料、资金等各种资源的种类、数量，以及不同资源的投入时间点，目的是为企业物流项目的资源估算提供指导。简单来说，企业物流项目资源计划主要涉及物流项目在特定时间内需要投入的资源及其数量的计划，如表9.4所示。

表 9.4　企业物流项目资源计划内容

来　　源	所用方法	结　　果
物流工作结构	资源数据表	资源计划说明书
项目进度计划	资源计划矩阵	
历史资料	资源需求甘特图	
项目范围说明书	专家判断法	
项目资源说明书	资源统计法	
组织管理政策和原则	资源平衡法	

(2) 企业物流项目费用计划编制步骤

依据企业物流项目资源计划，可以识别出项目在实施过程中需要的资源种类及其数量，据此可以进行物流项目费用成本计算。一般来说，企业物流项目费用支出根据时间进度呈S状，如图9.10所示。在企业物流项目的具体筹划过程中，科学合理的费用支出是十分重要的，过高的费用支出会带来不必要的资源浪费，而过低的费用支出又会因为资源投入的不足而影响整个物流项目的时间进度及项目质量。因此，合理的费用支出应是在满足项目资源基本需求的前提下，尽可能地减少不必要的浪费。

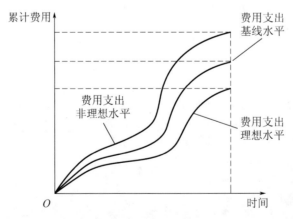

图 9.10　企业物流项目费用支出

通常情况下，企业物流项目费用计划编制包括以下几个基本过程。

① 项目费用预算分配。基于自上而下的原则，依据项目工作的分解结构，将物流项目总费用分配到每个工作包上，进而给出每一个工作包的总费用支出预算。

② 工作包费用预算分配。依据工作包的总费用预算，确定工作包涉及的各项具体工

作活动所需要的费用支出。

③ 编制费用时间安排表。依据时间进度表安排整个物流项目的费用预算时间表,最终形成物流项目总费用支出的累计时间分布。

3. 质量计划

企业物流项目质量计划是指企业依据国家相关的质量标准及行业规范,以满足客户需求为目标所制定的物流项目质量标准及为达到这些标准而进行的安排和计划。在企业物流项目的实际管理过程中,物流项目质量计划关系到整个物流项目的成败与优劣,企业必须加强和重视项目质量的计划工作。

(1) 企业物流项目质量计划内容

一般来讲,企业物流项目的质量计划主要包括以下几项内容,如表 9.5 所示。

【拓展案例】

表 9.5 企业物流项目质量计划内容

维　度	内　容
商品质量	流通加工质量标准,确保商品保质保量地送到客户手中
服务质量	包括交货标准、配送及运输方式、信息提供、索赔及纠纷等
工作质量	各环节、各工种、各岗位的具体工作质量
工程质量	涉及影响物流项目质量的人、体制、设备、工艺方法、环境等各种因素

(2) 企业物流项目质量计划过程

企业物流项目质量计划过程包括以下几个方面,如图 9.11 所示。

① 标准输入。主要是识别出与企业物流项目相关的国家标准及行业规范,将其作为企业物流项目质量计划编制的基础。

② 技术处理。为保证企业物流项目质量并降低物流费用开支,常常会遇到选择何种质量计划方案,常用的质量计划评价方法有成本收益分析法、质量标杆法、流程图法、实验设计法等。

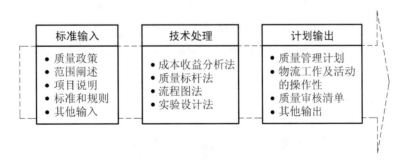

图 9.11 企业物流项目质量计划过程

③ 计划输出。编制企业物流项目质量计划,并给出相关物流工作及活动的操作性说明,以及与之相对应的质量审核清单。

4. 风险管理计划

企业物流项目风险管理就是企业系统的识别、评估、控制和应对风险的形式化工程。一般来讲，造成企业物流项目风险的因素主要有以下几个方面，如表9.6所示。

表9.6 造成企业物流项目风险的因素

影响因素	内容
自然因素	地理条件、气候条件及企业所处的场地条件的变化
社会因素	宗教信仰、社会风俗、人际关系及人员素质等对物流项目的影响
政治因素	国家政治体制、政治事件等
法律因素	法律不健全、有法不依、法治观念薄弱、法律内容变化等
经济因素	市场波动、税务及资金等因素的影响
管理因素	管理者技能、管理方法、管理决策等方面的影响
技术因素	科学技术进步、项目工程管理技术的改进、新材料、新工艺等带来的风险

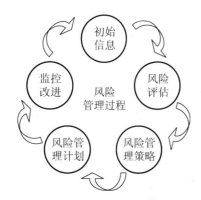

图9.12 企业物流项目风险管理计划的基本步骤

企业物流项目风险是客观存在的，识别了解项目风险，并制订切实可行的物流项目风险计划及应对措施，对保证物流项目的顺利实施并提高物流项目质量具有重要作用。从风险管理的基本过程来看，企业物流项目风险管理计划大致包括以下几个基本步骤（图9.12）：①借助于项目初始信息识别出物流项目的风险，并确定潜在风险的种类及类型；②运用一定的定性和定量方法，对风险发生的可能性大小及其造成后果的严重程度进行评估；③根据物流项目风险后果的分析及确定，制定不同的风险应对措施；④编制企业物流项目风险管理计划，包括物流项目风险管理的目标、任务、程序、责任及措施等一系列内容的详细说明；⑤在整个物流项目风险管理过程中，需要实时地检测和控制，以便及时发现有关问题和风险，将其对物流项目的影响控制在最小范围之内。

5. 沟通计划

企业物流项目的制定及实施往往是多领域、多部门及多人员的协同合作过程，因此为了高效率地实现企业物流项目目标，彼此之间的有效沟通十分重要。

企业物流项目的沟通计划包括对物流项目有关各方面的沟通需求分析，确定其所需要的信息，在什么时间、有什么人员、采取什么样的方式来提供信息。制订企业物流项目沟通计划需要考虑物流项目利益相关者的多样性、物流项目组织的层次特点和物流项目工作分解结构，并说明物流项目沟通的目标、对象、内容、时间、地点、相关技术、信息提供者及沟通的原因等具体内容。

9.3.2 企业物流项目的组织

企业物流项目确定以后,需要构建满足物流项目自身特点要求的组织结构,形成良好的工作团队,以促进企业物流项目的顺利开展。

1. 企业物流项目组织的特点

企业物流项目组织是指企业为完成特定的物流项目而组建的跨部门、跨领域的协同工作团队,是为开展企业物流项目而设计的专门组织,它既包括人员、职位、职责、关系、信息等传统组织结构要素,同时也具有传统组织结构不具备的特点,如表9.7所示。

表9.7 企业物流项目组织特点

特 点	内 容
临时性	生命期依据企业物流项目进行组建、发展及解散
柔性化	机动灵活的组织形式和用人机制带来组织边界的模糊化
协同交互	跨部门、跨领域及多利益主体参与,需要彼此之间的协调沟通以保证项目的顺利开展
开放性	需要借助外部资源降低组织内部的项目风险
团队合作	临时性组织成员往往缺乏一定的组织忠诚度,需要团队合作精神来保证项目组织的工作效率
跨职能	物流项目涉及内容广泛,需要跨领域专业人员的知识技能

2. 企业物流项目组织的结构类型

企业物流项目的组织结构决定了企业在项目实施过程中获得资源条件的方法渠道,以及项目组织所具有的权利义务。不同的组织结构会对企业物流项目的开展实施产生不同影响。企业物流项目的组织结构包括职能型、项目型及矩阵型三种基本结构。

(1) 职能型组织结构

职能型组织结构是按照职能自上而下分层次进行物流项目管理的组织结构,如图9.13所示。运用这种结构进行物流项目组织管理,需要将项目的不同部分交由相对应的企业职能部门进行管理,不同职能部门通过彼此之间的相互协调来实现项目目标。

(2) 项目型组织结构

项目型组织结构是企业设定的独立于职能部门的、专门为企业物流项目服务的组织,如图9.14所示。运用这种组织结构,项目实施过程的所有工作均由项目团队负责,并按照物流项目进行资源配置,而组织内的人事、财务、行政等工作在企业权限范围内进行自我管理。

(3) 矩阵型组织结构

矩阵型组织结构是按照职能型进行纵向管理和按照项目型进行横向管理的综合性组织结构,如图9.15所示。处于该类型结构组织中的人员是由职能部门负责安排,组织成员服从物流项目经理的安排,但其工作又不独立于职能部门之外,是一种临时性的、松散的组织结构形式。

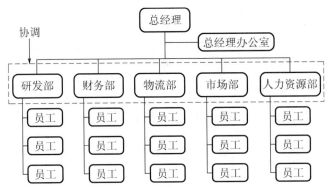

图 9.13　职能型组织结构

【拓展案例】

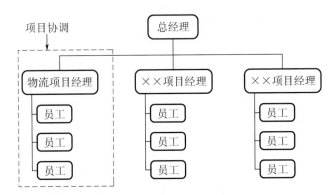

图 9.14　项目型组织结构

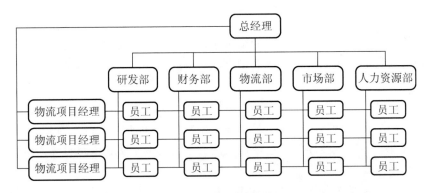

图 9.15　矩阵型组织结构

3．企业物流项目组织结构的选择

企业物流项目组织结构的选择，既受到科学技术水平及社会生产力水平的影响，又受到企业规模、专业化程度等因素的影响。表 9.8 列出了影响企业物流项目组织结构选择的主要因素，企业可以结合自身条件及计划实施的物流项目特点来选择合适的组织结构类型。

表 9.8 影响企业物流项目组织结构选择的主要因素

影响因素	组织结构类型		
	职能型	项目型	矩阵型
风险程度	低	高	高
科学技术	标准	高创新性	复杂
项目复杂度	小	大	一般
项目周期	短	长	一般
成本	低	高	一般
客户类别	多样化	单一	一般
企业内部依赖度	低	高	一般
企业外部依赖度	高	低	一般
对领导者能力要求	一般	高	高

9.3.3 企业物流项目的控制

企业物流项目实施过程中总会因为各种原因，造成物流项目不能按照原有计划进行，进而出现偏差。因此，需要项目管理者及项目成员对物流项目过程进行监督控制，以确保项目计划的顺利进行和项目目标的最终实现。

1. 企业物流项目控制的原则

（1）经济性原则

经济性是指利用有限的资源实现最大化的经济效果，它是企业提高自身经济效益的核心，也是企业物流项目控制的基本原则。

（2）全面性原则

企业物流项目是由一系列的物流环节及物流工程综合组成的复杂系统，因此企业在进行物流项目控制的过程中应遵循全面性原则，即需要在物流项目的实施过程中进行全过程、全方位、全员的监督控制。

（3）目标控制原则

目标控制原则是指管理者应该以企业物流项目目标为依据，对物流项目的开展活动进行约束及指导，以高效率、高质量地实现物流项目目标。

（4）重点控制原则

重点控制原则是指管理者要对企业物流项目的关键过程及活动进行重点控制，并及时将信息反馈给相关部门，以便及时采取有效措施。

2. 企业物流项目控制的过程和内容

企业物流项目控制是一个复杂动态过程，它由多个子控制过程共同构成，不同子控制过程之间相互依赖、相互影响，以保证物流项目的顺利开展。企业物流项目控制各子过程之间的关系，如图 9.16 所示。

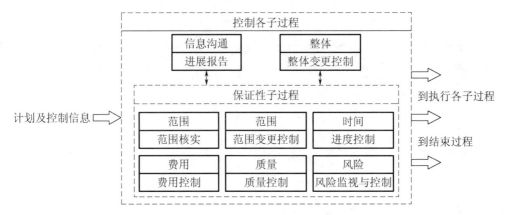

图 9.16　企业物流项目控制各子过程之间的关系

（1）整体变更控制。该过程贯穿于整个项目控制过程。

（2）范围核实。正式认可项目的范围。

（3）范围变更控制。控制项目范围的变更。

（4）进度控制。对项目进度进行监督控制。

（5）费用控制。对项目的费用开支进行监督控制。

（6）质量控制。对具体的项目结果进行监督控制，确保其满足对应的质量标准要求，并找出产生质量问题的原因及解决质量问题或减轻由此造成后果的技术方法。

（7）进展报告。收集项目进展情况的相关信息，将其实时反馈到各相关部门，包括项目进展状态报告、进展测量和预测。

（8）风险监视与控制。识别项目存在的风险，并进行跟踪、监督残余风险，保证项目风险计划的有效执行，评价风险计划实施的有效性。

9.4　企业物流项目的综合管理

9.4.1　企业物流项目招标与合同管理

物流项目招投标是企业参与市场竞争的一种有效方式，企业可以通过这种法律程序实现对交易主体的规范化选择及交易合同的科学制定。物流项目的招投标可以实现企业资源的优化合理配置，提高企业的经济效益。

1. 企业物流项目招标

企业物流项目招标是指招标人在发包物流项目之前，公开招标或邀请投标人，根据招标人意图和要求提出报价，择日当场开标，以便从中择优选定中标人的一种经济活动。

（1）招标方式

按照竞争开放的程度，企业物流项目招标可以划分为公开招标和邀请招标两种类型。一般情况下，企业物流项目应该依据法律程序进行公开招标，如果满足条件需要采取邀请招标的方式，则必须向有关部门进行申请核准。

① 公开招标。此种招标方式为非限制性竞争招标，是招标人以招标公告的方式向所

有满足公开招标资格条件的法人或其他组织发出招标邀请，然后按照法律程序和招标文件对投标人进行公开评价和选择的一种招标方式。公开招标充分体现了招标信息的公开透明性、招标程序的规划性及不同投标主体之间竞争的公平性，可以在很大程度上避免不正当交易情况的发生。

② 邀请招标。此种招标方式为有限竞争性招标，也称选择性招标，是招标人以投标邀请书的方式直接邀请特定的潜在投标人参加投标，并按照法律程序和招标文件规定的评标标准和方法选择中标人的一种招标方式。邀请招标不必发布招标公告或招标资格预审文件，但应该组织必要的资格审查，且投标人不应少于三个。公开招标与邀请招标的优缺点如表9.9所示。

表9.9 公开招标与邀请招标的优缺点

优缺点	招标方式	
	公开招标	邀请招标
优 点	投标人选择范围大，可以从众多候选者中选择价格合理、交货期短、服务周到且信誉良好的投标人； 此种招标方式打破了行业垄断，有助于良性竞争，促进投标人改进服务质量、降低项目成本	可简化对投标人的资格审查及相关资料的审核工作，工作效率较高； 对于投标人来说，竞争者较少，提高了其中标的可能性，投标风险降低
缺 点	审核投标人投标资格及相应文件资料的工作量大，参与招标的投标人越多，该项工作量越大，费用也越高； 对于投标人来说，参与招标的竞争者越多，中标的可能性越低，投标风险也越大，则报价也会越高； 无论是招标人还是投标人，公开招标都会增加双方的经济成本	限制了招标范围，可能会导致一些更具有竞争优势的投标人参与竞标，不完全符合参与机会均等的原则

小知识

竞争是企业物流项目招投标的核心，即可以通过货比数家的原则，从技术质量、价格、项目完成时间、成本等方面综合考虑比较选择，以争取达到招标预期的目标。

(2) 基本程序

企业物流项目公开招标的基本程序，如图9.17所示。

企业物流项目进行招标的前提条件是必须完成建设工程项目初步设计和项目设计预算，必要时由主管部门批准后，才能正式进入招标工作。经资格预审合格的投标人，才有条件获得招标文件，参与正式投标。当招标人是选择邀请招标时，首先应进行社会调查和考察那些有可能合格的潜在投标人的资质、经验、已建成的项目状况、财务能力等。从中选择招标人认为有能力和有实力完成拟建项目的潜在投标人，然后向这些有意参加本项目投标的投标人发出邀请书，投标人到招标人指定地点和时间购买招标文件。

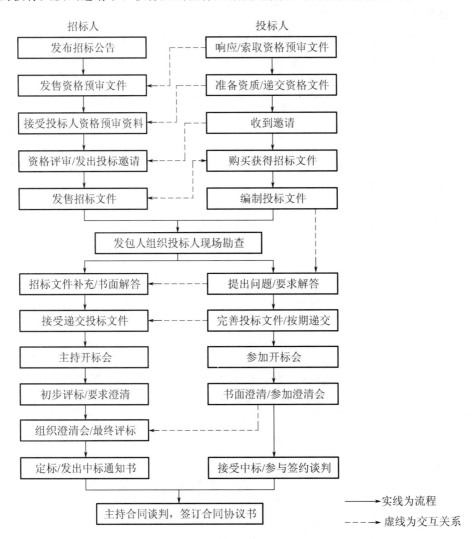

图 9.17 企业物流项目公开招标的基本程序

2. 企业物流项目合同管理

企业物流项目合同管理是指以《中华人民共和国合同法》为依据，依法进行企业物流项目合同的订立、变更、解除、履行、终止及监督、控制等一系列行为的总称。

（1）企业物流项目合同的终止和变更

企业在签订物流项目合同之后是不允许随意终止合同的。依据我国法律规定，当出现以下情形时，企业物流项目的法律关系可以终止。

① 合同履行，即合同规定的义务已经完成，权利已经实现。

② 双方当事人混同为一个，即合同规定的权利人和义务人合并为一人。

③ 出现不可抗拒的力量，即不是当事人的过错而是由不可抗拒的外力引起的合同终止。

④ 当事人协商同意终止，即当事人彼此协商免除或解除义务人的义务。

⑤ 仲裁机构仲裁或法院判决终止合同。

企业物流项目变更与终止有共同之处，二者都是通过当事人之间的协商进而改变原合同的法律关系，但企业物流项目合同的变更会产生新的法律关系。

小知识

依法签订的企业物流项目合同从合同签订之日起生效，并依法具有约束力。

（2）企业物流项目合同纠纷的处理

造成企业物流项目合同纠纷的原因主要有双方当事人对合同规定的权利或义务理解不一致，一方当事人不按照合同规定履行相应的义务，或者因为其他原因导致合同履行或未履行的后果和责任分担产生争议。企业解决物流项目合同争议的方法主要有以下几种。

① 协商。在自愿、互谅的基础上，双方当事人通过谈判解决合同纠纷。

② 调节。以相应的法律条款和既定事实为依据，通过第三方的说服，使双方当事人平等自愿的解决合同纠纷。

③ 仲裁。由仲裁委员会对合同纠纷进行仲裁解决。

④ 诉讼。司法机关和项目合同当事人在其他诉讼参与人的配合下，为解决案件依法定诉讼程序所进行的全部活动。

9.4.2 企业物流项目变更管理

企业物流项目一般具有较强的创新性，不同利益相关者的需求会随着项目进展而发生一定的变化，这就会导致物流项目在实施过程中所需要的资源种类及数量发生对应的变化，物流项目的实施也会面临各种风险，即企业物流项目在实施之后会存在很多的不确定性。物流项目的变更发生在物流项目的范围、进度、质量、费用、风险、人力资源、沟通、合同等方面，并将影响其他方面。企业对物流项目变更进行科学有效的管理，对实现企业物流项目目标具有极其重要的作用。

1. 企业物流项目变更的处理要求

企业物流项目在实施过程中一旦出现变更情况，要处理好以下几点。

（1）如果在实施过程中发现了需要项目变更的情况，需要及时进行项目变更，延时处理或者停工都会对物流项目造成一定的经济损失。因此，企业在得知物流项目需要变更时，需要向不同利益相关者发出变更通知，以保证变更的早日实现。

（2）在物流项目变更的建议批准之后，企业要及时修改或者更换相关的项目材料，在相关资料足够科学和合理的情况下，迅速进行工作的落实。

（3）企业需要对项目变更可能会产生的影响进行预估分析，识别出可能会导致的费用增减及项目工期的延误情况，并及时向有关部门汇报确认。

2. 企业物流项目变更管理的关键步骤

企业对物流项目的变更管理主要是通过以下几个关键步骤实施引入的,如图9.18所示。

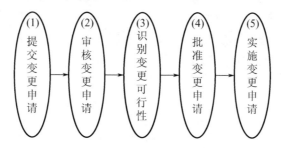

图9.18 企业物流项目变更的关键步骤

(1)提交变更申请,包括项目的变更需求(如时间、范围等),并说明需要变更的原因、会产生的影响及变更所需的支持性文件。

(2)审核变更申请,对物流项目变更可能产生的影响进行评估。

(3)识别变更可行性,编制一份完整的物流项目变更可行性的研究报告,以确保对涉及的变更内容进行充分的调查分析并上报有关部门。

(4)批准变更申请,对企业物流项目变更的正式审核。

(5)实施变更申请,对企业物流项目变更进行全面实施,并确定变更进度。

9.4.3 企业物流项目现场管理

企业物流项目的现场管理是指运用科学有效的管理制度、标准和方法对物流项目实施过程中的各种要素(包括人员、设施、设备、环境等)进行合理的计划、组织、协调、控制和监测的过程,以保证物流项目各要素之间处于良好的结合状态,促进物流项目目标优质、高效、安全地达成。

> **小知识**
>
> 现场管理的主要目标是追求高品质(Quality)、低成本(Cost)、好的团队士气(Morale)、严格的交货期(Delivery)、高效率(Efficiency)及作业安全(Safety)。

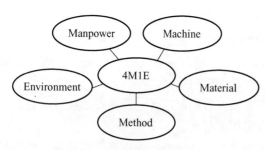

图9.19 物流项目现场管理要素

1. 企业物流项目现场管理要素

企业在对物流项目进行现场管理时,需要重点关注4M1E要素,如图9.19所示,并针对不同要素的特点进行分类管理。

(1)Manpower(人),主要涉及物流项目实施过程中的选人、用人,以及物流项目过程中操作者的质量意识、技能及身体状况等。

(2)Machine(机器),主要涉及机器设备、工装夹具、测量仪器等的维护保养。

(3) Material（材料），主要涉及原材料、半成品及成品的标识、数量和性能管理。

(4) Method（方法），既包括企业制度文化等，又包括工艺水平、技术手段等。

(5) Environment（环境），主要涉及工作环境、作业现场及团队氛围的管理。

2. 企业物流项目现场管理内容

企业物流项目的现场管理主要包括以下几项内容。

(1) 现场质量管理。建立现场质量保障体系及质量控制方法，严格执行规范，确保项目实施的各个环节符合规定的质量要求。

(2) 现场成本管理。通过合理的组织管理项目实施过程，运用科学的方法降低物流项目成本，对项目实施过程中所需的各种物料损耗、劳动消耗及各种费用支出进行有效控制，使企业物流项目的成本控制在一定范围内。

(3) 现场设备管理。企业在实施物流项目的过程中，要确保正确的使用、维护和保养设备，确保设备的正常运转和经常处于良好状态，充分发挥设备的效能。

(4) 现场环境管理。确保"5S"的彻底性〔整理（Seiri）、整顿（Seiton）、清扫（Seiso）、清洁（Seiketsu）、素养（Shitsuke）〕，实现物流项目实施环境的安全、整洁、有序。

(5) 现场安全管理。对企业物流项目实施的安全状况，进行科学有效的管理。

9.4.4 企业物流项目验收管理

企业物流项目由启动到结束将经历一个极其复杂的动态过程，项目在实施过程中可能会出现很多意料之外的情况，因此在项目即将结束之际，对物流项目进行完整的回顾和总结是非常有必要的。

1. 项目验收原则

企业物流项目在验收的过程中应坚持以下几项原则。

(1) 企业审查提供项目验收的各类文档资料的正确性、完整性和统一性，审查文档资料是否齐全合理。

(2) 审查企业物流项目结果是否达到了合同的规定要求。

(3) 审查物流项目的各项指标是否达到了合同的规定要求。

(4) 审查物流项目的投资及实施进度的情况。

(5) 对项目的技术水平做出评价，并得出项目的验收结论。

2. 企业物流项目的验收过程

企业物流项目的验收是一个相当复杂的过程，需要多方的协同合作。企业物流项目验收的一般过程如图 9.20 所示。

(1) 验收准备阶段

企业物流项目的验收准备阶段主要是根据项目的具体情况来成立项目验收小组，确定具体的验收策略、验收内容、标准及验收条件，并提交对应的验收申请。其中，验收小组由物流项目涉及的各领域专家及企业相关部门领导组成；验收策略主要涉及项目是否需要分阶段进行验收，如若需要，每个阶段如何与不同的利益相关者进行协调沟通；验收内容、标准及条件需要提交相应的资料清单，以便后续验收过程的顺利进行。

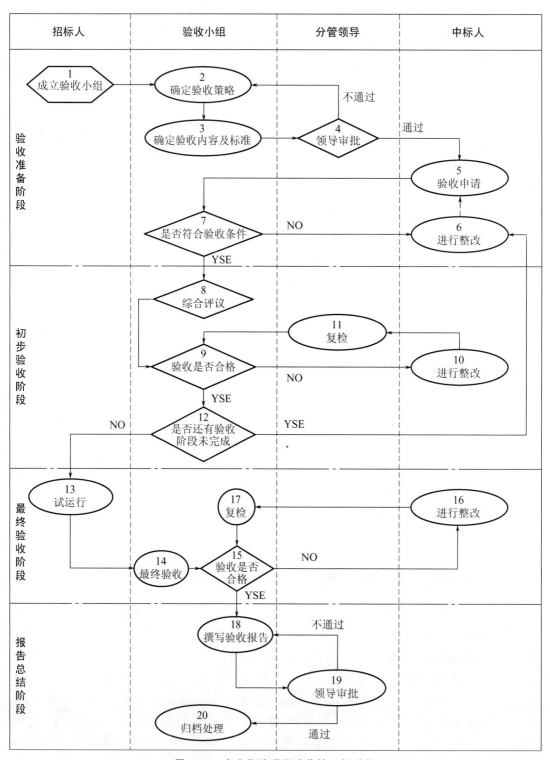

图 9.20 企业物流项目验收的一般过程

（2）初步验收阶段

物流项目的初步验收是完成物流项目相关内容的初步运行情况。首先，需要对提交的验收申请进行综合评议，判断验收是否合格，若有不合格的地方则提出相应的整改意见进行整改。其次，检查是否有未列入验收申请内的项目内容，若存在这种情况，则需要重新提交项目验收申请。当所需要整改的项目内容完成之后，验收小组再组织进行复检。

（3）最终验收阶段

企业物流项目通过初步验收之后，将项目进行实际的物流运作，因为有些问题只有在实际的物流过程中才能发现，企业物流项目的最终验收就是要解决项目在实际运作过程中可能会产生的问题。一般情况下，若最终验收通过，则需要支付相应的质保金。

（4）报告总结阶段

企业物流项目最终成功验收后，验收小组根据实际的验收情况撰写相应的验收报告，总结项目过程中的经验及存在的问题不足，以方便企业在未来实现对其他项目的更好运作。

【拓展视频】

小　　结

企业物流项目管理即运用各种知识、方法、技能与工具，为满足或超额完成物流项目各方面的要求及目标而开展的一系列组织活动。

企业物流项目管理的特殊性体现在项目管理需求的个性化、过程的协同化、资源的服务化及队伍的专业化。

企业物流项目的策划与评价应根据客户的需求编制物流项目可行性研究报告，并从财务、经济、社会等维度对其进行综合评价。物流项目的不确定性分析是运用一定的技术方法评估项目在实施过程中的不确定性因素对项目经济效益的影响程度。

企业物流项目实施计划的编制过程包括核心部分和辅助部分，其中时间进程计划、资源费用计划和质量计划为核心过程，沟通计划和风险管理计划为辅助过程。

企业物流项目组织具有临时性、柔性化、协同交互、开放性、团队合作和跨职能等特点，职能型、项目型和矩阵型是三种基本的组织结构类型。

企业物流项目的控制是一个复杂动态过程，由控制子过程和保证性子过程共同构成。

招投标将竞争机制引入物流项目中，以公平竞争的方式促进企业物流项目的高质量完成；物流项目合同明确了双方当事人的权利和义务，具有法律效力；现场管理主要涉及对质量、成本、设备、环境及安全的管理；项目验收是对物流项目进行完整的回顾和总结的过程。

 关键词

物流项目计划（Logistics Project Plan）　　物流项目控制（Logistics Project Control）
物流项目组织（Logistics Project Organization）　　物流项目招标（Tender for Logistics Project）
物流项目变更（Logistics Project Change）
物流项目合同管理（Logistics Project Contract Management）
物流项目验收（Logistics Project Acceptance）

思考与练习

1. 选择题

(1) (　　) 不属于企业物流项目研究报告的内容。
A. 项目选址　　B. 经济评价　　C. 风险缝隙　　D. 需求建议

(2) (　　) 属于企业物流项目动态财务评价指标。
A. 投资收益率　　　　　　　B. 静态投资回收期
C. 债务偿还能力　　　　　　D. 财务净现值

(3) 在影响企业物流项目不确定性的因素中,价格体制属于(　　)。
A. 政策因素　　B. 市场因素　　C. 社会因素　　D. 科学技术因素

(4) (　　) 属于企业物流项目的控制辅助过程。
A. 时间进度计划　　　　　　B. 风险管理计划
C. 资源费用计划　　　　　　D. 质量计划

(5) 交货标准属于企业物流项目质量计划内容的是(　　)。
A. 商品质量　　B. 服务质量　　C. 工作质量　　D. 工程质量

(6) 客户类型比较多时,应采用(　　) 的组织类型进行企业物流项目管理。
A. 职能型　　B. 项目型　　C. 矩阵型　　D. 任意类型都可

(7) 企业文化属于现场管理要素中的(　　)。
A. 机器　　B. 材料　　C. 方法　　D. 环境

(8) 以下不属于项目验收准备阶段内容的是(　　)。
A. 验收申请　　B. 成立验收小组　　C. 综合评议　　D. 确定验收策略

2. 判断题

(1) 当企业物流项目的年收益波动不大时可以采用静态评价指标。(　　)
(2) 经济评价是采用现行价格实现对企业物流项目的合理评价。(　　)
(3) 经济评价的主要评价参数为影子汇率和社会折现率。(　　)
(4) 质量计划属于企业物流项目实施计划的辅助计划。(　　)
(5) 具有高创新性的企业物流项目应该采取矩阵型的组织结构。(　　)
(6) 邀请招标虽然限制了招标范围,却可降低投标风险。(　　)
(7) 诉讼可以用来解决企业物流项目的合同纠纷。(　　)
(8) 当双方当事人混同为一个时,企业物流项目的法律关系即可终止。(　　)

3. 简答题

(1) 企业物流项目管理的特殊性体现在哪些方面?
(2) 企业物流项目可行性研究报告一般应包括哪些内容?
(3) 物流项目评价的动静态指标包括哪些内容?
(4) 企业物流项目时间进程计划编制的基本过程是什么?
(5) 简述物流项目组织的基本类型。
(6) 什么情况下可以终止企业物流项目合同?
(7) 简述企业物流项目的关键步骤。

4. 案例分析题

我国智慧物流发展现状及趋势

近年来，随着物联网、云计算、大数据等新兴信息技术在物流过程中的应用及与物流管理的深度融合，智慧物流正成为物流业发展的主要趋势。可以说，智慧物流将是未来物流信息化的主要标志。

中国物联网校企联盟认为，智慧物流是利用集成智能化技术，使物流系统能模仿人的智能，具有思维、感知、学习、推理判断和自行解决物流中某些问题的能力，既可以在流通过程中获取信息从而分析信息做出决策，使商品从源头开始被实施跟踪与管理，实现信息流快于实物流，又可以通过射频识别技术、传感器、移动通信技术等让配送货物自动化、信息化和网络化。现阶段，智慧物流在我国的发展主要体现在以下几个方面。

1. 国家政策支持环境

2016年，国家发展和改革委员会同有关部门共同研究制定了《"互联网＋"高效物流实施意见》，为推动智慧物流发展提供了强有力的政策支持。

2. 物流互联网的初步形成

我国差不多有超过400万辆重载货车安装了北斗卫星装置，还有数量巨大的托盘、集装箱、仓库及货物等通过互联技术成功接入互联网，实现了"物流在线化"，为智慧物流的实现奠定了良好的物质基础。

3. 大数据技术在物流过程中的应用

通过对物流大数据进行处理与分析，挖掘对企业运营管理有价值的信息，从而科学合理地进行管理决策，是物流企业的普遍需求，其典型场景包括数据共享、销售预测、网络规划、库存部署及行业洞察等。例如，菜鸟网络推出智能路由分单，实现包裹和网点的精准匹配，准确率达98%以上，分拣效率提高50%以上，大大缓解了仓库爆仓压力。

4. 云物流模式的发展

利用云计算技术可以实现不同地区、类型及数量物流资源的有效整合、管理和调度使用，如京东、菜鸟和百度等纷纷推出物流云服务应用，为物流大数据提供了重要保障，"业务数据化"正成为智慧物流的重要基础。

5. 协同共享

智慧物流的核心是协同共享，这是信息社会区别于传统社会，并将爆发出最大创新活力的理念源泉。协同共享理念通过分享使用权而不占有所有权，打破了传统企业边界，深化了企业分工协作，实现了存量资源的社会化转变和闲置资源的最大化利用。例如，菜鸟驿站整合高校、社区、便利店和物业等社会资源，有效地解决了末端配送的效率和成本问题。

6. 人工智能的应用

以人工智能为代表的物流技术服务是应用物流信息化、自动化和智能化技术实现物流作业高效率、低成本的物流企业较为迫切的现实需求。菜鸟、京东和苏宁等一批领先企业已经开始将无人驾驶、无人仓储、无人配送和物流机器人等人工智能技术应用到相应的物流活动及管理过程中。

可以说，智慧物流开辟了物流业发展的新路径。它通过连接升级、数据升级、模式升

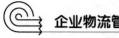

级、体验升级、智能升级和绿色升级全面助推供应链升级,这将深刻影响社会生产和流通方式,促进产业结构调整和动能转换,推进供给侧结构性改革,为物流业发展带来新机遇。

资料来源:何黎明. 我国智慧物流发展现状及趋势 [J]. 中国国情国力,2017(12):9-12.

分析:

(1) 试分析智慧物流环境下企业物流项目管理的特殊性。

(2) 企业开展智慧物流项目会面临哪些风险?为避免或者将风险程度降到最低,应如何制订智慧物流项目计划书并对其进行科学评价?

(3) 企业可以借助哪些新兴信息技术更好地实现物流项目管理?

 应用训练

绿色共享是当今经济社会的重要理念,试以小组的方式,从绿色共享的角度为企业设计一个物流项目,项目内容可以是共享托盘、共享货车或者绿色包装等,并构建与之相对应的评价指标体系,包括财务评价指标、经济评价指标、社会评价指标,并最终给出该项目的可行性研究报告。

第4篇

企业物流的控制

第10章 企业物流质量管理

【本章教学要点】

知识要点	掌握程度	相关知识
企业物流质量管理概述	掌握	企业物流质量管理的含义、目标、主要内容、原则和方法
企业物流过程质量控制	基本掌握	运输、仓储、装卸搬运、包装物流环节的质量控制和企业物流质量成本控制
企业物流质量保证体系	了解	质量保证含义，质量保证与质量控制的区别与联系，如何建立质量保证体系
企业物流质量持续改进	重点掌握	质量改进含义，PDCA循环，常用的七种质量管理工具

【本章能力要求】

能力要点	掌握程度	应用能力
企业物流质量管理的原则	掌握	能够遵循企业物流质量管理的原则，解决企业物流质量管理中的具体问题
企业物流过程质量控制	掌握	能够根据企业物流的质量标准，对实际的质量活动进行监督、对比和纠错，并对差异采取措施
PDCA循环	重点掌握	能够运用PDCA循环解决企业物流质量问题
常用的七种质量管理工具	重点掌握	应用七种质量管理工具分析企业物流质量管理的问题，包括发现问题、寻找原因、提出解决的措施

【本章知识架构】

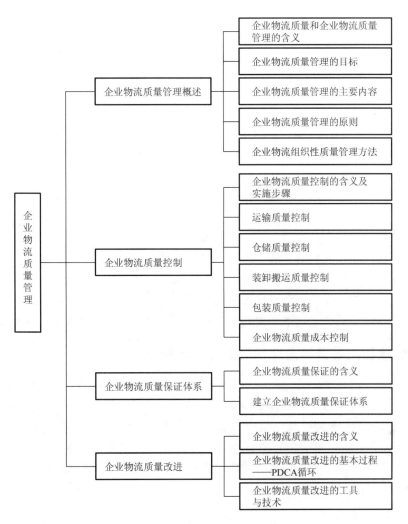

导入案例

联合邮包服务公司的物流质量管理

联合邮包服务公司（United Parcel Service，UPS）雇用了 15 万名员工，平均每天将 900 万个包裹发送到美国各地和 180 个国家。为了实现"在邮运业中办理最快捷的运送"的宗旨，UPS 的管理当局系统地培训他们的员工，使他们尽可能高效率地工作。下面以送货司机的工作为例，介绍其管理风格。

UPS 的工业工程师们对每一位送货司机的行驶路线进行了时间研究，并对每种送货、暂停和取货活动都设立了标准。这些工程师们记录了红灯、通行、按门铃、穿过院子、上楼梯、中间休息喝咖啡，甚至上厕所时间，将这些数据输入计算机，从而给出每一位送货司机每天工作的详细时间标准。

企业物流管理

> 为了完成每天取送 130 件包裹的目标，送货司机必须严格遵循工程师设定的程序。当他们接近发送站时，他们松开安全带、按喇叭、关发动机、拉起紧急制动，把变速器推到一挡上，为送货车送货完毕后的启动离开做好准备，这一系列动作严丝合缝。然后，送货司机从驾驶室回到地面上，右臂夹着文件夹，左手拿着包裹，右手拿着车钥匙。他们看一眼包裹上的地址并把其记在脑子里，然后快步走到顾客的门前，先敲一下门以免浪费时间找门铃。送完货后，他们在回卡车上的路途中完成登录工作。
>
> 思考：
> 该案例中应用了哪些企业物流质量管理的思想和方法？

10.1 企业物流质量管理概述

企业物流活动是以企业经营为核心的物流活动。企业物流部门是企业中至关重要的部门，它承担了从产品原材料的采购、入库、供应、生产，成品的入库、销售，以及废弃物的回收和再利用的工作。可以说，企业物流贯穿全部生产过程。因此，企业物流的质量会直接影响企业生产的质量，也会直接影响到企业的经济效益。对企业物流质量进行控制与改进，可以为企业节约大量成本，提高企业的生产效率，从而提高顾客的满意度。

10.1.1 企业物流质量和企业物流质量管理的含义

质量管理是一门科学，它是随着整个社会生产的发展而发展的。质量管理科学自产生至今经历了三个阶段：第一个阶段是质量检验阶段，其主要特征是按照规定的技术要求，对已完成的产品进行质量检验，是一种被动的质量管理；第二个阶段是统计质量控制（Statistical Quality Control，SQC）阶段，它开始应用数理统计的方法，对生产过程进行质量管理；第三个阶段是全面质量管理阶段，即质量管理开始着眼全过程、全企业、全员的综合质量管理。

小知识

> 美国工程师、统计学家、管理咨询顾问沃特·阿曼德·休哈特（Walter A. Shewhart）是现代质量管理的奠基者，被人们尊称为统计质量控制之父。1924 年，他提出了预防缺陷的做法，即现在广泛应用的质量控制图。1939 年，沃特·阿曼德·休哈特完成著作《质量控制中的统计方法》。

1. 企业物流质量的含义

质量的定义有狭义和广义两种。狭义的质量是指产品的质量，广义的质量是指工作的质量、服务的质量、情报的质量、工序的质量、部门的质量，是指操作人员、技术人员、管理人员、经营者的质量（人的质量），是指体系的质量、公司的质量、方针的质量，等等。企业物流质量就属于广义的质量。

企业物流质量包含了符合规格和符合期望的质量内涵。一方面，企业物流活动过程需要的各种资源和技术是完全可以控制的,很容易确定质量规格和操作标准;另一方面,企业物流是以实现加工附加价值为主的物流服务,需要根据企业内部和外部顾客的不同要求提供不同的服务,物流服务质量是由顾客根据期望来评价的。因此,企业物流质量就是企业根据物流运动规律所确定的物流工作的量化标准与根据物流经营需要而评估的物流服务的顾客期望满足程度的有机结合。

从质量的定义"一组固有特性满足要求的程度",可以把企业物流质量理解为物流活动本身固有的特性满足物流客户及其相关要求的能力。物流质量是决定物流活动效率和物流服务水平的关键因素。

结合阿曼德·费根堡姆(Armand Feigenbaum)的全面质量管理理论,企业物流质量的内容包括物流商品质量、物流服务质量、物流工作质量和物流工程质量。

2. 企业物流质量管理的含义

企业物流质量管理是依据生产物流系统运动的客观规律,为了满足顾客的服务需求,通过制定科学合理的基本标准,对所提供的物流服务在质量方面的指挥和控制活动。企业物流质量管理通常包括制定质量方针和质量目标、质量策划、质量控制、质量保证和质量改进。

具体来讲,企业物流质量管理就是对交到顾客手中之前的包装、搬运、运输和储存等环节的物流活动进行质量管理;根据物流活动的特点,制定业务流程和工作标准,如运输和储存中的环境要求(温度、湿度、腐蚀等),储存时间界限及合理摆放(先进先出原则),包装标识(名称、规格、数量)符合要求;要注明运输、储存和开箱时有关质量、安全方面的注意事项,防止撞击和过大振动(在装卸搬运和运输中);符合顾客能在合适的时间、以合理的价格将满足质量和数量要求的物品送达合适地点的期望。

10.1.2 企业物流质量管理的目标

企业物流质量方针,就是企业物流最高管理者颁布的关于物流质量方面的总的宗旨和方向。美国管理大师彼得·德鲁克(Peter Drucker)在《管理的实践》一书中,认为"企业的目的和任务必须转化为目标"。企业物流质量管理的总目标就是提高服务质量,降低物流成本。即在恰当的时间、恰当的地点以恰当的成本送达恰当数量的恰当产品。如果发运的货物不能满足质量标准,或是它们直到生产计划之后两个星期才被送到使用地,就会造成生产线的中断。如果企业在恰当的时间送达货物,但是费用过高,就不能满足顾客的需求。因此,企业物流质量管理的目标,就是在"向用户提供满足要求的质量服务"和"以最经济的手段来提供"两者之间找到一条优化的途径。为此,必须全面了解企业物流各方的要求,从中分析出真正合理的各方都能接受的要求,作为质量管理的具体目标。具体来说,有以下几个小目标。

1. 物品的质量保证

物流的对象是具有一定质量的实体,有符合要求的尺寸、规格、外观等。

2. 可靠性

原材料、生产零部件和服务的缺货或延迟会使企业的经营发生中断,考虑到生产方面的损失，由于必须支出的固定成本带来的运营成本增加和不能满足向顾客做出的交货承诺，这些情况造成的损失极大。在销售物流过程中，物资的缺货或延迟同样不能满足顾客的需要。因此，保证物品（原材料、半成品、产成品）和服务能在准确的时间、正确的地点送达给正确的顾客，是企业物流质量管理的重要目标之一。

3. 经济性

顾客为了得到相应的物流服务，需要支付相关的费用，如保管费、运输费、装卸费等。企业物流的服务要在保证一定服务水平的情况下实现物流总成本最低，或以最低总成本实现预期功能。例如，为提高企业物流服务的质量，就必须保持物料和物资的供应不中断。保持供应不中断的一个办法就是保持大量的库存，但是库存必然会占用资金，加大库存成本。因此，企业物流质量管理的目标之一就是在保证物料、物资供应不中断的前提下，降低库存成本。

4. 灵活性

灵活性指企业物流系统与生产节奏相匹配的能力，以及方便调整物流路线及适应产品设计更改和产量变化的能力等。

5. 安全性

安全性包括物流对象的安全、人员的劳动强度、安全、环境保护及正常运行和事故状态下的安全保障。劳动强度指需要劳动力的数量及作业可能引起的劳动者的疲劳程度。安全主要包括工作事故率、物品丢失率等。环境保护指符合环境保护条例的要求。

W. 爱德华兹·戴明在《戴明论质量管理》中举了一个例子，用以说明服务业中的浪费是怎么造成的。修正付款账单错误及置换瑕疵笔记本等工作恐怕早已把销售利润一扫而空，同时也让消费者在下次订购时决定换厂商。现摘录如下。

 小案例

企业物流环节的浪费

> 我向一家书店订购 24 本环式活页笔记本，结果只送来 12 本。我向书店抱怨以后，他们送来了其余 12 本。当我一本一本地检查，发现其中一本环套无法合拢，根本不能用。按理说，一次购买 24 本，应该享有折扣，可是书店依然全额索价，当我提及此事时，他们解释道："处理订单的小姐是新来的。"
>
> 资料来源：W. 爱德华兹·戴明. 戴明论质量管理 [M]. 钟汉清，戴久永，译. 海口：海南出版社，2003.

10.1.3 企业物流质量管理的主要内容

企业物流质量管理的内容包括物流商品质量管理、物流服务质量管理、物流工作质量管理和物流工程质量管理。

1. 物流商品质量管理

物流的对象是具有一定质量的实体，这些质量是在生产过程中形成的，如商品的尺寸、规格、性能、外观等。物流过程在于转移和保护这些质量，最终实现对用户的质量保证。因此，在物流过程中，必须采用一定的技术手段，保证商品的质量（包括外观质量和内在质量）不受损坏，并且通过物流服务提高客户的满意度，实质上是提高了客户对产品质量的满意度。

2. 物流服务质量管理

物流活动具有服务的本质特性，企业物流质量的最终结果是通过物流服务质量体现出来，而服务质量则更直接地体现了对顾客要求的满足程度。物流活动本身并不是目的，而是一项为了达成某种生产或流通目的而进行的服务性附属活动。企业物流伴随生产加工活动而发生，目的是实现企业加工的附加价值。企业物流的服务对象是企业的各加工点及储存点，最终目的是保证产品的质量。因此，企业物流要根据企业内部和外部顾客的需求，如对商品质量的保持程度、流通加工对商品质量的提高程度、批量及数量的满足程度、配送额度、间隔期及交货期的保证程度、配送和运送方式的满足程度、成本水平及物流费用的满足程度等，按时保质保量地把产品输送到各加工点或储存点，满足顾客对服务的要求。

3. 物流工作质量管理

物流工作质量指的是物流各环节和各岗位具体工作的质量，是将物流质量的总目标分解成各个工作岗位可以具体实现的质量，是提高服务质量所做的技术、管理、操作等方面的努力。物流工作质量管理和物流服务质量管理是两个既有联系又有区别的概念。物流服务质量水平取决于各个工作质量的总和。因此，提高物流系统各组成要素的工作质量，是确保物流服务质量的基础。通过强化物流管理，建立科学合理的管理制度，充分调动员工积极性，不断提高物流工作质量，物流服务质量也就有了一定的保证。

 小案例

滑落的货箱

在物流作业过程中，使用4吨卡车的挡板来装卸货箱，因挡板有一定的倾斜度，故货箱容易自行滑走。而一旦货箱滑落，现场工作人员就可能受伤或被压死。为了防止货箱的滑落，有必要用胶带将货箱和卡车捆绑固定在一起，但很多作业者怕降低作业效率而不加捆绑固定，现场的管理者也默认。然而，因货箱滑落而导致的悲惨事故还是发生了。

4. 物流工程质量管理

物流工程质量管理是指物流系统运作中，由人员、设备、材料、方法、测量工具和手段及生产环境等因素所体现的物流服务质量水平的管理过程，包括对人员素质、体制因素、设备性能、工艺方法、计量与测试和环境等因素的稳定性等的控制和调整。优良的工作质量对物流质量的保证程度受制于物流技术水平、管理水平、技术装备、工程设施等因素。物流工程是支撑物流活动总体的工程系统，任何的物流运作都必须依靠有效的工程系统来实现运作。工程系统既包括自建的工程设施，如自建仓库、配送中心等，也包括已建好的工程设施，如国家建设的物流设施基础平台。

10.1.4 企业物流质量管理的原则

ISO 9000：2000 标准在总结质量管理实践经验的基础上，给出了质量管理最基本最通用的一般规律，这就是质量管理八项原则。对于企业物流质量管理而言，这八项原则仍是指导原则，只不过需要赋予企业物流管理的内涵和特点。这八项原则之间的相互关系如图 10.1 所示：以互利的供需方关系为出发点，通过领导作用、全员参与、过程方法、管理的系统方法、持续改进、基于事实的决策方法等途径，实现以顾客为关注焦点的目标。

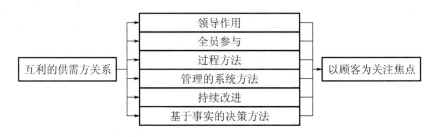

图 10.1　企业物流质量管理的八项原则

1. 以顾客为关注焦点

企业物流伴随加工活动而发生，因此企业物流的服务对象一般是企业内部的各加工点或存储点，各加工点及存储点因工作性质的不同及加工方式的不同，其需求可能具有很大的差异。但因为都是企业内部的部门，在进行需求调查时又具有极大的便利性。企业物流管理部门应建立起完善的企业物流信息系统，并与生产管理信息系统相结合，对顾客需求的产品从品种、数量、质量要求、配送批量、配送间隔期等方面全面掌握，从而能在第一时间掌握顾客的需求及需求的变动，以便于企业物流部门及时调整自己的工作以满足用户的需求。具体表现在：①调查、识别并理解顾客的需求和期望；②确保组织的目标与顾客的需求和期望相结合；③确保在整个组织内沟通顾客的需求和期望；④测量顾客的满意度并根据结果不断努力；⑤管理好与顾客的关系。

2. 领导作用

管理者对质量管理工程的支持起着至关重要的作用。他们可以在宏观上为员工树立追求质量的信念，在微观上为员工提供崇尚质量、持续改进的资源和环境。为了营造一个良好的环境，管理者应制定质量方针、质量目标、质量政策和质量计划，并按照要求来贯彻执行，通过标准化、规范化的操作带来物流服务水平的提升。管理者还应组织协调各部门、各环节、各类人员的质量管理活动，并为员工提供资源、培训，在履行职责和义务方面赋予其职责范围内的自主权。

3. 全员参与

全面质量管理的理念认为，企业中任何一个环节、任何一个人的工作质量都会不同程度地、直接或间接地影响产品质量。因此，必须把企业所有人员的积极性和创造性充分调动起来，上至管理者，下至员工，人人关心质量问题，人人做好本职工作，才能提供用户满意的产品。要做到全员参与，组织领导者必须为员工创造良好的参与氛围、策划并实施相关的活动、实施一些必要的激励措施，促使员工愿意参与并能够充分施展自己的才干。

具体来讲，首先，要求每一个人都对产品质量负有责任，及时发现质量问题并寻找其根源，在问题的发源地就把问题解决，不让质量问题流入下一个环节，从而逐步形成质量意识。其次，要充分调动全体员工各方面能力，通过授权方式发挥员工的潜在能力，最好能够配以恰当的组织体系，如成立质量管理小组，而员工可以通过质量管理小组的形式参与并发挥他们的积极性。另外，必须不断地对全体人员进行质量教育，使他们在思想上重视质量，在管理上能掌握必要的物流专业知识与技能，这样才能使员工在操作的过程中更注重提高物流质量。

小案例

某工厂物流周转环节多，导致产品磕碰、刮伤等损耗。客户又对外观件品控要求比较高，工厂不得不为此多准备库存以便及时补上因物流环节导致的损耗。现在，工厂组织专项质量控制小组（Quality Control Circles，QCC）对物流品质环节进行专项改善。通过统计各个工艺及仓储运输环节的产品损坏数据，找到影响品质损耗的原因，提出改善措施。通过三个月的质量控制小组专项改善活动，工厂将制造工艺物流环节损耗由之前的10%降至3%以下，将物流运输环节损耗由15%降至2.6%以下。质量控制小组活动每个月为工厂创造至少10万元的收益，而且随着这项改善活动的持续进行，收益还会继续提升。

4. 过程方法

物流质量管理要对物流全过程进行质量管理，包括运输、保管、包装、装卸、流通加工、配送、信息等各个功能环节。具体来讲，从原料、辅料及包装材料的供应商选择、采购，原料、辅料、包装材料的到货检验，车间各道生产工序的质量控制与管理，以及成品检验、发货、储存、物流运输、终端销售管理，都需要严格执行质量管理的标准。

5. 管理的系统方法

六西格玛（Six Sigma，6σ）质量管理强调从流程，而不是个别环节、个别问题的角度去实施改进，体现了系统管理的思想。影响企业物流质量的因素具有综合性、复杂性、多变性，加强企业物流质量管理就必须系统分析各种相关因素，把握内在规律。这种建立和实施质量管理体系的方法，既可用于新建体系，也可用于现有体系的改进。

6. 持续改进

持续改进是组织的永恒目标。持续改进包括：了解现状；建立目标；寻找、评价和实施解决办法；测量、验证和分析结果，把更改纳入文件等活动。每循环一次，就解决一部分问题，取得一部分成果，工作就前进一步。没解决的问题留到下一次循环解决，周而复始，不断循环，阶梯式上升。

7. 基于事实的决策方法

ISO 9000：2000 标准要求每个要素以质量文件、质量记录为凭证，有文字依据；全面质量管理（Total Quality Management，TQM）和 6σ 质量管理都是以统计分析为基础，一切用数据说话，实现质量管理科学化。以事实为依据做决策，可防止决策失误。在对信息和数据做科学分析时，统计技术是最重要的工具之一。统计技术可以为持续改进的决策提供依据。

8. 互利的供需方关系

ISO 9000：2000 标准规定，建立质量体系应将与产品质量有关的组织结构、职责、程序、活动、能力和资源等构成为一个有机整体，以求得供需双方在考虑风险、成本、利益等基础上的最佳质量，使供需双方都得到好处。例如，通过互利的关系，增强组织及供方创造价值的能力。供方提供的产品将对组织向顾客提供满意的产品产生重要影响，因此处理与供方的关系将会影响组织能否持续稳定地提供顾客满意的产品。

10.1.5 企业物流组织性质量管理方法

【名人简介】

组织性质量管理方法是指从组织结构、业务流程和人员工作方式的角度进行质量管理的方法，主要内容有制定质量方针、建立质量保证体系、开展QC 小组活动、各部门质量责任的分担、进行质量诊断、开展质量改进活动等。从广义上讲，TQM、ISO 9000 质量保证体系及近年来迅速推广的 6σ 质量管理方法可以说都是组织性质量管理方法。

1. TQM

TQM 是指一个组织以质量为中心，以全员参与为基础，目的在于通过让顾客满意和本组织所有成员及社会受益而达到长期成功的管理途径。TQM 是一种关注顾客满意度的管理哲学和管理体系。在 TQM 中，顾客可能是企业内部顾客，也可能是企业外部顾客。在企业物流中，任何从上游获取物料的部门都可以成为顾客。

TQM 的重要思想内涵是：①质量必须与整个企业的业务活动融合在一起；②强调全过程的质量管理，包括市场调查、研究、开发、设计、制造、检验、运输、储存、销售、安装、使用和维修等多个环节和整个过程；③强调组织内所有部门和所有层次的人员参与；④强调全员的教育和培训；⑤员工必须为质量的提升付出努力；⑥强调运用一切现代管理技术和管理方法；⑦顾客的满意度及与其有关的系统性、连续性的研究过程是 TQM 系统的推动力。

TQM 强调质量是企业整合的动力。要想 TQM 发挥作用，企业物流就必须与生产过程的各个阶段有机融合，使用多种工具和技术，应用 PDCA 循环（详细介绍参见 10.4.2 节），持续不断地改进质量，提供满足质量要求的服务。

2. ISO 9000 质量标准

ISO 9000 质量标准是指由国际标准化组织制定的质量管理和质量保证的一系列国际标

准的简称，它是一个公正的、客观的第三方评价标准。通过贯彻 ISO 9000 质量标准，使企业的质量体系有效运行，使企业具有持续提供符合要求的产品的能力，而且在质量保证活动中向顾客提供具有这种能力的证实。

ISO 9000 质量标准中有用于指导各国企业建立质量保证体系并获取外部认证的标准（ISO 9001、ISO 9002、ISO 9003），有用于指导企业自身强化质量管理的标准（ISO 9004），有用于统一各国质量术语的标准（ISO 8402），也有用于规范质量审核的标准（ISO 10011）等，所有这些标准构成了一个相对严密的标准系列。

3. 6σ 质量管理

6σ 是一种质量管理理念和方法，是通过对顾客需求的理解，对事实、数据的规范使用和统计分析，以及对管理、改进、再发明业务流程的密切关注的一种综合性系统管理方法，目的是在各项业务中追求完美，精益求精。

6σ 质量管理不仅是一种理念，还有一套严密的实现方法和组织架构作为支撑。6σ 质量管理实现方法可以概括为 DMAIC（Define Measure Analyze Improve Control）循环和必要的统计分析工具。DMAIC 循环是 PDCA 循环的更详细版本，其背后隐含的思想都是通过反复循环来实现持续改进。6σ 质量管理通过寻找企业内外物流环节中的各种问题，对物流运作建立过程输入和输出变量之间的优化模型，通过对关键输入变量的调控，找出各种物流过程关键变异因子，缩减服务过程中的差异，检查物流服务质量效果，把有效方法制度规范化。在首次质量管理活动完成后，需将上述活动取得的各项进展向本组织员工反复宣传和交流，征询意见，并将下一次 6σ 质量管理所要达到的目标及前景告诉员工。6σ 质量管理的成熟运用，在于形成一项固定制度、一项标准规范，并融合到日常物流运作中去。

除了 DMAIC 循环和必要的统计分析工具之外，6σ 还建立了一套组织架构作为支撑，这一点与 TQM 有很大不同。

6σ 企业物流质量管理的关键是将衡量物流质量的主要指标进行量化，这一数学手段是 6σ 质量管理在物流领域充分应用的前提和基础。关键过程因子通过数据表征后，实施 6σ 质量管理就是通过一套以统计科学为依据的数据分析，测量问题、分析问题，改进优化和控制效果。在测量、分析、改进和控制阶段，需要运用多种工具，进行不同的活动，以实现各个阶段的要求。

【拓展案例】

小思考

试应用 6σ 质量管理的方法分析某企业的物流问题。

4. TQM、ISO 9000 及 6σ 之间的关系

（1）相同点

TQM、ISO 9000 及 6σ 可以说都是企业为了加强质量管理所采用的组织性管理方法。这几种方法在本质上并不矛盾，更不存在替代关系。它们有着共同的理论基础——质量管理学。这种一致性主要体现在以下几点。

① 目的一样。几种方法的最终目的都是要最大限度地提供符合规定要求和用户期望的产品和服务。

② 系统管理的思想一样。几种方法都强调从整体开展质量管理活动，而不是从个别环节、个别问题的角度实施管理。

③ 预防为主的出发点一样。几种方法虽然具体控制途径不同，但都强调预防为主。

④ 用事实与数据说话的思想一样。ISO 9000 要求每个要素以质量文件、质量记录为凭证，TQM 和 6σ 都是以统计分析为基础，一切用数据说话，实现质量管理科学化。

可见，TQM、ISO 9000 及 6σ 在目标上是一致的，在采用方法上是相通的，在具体做法上也是相近的。

(2) 不同点

TQM、ISO 9000 及 6σ 的差别主要体现在以下几点。

① ISO 9000 与 TQM 虽然都讲全面质量，但 ISO 9000 的质量含义比 TQM 所讲的质量含义更广。

② 侧重点不同。TQM、ISO 9000 及 6σ 都强调全过程控制，但 ISO 9000 强调文件化，TQM 更重视方法、工具和全员参与，6σ 则更强调有一套完整的组织架构作为支撑。

③ ISO 9000 是一个系列标准，标准从本质上看是协商一致的结果，具有系统性和一致性，并在一定时期内保持相对稳定，是最基本的要求；而 TQM 要始终不断地寻求改进的机会。二者之间具有一种静态和动态、基础和发展的关系，是相互补充、相互促进的。

④ 6σ 质量管理的思想和方法，一方面完全秉承了 TQM 的持续改进的思想，另一方面又克服了 TQM 体系化、规范化不足的弱点。6σ 通过一套完整的组织架构、明确的量化目标、完善的方法体系来不断推进质量管理活动，可以说吸收了 ISO 9000 的体系化的长处。

总而言之，TQM、ISO 9000 及 6σ 就如同一个工具箱中的扳手和钳子，相互之间并不存在替代关系。这几种方法实际上是殊途同归，最终目的都是提供高质量的产品和服务。

10.2　企业物流质量控制

10.2.1　企业物流质量控制的含义及实施步骤

企业物流质量控制致力于满足质量要求，是对物流活动过程、物流服务的工作情况及物流体系运作的实际质量进行监督，并与标准对比，对差异采取措施的调节管理过程（图 10.2）。控制的目的在于减少波动，保持质量的稳定性和一致性。质量控制通常有制定标准（根据质量要求）、评价符合标准的程度、必要时采取措施、制订改进计划四个步骤。

为实施质量控制，质量要求需要转化为质量特性。为便于质量控制的执行和检查，这些质量特性要能用定量或定性的规范来表示。因此，企业物流质量控制的步骤如下。

第一步，编制定量或定性的规范标准，以及如何实施这些标准的计划。

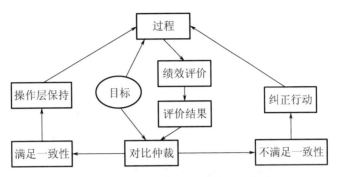

图 10.2　过程控制设计反馈循环示意图

第二步，实施控制计划与标准，并在实施过程中进行连续的监视、评价和验证。

第三步，发现质量问题并分析造成质量问题的原因。

第四步，采取纠正措施，恢复正常状态。

控制企业物流过程的质量，可以通过作业指导书、设备维护、人员培训、流程方法优化等措施来实施。

下面从企业物流涉及的基本物流活动角度分别阐述每项物流活动的标准，以及如何控制每项物流活动的质量；最后探讨如何控制企业物流的质量成本。

10.2.2　运输质量控制

运输的质量标准聚焦于劳动力、成本、设备、能源和运输时间。设备类型、大小及运送产品的多样性使编制运输质量标准非常复杂。一般来说，运输的质量标准包括投资回报率（运输设备投资）、运出货物成本、运输劳动生产率、准时交货、运输途中损坏频率等。运输质量控制主要表现在以下几个方面。

1. 运输费用

运输费用简称运费，在全部物流费用中占很大比例。想要控制运输费用，就必须正确选择合理的运输方式、合理安排运输路线、选用直达运输方式等。

2. 运输时间及其变化率

平均运输时间和运输时间的变化率是非常重要的运输服务指标。运输时间通常指货物从起点运输到终点所耗费的平均时间。运输时间的变化率指各种运输方式下多次运输间出现的时间变化。起止点相同、使用同样运输方式的每一次运输的在途时间不一定相同，因为天气、交通拥挤、中途经停次数、合并运输所需的时间不同等都会影响在途时间。运输时间的变化率是衡量运输服务不确定性的指标。

交货时间变异大，将迫使顾客维持较高的库存，以便发生延迟交货情形时，仍能保持生产稳定。提早交货的成本也很高，因为顾客必须找到可供储存的仓库空间。对承运者而言，缩小交货时间的变异，是一项重要目标。

3. 丢失与损坏

货物丢失或损坏都会给顾客造成损失，因此，要保证运输的质量，就必须对货物的数量和质量进行控制。为避免送货货品短少的错误发生，可将每批托运品分开，或用纸板隔开不同货主的货物。这样，司机就可以一次拿取整批托运物，而不会遗漏或误取其他货品。

 小案例

运输是否有效率，不能只根据价格来判定，便宜不一定就是好的。对于运输的客户而言，可信与可靠更为重要，这包括交货时间与运送时间的变异更为缩小，也包括长期成本能降低。

用车辆到达的历史资料加以统计分析来判断车辆的运输绩效，并将每日到达的时刻画成操作记录图。图10.3中的A显示车辆准时到达的情况，分布情形却表示该车辆的营运不具有经济效益，而且顾客使用情形不佳。B的状况显示较佳的准时绩效，即车辆资源浪费较少。顾客可以相信车辆会在几分或几秒的极短时间内到站。C显示虽然系统运作良好，但车辆运行时刻表需重新修正，因为该车辆无法及时到达。D显示车辆正处于一团混乱中。

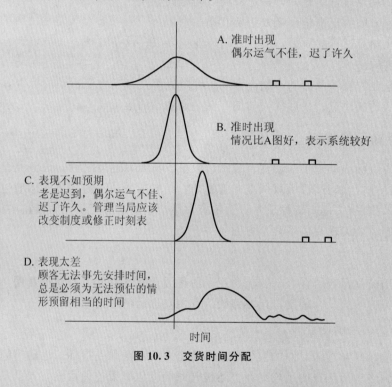

图 10.3 交货时间分配

资料来源：W. 爱德华兹·戴明. 戴明论质量管理 [M]. 钟汉清，戴久永，译. 海口：海南出版社，2003.

10.2.3 仓储质量控制

仓储管理的绩效衡量主要用于识别那些能够带来速度提高或成本缩减的设计或运作方案。因此，企业物流管理部门应对劳动力、成本、时间、利用率和管理方面制定标准。具体来说，对于仓库中的收货活动，应规定每工时接收货物的数量、每天处理货箱数等。对于仓储活动，企业物流部门应对产品的仓储要求及方法做出明确规定，同时还应规定可以使用占用的位置和空间比例、失窃成本或单位物资储存成本等。对于拣选活动，企业物流部门需要规定每一个订单的拣选成本、拣选准确率和每小时拣选的订单项数。对于装运活动，需要规定每人装运的箱数、每天装运货箱数、每人装运的产品线数、每人装运的托盘数、每个订单的装运成本等。仓储质量控制主要表现在以下几个方面。

【拓展案例】

1. 人员安全

仓储工作人员会由于不正确的举起方法，试图扛太重的货物，没有注意到适当的手部间隙等而受到损伤。背部和肩部损伤是仓储工作人员中发生最频繁的，所以工作护腰带被越来越广泛的使用。但只有在工人对如何安全地举起各种货物也接收了足够的培训后，这些护腰带才会真正起到作用。

另外，对于仓库中产生的大量废弃物料，如空纸箱、铁皮、坏掉的托盘、装箱用的木头和钉子及货垫（货垫是指用在承运设备中垫衬和支撑产品以防止运送中发生移位和受损的物料）等，必须妥善处理，以免对工作人员安全造成威胁，或者引起火灾伤及工作人员。

2. 财产安全

财产安全必须关注两个问题，即保护产品和防止货物被盗。

保护产品，需要从控制仓库的温度和湿度、防止日光照射、防止微生物及虫鼠害的侵害等方面着手，防止商品变质和损坏。对于已经损坏的货物，需要建立专门的程序来处理。另外，必须有相应的措施防止火灾的发生，因为用于包装的很多物料是易燃的。

防止货物被盗，可以从招聘工人作为起始点，即不雇佣可能有盗窃倾向的工人。另外，在仓库中安装监控设备，或者进行突击检查，都能起到控制货物数量的作用。

3. 机动车辆安全运行

对仓储设备和操作应制定相关的安全标准并严格执行。例如，只有受过专业培训和认证的员工才允许操作叉车，而叉车操作员必须每三年重新认证。除了叉车，还有其他与卡车相关的安全考虑事项。例如，半挂牵引车司机在倒进装/卸月台时应有一个观望的人来提醒驾驶员是否有员工正在车辆后面行走。

4. 清洁与卫生

仓库环境（包括过道）应定期清理，及时清除废弃物和易燃物。对货物要定期除尘，保证在库货物的干净与整洁。

5. 时间

在保证供应的前提下，确定合理的储存时间。时间是和数量有关的问题，储存量越大而消耗速率越慢，则储存的时间必然长，相反则必然短。可设定合适的周转天数和周转次数来控制货物的储存时间。

【拓展案例】

小案例

某制造周边配件的制造商生产的产品主要有脚架、展台、摄像头模块等。由于仓库管理混乱，经常出现漏发、错发货物的现象。该制造商应用质量管理的思想和方法，开展了仓库发货专项改善活动。

> 第一，开放系统物流端口，引进批次条码扫描出库，只有扫描了全部客户出货清单的货物才能出库；第二，规范出货流程，降低漏发、错发概率；第三，重新规划仓位，建立仓位看板制度，不同类型产品只能放入规定区域存储，这样能快速获取产品库存信息，缩短查找时间；第四，激励仓库管理人员开展微创新活动，让每一位仓管员参与进来，解决了多项仓库管理质量问题，提升了仓库管理效率和品质。

10.2.4 装卸搬运质量控制

装卸搬运属于支持性服务，既伴随生产过程和流通过程各环节所发生的活动，又衔接生产各阶段和流通各环节之间相互转换的桥梁。因此，控制装卸搬运的质量，对缩短生产周期、降低生产过程的物流费用、加快物流速度等，都起着重要的作用。装卸搬运的质量控制首先应对所有产品的搬运方法和控制措施做出明确规定并形成文件，以防止搬运过程中的振动、撞击、磨损、变形或其他原因造成产品的损坏或质量下降。然后，按照制定的标准对装卸搬运的工艺、作业、装备、设施、货物单元等进行监督、对比和调整。控制装卸搬运的质量必须做到以下几点。

1. 减少环节，装卸程序化

从研究装卸搬运的功能出发，分析各项装卸搬运作业环节的必要性，取消、合并装卸搬运作业的环节和次数，消灭重复无效、可有可无的装卸搬运作业。进行中的作业，应尽量做到不停顿、不间断，紧密衔接。作业路径应该最短，避免迂回和交叉。

2. 成组化搬运

装卸搬运必须遵循的一个基本原则是装卸搬运的经济程度与货物的规模成正比。也就是说，货物的规模越大，货物所需搬运的次数越少，运作就越经济。装卸搬运次数直接关系到搬运货物所需的工时，也关系到装卸搬运设备的使用时间。将多个小件包装的货物组合成单件大包装的货物，再进行装卸搬运，可以提高效率。

3. 选择合适的搬运方式，省时省力

当一次装卸量或连续装卸量能达到充分发挥机械最优效率的水准时，采用机械化作业。当不能发挥机械最优效率时，则采用人力装卸搬运。在使用人力装卸时，要科学合理地选择一次搬运的重量和合理使用体力。

4. 保障人生和财产安全

不论在搬运的哪个环节，在遵循搬运的指导原则以提高劳动生产率的同时，还要保障人身与财产安全。

5. 合理选择搬运设备

在考虑货物重量、货物移动状态和移动距离的情况下，保证设备的使用率，不让设备闲置。

10.2.5 包装质量控制

包装是产品的外衣。它的作用主要是保护产品，便于运输和储存，美化产品和促

进销售。包装质量控制的关键是依据包装标准要求，对产品的包装进行监督、对比和调节。包装标准是指在生产技术活动中，对所有制作的运输包装和销售包装的品种、规格、尺寸、参数、工艺、成分、性能等所做的统一规定，是包装设计、生产制造和检验包装产品质量的技术依据。产品包装标准化的主要内容是使商品包装适用、牢固、美观，达到定型化、规格化和系列化。对同类或同种商品包装，需执行"七个统一"，即统一材料、统一规格、统一容量、统一标记、统一结构、统一封装方法和统一捆扎方法。

包装质量控制应从以下方面进行。

1. 使用环境

要充分发挥包装保护产品的功能，就必须分析影响包装的环境因素。一般来讲，影响因素主要有以下几点。

（1）物理环境因素。物理环境因素是指外力作用于包装物，对包装物产生的影响，主要包括堆码负荷产生的压力，装卸搬运、运输过程中产生的振动和冲击力。

（2）气象环境因素。气象环境因素主要指气候、温度、湿度等因素的变化对包装物产生的影响。

（3）生物环境因素。生物环境因素主要指霉变、虫害、动物等对包装造成的损害。

控制包装质量应该做到根据不同的使用环境选择不同的包装类型。

2. 选用合适的包装材料

包装材料与包装功能存在着不可分割的联系，为了保证和实现物品包装的保护性、便利性等功能，应选用合适的包装材料。而且，应尽量选用标准材料，少用或不用非标准材料，以保证材料质量和材料来源的稳定。

常用的包装材料有纸张、木材、塑料、金属、玻璃、纤维织物等。对这几大类包装材料的强度、伸长每平方米质量、耐破程度、水分等技术指标应做标准规定，以保证包装材料制成包装容器后能够承受流通过程中各种损害商品的外力和其他条件。

3. 包装的设计与尺寸

包装的设计必须与运输方式、运输工具、运输距离等相适应；包装的设计要适应装卸搬运的工作中的装上装下、搬运、拣选、分类等环节的需要，防止商品的损坏；包装的设计要适应储存的需要，防止货物变质或压坏。包装容器的尺寸与运输车辆的内部尺寸和包装商品所占的有效仓库容积有关，因此应对包装外形尺寸进行严格规定。

4. 产品的识别标志

产品的识别标志应字迹清楚、牢固耐久，符合规范要求，保证从入库到发至最终目的地完好无损。对有存储期限要求或需要在运输和存储时特别保护的制品，应明确标识。

10.2.6　企业物流质量成本控制

戴明、约瑟夫·莫西·朱兰（Joseph M. Juran）及菲利浦·克劳斯比（Philip Crosby）等质量管理专家认为，每个产品缺陷都是很昂贵的，而减少或避免缺陷会降低成本。质量成本就是指为了确保和保证满意的质量而发生的费用及未达到满意的质量时所遭受的损失。

1. 与质量有关的成本

与质量有关的成本主要有四大类：防范成本、验证成本、内部失效成本和外部失效成本。

（1）防范成本

为了消除出现的缺陷，防范成本包括多种费用。其中包括各种质量保证程序、质量计划、员工教育和培训项目、质量改进计划等。

（2）验证成本

验证成本指的是检查、测试、测量、收集质量数据及其他活动的成本。

（3）内部失效成本

内部失效成本是指那些发生在运营系统中质量不过关所带来的成本。

（4）外部失效成本

外部失效成本是指为产品及服务在交付顾客后改正不符合标准的工作所发生的费用。例如，处理顾客抱怨的时间管理成本、反面的口碑、未来业务损失等。

当预防成本和发现成本高的时候，修正成本低；当预防成本和发现成本低的时候，修正成本高。在企业物流质量管理的过程中，要权衡各种成本，达到总体成本最低的目标。

2. 质量成本控制方式

质量成本控制就是以质量成本计划所制定的目标为依据，通过控制手段把质量成本控制在计划范围内。企业物流质量成本控制的方式主要有两类：自我控制和监督控制。

（1）自我控制

物流企业质量成本的控制，首先是物流部门的自我控制，即部门内部按实施质量成本管理方案，有效地实现企业质量成本计划控制目标。

（2）监督控制

企业物流质量成本管理活动中的监督控制主要有财务监督、质量审核和检查考核等活动。

① 财务监督。企业物流部门的质量成本管理效果，必然表现在财务指标上。因此，通过财务监督，可以有效地控制企业物流质量成本。

② 质量审核。对于质量成本管理工作的审核要达到两个目的：一是审核企业物流质量成本管理活动是否符合规定的质量成本管理程序和计划期内的质量成本管理方案的要求，其结果是否达到了规定的质量成本计划控制目标；二是审核企业物流质量成本管理程序文件、计划期内质量成本管理方案及质量成本计划控制目标是否完善、正确和符合企业物流质量管理。

③ 检查考核。企业的质量管理部门和财务部门必须密切合作，将企业物流质量成本计划控制目标层层开展落实到各责任部门，包括企业物流质量管理部门，并制定考核细则。

10.3 企业物流质量保证体系

10.3.1 企业物流质量保证的含义

企业物流质量保证是企业物流部门致力于提供物流质量要求会得到满足的信任，是企业物流服务的提供者对顾客在物流产品质量和物流服务质量方面提供的担保与承诺，并根据需要进行证实的全部有计划和有系统的活动。企业物流质量保证的含义如图10.4所示。

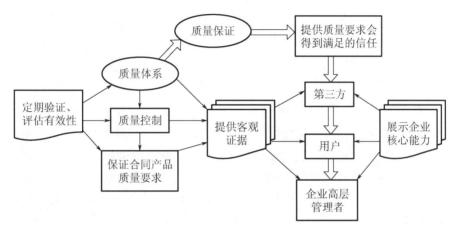

图 10.4　企业物流质量保证的含义

质量控制和质量保证既有区别又有联系。一方面，质量控制是质量保证的基础。两者都以满足要求为前提，没有质量控制就谈不上质量保证。反之，质量保证能促进更有效的质量控制。另一方面，质量控制着眼于影响质量的过程受控，是具体的作业技术和活动，而质量保证则着眼于整个组织的体系，是系统地提供证据从而取得信任的活动。

企业物流活动可分为供应物流、生产物流、销售物流和回收与废弃物物流。供应物流是生产资料、生产辅料、生产工具及备品备件的保障条件，具体涉及采购、进货、运输、配送、搬运、检验储存、盘点、订单处理、拣选、补货等作业，每一个作业都需要相应的制度管理来保证质量；为了保证加工工艺的质量，必须配置工位器具，保证通道畅通和生产场所的整齐清洁，使工艺过程有一个良好的条件和环境；对于生产企业和市场之间的联系，销售物流系统起着承上启下的作用。不同的商品有不同的流通渠道，具有不同的物流服务作业体系，每一步都需要有相应的销售物流质量控制条例来保证质量。

10.3.2　建立企业物流质量保证体系

企业物流质量保证体系是企业物流部门以保证和提高物流产品质量与物流服务质量为目标，运用系统概念和方法，依靠必要的组织机构，把各部门各环节的质量管理活动严密地组织起来，形成一个有明确的任务、职责和权限，且互相协调、互相促进的质量管理的有机整体。企业物流应从以下几个方面建立质量保证体系。

1. 制定明确的质量目标和质量计划

企业物流质量保证体系就是要围绕质量目标，把各个环节的质量管理活动组织起来。质量计划是企业物流质量目标的具体落实，它是具体组织协调质量保证体系各方面活动的基本手段，也是各部门各环节质量工作的行动纲领。

2. 建立一个统一的物流质量管理机构

物流质量管理机构的作用在于统一组织、计划、协调、综合质量保证体系的活动，检查和推进各部门履行质量管理职能，开展质量管理教育和组织群众性的质量管理活动。

3. 建立一套灵敏的物流质量信息反馈系统

企业物流质量保证体系的信息反馈，按来源不同可以分为企业物流内反馈和企业物流外反馈。企业物流内反馈，即内部质量信息的反馈，如分拣和配货向出库过程反馈，分拣和配货的后道工序向前道工序的反馈，生产过程向为之服务的物流部门所做的质量反馈。企业物流外反馈来自供应商、合作商、销售商、分销商、零售商、送货点等。

4. 广泛组织质量管理小组活动

质量管理小组的概念是日本质量管理专家石川馨提出来的。质量管理小组是由一些基层管理人员及一般员工组成的，能够发现、分析并最终解决质量问题。为便于相互间自由交流，质量管理小组的人数一般为6~10人。而且，成员都是自愿加入，利用业余时间进行讨论研究。成立质量管理小组，能够调动广大员工的积极性和创造性，是开展质量管理活动的有效方法。

10.4 企业物流质量改进

10.4.1 企业物流质量改进的含义

被誉为质量领域"首席建筑师"的约瑟夫·莫西·朱兰在阐述质量管理的过程时，提出了著名的质量策划、质量控制和质量改进三部曲——朱兰三部曲。三个过程中的每一个都具有普遍性，遵循着不变的步骤程序。每一程序适用于各自的领域，不因产业、职能、文化或其他因素不同而有所不同。三部曲的三个过程是相互关联的，图10.5显示了它们之间的关系。

那什么是质量改进呢？质量改进致力于增强满足质量要求的能力。在朱兰三部曲示意图中，慢性浪费水平（不良质量成本）最初约为总产出的23%。这一慢性浪费是固化在过程中的。随后，一个质量改进项目将这一浪费减少到了约5%。根据约瑟夫·莫西·朱兰的定义，这一慢性浪费的减少就是改进，它取得了一个前所未有的绩效水平。而偶发性的峰值是非预期的，产生于各种意外的来源。人们会迅速消除这一峰值使之恢复到约23%的长期水平上。这一行动不符合改进的定义，它未曾实现前所未有的绩效水平。这类行动通常被称为排除故障、纠正行动或灭火，是典型的质量控制活动。因此，朱兰将质量改进定义为"有组织地取得的良性改变，前所未有的绩效水平的实现"。

由此可见，质量改进与质量控制是不同的。质量控制是通过日常的检验、试验调整和配备必要的资源,消除偶发性问题,使质量保持规定的水平,即质量维持;而质量改进是通过不断采取纠正和预防措施来增强组织的质量管理水平,对现有的质量水平在控制的基础上不断提高。质量改进是一个没有终点的连续性活动。

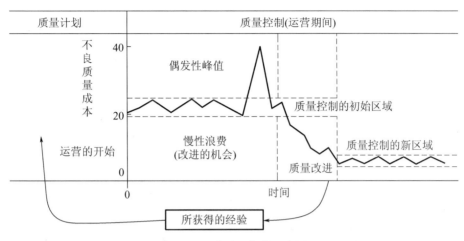

图 10.5　朱兰三部曲示意图

根据约瑟夫·莫西·朱兰对质量改进的定义,我们将企业物流质量改进定义为辨识企业物流过程的改进机会,并有组织地加以实施以取得良性的改变,实现前所未有的绩效水平。近年来国外十分关注物流服务质量的持续改进工作,称为重新设计,并把它作为全面质量管理新的重要内容。

 小思考

为什么要在企业物流质量改进中加入"持续"?如何理解企业物流质量改进的持续性?

10.4.2　企业物流质量改进的基本过程——PDCA 循环

质量改进的过程要按照 PDCA 循环的基本工作流程有条不紊地进行:首先制订行动计划,接着将计划付诸行动并检验其效果,然后将成功的经验总结纳入未来执行的标准,将不成功的环节纳入下一个 PDCA 循环中重新寻找解决问题的方法。

【拓展期刊】

PDCA 循环,又称"戴明环",最早是由戴明提出来的。它是用于学习以及改进产品或过程的流程图。同时,PDCA 循环指出有效的质量改进是一个必要的循环过程,如图 10.6 所示。

1. PDCA 四个英文字母的含义

P(Plan)——计划,确定方针、目标、活动计划。

D(Do)——执行,依据计划阶段所决定的构想实地去做,实现计划中的内容。

C(Check)——检查,总结执行计划的结果,研究执行结果是否与期望和预期相符。如果不是,找出问题。

A（Action）——行动，对总结检查的结果进行处理，对成功的经验加以肯定并适当推广、标准化；对失败的教训加以总结，以免重蹈覆辙。未解决的问题放到下一个 PDCA 循环。

2．PDCA 循环的基本特点

（1）阶梯式上升

PDCA 循环不是在同一水平上循环，而是每循环一次，就解决一部分问题，取得一部分成果，工作就前进一步，水平就提高一步。到了下一次循环，又有了新的目标和内容，更上一层楼。伴随着 PDCA 循环的不断滚动，质量改进的水平也不断提升，永不停息，使质量改进持续地发展推进。阶梯式上升的过程，如图 10.7 所示。

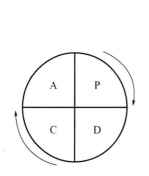

图 10.6　PDCA 循环的基本模型

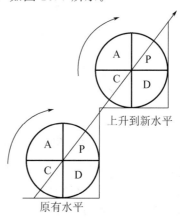

图 10.7　阶梯式上升

（2）大环带小环

如图 10.8 所示，如果把整个企业的工作作为一个大的 PDCA 循环，那么各个部门、小组还有各自小的 PDCA 循环，大环带动小环，一级带一级，都在围绕组织的方针目标朝着一个方向转动，有机地构成一个运转的体系。

（3）PDCA 循环是一个综合性的循环

PDCA 循环的四个阶段并非是截然分开的，而是紧密衔接连成一体，各阶段之间还存在一定的交叉现象。在实际的工作中，往往是边计划边实施，边实施边检查，边检查边总结边调整计划，不能机械地去理解和转动 PDCA 循环。PDCA 循环是一个综合性的循环，如图 10.9 所示。

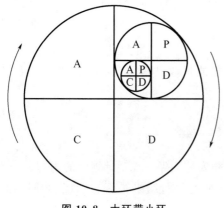

图 10.8　大环带小环

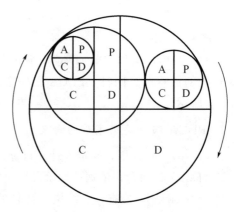

图 10.9　综合性的循环

3. PDCA 循环的四个阶段、八个步骤

PDCA 循环的四个阶段、八个步骤和常用的统计工具，如表 10.1 所示。

表 10.1　PDCA 循环的四个阶段、八个步骤和常用的统计工具

阶段	步骤	统计工具
P	分析现状，找出存在的质量问题	排列图、直方图、控制图
	分析产生问题的各种原因或影响因素	因果图
	找出主要影响因素	排列图、相关图
	针对主要原因制定解决问题的措施、对策	回答"5W1H" • 为什么制定该措施（Why） • 达到什么目标（What） • 在何处执行（Where） • 由谁负责完成（Who） • 什么时间完成（When） • 如何完成（How）
D	执行、实施计划	
C	检查计划执行结果	排列图、直方图、控制图
A	总结成功经验，制定相应标准	制定或修改工作规程，检查规程及其他有关规章制度
	把未解决或新出现问题转入下一个 PDCA 循环	

10.4.3　企业物流质量改进的工具与技术

在为持续改进付诸努力的过程中，有很多有效的工具和技术可以为企业所利用。我们选取常用的七种工具做介绍。这七种工具都已有很长的历史，有的可追溯到 1920 年，但在现在还被广泛使用。原因是这七种常用的基础工具在持续改进中的应用非常简单，而且这些工具可供个人和团队使用，不仅适用于组织的各个阶层，还不受使用人员的受教育程度的限制。

质量管理的七种常用工具在使用上有一定的逻辑顺序（图 10.10），但是逻辑顺序只是使用这些工具的"典型"顺序。在实际应用中，这些工具的使用顺序有很多种。流程图对所要改进的过程进行基本描述；调查表用于收集过程数据；而数据的分析则由直方图、散点图或控制图完成；因果图用于分析问题的根本原因；最后，利用排列图对原因进行排序。

下面，我们参照约瑟夫·莫西·朱兰的《朱兰质量手册》和兰佩萨德的《全面质量管理：持续改进指南》，分别从概念、用途和使用方法，并结合企业物流质量管理的实例来介绍这七种工具。

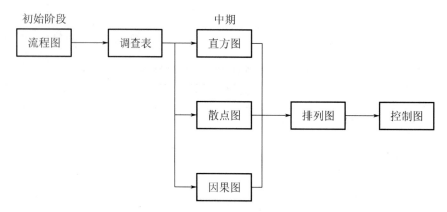

图 10.10　七种常用工具的逻辑顺序

1. 流程图

流程图是一种运用标准符号显示工作步骤的图形表示，它有助于我们检查和了解工作中各个步骤间的关系。

流程图主要用于记录和分析工作中各个环节的联系和顺序关系；充分地识别及发现问题；科学地推断原因，找出需要改进的关键环节。

流程图的绘制步骤如下。

（1）明确过程范围。

（2）界定过程的开始和结束。

（3）明确过程步骤，包括输入、输出、活动和决策。

（4）使用标准图示符号（表 10.2）标出全过程，绘制出流程图草图。

（5）将流程图与实际过程比较、验证改进。

（6）标注日期，以备将来参考使用。

表 10.2　绘制流程图所用符号

图 形 符 号	释　　义
▭	表示过程中的一个步骤或活动
◇	表示过程中的决策点或分支点
◯	表示过程的起始点或终点
▽	表示过程的书面信息

续表

图形符号	释　义
	表示以电子方式储存的过程信息
→	表示过程方向或流程

 小案例

外购零件运入仓储中心流程

某企业外购零件运入仓储中心的流程如图10.11所示。

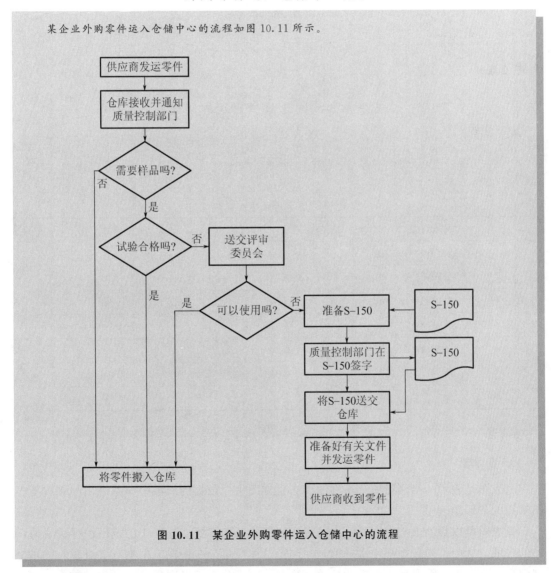

图10.11　某企业外购零件运入仓储中心的流程

2. 调查表

调查表也称检查单，是系统收集记录质量的原始数据，用以了解事实情况，记录问题出现频率的表格。调查表因调查的对象、目的、产品类别、工艺特点等不同,采用的格式和内容也不同。

调查表用于系统地收集数据,显示某问题的出现频率,通过统计分析找出主要原因,帮助解决问题。

调查表的制作步骤如下。

(1) 明确收集数据的目的。

(2) 确定必须收集的数据。

(3) 明确分析对象和分析方法。

(4) 根据调查对象和调查目的设计表格。

(5) 对调查对象进行调查、记录,汇总整理。

(6) 分析结果。

小案例

某企业物流配送过程出现的问题

某企业物流配送过程出现问题,经过调查,收集到数据,制作了一份配送过程调查表,以追踪错误的来源,如表 10.3 所示。

表 10.3　配送过程调查表

问题类型	频　数	百分比
配送不及时	42	39.6%
货物有破损	28	26.4%
数量不对	8	7.6%
配送目的地错误	10	9.4%
货物发错对象	6	5.7%
其　他	12	11.3%
合　计	106	100%

3. 直方图

直方图是表示一组测量值分布的图。在直方图中,数据的离散分布状态由一系列等宽不等高的条形图表示。

直方图可以帮助人们根据显示出的观察数据的分布形状,在缩小的范围内寻找出现问题的区域,从中得知数据平均水平偏差并判断总体质量分布情况。根据有关过程行为的数据信息,可以确定需要优先改进的行动(注意:频率分布条形图用于可分类的数据,而直方图则用于连续型数据。)

直方图的绘制步骤如下。

(1) 收集数据。
(2) 找出数据中的最大值、最小值,计算最大值和最小值之差。
(3) 确定数据的大致分组数和分组组距。
(4) 计算各组数据的上下限。
(5) 计算各组数据的中心值、频数和频率,制作所有数据的频率表。
(6) 根据频率表绘制直方图,横轴标出组界限,纵轴标出频率。
(7) 在图的空白处填写图的名称和数据值个数。

 小案例

某自助餐厅的午餐销售分布

某自助餐厅的经理想知道午餐的销售分布情况,因此他随机抽取了40份结账单,如图10.4所示。请根据此数据绘制销售直方图。

表10.4 某自助餐厅的40份结账单

4.51	0.79	4.19	2.29	5.96	3.49	2.25	3.45	2.24	5.25
5.36	1.15	7.28	5.25	4.29	5.25	3.96	6.79	4.66	3.56
8.22	2.56	5.25	3.33	5.55	2.24	8.95	2.49	5.25	2.26
0.79	5.25	4.11	6.11	5.25	4.56	1.15	5.25	2.21	5.25

按照绘制直方图的步骤:先找出均值、最大值和最小值,计算组数、组距、分组,最后绘制直方图。以下是从上述数据得出的统计量。

① 均值=4.20;
② 最大值=8.95,最小值=0.79;
③ 极差=8.16;
④ 总和=168;

分为6组,则
组距=8.16/6
分组=0.76~2.15;2.16~3.55;3.56~4.95;4.96~6.35;6.36~7.75;7.76~9.15

使用Excel绘制直方图,如图10.12所示。经理由此可知销售情况为偏态分布,其均值为4.20美元。

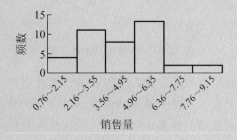

图10.12 直方图

4. 散点图

散点图是一种研究两个变量之间的关系及分析该关系密切程度的图示工具。散点图的走势可以显示两个变量之间相互影响的情况。如果两个变量间存在正相关关系，那就意味着一个变量值增加时，另一个变量值也随之增加。如果两个变量间存在弱正相关关系，随着一个变量值的增加，另一个变量值增加但不显著。这时，还应寻找有无其他因素在起作用，可进一步采用对因素分层的方法重新作散点图。常见的六种散点图，如图 10.13 所示。

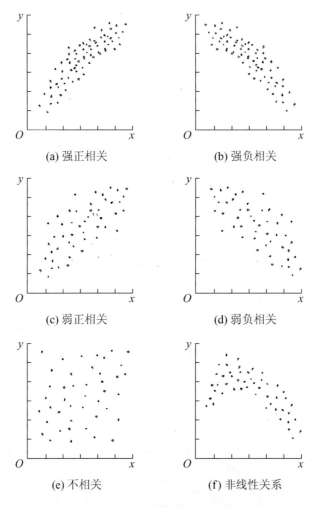

图 10.13　六种常见的散点图

散点图是将两个变量的数据表示在直角坐标系中，通过研究和分析点的分布状况，推断两个变量之间是否存在关系，以及关系密切程度。通过直观分析，得出两个变量之间的相关性后，可以通过影响因素的控制来达到控制质量特性的目的。

散点图的绘制步骤如下。

（1）收集两个变量的数据，一般不少于 30 组。

(2) 画图，在直角坐标系的横轴上标出与原因有关的值，在纵轴上标出与结果有关的值。

(3) 画点，在直角坐标系中，用点标出成对的数据。

(4) 检查图中各点形成的形状，判断两个变量之间的关系类型及关系密切程度。

5. 因果图

因果图因为是由石川馨所提出的，故常被称为石川图。而又由于所绘制的因果图图形似鱼骨，因此又称鱼骨图。它是表现现有结果与潜在原因之间关系的一种图示工具。

因果图用于整理和展示关于某个问题的根本原因的各种假设之间的相互关系，是用来分析原因和结果之间关系的工具。通过以一种结构化、系统的方式，将注意力集中于某一特定问题的可能原因，然后分层次地展示原因间的因果关系，在逐层分析的基础上，最终找到影响质量问题的根本原因，如图10.14所示。

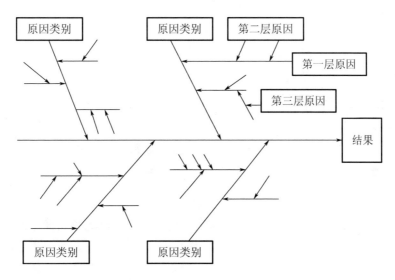

图 10.14 因果关系图的形成

因果图的绘制步骤如下。

(1) 确定需要解决的一个主要质量问题，画出主干线，并在右端方框内填入质量问题。

(2) 确定潜在原因的主要类别并作为大枝分别画于主干线两侧，通常从五个大方面去分析，即人、机器、材料、方法和环境。

(3) 对结果有最大影响的原因（要因）进行标记（如加框）。

(4) 找出影响每一类别的若干可能原因，并将这些原因标在相关类别处，然后用同样方法逐层找出造成相应问题的分类原因和子原因。

(5) 判断并分析这些潜在的原因，找出几个可能对结果影响最大的原因（3~5个）。

(6) 找出解决这些问题的可行方案。

(7) 推行改革。

(8) 记入必要的有关事项，如标题、绘制人、日期、参加人员及其他可供参考的注意事项等。

📁 小案例

库存积压的原因

某企业出现了大量的呆滞库存,管理层决定通过因果图对问题进行分析。库存积压因果图如图10.15 所示。

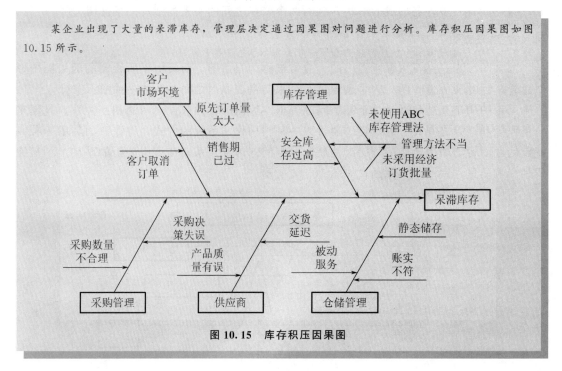

图 10.15　库存积压因果图

6. 排列图

排列图又称帕累托图,它是帮助我们深入了解导致问题出现的关键原因的一种图示工具。为了区分质量问题中的关键的少数和次要的多数,约瑟夫·莫西·朱兰将经济概念帕累托定律(又称二八定律)应用于质量问题。帕累托定律是以意大利经济学家帕累托的名字命名的,他将米兰的收入分布模型化,发现米兰20%的人口拥有大约80%的财富。从帕累托定律来看,大部分的质量问题是由相对少数的原因造成的。

根据排列图,我们可以区分关键问题和次要问题,从而轻易地找到最有效的改进方法。

排列图的绘制步骤如下。

(1) 明确问题。

(2) 确定数据收集的方法及时间周期。

(3) 设计调查表,记录收集到的数据。

(4) 统计每个原因出现的次数,并计算总数。

(5) 将原因按照重要程度以降序排列。

(6) 画出左右两条纵坐标和一条横坐标,在左纵轴上标出原因的计量值,从0开始到原因总数。右纵轴应与左纵轴等高,刻度从0到100%,用于显示累计概率的分布情况,在横轴上列出各种原因,将频率或成本从左至右按降序排列。

(7) 制作出每项原因的柱形图,每一长方形的高度等于该项目的量值。

(8) 画出累计频率曲线。

小案例

造成桃子损失的原因

送到某超市的桃子总是出现腐烂、品种错误、碰伤等情况。为了找到桃子出现问题的主要原因，可用排列图进行分析。表10.5 记录的是 8 月份送到该超市的桃子的资料（排列图原始资料）。

表 10.5 排列图原始资料

问 题	桃子损失/个
碰伤	100
尺寸偏小	87
腐烂	235
未成熟	9
品种错误	7
生虫	3

为排列图而整理的资料如表 10.6 所示，根据资料绘制排列图，如图 10.16 所示。

表 10.6 为排列图而整理的资料

列	范畴	数量/个	百分比	累计百分比
1	腐烂	235	53.29%	53.29%
2	碰伤	100	22.68%	75.97%
3	尺寸偏小	87	19.73%	95.70%
4	其他	19	4.30%	100.00%

图 10.16 中显示，76% 的原因是由物流问题引起的，主要是储存和运输过程，因此对这两个方面的改进迫在眉睫。

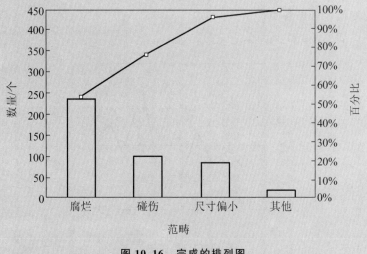

图 10.16 完成的排列图

7. 控制图

控制图是过程控制的一种常用统计图，它显示一段时间内所记录的数据及该数据变化情况。由于任何一种质量特征值总是存在一定的波动，因此，通过对质量特征值的波动进行研究，可以发现过程的进展情况，也可用于检验过程是否处于统计控制状态。

造成质量波动的因素有正常因素和偶然性因素。正常因素也称随机因素，遵循一定的统计规律。它们频繁出现在过程中，但对质量特征值波动的影响较小。在一定条件下，要完全消除正常因素的影响，在技术上和经济上都是困难的。偶然性因素也称系统因素，这类因素的出现无规律可循。它不是始终存在于过程中，往往容易识别。在一定条件下，可以消除其影响。

控制图根据数据性质不同可以分为两类。一是计量值（变量）控制图，适用于计量型数据，如长度、质量等。二是计数（特征值）控制图，可分为计件控制图和计点控制图。计件控制图是以"件"为单位统计不合格品的数量，而计点控制图是对单位产品上的缺陷数进行控制的。

控制图可以查明质量特征值的波动是正常的还是偶然的，以此来判断过程是否处于稳定状态。

控制图的绘制步骤如下。

（1）确定待控制的质量指标。

（2）选择合适的控制图类型。

（3）收集数据。

（4）计算控制界限和平均值。

（5）画出横轴，表示时间或随机抽样样本的测量值；画出纵轴，并在纵轴上标出质量特征值；画出中心线（the Central Line，CL），该线表明过程的平均值，以及上控制线（the Upper Control Limit，UCL）和下控制线（the Lower Control Limit，LCL）。

（6）在控制图上用点标出数据。

（7）检查控制线以外的各点。

绘制的控制图如图 10.17 所示。

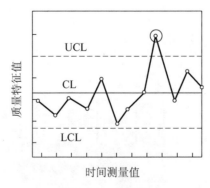

图 10.17　控制图

小案例

库存周转率的控制图如图 10.18 所示。该比率的正常变动范围是每年周转 8~9 次。在控制图中描绘出本期实际周转率的点,以及最近几期的代表性数据。观察实际绩效水平或周转率的变化,找出趋势,同时看这些点是否超过控制范围。若实际绩效不在正常范围内变动,则需要企业从管理的角度查找变化的原因。

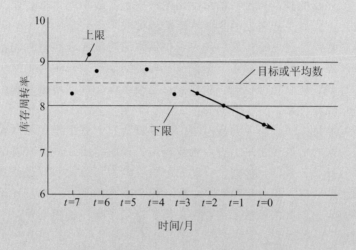

图 10.18 库存周转率的控制图

 小思考

某办公设备公司为节约设备维修服务的宝贵时间,迈出了大胆的一步。按照以往的做法,服务中心派技术人员到客户的维修地点。这种情况下,受过高级培训且薪水很高的技术人员要在往返途中花费大量时间。为解决这个问题,该企业重新设计了物流系统,在全国各地设置供租借和替换的机器存货。如果机器出现故障,企业就会将替换用的机器送往客户所在地,有故障的机器则被送往服务中心进行维修。新的系统不仅节约了维修成本,而且提高了客户服务水平。

应用流程图分析该企业的回收物流过程,并比较两个不同物流系统的回收过程。

小 结

本章首先介绍了企业物流质量管理的含义、目标、主要内容、原则和组织性质量管理方法,接着从企业物流质量控制、质量保证和质量改进三个方面阐述了企业物流质量管理的主要活动。通过对企业物流质量进行控制与改进,可以为企业节约大量成本,提高企业的生产效率,从而提高顾客的满意度。

企业物流质量管理的主要内容包括物流商品质量管理、物流服务质量管理、物流工作质量管理和物流工程质量管理；企业物流质量管理的原则：以顾客为关注焦点、领导作用、全员参与、过程方法、管理的系统方法、持续改进、基于事实的决策方法、互利的供需方关系；企业物流组织性质量管理方法主要有 TQM、ISO 9000 质量保证体系及 6σ 质量管理方法。

企业物流质量控制致力于满足质量要求，是对物流活动过程、物流服务的工作情况及物流体系运作的实际质量进行监督，并与标准对比，对差异采取措施的调节管理过程。本章主要从企业物流涉及的基本物流活动角度阐述每项物流活动的标准，以及如何控制每项物流活动的质量，并探讨了如何控制企业物流的质量成本。

企业物流质量保证是企业物流部门致力于提供物流质量要求会得到满足的信任，它与企业物流质量控制既有区别又有联系。为保证和提高物流产品质量与物流服务质量，企业应从制定目标和计划、建立管理机构、建立信息反馈系统、开展质量管理小组活动几方面建立企业物流质量保证体系。

企业物流质量改进指辨识企业物流过程的改进机会，并有组织地加以实施以取得良性的改变，实现前所未有的绩效水平。企业物流质量管理的持续改进可以通过 PDCA 循环实现。PDCA 循环有计划、执行、检查、行动四个阶段。为了解决和改进质量问题，通常把 PDCA 循环的四个阶段进一步分解为八个步骤，每个步骤用到不同的统计工具。这些工具包括流程图、调查表、直方图、散点图、因果图、排列图和控制图七种。

 关键词

企业物流质量管理（Enterprise Logistics Quality Management）
全面质量管理（Total Quality Management）　　质量控制（Quality Control）
质量保证（Quality Assurance）　　质量改进（Quality Improvement）

思考与练习

1. 名词解释

企业物流质量管理　　企业物流质量控制　　企业物流质量保证
企业物流质量改进　　PDCA

2. 选择题

（1）企业物流质量管理的目标主要有（　　）。
　　A. 物品的质量保证　　　　　　B. 可靠性
　　C. 经济性　　　　　　　　　　D. 灵活性　　　　　　E. 安全性

（2）企业物流质量管理的主要内容包括（　　）。
　　A. 物流商品质量管理　　　　　B. 物流服务质量管理
　　C. 物流工作质量管理　　　　　D. 物流工程质量管理

（3）以下属于企业物流组织性质量管理方法的是（　　）。
　　A. 全面质量管理　　　　　　　B. ISO 9000 质量保证体系
　　C. 6σ 质量管理　　　　　　　　D. 精益质量管理

(4)（   ）是致力于满足质量要求，是对物流活动过程、物流服务的工作情况及物流体系运作的实际质量进行监督，并与标准对比，对差异采取措施的调节管理过程。

　　A. 企业物流质量控制　　　　　　B. 企业物流质量保证
　　C. 企业物流质量管理　　　　　　D. 企业物流质量目标

(5) 企业物流质量控制主要包括（   ）。

　　A. 运输质量控制　　　　　　　　B. 装卸搬运质量控制
　　C. 仓储质量控制　　　　　　　　D. 包装质量控制
　　E. 企业物流质量成本控制

(6)（   ）是企业物流服务的提供者对顾客在物流产品质量和物流服务质量方面提供的担保与承诺，并根据需要进行证实的全部有计划和有系统的活动。

　　A. 企业物流质量改进　　　　　　B. 企业物流质量保证
　　C. 企业物流质量管理　　　　　　D. 企业物流质量控制

(7)（   ）是指辨识企业物流过程的改进机会，并有组织地加以实施以取得良性的改变，实现前所未有的绩效水平。

　　A. 企业物流质量改进　　　　　　B. 企业物流质量保证
　　C. 企业物流质量管理　　　　　　D. 企业物流质量控制

3. 判断题

(1) 企业物流质量管理通常包括制定质量方针和质量目标、质量策划、质量控制、质量保证和质量改进。　　　　　　　　　　　　　　　　　　　　　　　（   ）

(2) 质量控制和质量保证之间没有区别。　　　　　　　　　　　　　　　（   ）

(3) 运输质量的控制不包括运输成本。　　　　　　　　　　　　　　　　（   ）

(4) 成组化搬运可提高企业物流质量管理的水平。　　　　　　　　　　　（   ）

(5) 与质量有关的成本主要包括防范成本、验证成本、内部失效成本和外部失效成本四大类。　　　　　　　　　　　　　　　　　　　　　　　　　　　　　（   ）

(6) 在 PDCA 循环中，分析现状找出问题一般采用的方法有排列图、直方图和控制图。　　　　　　　　　　　　　　　　　　　　　　　　　　　　　　　（   ）

(7) 企业物流质量管理的七种常用工具在使用上没有一定的逻辑顺序。　（   ）

(8) 企业物流质量管理是全面质量管理的内容之一。　　　　　　　　　　（   ）

4. 思考题

(1) 讨论造成企业物流质量管理受到关注的几个原因。

(2) 企业物流质量管理的原则是什么？

(3) 企业物流质量管理主要涉及哪些内容？

(4) 你认为常用的七种质量管理工具该如何组合使用？试结合你的日常工作或日常生活中常见的企业物流的质量问题现象，举一个运用七种工具解决企业物流质量问题的例子。

(5) 举例说明 PDCA 循环在企业物流质量管理中的应用。

(6) 全面质量管理强调了"持续改进"，这对企业物流质量管理有何意义？

(7) 讨论企业物流质量控制、企业物流质量保证和企业物流质量改进之间的区别及联系。

5. 案例分析题

某文体用品有限公司的仓库管理

某文体用品有限公司主要经营礼品、文具、体育用品等。经过调查发现，该公司的仓库管理中主要存在以下问题。

（1）货物标签码只规划到货架，如 A1－01－03（表示在 A1 区第一个货架第三层），没有具体到货位。

（2）物品有的是单件摆在货架上，有的是整箱摆放，有的甚至整箱放在货架旁边。

（3）一些该处理的残次品没有处理，仍然摆放在仓库里，有的甚至放在货架上。

（4）仓库的五位负责拣货的工作人员都有三年左右的工龄，对货物放在哪个具体位置很了解，可是刚入职的工作人员就不是很清楚。另外，别人移动过哪些货物、移动到了哪里，其他工作人员根本不清楚。

（5）仓库管理制度中有一项是要求账实相符，可是经常发现有些账上还有的货物，却找不到。

分析：

应如何解决仓库管理中存在的问题？试应用所学企业物流质量管理的相关知识及方法尝试解决这些问题。

应用训练

实训项目：调查某企业供应物流或生产物流或销售物流的企业物流质量管理情况。

实训目的：①通过调查，提高学生对七种常用质量管理工具在企业物流质量管理中的应用能力；②通过调查，加深学生对所学企业物流质量管理内容的理解；③通过调查，培养学生将理论知识转化为发现问题、分析问题的能力。

实训内容：对某企业的供应物流或生产物流或销售物流的现状进行调查，运用所学企业物流质量管理相关知识发现问题，并灵活应用七种常用的质量管理方法，收集数据，分析数据，寻找原因，并按照 PDCA 循环的基本工作流程进行分析。

实训要求：完成调查分析报告。

第11章 企业物流成本管理

【本章教学要点】

知识要点	掌握程度	相关知识
企业物流成本的含义	掌握	企业物流成本的含义、构成、特征及影响因素
企业物流成本管理的含义	重点掌握	企业物流成本管理的概念及意义
企业物流成本核算	掌握	企业物流成本核算的内容、基本思路
作业成本法	掌握	作业成本法在物流成本计算中的基本思路
企业物流成本控制过程	掌握	企业物流成本的事前、事中和事后控制方法

【本章能力要求】

能力要点	掌握程度	应用能力
企业物流成本的核算	掌握	能够运用作业成本法进行企业物流成本的核算
企业物流成本的控制	掌握	能够运用目标成本控制法、标准成本控制法进行企业物流成本控制

企业物流管理

【本章知识架构】

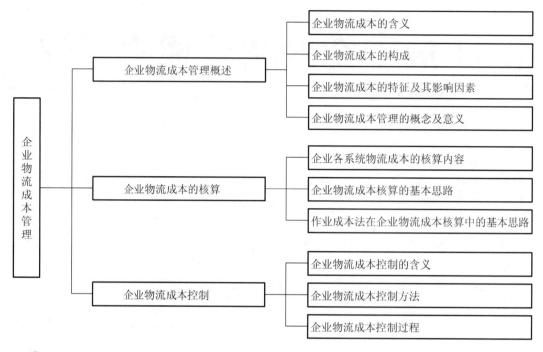

美国布鲁克林酿酒厂物流成本管理

1. 布鲁克林酿酒厂对运输成本的控制

1987年11月,布鲁克林酿酒厂将它的第一箱布鲁克林拉格啤酒运到日本,并在最初的几个月里使用了各种航运承运人。最后,日本金刚砂航运公司被选为布鲁克林酿酒厂唯一的航运承运人。金刚砂航运公司之所以被选中,是因为它向布鲁克林酿酒厂提供了增值服务。金刚砂航运公司在其国际机场的终点站交付啤酒,并在飞往东京的航班上安排运输,金刚砂航运公司通过其日本报关办理清关手续。这些服务有利于保证产品完全符合保鲜要求。

2. 布鲁克林酿酒厂对物流时间与价格进行控制

啤酒之所以能达到新鲜的要求,是因为这样的物流作业可以在啤酒酿造后的一周内将啤酒从酿酒厂直接运送到顾客手中。新鲜啤酒能超过常规的价值定价,高出海运装运的啤酒价格的五倍。虽然布鲁克林拉格啤酒在美国是一种平均价位的啤酒,但在日本,它是一种溢价产品,获得了极高的利润。

3. 布鲁克林酿酒厂对包装成本进行控制

布鲁克林酿酒厂将改变包装,通过装运小桶装啤酒而不是瓶装啤酒来降低运输成本。虽然小桶质量与瓶的质量相等,但降低了玻璃破碎而使啤酒损毁的概率。此外,小桶啤酒对保护性包装的要求也比较低,这也将进一步降低装运成本。

思考:

结合布鲁克林酿酒厂的物流成本管理现状,谈谈降低仓储成本的对策及其重要性。

物流成本是什么？它包括哪些构成项目？其管理的内容、方法是什么？本章将带你认识物流成本和物流成本管理的内涵，明确物流成本的构成，并树立起正确的物流成本管理理念。

11.1 企业物流成本管理概述

11.1.1 企业物流成本的含义

物流成本管理是物流管理的核心，它既是物流管理的手段，又是衡量物流运作绩效的工具。物流成本可以真实地反映物流活动的实况，也是评价所有物流活动的共同尺度。企业物流成本是指微观物流成本，具体包括生产企业物流成本、流通企业物流成本及物流企业物流成本三个方面。

那么物流成本到底包括哪些内容？它有什么样的内涵呢？

日本的《物流手册》认为，物流成本是指用金额评价物流活动的实际情况。物流成本的大小取决于物流活动的范围和采用的评价方法。当成本的概念被扩展为凡是经济资源的牺牲都是成本（包括支出成本和机会成本）之后，1999 年卡洛斯·F. 达冈佐（Carlos F. Dagazo）在其《物流系统分析》一书中，把物流成本归结为克服商品空间障碍的移动成本和克服商品时间障碍的持有成本。前者又可以进一步分为运输成本和装卸成本，后者则对应地分为租金成本及等候成本。

可见，物流成本是个动态发展的概念。我国 2006 年发布实施的国家标准《企业物流成本构成与计算》（GB/T 20523—2006）中，将物流成本定义为企业物流活动中所消耗的物化劳动和活劳动的货币表现，包括货物在运输、储存、包装、装卸搬运、流通加工、物流信息、物流管理等过程中，所耗费的人力、物力和财力的总和，以及与存货有关的流动资金占用成本、存货风险成本和存货保险成本。

易华和李伊松在《物流成本管理》一书中将物流成本的概念进行了广义和狭义的定义。

狭义的物流成本是指在物流过程中，企业为了提供有关的物流服务，要占用和耗费一定的活劳动和物化劳动中必要劳动价值的货币表现，是物流服务价值的重要组成部分。它是指物流对象在包装、装卸搬运、运输、储存、流通加工等各物流活动过程中所支出的人力、财力、物力之总和。在我们常见的财务账簿上，主要是从包装费、装卸搬运费、运输费、储存费、加工费等方面体现出来。

而广义的物流成本，包括狭义的物流成本与客户服务成本。由于现代市场营销观念的形成，企业意识到顾客满意是实现企业利润的唯一手段，客户服务成为经营管理的核心要素。物流在为客户提供服务上起到了重要作用，是提高客户服务水平的关键因素和重要保障。

11.1.2 企业物流成本的构成

不同企业类型，其物流成本构成内容都会有所不同，但是，从物流功能角度来谈物流成本的基本构成，不同类型的企业基本是趋同的。

1. 生产企业物流成本的构成

（1）供应、仓储、搬运和生产环节的职工工资、奖金、津贴及福利费等。

（2）生产材料的采购费用，包括运杂费、保险费、合理损耗成本等。

（3）产品销售费用，如运输费、展览推销费、信息费等。

（4）仓储保管费，如仓库维护费、搬运费等。

（5）有关设备和仓库的折旧费、维修费、保养费等。

（6）营运费用，如能源消耗费、物料消耗费、折旧费、办公费、差旅费、保险费、劳动保护费等。

（7）财务费用，如仓储物资占用的资金利息等。

（8）回收废品发生的物流成本。

2．流通企业物流成本的构成

（1）人工费用，主要包括职工工资、奖金、津贴及福利费等。

（2）营运费用，如能源消耗、运杂费、折旧费、办公费、差旅费、保险费等。

（3）财务费用，指经营活动中发生的资金使用成本，如利息、手续费等。

（4）其他费用，如税金、资产损耗、信息费等。

3．物流企业物流成本的构成

（1）营业税金及附加，包括营业税、城市建设维护税和教育费附加。

（2）经营费用，如运输费、装卸费、包装费、营销人员的人工费、差旅费等。

（3）管理费用，如行政管理部门管理人员的人工费、修理费、办公费、差旅费等。

 小知识

按照国家标准《企业物流成本构成与计算》（GB/T 20523—2006），企业物流成本构成包括企业物流成本项目构成、企业物流成本范围构成和企业物流成本支付形态构成三种类型，如图11.1所示。

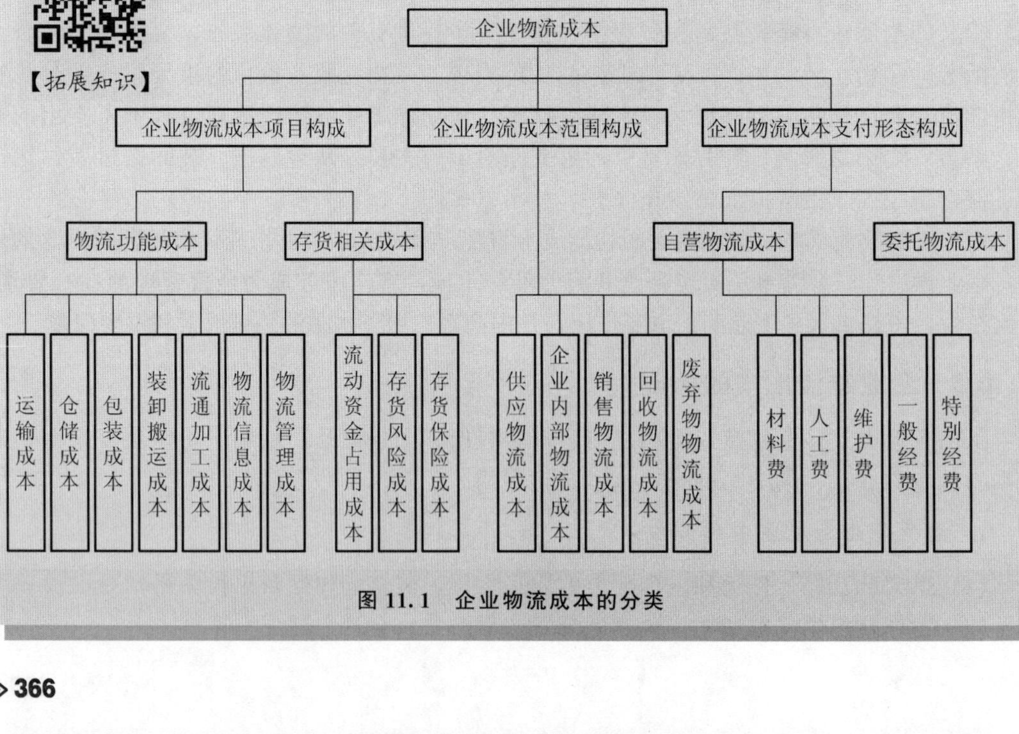

图11.1　企业物流成本的分类

小思考

我国企业物流成本高的原因有哪些?

11.1.3 企业物流成本的特征及其影响因素

【拓展知识】

1. 企业物流成本的特征

从企业的物流实践中反映出来的物流成本的特征如下。

(1) 在通常的企业财务决算表中,物流成本核算的是企业对外部运输业者所支付的运输费用,或向仓库支付的商品保管费等传统的物流成本;对于企业内与物流中心相关的人员费、设备折旧费、固定资产税等各种费用,则与企业其他经营费用统一计算。因而,从现代物流管理的角度来看,企业难以正确把握实际的企业物流成本。物流发达国家的实践经验表明,实际发生的物流成本往往要超过外部支付额的 5 倍以上。

(2) 在一般的物流成本中,物流部门完全无法掌控的成本很多,如保管费中过量进货、过量生产、销售残次品的在库维持及紧急输送等产生的费用都被纳入其中,从而增加了物流成本管理的难度。

(3) 物流成本削减具有乘数效果。例如,如果销售额为 100 万元,物流成本为 10 万元,那么物流成本削减 1 万元,不仅直接产生了 1 万元的利益,而且因为物流成本占销售额的 10%,所以间接增加了 10 万元的利益,这就是物流成本削减的乘数效应。

(4) 从销售关联的角度来看,物流成本中过量服务所产生的成本与标准服务所产生的成本是混同在一起的。例如,很多企业将销售促进费算在物流成本中。

(5) 物流在企业财务会计制度中没有单独的项目,一般所有成本都列在费用一栏中,较难对企业发生的各项物流成本做出明确、全面的计算与分析。

(6) 对物流成本的计算与控制,各企业通常是分散进行的。也就是说,各企业根据自己不同的理解和认识来把控物流成本,这样就带来了一个管理上的问题,即企业间无法就物流成本进行比较分析,也无法得出产业平均物流成本值。例如,不同的企业外部委托物流的程度是不一致的,由于缺乏相互比较的基础,因此,也就无法真正衡量各企业相对的物流绩效。

(7) 由于物流成本是以物流活动全体为对象,因此它是企业唯一的、基本的、共同的管理数据。

(8) 各类物流成本之间具有悖反关系,一类物流成本的下降往往以其他物流成本的上升为代价。

综合以上物流成本的特征可以看出,对企业来讲,要实施现代化的物流管理,首要的是全面、正确地把控企业内外发生的所有整体物流成本。也就是说,要削减物流成本必须以企业整体物流成本为对象。另外,物流成本管理应注意不能因为降低物流成本而影响对用户的物流服务质量。特别是流通业中多频度、定时进货的要求越来越广泛,这就要求物流企业能够应对流通发展的这种新趋向。例如,为了符合顾客的要求,及时迅速地配送发货,企业需要进行物流中心等设施的投资。显然,如果仅仅为了降低物流成本而放弃这种投资,就会影响企业对顾客的物流服务水平。

2. 企业物流成本的影响因素

（1）竞争性因素

企业所处的市场环境充满了竞争，企业之间的竞争除了产品的价格、性能、质量外，从某种意义上来讲，优质的客户服务是决定竞争成功的关键；而高效物流系统是提高客户服务的重要途径。如果企业能够及时可靠地提供产品和服务，则可以有效地提高客户服务水平，这些都依赖于物流系统的合理化；而客户的服务水平又直接决定物流成本的高低，因此物流成本在很大程度上随日趋激烈的竞争而不断发生变化的，企业必须对竞争做出反应。影响客户服务水平的主要方面有以下几个因素。

① 订货周期。高效的企业物流系统必然可以缩短企业的订货周期，降低客户的库存，从而降低客户的库存成本，提高企业的客户服务水平，提高企业的竞争力。

② 库存水平。存货的成本提高，可以减少缺货成本，即缺货成本与存货成本成反比。库存水平过低，会导致缺货成本增加；库存水平过高，虽然会降低缺货成本，但是存货成本会显著增加。因此，合理的库存应保持在使总成本最小的水平上。

③ 运输。企业采用更快捷的运输方式，虽然会增加运输成本，却可以缩短运输时间，降低库存成本，提高企业的快速反应能力。

（2）产品因素

产品的特性不同也会影响物流成本，这主要有以下几个方面。

① 产品价值。产品价值的高低会直接影响物流成本的大小。随着产品价值的增加，每一项物流活动的成本都会增加，运费在一定程度上反映了货物移动的风险。一般来讲，产品的价值越大，对其所需使用的运输工具要求越高，仓储和库存成本也随着产品价值的增加而增加。高价值意味着存货中的高成本及包装成本的增加。

② 产品密度。产品密度越大，相同运输单位所装的货物越多，运输成本就越低；同理，仓库中一定空间领域存放的货物也越多，库存成本就会降低。

③ 产品废品率。影响物流成本的一个重要方面还在于产品的质量，也即产品废品率的高低。生产高质量的产品可以杜绝因次品及废品等的回收和退货而发生的各种物流成本。

④ 产品破损率。产品破损率较高的物品即易损性物品，对物流成本的影响是显而易见的。易损性物品对物流各环节如运输、包装、仓储等都提出了更高的要求。

⑤ 特殊搬运。有些物品对搬运提出了特殊的要求。例如，长大物品的搬运需要特殊的装载工具，有些物品在搬运过程中需要加热或制冷等，这些都会增加物流成本。

（3）环境因素

环境因素包括空间因素、地理位置及交通状况等。空间因素主要指物流系统中企业制造中心或仓库相对于目标市场或供货点的位置关系等。若企业距离目标市场太远，交通状况较差，则必然会增加运输及包装等成本；在目标市场建立或租用仓库，也会增加库存成本。因此，环境因素对物流成本的影响是很大的。

（4）管理因素

管理成本与生产和流通没有直接的数量依存关系，但却直接影响着物流成本的大小，节约办公费、水电费、差旅费等管理成本可以相应地降低物流成本总水平。另外，企业利用贷款开展物流活动,必然要支付一定的利息(如果是自有资金,则存在机会成本问题)。资金利用率的高低,影响着利息支出的大小,从而也影响着物流成本的高低。

11.1.4 企业物流成本管理的概念及意义

在物流过程中,企业为了提供有关的物流服务,要占用和耗费一定的活劳动和物化劳动,这些活劳动和物化劳动的货币表现,即为物流成本,也称物流费用。物流成本管理就是要通过成本去管理物流,即以成本为手段的物流管理方法。由于对物流成本管理的研究在我国还处于初级阶段,因此物流成本管理至今没有一个确切的定义。从物流成本管理的内容来看,物流成本管理是以物流成本信息的产生和利用为基础,按照物流成本最优化的要求有组织地进行预测、决策、计划、控制、分析和考核等一系列的科学管理活动。

然而在实际操作中,人们常常在计算物流成本时,将物流成本的计算误以为是物流成本管理,只看到了成本结果,而忽视了成本的管理。学术界有一种观点,认为物流成本管理不单是一项具体的可操作的任务,也不仅仅是管理物流成本,更是通过成本去管理物流。可以说,物流成本管理是以成本为手段的物流管理方法,通过对物流活动的管理,从而在既定的服务水平上达到降低物流成本的目的。因此,物流成本管理不仅是简单的计算,还是利用各种管理工具对物流成本进行预测、计划和控制等的管理过程。物流成本管理可以从两个方面进行:其一是从会计的角度考虑,通过建立物流管理会计系统,发挥会计职能来对物流成本进行计划、控制等;其二是利用物流管理方法,通过对物流各种职能的优化,达到降低物流费用的目的。显然,这两个方面是相辅相成的,所以企业在进行物流成本管理的过程中,需要从这两个方面同时进行。

物流管理对于降低资源消耗、提高生产效率、增进企业经营效果、降低总体费用的作用已经引起了企业的普遍关注,物流管理正在成为企业的经营职能之一。物流成本管理是企业物流管理的核心,为此,所有国家都在谋求降低物流成本的途径。同样,我国也开始致力于这方面的研究。实行物流成本管理,降低物流成本,提高效益,对国家与企业都具有非常重要的现实和长远意义。从微观角度看,可以提高企业的物流管理水平,加强企业的经营管理,促进经济效益的提高,增强竞争力;从宏观角度看,降低物流成本对提高国民经济的总体运行质量和竞争力,促进产业结构的调整,支撑新型工业化,发展国民经济,提高人民生活水平都具有重要意义。

11.2 企业物流成本的核算

11.2.1 企业各系统物流成本的核算内容

1. 仓储成本的概念及核算内容

(1) 概念

仓储成本是指物流仓储活动中所有的活劳动和物化劳动的货币表现,是伴随着仓储活动而发生的各种费用,主要包括建造、购买和租赁仓库等设施设备所带来的成本及各类仓储作业所带来的成本,如流通加工成本、装卸搬运成本等。

（2）核算内容

仓储成本的核算内容由以下几部分组成。

① 材料费。材料费主要是仓储过程中使用的衬垫、苫盖材料、包装材料、器具用品等相关的费用，可以根据材料的出入库记录，将此间各种材料的领用数量计算出来，再分别乘以单价，便可得出仓储材料费。

② 人工费。人工费可以根据相关的物流人员实际支付的工资、资金、补贴的金额及统一支付部分（如福利基金、教育培训费等）按人数分配后得到的金额计算。

③ 物业管理费。物业管理费主要是指对公共事业所提供的公益服务（自来水、电、煤气、取暖等）支付的费用。严格地讲，每一个物流设施都应安装计量表直接计费。对于没有安装计量表的物流设施，其物业管理费可以从整个企业支出的物业管理费中按物流设施的面积和物流人员的比例核算得出。

④ 管理费。对于差旅费、邮资费等使用目的明确的费用，也可按人员人数比例分摊计算。

⑤ 营业外费用。营业外费用包括实际使用年限核算的折旧费和利息。折旧费可按设施设备的折旧年限、折旧率计算，利息可根据物流相关资产的贷款利率计算。

⑥ 对外支付的保管费用。对外支付的保管费用应全额计入仓储成本。

此外，仓储成本还包括仓库内的装卸搬运成本，这部分内容另将重点介绍，这里不再赘述。计算仓储成本时，将各项成本分离出来，加总就可得到仓储总成本，如果采取一定的分配办法，还可计算出单位仓储成本。

某公司按成本形态类别计算的仓储成本计算表，如表11.1所示。

表11.1 某公司按成本形态类别计算的仓储成本计算表　　　　单位：元

仓储成本形态	费用 ①	计算基准 ②	仓储成本 ③＝①×②	备注
仓库租赁费	115 000	100.0%	115 000	全额
材料消耗费	35 477	100.0%	35 477	全额
工资津贴费	561 260	22.4%	125 722	人数比率
燃料动力费	18 376	42.5%	7 810	时间比率
保险费	9 850	48.8%	4 807	面积比率
修缮维护费	17 403	45.2%	7 866	固定资产比率
仓储搬运费	30 135	51.8%	15 610	面积比率
仓储保管费	31 467	51.8%	16 300	面积比率
仓储管理费	17 632	37.1%	6 541	仓储费比率
易耗品费	18 410	37.1%	6 830	仓储费比率
资金占用利息	26 545	37.1%	9 848	仓储费比率
税金等	35 416	37.1%	13 139	仓储费比率
仓储成本合计	916 971	39.8%	364 954	仓储费占费用总额比率

2. 运输成本的概念及核算内容

（1）概念

运输成本是指完成运输活动所发生的一切相关费用，包括所支付的运输费用，以及与运输行政管理和维持运输工具有关的费用。

（2）核算内容

运输成本的核算内容包括以下几个方面。

① 变动成本。变动成本是指与每一次运输直接相关的费用，通常指线路运输成本，包括人工成本、维修养护费用、燃油成本、装卸成本及取货和送货成本。只有在进行运输及产生运输服务时，变动费用才存在。运输数量越多，运输路线越长，费用就越高。费用一般与运输里程和运输量成正比。承运人在确定运价时，不能让其低于变动成本，一般按运价确定的运费至少等于变动成本。

② 固定成本。固定成本是指短期内不随运输水平的变化而变化的成本，主要包括运输基础设施（如铁路、站台、通道、机器设备等）的建造及设立的成本和管理系统费用。固定成本的大小不受运输里程和运量的直接影响，但必须通过营运而得到补偿，通过变动成本的贡献率来弥补。

③ 联合成本。联合成本是指决定提供某种特定的运输服务而产生的不可避免的费用（如回程费用）。例如，当承运人决定用汽车运输货物从地点A运往地点B时，意味着这项决定中已产生了从地点B至地点A的回程运输的联合成本。这种联合成本要么从最初由地点A至地点B的运输中得到补偿，要么必须找一位有回程货的托运人以得到补偿。联合成本对运输费有很大的影响，因为承运人收取的运费中必须包括隐含的联合成本，联合成本的确定要考虑托运人有无适当的回程货，或者这种回程运输费用由原先的托运人来弥补。

④ 公共成本。公共成本是承运人代表所有的托运人或某个分市场的托运人支付的费用，如端点站或管理部门收取的费用。公共成本通常是按照装运数量分摊给托运人。

【拓展案例】

3. 装卸搬运成本的概念及核算内容

（1）概念

装卸搬运成本是指物流企业在物流作业过程中，为实现物品的移动和定位进行装卸搬运而产生的各种费用的总和。装卸搬运是物流作业的重要组成部分，装卸搬运成本在物流成本中占有较大比例。如何做好装卸搬运的成本管理，是现代物流企业管理的重要内容。

（2）核算内容

装卸搬运成本的核算内容有以下几个方面。

① 工资及福利费。工资及福利费包括按规定支付给装卸工人及装卸机械司机的计时工资、计件工资、加班工资、各种工资性津贴及按规定比例计提的职工福利费。

② 燃料和动力费用。燃料费用可在每月终了根据油库转来的装卸搬运机械领用的燃料凭证计算实际消耗数量与金额，计入成本。动力费用可根据供电部门的收费凭证或企业的分配凭证计算，直接计入装卸成本。

③ 轮胎费。装卸搬运机械的轮胎磨耗与行驶里程无明显关系，故其费用不宜采用按胎公里摊的方法处理，应在领用新胎时将其价值直接计入成本。当一次领换轮胎数量较大时，可作为待摊费用或预提费用，按月分摊计入装卸成本。

④ 修理费。由专职装卸搬运维修工或维修班组进行维修的工料费，应直接计入装卸搬运成本；由维修车间进行维修的工料费，通过"辅助营运费用"账户归集和分配计入装卸搬运成本。装卸搬运机械在运行和装卸搬运操作过程中耗用的机油、润滑油及装卸搬运机械保养领用的材料，月终根据油料库的领料凭证直接计入装卸搬运成本。装卸搬运机械的大修理预提费用，可分别按预定的计提方法（如按操作量计提）计算，并计入装卸搬运成本。

⑤ 折旧费。装卸搬运机械按规定方法计提折旧费，可直接引入财务会计的相应装卸搬运机械设备的折旧费计入装卸搬运成本。影响折旧的因素主要有装卸搬运机械折旧期限、原值、固定资产净残值率和计提折旧的起止时间。折旧的计算方法主要有平均年限法、工作量法、双倍余额递减法及年数总和法。

⑥ 工具及劳动保护费。装卸搬运机械领用的随车工具、劳保用品和耗用的工具，在领用时可将其价值一次计入成本。

⑦ 租金费。按照合同规定，将本期成本应负担的租金计入本期成本。

⑧ 外付装卸搬运费。在费用发生和支付时直接计入成本。

⑨ 运输管理费。本月计提或实际缴纳的运输管理费计入本项目。

⑩ 事故损失。本月将应由本期装卸搬运成本负担的事故净损失，结转计入本期成本。

⑪ 其他费用。由装卸搬运基层单位直接开支的其他费用和管理费用，在发生和支付时，直接列入成本。

 小资料

提高对装卸搬运过程的重视程度

在物流过程中，装卸搬运活动是不断出现和反复进行的，它出现的频率要高于其他各项物流活动，每次装卸搬运活动都要花费很长时间，所以往往成为决定物流速度的关键。装卸搬运活动所消耗的人力很多，所以装卸搬运费用在物流成本中所占的比重也较高。以我国为例，铁路运输方式下，装卸搬运成本约占总运费的20%。而很多物流企业对装卸搬运环节重视不够，这也造成在装卸搬运过程中，货物破损、丢失等情况屡屡出现，也造成了物流企业装卸搬运成本的增加。

4．客户服务成本的概念及核算内容

（1）概念

物流成本中的客户服务成本是一种隐性成本，是当物流服务水平令客户不满时产生的销售损失。客户服务成本不仅包括失去的现有客户所产生的销售损失，还包括失去的潜在客户所带来的销售损失。有资料显示，每个不满意的客户平均会向九个人诉说这种不满，而这种诉说有可能使这些听众打消选择该企业产品或服务的念头，从而使企业丧失原本可以获得的潜在销售机会。

(2) 核算内容

客户服务成本是十分难以估计和衡量的。通常采取以下办法解决这一难题：根据一定的方式制定出最合适的物流服务水平，然后在达到该物流服务水平的前提下，寻求其他物流成本即狭义物流成本之和的最小化。

一般通过以下步骤确定最适合的物流服务水平。

① 明确与相关物流活动有关的客户服务要素。例如，与仓储活动有关的订货周期、仓储空间利用率等，与运输活动有关的及时性、货损率等。

② 衡量目前的各物流服务要素所达到的水平。请物流服务的接受方为企业（部门）现在提供的物流服务水平及他们心目中理想的物流服务水平打分。

③ 在既定的服务战略指导下，为企业（部门）提供最适合的物流服务水平，并根据衡量所得的现有物流服务水平，制定出最终的物流服务水平调整方案。

11.2.2 企业物流成本核算的基本思路

物流成本由于在现行财务会计体系中尚未进行核算，为了反映物流成本的高低，并为物流管理提供成本信息资料，在实践中，可采用以下几种传统的方法核算企业物流成本。

1. 会计核算方式

会计核算方式，就是通过凭证、账户、报表的形式对物流费用加以连续、系统、全面地记录、计算和报告的方法。

会计方式的物流成本核算，具体包括以下两种形式。一是双轨制，即在传统成本核算体系不变的情况下，单独建立物流成本核算的凭证、账户、报表体系。这样物流成本的内容在传统成本核算和物流成本核算中得到双重反映，因此称为双轨制。二是单轨制，即改变传统成本核算体系，建立一套能提供多种成本信息的共同的凭证、账户、报表核算体系，使物流成本得以单独反映，又不重复在其他成本核算体系中反映。在这种情况下，要对现有的凭证、账户、报表体系进行较大的改革，需要对某些凭证、账户、报表的内容进行调整，同时还需要增加一些凭证、账户和报表。会计方式提供的成本信息比较系统、全面、连续，且准确、真实。但这种方法比较复杂，要么重新设计新的凭证、账户、报表核算体系，要么对现有体系进行较大的甚至是彻底的调整。企业应根据核算人员的业务素质、管理水平、信息技术的现代化程度等具体情况，确定物流成本核算是采用单轨制还是采用双轨制。从发展的角度看，最好采用单轨制。

2. 统计核算方式

统计核算方式不要求设置完整的凭证、账户和报表体系，而是通过对企业现行成本核算资料的剖析，从中抽出物流活动耗费部分，加上部分现行成本核算。统计核算要归入物流成本的费用，如物流信息、企业支付的物流费等，然后按物流管理的要求对上述费用重新归类、分配、汇总，加工成物流管理所需要的成本信息。

统计方式的物流成本核算不需要对物流耗费做全面、系统、连续的反映，所以运用起来比较简单、方便。由于没有对物流耗费进行连续、全面、系统的跟踪，成本信息的可验证性差，准确性不高。但在人员素质较低、物流管理落后、信息技术不高的条件下，或初次进行物流成本核算时，可运用此法，以简化物流成本核算，满足当前物流管理的需要。

3. 混合式核算方式

混合式核算方式是统计方式与会计方式相结合的方式，即物流耗费的一部分内容通过统计方式予以核算，另一部分内容通过会计方式予以核算。

一般对于现行成本核算已包括的费用采用会计方式核算，需设置一些物流成本账户，但不像第一种方法那么全面、系统，也不纳入现行成本核算的账户体系，具有辅助账户的性质。例如，设置"物流成本"总账，核算企业发生的全部物流成本；同时按物流范围设置"供应物流成本""生产物流成本""销售物流成本""退货物流成本""废弃物物流成本"二级账；在各二级账下按物流功能设置"运输费""保管费""装卸费""包装费""流通加工费""物流管理费"等三级账，并按费用支付形态设置专栏。在核算中，是物流费的就以会计方式记入"物流成本"账户。对现行成本核算没有包括但属于物流成本应该包括的费用，其计算方法与统计方式下的计算方法相同。月末根据各物流成本辅助账户所提供的资料编制范围类别、功能类别、形态类别等各种类别的物流成本报表。需要说明的是，无论采用哪一种方法核算物流成本，都存在有些费用是直接与物流活动有关的，有些是既与物流活动有关又与其他活动有关的共同费用。对于共同费用，在费用数额较大时，可按一定的标准在物流活动与其他活动中进行合理分摊；费用数额较小时，可不必分摊，而是根据情况直接计入物流活动或其他活动成本。

物流成本核算可以采用一般的会计、统计和混合方式等传统方法进行核算，但随着物流管理研究的发展，目前越来越倾向于采用一种新的核算方法，也就是作业成本法来进行物流成本核算。

11.2.3 作业成本法在企业物流成本核算中的基本思路

作业成本法也称作业成本会计或作业成本核算制度，它是以成本动因理论为基础，通过对作业进行动态追踪反映，计量作业和成本对象的成本、评价作业业绩和资源利用情况的方法。

作业成本法是建立在以下两个前提之上的：一个是作业消耗资源；另一个是产品消耗作业。根据这样的前提，作业成本法的基本原理可以概括为依据不同的成本动因分别设置作业成本库（作业成本池），再分别以各成本计算对象所耗费的作业量分摊其在该成本库的作业成本，然后分别汇总各成本计算对象的作业总成本。作业成本法的构建模型如图11.2所示。

1. 作业成本法的基本概念

（1）作业

作业是指企业为提供一定的产品或劳务所付出的人力、技术、原材料、方法和环境等的集合体，是企业为提供一定的产品或劳务所发生的、以资源为重要特征的各项业务活动的统称。这就体现出作业作为一个中介，将资源耗费与产品成本相连接。因此，作业成本法的成本核算的基本对象就是作业。

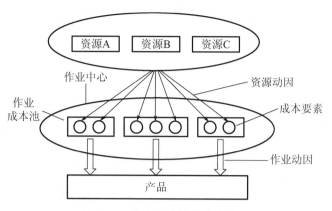

图 11.2　作业成本法的构建模型

(2) 成本动因

成本动因是指导致企业成本发生的各种因素，也是成本驱动因素。例如，搬运成本的多少就与搬运次数、产品数量等有关，那么搬运次数、产品数量等因素就是使搬运成本发生，并影响成本变动的根本因素，就是成本动因。成本动因按作业成本的形式及其在成本分配中的作用，可分为资源动因和作业成本动因。这两个动因既是成本动因的两种分类，也是作业成本计算的两个阶段。

① 资源动因。资源动因也称作业成本计算的第一阶段动因，主要用在各作业中心内部成本库之间分配资源。它反映了资源消耗量与作业量之间的关系，即作业量决定着资源的耗用量，与产量无关。资源动因将资源成本分配到各项作业中去，反映了某项作业或某组作业对资源的消耗情况。例如，加工所消耗的资源，直接与加工的次数、加工的工作时间、加工的数量有关。这里，加工所涉及的加工次数、工作时间、数量就是加工这项作业成本的资源动因。

② 作业成本动因。作业成本动因也称作业成本计算的第二阶段动因，主要用于将作业的成本通过作业成本动因分配到成本对象。作业成本动因与最终产品直接相关，反映了产品消耗作业的情况，将资源消耗通过作业成本动因这个中介转化为最终产出成本。

③ 作业中心。作业中心是成本归集和分配的基本单位，由一项作业或一组性质相似的作业所组成。作业中心所包含的各项作业都是同一性质的，也就是它们的成本动因是相同的。作业中心的各项作业对资源的消耗产生相应的资源成本，因此，作业中心也就是一个成本库，也称作业成本库。

2. 作业成本法的核算程序

物流作业成本核算是以作业成本法为指导，将物流间接成本和辅助资源更准确地分配到物流作业、运作过程、产品、服务及顾客的一种成本计算方法。一般来讲，物流作业成本计算要经过以下几个阶段。

(1) 分析和确定资源

资源指支持作业的成本、费用来源。它是一定时期内为了生产产品或提供服务而发生的各类成本、费用项目，或者是作业执行过程中所需要花费的代价。在企业财务部门编制的预算中通常可以比较清楚地得到各种资源项目。例如，运输是运输部门的一项作业，那么相应办公场所的折旧、运人员的工资和附加费、电话费、办公费等都是运输作业的资源费用。企业各项资源被确认后，要为每类资源设立资源库，并将一定会计期间的资源耗费归集到各相应的资源库中。

（2）分析和确定作业

作业是企业为了某一特定的目的而进行的资源耗费活动，是企业划分控制和管理的单元，是连接资源和成本对象的桥梁。物流过程中的每一项活动都可以视为一项作业，如运输作业、包装作业、装卸搬运作业、流通加工作业等。

（3）确定资源动因，分配资源耗费至作业成本库

作业确认后，要为每一项作业设立一个作业成本库，然后以资源动因为标准将各项资源耗费分配至各作业成本库。资源动因反映了作业对资源的消耗情况，它是把资源库价值分解到各作业成本库的依据。

（4）确定作业成本动因，分解作业成本至成本对象

作业成本动因是指作业被各种产品或劳务消耗的方式和原因，它是作业成本库成本分配到成本对象中去的标准，也是将作业耗费与最终产品进行沟通的中介。

【拓展期刊】

（5）计算物流作业成本

作业成本动因选定后，就可以按照同质的成本动因将相关的成本归集起来，有几个成本动因，就建立几个成本库。建立不同的成本库并按多个分配指标（成本动因）分配间接费用是作业成本计算优于传统成本计算之处。

11.3 企业物流成本控制

11.3.1 企业物流成本控制的含义

物流成本控制就是在成本的形成过程中，对物流作业过程进行规划、指导、限制和监督，使之符合有关成本的各项法规、政策、目标、计划和定额，及时发现偏差，采取措施纠正偏差，使物流成本各项费用消耗控制在预定范围内的管理过程。

物流成本控制分为绝对成本控制和相对成本控制。绝对成本控制，是把成本支出控制在一个绝对金额以内的控制方法。相对成本控制，是通过成本与产值、利润、质量和服务等对比分析，寻求在一定制约因素下取得最优经济效益的一种控制方法。

绝对控制从节约各种成本支出、杜绝浪费的途径进行物流成本控制，要求把劳动生产过程发生的一切成本支出划入成本控制范围内。标准成本控制和预算成本控制是绝对成本控制的主要方法。相对成本控制扩大了物流成本控制领域，要求在降低物流成本的同时，注意与成本关系密切的因素，如产品结构、项目结构、服务质量水平、质量管理等方面的工作，目的在于提高控制成本支出的效益。

11.3.2 企业物流成本控制方法

企业物流成本控制常用的方法有目标成本控制法和标准成本控制法。

1. 目标成本控制法

(1) 概念

物流目标成本管理是指企业在市场调查及需求分析的基础上，对物流系统的运输、保管、包装、装卸及流通加工等环节发生的足以影响成本的各种因素进行科学严格的计算，制定出目标成本，对实际发生的耗费进行限制和管理，并将实际耗费与目标成本进行比较，找出差异，采取纠正措施，保证完成预定目标成本的一种成本管理系统。在企业的物流目标成本管理中，物流目标成本的制定是实施成本管理的前提和基础。物流目标成本确定后，企业就需组织由物流、技术、采购、生产、销售和会计等方面人员重新设计物流过程与分销物流服务方式，想方设法来实现目标成本。其中，价值工程是评价设计方案、实施物流目标成本控制的一种系统性、基础性的方法。

(2) 分类

目标成本控制法可以细分为以下几种。

① 倒扣法。根据市场调研结果确定顾客可以接受的单位价格，扣除企业预期达到的单位产品利润、国家规定的税金、预计单位产品流通期间的费用，最后得出单位产品的目标成本。

② 比价预算法。将新产品和曾经生产过的功能相近的老产品进行对比，老产品上面有的零件按照老产品的零件价格计算，新产品与老产品不同的零件按照新的材料耗费定额、工时定额、费用标准等加以估价测定。此方法适用于对老产品进行技术改造时目标成本的确定。

③ 本、量、利分析法。在利润目标、固定成本目标、销量目标既定的前提下，对单位变动成本目标进行计算。

④ 价值工程法。价值工程法是一门新兴的管理技术，是降低成本提高经济效益的有效方法。它是指通过集体智慧和有组织的活动对产品或服务进行功能分析，使目标以最低的总成本（寿命周期成本）可靠地实现产品或服务的必要功能，从而提高产品或服务的价值。价值工程法的主要思想是通过对选定研究对象的功能及费用分析，提高对象的价值。

2. 标准成本控制法

(1) 概念

标准成本一词在实际工作中有以下两种含义。第一种是指单位产品的标准成本，它是根据单位产品的消耗量和标准单价计算出的；第二种是指实际产出量的标准成本，它是根据实际产出量和单位产品成本标准计算得出的。

物流标准成本是指通过对物流过程精确的调查、分析与技术测定，制定出有关物流过程中物流费用的支出，评价物流实际成本，衡量物流系统工作效率的一种预计成本。

(2) 分类

① 物流标准成本按制定适用时间可分为以下几类。

a. 基本标准成本（固定标准成本）。基本标准成本是指一经制定，只要物流的产品或服务的物理结构、重要原材料、人力价格、技术工艺等基本条件无重大变化，就不予变化的一种标准成本。

b. 现行标准成本。现行标准成本是以物流企业现实生产条件为基准,根据其适用期间应该发生的价格、效率和物流运作经营能力利用程度等确定的标准确定成本。

② 物流标准成本按制定水平可分为以下几类。

a. 理想标准成本。理想标准成本是指企业在最优的物流经营条件下所达到的成本。

b. 正常标准成本。正常标准成本是指根据下期一般应该发生的物流运作要素的消耗量、预计价格和预计物流运作经营能力利用程度,在合理工作效率、正常生产能力和有效经营条件下所能达到的成本。正常标准成本具有客观性、科学性、现实性,且具有激励、稳定的特点。

11.3.3 企业物流成本控制过程

1. 事前控制

事前控制是指经过成本预测和决策,确定目标成本,将目标成本分解,结合经济责任制,层层落实。

物流成本事前控制主要涉及物流系统的设计,如物流配送中心的建设,物流设施、设备的配备,物流作业过程的改进控制等。物流成本事前控制是极为重要的环节,它直接影响以后各物流作业流程成本的高低。因此,做好物流成本的事前预测和计划工作也显得尤为重要。

(1) 物流成本预测

物流成本预测,是指依据物流成本与各种技术经济因素的依存关系,结合发展前景及采取的各种措施,利用一定的科学方法,对未来的物流成本水平及其变化趋势做出科学的推测和估计。

物流成本预测能使企业对未来的物流成本水平及其变化趋势做到心中有数,并能与物流成本分析一起为企业的物流成本决策提供科学的依据,以减少物流成本决策中的主观性和盲目性。它可以为企业物流成本决策提供依据,为确定目标成本打下基础,有助于提高企业物流成本管理的应变能力。

关于物流成本预测的方法,一般有定性和定量两种。定量预测法可分为时间序列预测法(也叫趋势预测法)和回归分析法。时间序列预测法又分为简单平均法、加权平均法、趋势平均法和指数平滑法。下面,我们就时间序列预测法展开介绍。

时间序列预测法的基本思路是把时间序列作为随机变量序列的一个样本,应用概率统计的方法,尽可能减少偶然因素的影响,做出在统计意义上较好的预测。

趋势平均法的基本计算公式为

某期预测值=最后一期移动平均数+推后期数×最后一期趋势移动平均数

【例 11.1】 某公司某年各月的实际运输成本如表 11.2 所示,按照趋势平均法预测该厂下一年度第一季度各月的运输成本(设按三期移动平均)。

表 11.2 实际运输成本汇总表

第一年各月份	1	2	3	4	5	6	7	8	9	10	11	12
实际运输成本/万元	51	53	54	52	51	53	58	60	65	61	66	67

根据表 11.2 中的有关数据可以编制该公司趋势平均法预测表，如表 11.3 所示。

表 11.3　趋势平均法预测表　　　　　　　　　　　　　　单元：万元

月　　份	实际运输成本	三 期 平 均	变 动 趋 势	三期趋势平均数
1	51.00	—		
2	53.00	52.67	—	—
3	54.00	53.00	+0.33	—
4	52.00	52.33	−0.67	−0.22
5	51.00	52.00	−0.33	+0.33
6	53.00	54.00	+2.00	+1.56
7	58.00	57.00	+3.00	+3.00
8	60.00	61.00	+4.00	+2.67
9	65.00	62.00	+1.00	+2.33
10	61.00	64.00	+2.00	+1.22
11	66.00	64.67	+0.67	—
12	67.00	—	—	—

根据表 11.3 中的有关数据，可按趋势平均法的基本计算公式进行运输成本的预测：

下一年 1 月份运输成本=(64.67+2×1.22)万元=67.11 万元

下一年 2 月份运输成本=(64.67+3×1.22)万元=68.33 万元

下一年 3 月份运输成本=(64.67+4×1.22)万元=69.55 万元

显然，采用趋势平均法计算若干期的平均数和趋势平均数时，前后各个时期所用的是同一个权数，即认为这些数据对未来的预测值具有同等的影响。因此，用此法预测的结果与实际情况往往差异较大。为了弥补这一缺陷，可以采用指数平滑法进行预测。

设以 F_n 表示下期预测值，F_{n-1} 为本期预测值，D_{n-1} 为本期实际值，a 为平滑数（其取值为 $0<a<1$），则 F_n 的计算公式为

$$F_n=F_{n-1}+a(D_{n-1}-F_{n-1})=aD_{n-1}+(1-a)F_{n-1}$$

由上式类推下去，可得展开式为

$$F_n=aD_{n-1}+a(1-a)D_{n-2}+\cdots+a(1-a)^{t-1}D_{n-t}+(1-a)^t F_{n-t}$$

【例 11.2】　某公司 2010 年 1—9 月的实际物流管理成本分别为 93 万元、85 万元、90 万元、88 万元、92.5 万元、90 万元、95 万元、94 万元、95.5 万元。设 1 月份的成本预测值为 91.5 万元，$a=0.5$，请按指数平滑法预测该公司 10 月份的物流管理成本。

可按 $F_n=F_{n-1}+a(D_{n-1}-F_{n-1})=aD_{n-1}+(1-a)F_{n-1}$ 计算如下。

$F_1=915\,000$ 元

$F_2=[0.5×930\,000+(1-0.5)×915\,000]$元$=922\,500$ 元

$F_3=[0.5×850\,000+(1-0.5)×922\,500]$元$=886\,250$ 元

$F_4=[0.5×900\,000+(1-0.5)×886\,250]$元$=893\,125$ 元

$F_5=[0.5×880\,000+(1-0.5)×893\,125]$元$=886\,562.5$ 元

$F_6 = [0.5 \times 925\,000 + (1-0.5) \times 886\,562.5]$元 $= 905\,781.25$ 元

$F_7 = [0.5 \times 900\,000 + (1-0.5) \times 905\,781.25]$元 $= 902\,890.63$ 元

$F_8 = [0.5 \times 950\,000 + (1-0.5) \times 902\,890.63]$元 $= 926\,445.31$ 元

$F_9 = [0.5 \times 940\,000 + (1-0.5) \times 926\,445.31]$元 $= 933\,222.66$ 元

$F_{10} = [0.5 \times 955\,000 + (1-0.5) \times 933\,222.66]$元 $= 944\,111.33$ 元

该公司 2010 年 10 月的物流管理成本预测值为 944 111.33 元。

(2) 物流成本计划

物流成本计划是根据成本决策所确定的方案、计划期的生产任务、降低成本的要求及有关资料，通过一定的程序，运用一定的方法，以货币形式规定计划期物流各环节耗费水平和成本水平，并提出保证成本计划顺利实现所采取的措施。通过成本计划管理，可以在降低物流各环节方面给企业提出明确的目标，推动企业加强成本管理责任制，增强企业的成本意识，控制物流环节费用，挖掘降低成本的潜力，保证企业降低物流成本目标的实现。

物流成本计划的内容一般包括以下四个方面。

① 降低物流各项业务成本的措施规划，包括改善各项业务流程、技术革新、信息系统的应用提高工作效率、改进管理等有助于降低费用的措施。

② 固定费用预算，包括基本固定费用和半固定费用。按照营业目标和目标利润进行本量利分析，确定固定费用和变动费用的控制数字。

③ 主要职能部门的成本计划，主要是各物流运作部门开展业务工作时的费用，以以往数据为基础，依据降低成本的措施加以压缩。

④ 按主要成本项目分别编制成本计划。

2. 事中控制

物流成本的事中控制就是对物流活动过程中发生的各项费用按预定的成本标准进行严格审核和监督，并计算差异，进行信息反馈，以及时纠正差异。

(1) 运输成本控制

运输成本控制的主体是企业的管理组织和结构，客体是经济活动中发生的所有费用。运输成本控制的关键点主要在运输方式、运输价格、运输时间、运输的准确性、运输的安全可靠性及运输批量水平等方面。综合起来，我们可以从以下角度进行运输成本控制。

① 运输规模化。规模化运输策略是一种增大一次物流批量折扣收费的办法，是大量发货减少收费和一贯制托盘化运输协作降低费用等激励对方的手段。例如，某洗涤剂工厂与销售公司商定，如果向以托盘为单位装载的货车、大型卡车或双轮拖车订货，则按照货物的批次运输价格减 1‰收费，这种方式称为集装货物减成收费。如果以卡车和货车等整车为单位向制造商工厂订货，则根据订货数量减成收取运费，称为大量发货减成收费制。这种做法可以将节约的金额由双方合理分享，对于物流运输活动的成本控制是特别重要的。

② 运输计划化。这里的计划并非传统意义上的生产或销售计划，而是以产销合同为基础的供货方式。运输计划主要适用于季节性较强的商品。例如，啤酒是夏天集中消费的

商品，即使是夏天，因天气好坏，每天的需要量也是不同的。这样就会出现运输车辆过剩与不足或装载效率下降等影响物流运输效率的问题。于是，有的啤酒工厂为了调整这种波动性，就事先同买主商定进货时间和数量，制订配送计划，称为合同计划。这样，由于啤酒工厂计划供货、拣选进货、货物配装和货物运输配送等物流活动均可按计划进行，节约了费用并简化了订货手续，同时还做到了有计划地生产且享受运输优惠。买主按合同购货，减少了批发费用支出，这就是被称为定期定量直接配送系统的计划化物流。但这种计划化销售物流要看需求预测的准确程度如何，因计划不准确致使买主增大库存或失去销售良机的风险并不小。可以说，这是以商品销量预测绝对可靠、商品在买主中占优势地位为前提，才能实现物流运输计划。

③ 商物分离化。运输商物分离的具体做法之一是订货活动与配送活动相互分离。这样，就把委托运输和共同运输联系在一起了。而且，利用委托运输可以压缩固定费用开支，由于共同运输提高了运输效率，从而大幅度节省了运输费用。所以，与普通日用消费品行业中采用窗口销售（产品不经中间商，而由厂家按一定路线直接向消费者销售）那种发挥商物合一的积极作用的情况不同，一般认为订货活动与配送活动分离开来能够降低费用开支。

④ 运输差别化。根据商品周转的快慢和销售对象规模的大小，把保管场所和配送方式区别开来，这就是利用差别化方法实现物流合理化的策略。即实行周转较快的商品群分散保管，周转较慢的商品群尽量集中保管的原则，以做到压缩流通阶段的库存，有效利用保管面积，库存管理简单化等。另外，还可以根据销售对象决定物流方法。例如，供货量大的销售对象从工厂直接送货；供货量分散的销售对象通过流通中心供货，这样可使运输和配送方式区别开。对于供货量大的销售对象，每天送货；对于供货量小的销售对象，一周集中配送一次等，灵活掌握配送的次数。无论哪一种形式，在采取上述做法时，都应把注意力集中在解决节约物流费与提高服务水平之间的矛盾关系上。平时，不断研究商品分类和顾客类别，随时改变做法，是十分重要的。

⑤ 运输标准化。这里的标准化不是一般意义上产品生产及包装等的标准化，而是销售、运输数量的批量化。在企业的实际销售中，由于对销售批量规定了订货的最低数量，明显地提高了配送效率和库存管理效率。例如，化妆品工厂采用对小卖店不批发单一品种商品，只批发成套商品的限制制度，显著地削减了拣配和配货作业人员，大幅度提高了订货处理和库存管理等物流管理效率。这种标准化所带来的物流合理化在今天的制造工厂中到处可见，但商品的配套方法和配套商品的更新周期等问题相对于制造业更为复杂，还有待今后进一步研究解决。

⑥ 运输共同化。控制物流运输成本，最有效的措施是共同化，这种说法并不过分。超出单一企业物流合理化界线的物流共同化，目前正作为极具发展前途的一种方向进行着种种尝试。这种共同化如果从各主体之间的关系来看，分为由本行业企业组合而形成的垂直方向的共同化和与其他行业公司之间联合而形成的水平方向的共同化两类。前者的目的在于通过本系列集团企业内的物流一元化实现物流活动效率化。例如，照相胶片行业和家用电器行业中，工厂与销售公司的共同保管和共同配送等做法就属于这类例子。后者水平方向结合起来的共同化大体分为以单一企业为主导的共同化和以行业为中心的共同化。首先，以单一企业为主导的共同化可列举出一些大型食品工厂与同行业其他公司共同向小卖

店配送货物的例子。这里，配送地点需要相当一致，同时，共同化的前提条件应该是市场上存在同行业其他公司，这些公司配送的商品不带有竞争性。另外，近年来，到处可见的家用电器等工厂在往外地送货时，在返回途中与其他公司合作，为其运输货物（本公司的送货地点是对方公司的发货地点，对方公司的送货地点是本公司的发货地点），以解决长途运输车辆返空和运输费用上升的问题。这种共同化的目标是解决两个以上产地和销售地点相距很远而又交错运输的企业如何合作的问题。

在以行业为中心的共同化方面，可以举出许多例子。例如，唱片行业的共同配送、共同保管，百货商店的共同送货上门和远距离百货商店之间的相互代行送货上门，以及医药行业中利用保冷车的共同运输等。尤其在水泥行业中，还采取了工厂之间按销售地点情况相互代为供货，即交换发货制。另外，水泥的保管措施——水泥筒仓的共同利用，以及由筒仓管理组织通过事前协商调整等办法推动了整个行业水泥设施的共同化。

另外，也可以通过对运输方式、运输工具、运输线路的选择来进行有效的运输成本控制。

（2）仓储成本控制

仓储成本控制是指运用以成本会计为主的各种方法，预定仓储成本限额，按限额分配仓储成本和储存费用，以实际仓储成本与仓储成本限额比较，衡量仓储活动的成绩与效果，纠正不利差异，以提高工作效率，实现或超过预期的仓储成本控制限额。仓储成本控制可以通过以下途径。

① 提高仓储各环节的效率、建立健全仓储制度。在仓储的各个工作环节中，由于实际功效不一，所耗费的劳力、机械设备损耗、燃料费也是不同的，提高各环节的工作效率，可以从整体上降低仓储成本。为了提高各环节的效率，必须制定出一套相互牵制、相互验证的仓储制度，如保障存货资金的合理占用和安全、加速存货资金的周转、提高存货资金的效益，从而使资金周转速度加快、资本效益高、货物损失小、仓储吞吐能力增强，仓储成本就会下降。

② 采取有效的储存定位系统。储存定位指的是被储存货物位置的确定。如果定位系统有效，能大大节约找寻、存放及取出货物的时间，节约不少物化劳动及活劳动，而且能防止出现错误，便于清点及实行订货点订货的管理方式，达到降低仓储成本的目的。

储存定位系统一般采用计算机定位系统，利用电子计算机储存容量大、检索迅速的优势，在入库时，将库存放货的位置输入计算机。放货的位置除了遵循计算机的指令以外，一般采取自由货位方式，计算机指示货物入库时存放于容易取出的地方，或根据入库货物的存放时间和特点，指示合适的货位。这种方式可以充分利用每一个货位，而不需要专位待货，有利于提高仓库的储存能力，当吞吐量相同时，可比一般仓库减少建筑面积，有效地控制仓储成本。

③ 运用现代化的储存保养技术。储存货物的质量完好、数量准确，在一定程度上反映了仓储的质量。但由于货物的品种多、数量大、货物特性不同，产生损耗的原因和具体情况也不同。为了避免和降低货物的损耗，仓储管理时应了解损耗发生的原因，认真做好商品在库检查工作，采取有效的措施，采用现代化的储存保养技术。现代化的储存保养技术主要有以下几种。a.气幕隔潮储存，即在较高压力和流速条件下，在仓库门口形成一道气墙，有效防止库内外空气交换，防止湿气进入；b.气调储存，即通过调节和改变环

境空气成分,抑制被储存物品的化学变化和生物变化,这对有新陈代谢作用的水果、蔬菜、粮食等物品的长期保质、保鲜储存十分有效;c. 塑料薄膜封闭储存,即物品用塑料薄膜封闭起来,避免其与外界发生作用,从而达到保证物品质量的目的。

④ 提高仓储企业的自动化和信息化水平。高效信息管理能力是削减成本、提升利润的关键。从目前我国仓储企业的经营和服务内容来看,传统的储运服务占主导地位。这种状况与发达国家第三方仓储与物流配送企业的服务相比,不仅服务内容和手段过于简单,而且在信息服务、库存管理、成本控制、方案设计及供应链管理等以信息技术为基础的增值服务方面,我国仓储企业也难以全面展开,这正是我国仓储企业应该努力发展的方向。

(3) 流动资金占用成本控制

流动资金占用成本包括存货占用银行贷款所支付的利息和存货占用自有资金所发生的机会成本,前者属于显性成本,后者属于隐性成本。从控制的重要性和可控性原则出发,企业实施流动资金占用成本控制,主要是控制货物的库存水平,进而降低存货占用自有资金所发生的机会成本。降低企业库存水平的方法有很多,这里主要介绍以下几种。

① 使用 ABC 分类法。ABC 分类法是一种存货分类管理的控制策略。当库存的存货品种异常繁杂、单价高低悬殊、存量多寡不一时,需要突出重点、区别对待。

ABC 分类法的基本原理是"关键的是少数,次要的是多数",根据各项存货在全部存货中重要程度的大小,将存货分为 ABC 三类:A 类存货数量较少,资金占用多,应实行重点管理;B 类存货为一般存货,数量较多,资金占用一般,应实行常规管理;C 类存货数量繁多,资金占用少,不必花费太多精力,一般凭经验管理即可。

② 合理选择订货方式控制库存成本。订货方式不同直接影响到企业库存水平和库存成本的高低。因此,企业应根据各自需求和货物管理要求,选择合理的订货方式。一般来说,订货方式主要有定量订货方式、定期订货方式、定期定量混合订货方式三种。

a. 定量订货方式。该方式预先确定一个订货点和订货批量,随时检查库存,当库存下降到订货点时就发出订货,订货批量取经济订货批量。定量订货方式的库存控制方法又称 (s, S) 库存控制策略,即对库存进行连续盘点,当剩余库存量 x 下降至 s 时,则立即进行订货,补货量 $Q=S-x$,使库存水平达到 S。其中,s 为订货点(或称最低库存量),S 为最大库存水平。定量订货方式的库存控制方法的再订货点和订货量都是事先确定的,而且检查时刻是连续的,需求量是可变的。

b. 定期订货方式。该方式是按预先确定的订货时间间隔,按期进行订货以补充库存的一种库存控制方法。其决策思路是:每隔一个固定的时间周期检查库存项目的储备量。根据盘点结果与预定的目标库存水平的差额确定每次订购批量。这里假设需求为随机变化,因此,每次盘点时的储备量都是不相等的,为达到目标库存水平而需要补充的数量也随之变化。

c. 定期定量混合订货方式。该方式结合定期订货方式和定量订货方式,是一种相对不严格的订货方式。它规定一个最高库存量和一个最低库存量,并定期进行检查。只有当实际盘点库存量等于或小于最低库存量时,才提出订货要求。每次订货量根据最高库存量与现有库存量的差额来定。

(4) 物流信息成本控制

物流信息成本是企业在收集、储存、加工、输出有用物流信息,以及系统建设与维护、人员培训等过程中发生的各种费用。

控制物流信息成本，首先要正确定位物流信息设备功能，合理确定物流信息设备的性价比，不要过分追求高大上，并尽量延长物流信息设备的使用周期。其次，在编制好物流信息网络建设和使用预算的同时，能够严格按照预算执行。最后，提高物流信息质量也十分重要，提高物流信息质量可以减少物流信息失真给企业增加的超量库存所多支出的利息、超期库存所多支出的保管费、迂回运输所增加的运输成本及退货所增加的装卸搬运费等。

3. 事后控制

物流成本的事后控制是对目标成本的实际发生情况进行分析评价，揭示问题并查明原因，为以后进行成本控制和制定新的目标成本提供依据。

（1）物流成本分析

物流成本分析是在成本核算及其他有关资料的基础上，运用一定的方法，揭示物流成本水平的变动，进一步查明影响物流成本变动的各种因素。

物流成本分析的目的主要是将大量的物流成本报表数据转换成对特定物流成本管理决策有用的信息，以减少决策的不确定性。

常用的物流成本分析方法有指标分析法和因素分析法。

① 指标分析法。指标对比分析法又称比较法，是通过技术经济指标的对比，检查计划的完成情况，分析产生差异的原因进而挖掘内部潜力的方法。这种方法具有通俗易懂、简单易行、便于掌握的特点，因而得到了广泛应用，但在应用时必须注意各技术经济指标的可比性。指标分析法可以有以下几种形式。

a. 将实际指标与计划指标对比以检查计划的完成情况，分析完成计划的积极因素和影响计划完成的原因，以便及时采取措施，保证成本目标的实现。在进行实际与计划对比时，还应注意计划本身的质量。如果计划本身出现质量问题，则应调整计划，重新正确评价实际工作的成绩，以免打击人的积极性。

b. 本期实际指标与上期实际指标对比。通过这种对比，可以看出各项技术经济指标的动态情况，反映施工项目管理水平的提高程度。一般情况下，一项技术经济指标只能代表施工项目管理的一个侧面，只有成本指标才是施工项目管理水平的综合反映。因此，成本指标的对比分析尤为重要，一定要真实可靠，而且要有深度。

c. 与本行业平均水平、先进水平对比。通过这种对比，可以反映本项目的技术管理和经济管理与其他项目的平均水平和先进水平的差距，进而采取措施赶超先进水平。

指标分析法适用于同质指标的数量对比。采用这种分析方法，应注意相比指标的可比性。可比的共同基础包括经济内容、计算方法、计算期和影响指标形成的客观条件等方面。若指标不可比，应先按可比的口径进行调整，再进行对比。

② 因素分析法。因素分析法是将某一综合指标分解成若干个相互联系的因素，并分别分析计算每个因素的影响程度的一种方法。

物流成本升降是由许多因素造成的，概括起来主要有两类：一类为外部因素，另一类为内部因素。

计算方法：a. 在计算某一因素对一个经济指标的影响时，假定只有这个因素在变动而其他因素不动；b. 确定各个因素的替代顺序，然后按照这一顺序替代计算；c. 把这个指标与该因素替代前的指标相比较，确定该因素变动所造成的影响。

计算原理：设某一经济指标 A 是由 x、y、z 三个因素组成，其计划指标 A_0 是由 x_0、y_0、z_0 三个因素相乘的结果；实际指标 A_1 是由 x_1、y_1、z_1 三个因素相乘的结果：

$$A_0 = x_0 \cdot y_0 \cdot z_0$$
$$A_1 = x_1 \cdot y_1 \cdot z_1$$

计划与实际的差异为

$$V = A_1 - A_0$$

第一个因素变动的影响为

$$A_0 = x_0 \cdot y_0 \cdot z_0$$
$$A_2 = x_1 \cdot y_0 \cdot z_0$$
$$V_1 = A_2 - A_0$$

第二个因素变动的影响为

$$A_3 = x_1 \cdot y_1 \cdot z_0$$
$$V_2 = A_3 - A_2$$

第三个因素变动的影响为

$$A_1 = x_1 \cdot y_1 \cdot z_1$$
$$V_3 = A_1 - A_3$$

在企业物流成本管理活动过程中，某些指标往往受到多种因素的影响。例如隐性物流成本，即存货占用自有资金所发生的资金占用成本。若以企业内部收益率来计算该项成本，则影响该项成本的因素有两个：一是存货平均余额；二是企业内部收益率。存货平均余额受上期余额、本期采购、本期发出及本期所提取的存货跌价准备金等多种因素的影响；企业内部收益率的大小受未来现金流入量、未来现金流出量及有关贴现率等因素的影响。

（2）物流成本控制的绩效评价

绩效管理旨在解决让无形资产有效地创造价值的问题，它针对的是知识、技能和人的管理。绩效管理既是企业典型的人力资源管理问题，又是企业战略管理的一个非常重要的有机组成部分。

为了实现企业物流配送合理化，不断提高企业的物流配送效率与效益，必须学会运用绩效评价这一有效方法，来发现企业物流体系自身的不足、挖掘自身的潜力并有针对性地采取改进措施。

企业物流绩效分析评价的方法很多，既有定性分析方法，又有定量分析方法。在分析评价时应采用什么方法，要根据分析评价的目的要求及所掌握的各种资料的性质和内容来确定。常用的方法有比较法、比率法、功效系数法和综合分析判断法等。

① 比较法。比较法也称对比分析法，是指通过指标的对比从数量上确定差异的一种评价方法。这是企业物流绩效分析中最常用的一种方法，其作用是揭示客观存在的差距，以便挖掘各种潜力，提高物流的经营绩效。比较法常用的比较形式有实际指标与计划指标相比较、现在指标与过去指标相比较、本企业与同类企业或国内外先进企业相比较。

② 比率法。比率法是一种通过计算各项指标之间的相对数比较各种比率的一种分析

方法。其实质是将各项目的关系比率化，然后再进行分析对比。比率法分为结构比率法和趋势比率法。结构比率法是通过计算某项经济指标的各个组成部分占总体的比重，来分析其构成内容的变化，从而掌握该项经济活动的特点与变化的分析方法。趋势比率法又称动态比率法，是将不同时期的同类指标进行对比求出比率，分析该指标的发展方向和速度，以观察经济活动的变化趋势的一种方法。由于比较时所采用的基期不同，发展速度可以分为定期发展速度和环比发展速度两种。

③ 功效系数法。功效系数法是指根据多目标规划原理，将所要考核的各项指标对照不同分类和分档对应的标准值，通过功效系数转化为可以度量计分的方法。

④ 综合分析判断法。综合分析判断法是指综合考虑影响企业物流绩效的各种潜在的或非量化的因素，参照评价标准，对评价指标进行分析判断的方法。该方法主要用于定性分析，这是因为在企业物流绩效的评价中不仅有大量的量化因素要进行定量分析，还会涉及一些难以用数据来表示的非量化因素，这些因素的分析评价结果只能参考一定的标准进行定性分析才能得出。所以，综合分析判断法也是企业物流绩效评价的一种主要方法。

小　　结

【拓展案例】

物流成本管理是物流管理的核心，它既是物流管理的手段，又是衡量物流运作绩效的工具。企业物流成本是企业物流活动中所消耗的物化劳动和活劳动的货币表现。狭义的物流成本涵盖了生产、流通、消费全过程的物品实体与价值变化而发生的全部费用，广义的物流成本包括狭义的物流成本与客户服务成本。

企业物流成本可以从仓储成本、运输成本、装卸搬运成本及客户服务成本等方面来进行核算。物流作业成本核算是以作业成本法为指导，将物流间接成本和辅助资源更准确地分配到物流作业、运作过程、产品、服务及顾客中的一种成本计算方法。一般来讲，物流作业成本计算要经过以下几个阶段：分析和确定资源；分析和确定作业；确定资源动因，分配资源耗费至作业成本库；确定作业成本动因，分解作业成本至成本对象；计算物流作业成本。

物流成本控制就是在成本的形成过程中，对物流作业过程进行规划、指导、限制和监督，使之符合有关成本的各项法规、政策、目标、计划和定额，及时发现偏差，采取措施纠正偏差，使物流成本各项费用消耗控制在预定范围内的管理过程。常用的企业物流成本控制策略有目标成本控制法、标准成本控制法和作业成本法。企业物流成本控制过程包括事前控制、事中控制和事后控制三个阶段。

学生可以从理论知识和应用方法两个层面来把握本章的知识点。

 关键词

企业物流成本（Logistics Cost of Enterprises）　　物流成本管理（Logistics Cost Management）
作业成本法（Activities–Based Cost Method）　　仓储成本（Warehousing Cost）
运输成本（Transportation Cost）　　客户服务成本（Customer Service Cost）

思考与练习

1. 填空题

(1) 广义的物流成本包括_____与_____。

(2) 在实践中，可采用_____、_____、_____等几种传统的方法核算物流成本。

(3) 常用的企业物流成本控制策略有_____、_____和_____。

2. 选择题

(1) 在运输成本中，事故损失属于（　　）。

A. 营运费用　　　B. 人工费用　　　C. 财务费用　　　D. 其他费用

(2) 物流成本按（　　）可分为运输费、保管费、包装费、装卸费、信息费和物流管理费。

A. 范围　　　B. 支付形式　　　C. 功能　　　D. 成分

(3) 美国的物流管理费用在物流总成本中所占比例在（　　）左右。

A. 2%　　　B. 3%　　　C. 4%　　　D. 5%

3. 判断题

(1) 存货的成本提高，可以减少缺货成本，即缺货成本与存货成本成反比。（　　）

(2) 对物流成本的计算与控制，各企业通常是集中进行的。（　　）

(3) 企业物流系统的高效必然可以缩短企业的订货周期，降低客户的库存，从而降低客户的库存成本，提高企业的客户服务水平，提高企业的竞争力。（　　）

(4) 物流成本中的客户服务成本是一种显性成本。（　　）

(5) 目标成本法就是以实现目标利润为目的，以目标成本为依据，对企业经营活动发生的各种支出进行全面的管理。（　　）

(6) 物流成本控制就是把物流成本控制在最低额度。（　　）

4. 简答题

(1) 物流成本管理有何意义？

(2) 如何确定最适合的物流服务水平？

(3) 作业成本法的计算程序是什么？

5. 论述题

物流成本控制的过程是怎样的？

6. 案例分析题

美国物流成本中库存费用在物流成本构成中的地位

从物流成本构成来看，美国的物流成本主要由三个部分组成：库存费用、运输费用和管理费用。比较近二十多年来的变化可以看出，运输成本在 GDP 中的比例大体保持不变，而库存费用比例降低是导致美国物流总成本比例下降的最主要的原因。这一比例由过去接近 5%下降到不足 4%。由此可见，降低库存成本、加快周转速度是美国现代物流发展的突出成绩。也就是说，利润的源泉主要集中在降低库存、加速资金周转方面。

美国物流成本包括的三个部分各自有其测算的办法。第一部分库存费用是指花费在保存货物方面的费用,除了包括仓储、残损、人力费用及保险和税收费用外,还包括库存占压资金的利息。其中,利息是由当年美国商业利率乘以全国商业库存总金额得到的。把库存占压的资金利息加入物流成本,这是现代物流与传统物流费用计算的最大区别。只有这样才能把降低物流成本和加速资金周转速度从根本利益上统一起来。美国库存占压资金的利息在美国物流企业平均流动资金周转次数达到十次的条件下,约为库存成本的四分之一,为总物流成本的十分之一,数额之大,不可小视。

美国的实践表明,物流成本中运输费用的比例大体不变,减少库存费用就成为降低物流成本的主要来源。减少库存费用就是要加快资金周转、压缩库存,这与同期美国库存平均周转期缩短的现象是吻合的。因此,发展现代物流就是要把目标锁定在加速资金周转和降低库存水平上面。物流成本的概念必须拓展,库存费用不仅是仓储的保管费用,更重要的是考虑它所占有的库存资金成本,即库存占压资金利息。

分析:
从上述案例分析中你得到什么启示?

应用训练

实训项目: 探索物流运输成本管理方法。
实训目的: 学透物流运输成本分析的诀窍,掌握物流运输成本管理的方法,通过实训增加学习的实践性和可操作性。
实训准备: 学生分组,课前阅读资料,小组准备如何管理一家企业物流运输物流成本报告。
实训资料: 广州宝洁有限公司对运输方式的选择。

广州宝洁有限公司对运输方式的选择

宝洁(P&G)中国有限公司在广州黄埔工厂生产的产品要分销到中国内地的全市场区域。广州宝洁有限公司为这个分销网络设计了一个配套的物流网络,其中运输是这个物流网络的主要业务之一。北京是广州宝洁有限公司在北方的一个区域配送中心所在地。商品从广州黄埔工厂到北京区域配送中心的运输可以采用公路、铁路、航空,也可以将以上几种方式进行组合,不同的商品品种可以采取不同的运输方式。广州宝洁有限公司的物流目标是保证北方市场的销售,尽量降低库存水平,降低物流的系统总成本。广州宝洁有限公司对市场销售需求和降低成本的目标要求进行了权衡和协调,最后确定了运输成本目标,在锁定的运输目标成本的前提下,广州宝洁有限公司要在公路、铁路和航空运输之间进行选择。

铁路运输能够为广州宝洁有限公司运送大批量的商品,同时由于铁路运价递远递减,从广州到北京采用铁路运输是比较合算的,还有铁路能提供全天候的运输服务等。铁路运输的缺点是手续复杂,办事效率低,运作机制缺乏灵活性。采取铁路运输时,两端还需要配套公路运输,增加了装卸搬运环节和相关的费用,使铁路的待运期增加。另外,铁路部门提供的服务与广州宝洁有限公司的要求有不少差距。

公路运输需要大批的卡车为它服务。在绵延1 000多千米的京广公路运输线上，宝洁货运车队遇到的风险明显会比铁路运输要大得多。同时，卡车运输的准时性、商品的破损率等没铁路运输有优势。再有，超过1 000千米的距离，采用公路运输从运输成本上来说是不合算的。但是，公路运输的最大优势是机动灵活、手续简便，如果气候条件好，卡车能够日夜兼程，在途时间比铁路运输短。从总体上来说，采用公路运输比铁路运输合算。

航空运输虽然在运输速度上比铁路运输和公路运输都快，可以为企业带来时间上的竞争优势，但是航空运输的成本要远远大于另外两种运输方式。

鉴于以上几种运输方式各自存在利弊，其运输成本也各不相同，为此，企业在运输方式之间进行权衡和选择是非常重要的。

实训内容：

（1）案例引入。分组讨论广州宝洁有限公司对运输方式的选择，降低物流成本的秘诀。

（2）案例讲解。讲解广州宝洁有限公司的物流成本经营模式、成本管理策略。

（3）实训总结。分组讨论物流运输成本的核算程序、物流运输成本的计算方法及物流运输成本的分析方法；讨论并总结未来工作中物流成本分析利用的方法。

实训步骤：

（1）第一课时。教师用5分钟考察各组实训准备情况，5分钟介绍实训目的、参与方式、重点和难点，以及未来工作适用情况；学生用35分钟分组讨论广州宝洁有限公司对运输方式的选择，降低物流成本的秘诀。

（2）第二课时。教师用15分钟点评各组讨论的要点，各组触及哪些物流成本管理、分析工作的关键，鼓励学生参与讨论；用10分钟点评物流运输成本分析、管理的重点和难点；用20分钟讲解广州宝洁有限公司物流成本经营模式、成本管理策略。

（3）第三课时。学生用25分钟分组讨论物流运输成本计算、分析、管理的思路和基本方法；教师用5分钟点评；学生用15分钟讨论并总结未来工作中物流运输成本分析利用的方法。

实训要求：

（1）力争做到人人参与，人人发言，人人思考，人人收获。

（2）与未来实习和职业工作实践紧密相连。

实训小结：能用物流运输成本计算方法做到物流运输成本管理，从操作层面了解广州宝洁有限公司对运输方式的选择。

第12章　企业物流绩效管理

【本章教学要点】

知识要点	掌握程度	相关知识
企业物流绩效管理概述	掌握	企业物流绩效管理的内涵、原则及意义，企业物流绩效管理合理化
企业物流绩效评价	掌握	企业物流绩效评价的概念，企业物流绩效评价体系的构成，企业物流绩效评价标准体系，企业物流绩效评价指标体系
企业物流绩效管理方法	掌握	目标管理法，关键绩效指标法，标杆管理法，平衡计分卡法，360度评价法
企业物流绩效管理的持续改进	了解	改进企业物流绩效管理的对策

【本章能力要求】

能力要点	掌握程度	应用能力
企业物流绩效管理合理化	掌握	能够客观科学地分析影响企业物流绩效管理的各种因素，提出改善物流绩效管理的合理化建议
企业物流绩效评价标准的建立	重点掌握	能够针对企业的实际情况选择适合的指标，能够对企业物流绩效进行评价
企业物流绩效管理方法的应用	掌握	能够根据企业具体需要选择适合的方法对企业物流绩效进行衡量

【本章知识架构】

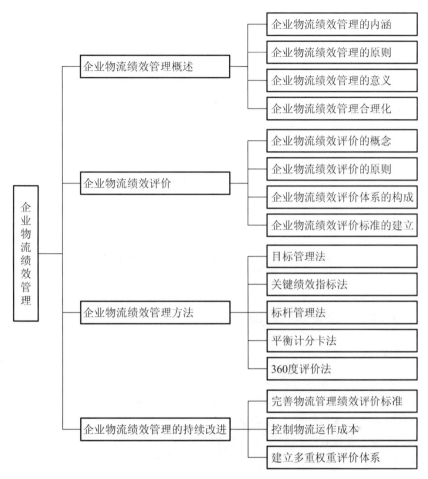

导入案例

荷兰皇家飞利浦公司的物流绩效管理

华夏媒体信息技术有限公司（以下简称华夏）与荷兰皇家飞利浦公司（以下简称飞利浦）的缘分始于华夏帮飞利浦做计划系统。华夏为飞利浦开发出各种系统，搭建 NET-X 平台，基本思路是充当制造企业和物流企业之间的商流、信息流平台。

作为一个选择第三方物流服务的公司，飞利浦在挑选第三方物流商时首先关心的是成本和所得到的服务的比例关系——性价比，其次是第三方物流的 IT 能力，最后是第三方物流的网络覆盖能力。

回单准时率、回单出错率、货物损坏率等指标是飞利浦考核第三方物流的通常指标。飞利浦考核供应商一共有15条标准，每条标准的权重不一样，平时最关注准时到达率——因为客户把钱给飞利浦，非常希望货物能准时到达。另外，只有快速把货送到客户手里，库存维持相当低的水平才

> 能正常周转。飞利浦目前的到达率是98.5%以上。除了这些关键指标，飞利浦自己还有一套供应商管理系统，每个月对自己的供应商根据指标打分，列出排行榜。根据这些排行得出，一年或者一个季度，与供应商的交流工作哪些做得好，哪些不满意。
>
> 　　日常工作中，飞利浦对平台重点考核的是系统不能工作的频率。系统不能工作、不能传输数据的次数必须低于0.02%，国家的光缆、光纤施工等不可抗力出现问题时除外。在数据安全方面，飞利浦还要求华夏配置备份服务器，提供双重安全保障。
>
> 　　此外，如果平台数据出现问题，第三方物流的响应时间也很关键，如一级的问题两小时解决（如数据不能传输），两级的问题24小时解决。此外，只要飞利浦的业务在做，华夏就要全天候为飞利浦服务，即使是春节期间也要有人值班。
>
> 　　依靠着具体切实的绩效考核指标，飞利浦对第三方物流公司进行着有效的绩效管理，大大提高了效率，开创了双赢的局面。
>
> 　　资料来源：[2020-01-06].http://info.jctrans.com/xueyuan/czal/2017462337809.shtml.

12.1　企业物流绩效管理概述

12.1.1　企业物流绩效管理的内涵

1. 物流绩效

尽管大量的研究文献对物流绩效提出了许多不同的衡量尺度，包括效力、效率、质量、生产率、创新性、利润率及预算性等，但明确地给出物流绩效的定义是一项比较困难的工作。有学者对这项工作给出了五项建议。

（1）需要更加明确绩效指标的定义与缺陷。

（2）更多地借助于创新性的研究对企业财务绩效评价体系进行补充。

（3）物流绩效评价动态模型需要进行开发，以适应由行业、企业及产品变革所引起的绩效衡量尺度的变化。

（4）应该考虑在供应链下进行绩效评价，而不是单纯地对单个企业进行评价。

（5）需要建立理论与实践相连接的桥梁。

根据绩效的基本含义，我们认为物流绩效就是一定时间内物流活动所创造的价值，是物流活动中一定量的劳动消耗和劳动占用与符合社会需要的劳动成果的对比关系，即投入与产出的比较。结合企业物流管理的需要，物流绩效可定义为企业物流行为与行为过程及其所创造的物流价值和经营效益。

2. 企业物流绩效

企业物流绩效（Enterprise Logistics Performance）是指在一定的经营期间内企业的物流经营效益和经营者的物流业绩，就是企业根据客户要求在组织物流运作过程中的劳动消耗和劳动占用与所创造的物流价值的对比关系。它是物流运作过程中投入的物流资源与创造的物流价值的对比，其概念图如图12.1所示。

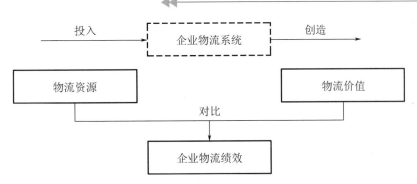

图 12.1　企业物流绩效概念图

3. 企业物流绩效管理

企业物流绩效管理（Enterprise Logistics Performance Management）是指在满足客户服务要求的条件下，对物流绩效的一切管理活动的总称，即在物流运作全过程中针对物流绩效的产生、形成所进行的计划、组织、指挥、控制和协调。

优秀的物流绩效管理基于测量"评估—计划—改进"循环的有效性。因此，要建立有效的物流绩效管理体系应确保监督和交流系统的有效性。物流绩效管理是一个系统的流程优化过程，企业进行物流绩效管理时，要注意整合上游厂商、企业内部相关部门等相关要素，建立统一的信息共享平台，以提高效率，实现物流绩效的改进。

企业物流绩效管理是一种全面管理，只有与供应商及第三方物流提供商建立战略伙伴关系，才能够实现自动的数据交换，减少重复操作，简化业务流程，提高自身战略伙伴的物流绩效，达到双赢的目的。

 小思考

绩效管理和绩效考核有什么区别？

12.1.2　企业物流绩效管理的原则

现代企业进行物流绩效管理一般要遵循以下三条原则。

1. 追求物流绩效与满足顾客需求的统一

只有满足了顾客需求，才会产生物流绩效。现代企业进行物流服务必须以顾客需求为基础，把物流绩效与顾客需求统一起来，才会赢得双方的共同利益。

2. 近期物流绩效与远期物流绩效的统一

现代企业在追求近期物流绩效的同时，也要关注远期物流绩效目标。因为，无论是物流设备的采购与更新，还是客户关系的建立与维持，都是一个长期的过程。

3. 物流绩效与社会效益的统一

物流活动会对环境带来负面影响，因此，现代企业要特别重视减少物流对环境的破坏，减少对资源的消耗，实现物流绩效与国家法律政策的统一，实现物流绩效与社会效益的统一。

12.1.3 企业物流绩效管理的意义

企业物流绩效管理的意义主要包括以下几个方面。

（1）通过企业物流绩效评价，可以建立客观统一的标准，有利于消除或减少由于个人主观因素造成的对绩效评价的不公正现象。

（2）通过企业物流绩效评价，可以及时发现物流运营中的缺陷和问题，从而为如何改善物流管理、提高物流绩效水平提供依据。

（3）通过企业物流绩效评价，可以引导企业对物流管理工作进行监督，对物流管理机构加强日常管理，尽可能地降低物流费用，提高经济效益。

12.1.4 企业物流绩效管理合理化

现代企业对物流系统进行设计、调整、改进与优化，以尽可能低的物流成本，获得尽可能高的服务水平，通过物流成本与物流服务之间的平衡，获取最优化的物流绩效。物流绩效管理合理化主要包括以下两个方面。

1. 物流服务结构的合理化

在物流发展进程中，物流绩效的合理化需要通过物流服务创新来提高物流服务水平，扩大市场业务量，改变现代企业原有的物流服务结构，从而以更优质的服务创造更多的物流价值，实现物流价值链整体绩效水平的提升。

2. 物流管理制度的合理化

企业物流运作系统是由多个环节组成的，在维持和改善物流服务的状况下，通过创新物流管理的制度、方式和方法，科学地解析物流成本的构成情况，有针对性地采取管理手段，降低物流成本，实现现代物流绩效管理的合理化。

12.2 企业物流绩效评价

12.2.1 企业物流绩效评价的概念

企业物流绩效评价（Enterprise Logistics Performance Evaluation）是对物流业绩和效率的一种事前控制与指导及事后评估与度量，从而判断预定的任务是否完成、完成的水平、取得的效益和所付出的代价。随着现代信息技术的发展，信息的传播速度及其反馈的及时性和准确性得到大幅提升，促使绩效评价呈现出不断控制和修正的动态化特征。

12.2.2 企业物流绩效评价的原则

1. 物流绩效评价的战略原则

（1）传统的评价系统是由成本和财务模式驱动的，是围绕财务评价和财务目标建立起来的。物流绩效评价虽然需要采用传统的财务与成本评价,但必须从企业发展战略的高度建立物流绩效的评价系统,必须坚持评价的战略原则。

(2) 物流绩效评价系统必须紧紧围绕企业发展的战略需要,将战略、任务和决策转化为具体的、系统的、可操作的指标,从而形成集评价和激励、传播和沟通、团结和学习的多功能的战略管理系统。

2. 物流绩效评价的目标原则

从企业物流运作管理需要出发,物流绩效评价的目标就是对整个物流运作管理过程的监督、控制和指挥。首先,物流绩效的目标表现为追踪现行物流系统绩效,并与以往物流系统绩效不断进行比较分析,主要就服务水平和物流成本的要素分析向管理者提供绩效评估报告。其次,依据物流系统的标准化体系进行实时控制,追踪现行物流系统运作绩效,改进物流运作程序,及时调整运作方式。最后,通过物流绩效评估来评价物流组织和物流人员的工作绩效,实现物流运作效率的最优化。

3. 物流绩效评价的平衡原则

(1) 物流绩效评价指标的平衡

物流绩效评价指标的平衡主要包括:外部评价指标(品牌形象、客户态度、股东收益等)和内部评价指标(内部组织效率、物流运营、技术、创新与成长等)之间的平衡;成果评价指标(市场占有率、利润、物流费用、物流设备利用率等)与行为评价指标(物流功能组合、物流控制、物流设备状况、员工、物流流程、物流服务等)之间的平衡;客观评价指标(响应速度、准时率、准确率、配送频率、差错率等)与主观评价指标(客户满意度、员工忠诚度等)之间的平衡;直接评价指标(直接衡量物流活动成本与收益的指标)与间接评价指标(物流活动提升竞争力和品牌影响力的指标)之间的平衡;此外,还应包括长期评价指标与短期评价指标之间的平衡,以及有形资产评价指标与无形资产评价指标之间的平衡。

(2) 物流绩效评价指标体系与评价组织体系和评价方法体系三者之间的平衡

当今社会是一个多元思维的社会,人们认识的深度和广度取决于认识对象的范围。物流绩效的评价不仅需要科学、合理的评价指标体系,还需要建立与之相协调的能正确理解和应用指标体系的评价组织体系(包括评价人员组织、评价过程组织、评价结果的决策组织),同时,也需要建立与之相适应的评价方法体系。

(3) 保证整个供应链体系中不同群体利益之间的协调与平衡

为了建立起企业内部物流运作体系和各环节、各部门和各个员工的激励机制,并且建立起企业与供应商和客户等外部利益群体的利益分享机制,需要对物流绩效进行多角度评价的平衡和有机协调。

12.2.3 企业物流绩效评价体系的构成

一个合理有效的企业物流绩效评价体系主要由以下基本要素构成。

1. 评价主体

评价主体决定着企业物流绩效评价的目的、内容和方法,对评价指标体系的设计产生着深刻的影响。随着时代的发展，企业的经营环境发生了很大的变化。越来越多的组织与个人和企业的利益息息相关。这些利益相关者包括经营者、员工、债权人等，与出资人一起构成了企业绩效评价的主体。

2. 评价客体

评价客体是实施绩效评价的对象。企业物流绩效评价的客体包括仓库作业、运输作业、信息化水平和客户服务质量等。

3. 评价目标

评价目标是整个企业运行的指南，它必须与企业整体战略规划目标相一致。

4. 评价指标

评价指标是指根据评价目标和评价主体的需要而设计的、以指标形式体现的、能反映评价对象特征的因素。当对企业物流绩效进行评价时，必须找到能够准确体现企业物流经营状况的因素，将其设为具体指标，这是物流绩效评价的依据和标准。

5. 评价标准

【拓展案例】

评价标准是判断评价对象绩效优劣的基准，因此，建立一套合理的评价标准对企业的经营管理有着重大的影响。

上述基本要素相互联系、相互影响，共同构成了一个完整的企业物流绩效评价体系。

12.2.4　企业物流绩效评价标准的建立

现代企业物流绩效标准管理是一个整体的概念。一方面，现代企业物流绩效管理活动需要多方面的资源和各部门之间的协调，确定操作标准有相当大的难度；另一方面，现代

【拓展案例】

企业物流是为物流客户提供时间和空间效应的物流服务，需要根据客户的不同要求提供不同的服务。因此，物流绩效评价标准是根据客户的期望来确定的。现代企业物流绩效标准管理就是现代企业根据物流运动规律所确定的物流绩效工作的量化标准与根据物流经营需要而评估的物流服务的客户期望满足程度的有机结合。

1. 建立物流绩效评价效标准时需要考虑的因素

制定物流和供应链评价标准的重要指导方针包括：与企业总体战略保持一致；关注客户需要和期望；评价指标的谨慎选取和排序；关注过程；平衡方法的使用；开发评价标准的重点在于准确性等。

建立物流绩效标准时应考虑以下几个因素。

（1）物流绩效评价标准必须与企业的总体战略方向一致

与企业总体战略方向不相一致的物流绩效评价标准注定是要失败的。因此，我们应从战略的角度来考虑物流绩效评价标准的制定，在物流绩效评价标准制定时就把好关，监督物流绩效评价标准与企业总体战略方向的一致性，协调好企业各个关键业务目标，使物流绩效评价标准成为企业竞争优势的保证。

(2) 评价标准必须关注客户的需求和期望

例如，客户一般不会关心订单何时从仓库发出，他们更感兴趣的是订单何时到达预定的交付地点，以及交付的时间是否与他们的预期一致。因此，订单何时发送可能不是有效的评价标准。同时，在制定物流绩效评价标准时要关注过程而非职能。物流绩效评价标准应该将重点置于几个关键过程，即计划、获取、制造和履行。所使用的评价指标应该允许企业对这些关键过程进行监控。在理想状态下，这应该跨越供应链成员的边界，从而使得供应链的有效评价得以发生。

(3) 为评价标准排序

与物流管理相联系的绩效评价标准有数百种之多，企业必须选出那些对企业意义重大的标准。在选择和开发评价标准时可使用平衡方法。平衡计分卡的使用为物流绩效评价标准的建立带来了方便。在当今对供应链极其重视的全球环境中，需要运用进货和出货两个方面的标准来评价绩效成功与否。

(4) 精确的成本衡量是对改进进行评价的重要方面

管理物流和供应链活动时需要对可能的情况进行评价，不同的情况下的交易成本不同。成本衡量的准确性是企业内各种相互竞争的需求合理分配资源的必要条件。

(5) 运用技术对物流绩效进行有效评价

通过使用21世纪的物流技术，获取实时和高度完整的数据逐渐成为可能。在企业外部，客户是主要的关注点，但供应商也应该包括进来；在企业内部，只关注物流绩效是不够的，其他主要的职能领域绩效也必须包括进来，尤其是人力资源、运营和财务等绩效。

2. 企业物流绩效评价标准的构建

企业物流绩效评价标准体系是物流绩效管理中的重要环节，好的评价标准存在一些共同的特征，如可量化、具有可见性、易于理解，以及员工输入、多维向和收益大于成本等特点。以下我们将从物流职能的角度来介绍各职能物流绩效评价标准体系。

(1) 客户服务评价标准体系

从过程的角度来看，客户服务是一个以成本有效性方式为供应链提供显著的增值利益的过程。在这一过程的绩效评价中，一旦管理者已经决定客户服务的哪些因素最重要，就必须建立绩效评价标准。对物流系统客户服务进行审查分析后，管理层需要制定客户服务评价标准体系，以便职员及下属能经常向上级汇报客户服务工作情况。客户服务绩效可通过以下方式进行评价和控制。

① 制定每一个客户服务要素的绩效量化标准。
② 评价每一个客户服务要素的实际绩效。
③ 分析实际绩效与绩效标准之间的差异。
④ 采用必要的措施将实际绩效纳入目标管理。

企业所重视的客户服务要素应该是客户所认为的重要因素。这些要素的获取来自企业与客户之间经常地进行良好的沟通。通过计算机网络可以提高信息传递与交换的效率，客户能够及时获取动态的库存信息，还可以获知准确的配送（送货）时间与接收货物的时间。

图12.2包含了服务绩效的许多可能的评价指标。企业必须将重点放在客户重点关注的各个要素上。提高库存可靠性、交付日期、订单状态、订单跟踪和延期订货等服务量，需要企业与其客户之间的良好沟通。

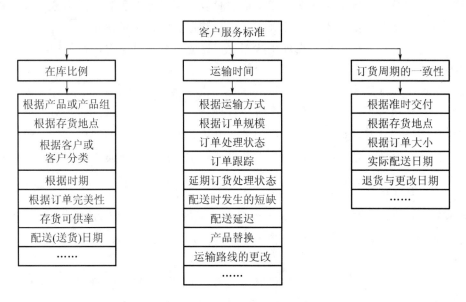

图12.2　服务绩效评价指标

订单处理为改善客户服务提供了巨大的潜力，如果客户能够将订单通过电话方式传送给配有计算机终端的客户服务代表，或者客户将订单输入他们自己的终端，那么可以考虑转变信息沟通的方式。客户服务代表或计算机可立即提供有关库存可获得情况的信息，并能够在缺货的情况下，安排替代产品。客户还可以获知产品的交付日期。

有效客户服务计划的发展也需要建立客户服务标准，实现以下内容：①反映客户的观点；②提供可操作的和客观的服务绩效指标；③为管理者提供改进措施。此外，管理者应该评估和评价单个物流活动对客户服务水平的影响，如运输、仓储、库存管理、生产计划/采购和订单处理。

(2) 运输绩效评价标准体系

① 运输是一个用设备和工具，将物品从一个地点向另一地点运送的物流活动。在对运输绩效进行具体评价与分析时，可选择以下内容作为运输活动评价的标准。

　　a. 运输、取货、送货服务质量良好，即准确、安全、迅速。
　　b. 能够实现门对门服务而且费用合理。
　　c. 能够及时提供有关运输状况、运输的信息及其服务。
　　d. 货物丢失或损坏，能够及时处理有关索赔事项。
　　e. 认真填制提货单、票据等运输凭证。
　　f. 与客户保持长期、真诚的合作伙伴关系。

② 在对运输活动进行绩效评价时，并非一定完全按照上述六项标准来选择，也可结合企业及客户的实际情况，确定评价标准；将选择的标准按重要程度进行打分，根据汇总的总分（加权处理）判别优劣。运输绩效评价指标如图12.3所示。

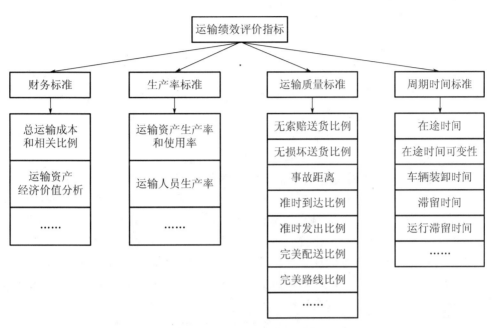

图 12.3 运输绩效评价指标

a. 财务标准。图 12.3 中的财务标准包括了总运输成本和相关比例，以及运输资产经济价值分析。通过全面测量总的运输费用和资产，可以计算出全部运输的物流成本和赢利性，企业也可以用此方法进行品类管理，以计算每个货物类别的物流成本和赢利性。运输资产经济价值分析可以用来评估资产消耗和车队经济价值的增值潜力。

b. 生产率标准。生产率标准主要从运输资产生产率和使用率及运输人员生产率两方面进行考虑。运输资产生产率和使用率通过测定容器使用率、运输工具消耗、车辆行驶时间、车辆准备时间及资产投资等方面的指标来衡量。运输人员生产率的衡量指标和运输资产生产率的指标相差不大，因为车辆都是由人控制的。测量运输人员生产率的基础指标是停留车辆数目、车辆行驶里程、配送金额、配送箱数、配送质量和每人每小时配送托盘数等。

c. 运输质量标准。运输质量的可靠性与运输循环周期同样重要。对于承运人或其客户来说，即使送货速度很快，如果没送达目的地，或者是送货途中发生错误，该次送货也是没有价值的。可靠性的评估通常以货物交付的完成为基础，一旦票单订货已经完成并装运交付，仓库就会记录抵达时间与日期，并传输到采购部门。

d. 周期时间标准。时间管理在现代社会中越来越受管理者的喜爱，运输行业也就不可避免地卷入这股风潮。网络公司因为快速的服务纠错保证而使公司价值增值，这说明了在运输行业中时间就是金钱。快速的运输和装卸意味着更高的资产使用率，也就使公司的资产杠杆效应更为显著。

（3）仓储绩效评价标准体系

仓储是对物品进行保存及对物品的数量和质量进行管理和控制的活动。仓储的目的在于克服产品生产与消费在时间上的差异，使物资产生时间效果，实现其使用价值。在对仓储绩效进行具体评价与分析时，可选择以下内容作为绩效评价标准。

① 仓库资源利用程度。仓库资源利用程度是评价仓储绩效的一个重要标准，包括地产利用率、仓库面积利用率、设备利用率、平均库存投资等。通过对仓库资源利用情况的绩效分析，可更好地改善仓库资产利用情况，提高工作效率。

② 库存服务水平。库存服务水平的评价同样重要。通过对缺货率、准时交货率、客户满意程度等方面标准的建立，能更好地判断自己的客户服务水平，避免盲目性。

③ 储存能力和质量。建立储存能力和质量的评价标准，有利于提高管理者对仓库储存能力的进一步认识。通过对仓库吞吐能力实现水平、商品缺损率、进发货准确率与仓库吨成本等方面的衡量，能让管理者了解仓库改进的空间。

④ 库存周转率。库存周转率对于企业的库存管理来说具有非常重要的意义。例如，制造商的利益是从资金—原材料—产品—销售—资金的循环活动中产生的，当这种循环越快即周转速度越快时，在同样金额下的利润也就越高。对于库存周转率的大小，没有绝对的评价标准，通常是同行业相互比较，或与企业内部的其他期间进行比较。

企业在对仓储活动进行绩效评价时，可参照以上标准体系，结合企业及客户的实际情况，图12.4给出了以上四个标准多方面的评价指标。看哪些指标对于本企业来说是非常重要的，哪些是次要的，经过权衡后确定评价标准。

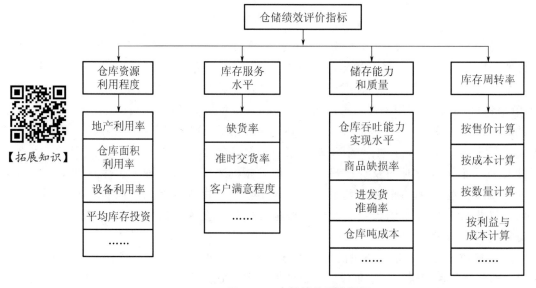

图 12.4　仓储绩效评价指标

（4）配送绩效评价标准体系

配送是指企业在经济合理区域范围内，根据用户要求，对物品进行拣选、加工、包装、分割、组配等作业，并按时送达指定地点的物流活动。配送是从物流据点至用户的一种送货方式。对配送绩效的评价，可从以下几个方面加以考虑。

① 灵活性和反应性。企业配送灵活性和反应性的评价，包含人均配送量、人均配送距离、配送车运转率、配送平均速度、单位时间配送量等方面，企业可以从这几个方面考查评价，进而提升企业配送的灵活性与反应性。

② 成本。成本的衡量是物流绩效管理应当考虑的重要方面。在配送活动中，成本考虑主要有配送成本率、每吨重配送成本、每立方米配送成本、每车次配送成本、每公里配

送成本等方面。通过配送成本标准的设计，控制好配送成本，从而能更快地提高企业的配送能力。

③ 可靠性。配送的可靠性直接影响客户的满意程度，因此，提升企业配送的可靠性至关重要。企业可以从配送延迟率和准时配送率等方面进行评价，通过物流绩效管理，增强客户对企业的信任。

④ 资产利用率。资产利用率是检查企业在配送过程中资产的使用情况。

在对配送活动进行绩效评价时，企业可以参照上述四项标准选择。图 12.5 给出了配送绩效的许多可能的评价指标。企业可结合自己的实际情况确定评价标准。

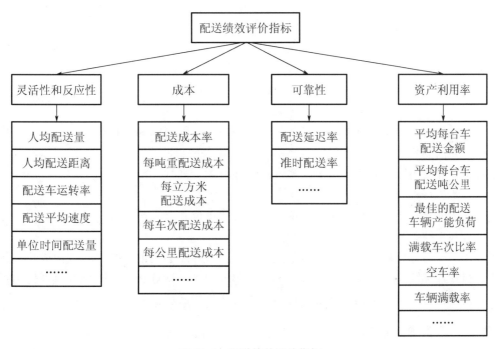

图 12.5 配送绩效评价指标

12.3 企业物流绩效管理方法

衡量企业物流绩效管理的方法多种多样，比较常用的方法有目标管理法、关键绩效指标法、标杆管理法、平衡计分卡法和 360 度评价法。

12.3.1 目标管理法

目标管理（Management By Objective，MBO）通过一种专门设计的过程使目标具有可操作性，这个过程一级接一级地将目标分解到组织的各个单位。组织的整体目标被转换为每一级组织的具体目标，即从整体组织目标到经营单位目标，再到部门目标，最后到个人目标；从年度目标到季度目标，最后分解到月度目标。

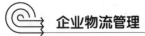

 小知识

目标管理源于美国管理学家彼得·德鲁克，他在1954年出版的《管理的实践》一书中首先提出了"目标管理和自我控制的主张"，认为"企业的目的和任务必须转化为目标。企业如果无总目标及与总目标相一致的分目标来指导职工的生产和管理活动，则企业规模越大，人员越多，发生内耗和浪费的可能性越大"。概括来说，目标管理是让企业的管理人员和员工亲自参加工作目标的制订，在工作中实行自我控制，并努力完成工作目标的一种管理制度。

目标管理通过每个环节成果的贡献，衡量各部门目标能得以实现的程度，那么组织的整体目标的实现也将得到衡量和评价。因此，物流公司或物流部门不但要对所有物流工作业绩进行考核，同时也要对公司的各级组织和部门进行目标实现的评价。对各级组织和部门的考核将主要以目标管理为主，步骤如下。

（1）制定各级组织的整体目标和战略。
（2）在物流公司和部门之间分解主要的目标。
（3）各物流公司的管理者和他们的上级一起设定本部门的具体目标。
（4）部门的所有成员参与设定自己的具体目标。
（5）管理者与下级共同商定如何实现目标和行动计划。
（6）实施行动计划。
（7）定期检查实现目标的进展情况，并向有关单位和个人反馈。
（8）基于绩效的奖励将促进目标的成功实现。

为了保证目标管理的成功，应该注意确立目标的程序必须准确严格，以便成功推行和完成目标管理项目；目标管理还应该与部门的年度和月度预算计划、工资等财务性指标相结合，同时还将对各个部门的非财务性指标进行严格的考核。

12.3.2　关键绩效指标法

关键绩效指标（Key Performance Indicator，KPI）是通过对组织内部流程的输入端及输出端的关键参数进行设置、取样、计算、分析，来衡量流程绩效的一种目标式量化管理指标，是把企业的战略目标分解为可操作的工作目标的工具，是企业绩效管理的基础。关键绩效指标可以使部门主管明确部门的主要责任，并以此为基础，明确部门人员的业绩衡量指标。建立明确的切实可行的关键绩效指标体系是做好绩效管理的关键。

【拓展案例】

 小知识

物流运输关键绩效指标考核是评估供应链活动的重要方法。根据统计数据显示，37%的公司在使用物流绩效考核体系的情况下，运输延迟的问题减少了近15%，而没有使用物流考核体系的公司最多仅减少7%。进行物流绩效考核的最终目的是从中找出物流运输所有环节中最为薄弱的部分并加以改善。这是提高物流运输效率、降低物流运输总成本的必要手段。

> 运输绩效考核的指标可分为运输营运关键绩效考核指标、运输服务关键绩效考核指标、车管部司机关键绩效考核指标、车辆油耗关键绩效考核指标等。

确定关键绩效指标有一个重要的 SMART 原则。SMART 是五个英文单词首字母的缩写，具体如下。

S 表示具体（Specific），指在绩效考核中将特定的工作指标细化，不能笼统。

M 表示可度量（Measurable），指绩效指标是数量化或者行为化的，验证这些绩效指标的数据或者信息是可以获得的。

A 表示可实现（Attainable），指绩效指标在付出努力的情况下可以实现，避免设立过高或过低的目标。

R 表示现实性（Realistic），指绩效指标是实实在在的，可以证明和观察。

T 表示有时限（Time Bound），注重完成绩效指标的特定期限。

建立关键绩效指标的要点在于流程性、计划性和系统性。首先，明确企业的战略目标，并在企业会议上利用头脑风暴法和鱼骨分析法找出企业的业务重点，也就是企业价值评估的重点。然后，再用头脑风暴法找出这些关键业务领域的关键绩效指标，即企业级关键绩效指标。接下来，各部门的主管需要依据企业级关键绩效指标建立部门级关键绩效指标，并对相应部门的关键绩效指标进行分解，确定相关的要素目标，分析绩效驱动因素（技术、组织、人），确定实现目标的工作流程，分解出各部门级的关键绩效指标，以便确定评价指标体系。最后，各部门的主管和各部门的工作人员一起再将关键绩效指标进一步细分，分解为更细的关键绩效指标及各职位的业绩衡量指标。这些业绩衡量指标就是员工考核的要素和依据。这种对关键绩效指标体系的建立和测评过程本身就是统一全体员工朝着企业战略目标努力的过程，也必将对各部门管理者的绩效管理工作起到很大的促进作用。

指标体系确立之后，还需要设定评价标准。一般来说，指标指的是从哪些方面衡量或评价工作，解决"评价什么"的问题；而标准指的是在各个指标上分别应该达到什么样的水平，解决"被评价者怎样做、做多少"的问题。最后，必须对关键绩效指标进行审核。例如，审核这样的一些问题：多个评价者对同一个绩效指标进行评价，结果是否能取得一致，这些指标的总和是否可以解释被评估者 80% 以上的工作目标，跟踪和监控这些关键绩效指标是否可以操作等。审核主要是为了确保这些关键绩效指标能够全面、客观地反映被评价对象的绩效，而且易于操作。

善用关键绩效指标考评企业，将有助于企业组织结构集成化，提高企业的效率，精简不必要的机构、不必要的流程和不必要的系统。

小知识

> 关键绩效指标法符合一个重要的管理原理——二八定律。在一个企业的价值创造过程中，存在着二八定律，即 20% 的骨干人员创造企业 80% 的价值；而且在每一位员工身上八二定律同样适用，

即80%的工作任务是由20%的关键行为完成的。因此，必须抓住20%的关键行为，对之进行分析和衡量，这样才能抓住业绩评价的重心。

12.3.3　标杆管理法

标杆管理法（Benchmarking）起源于施乐（Xerox）公司，施乐公司曾是影印机的代名词。但在第二次世界大战以后，日本公司经过不懈的努力，从诸多方面模仿其管理、营销等操作方法，进而介入瓜分市场。1976年—1982年，施乐公司的产品市场占有率从80%降至13%。在危机之际，施乐公司于1979年在美国率先实行标杆管理法，其总裁于1982年赴日本学习，买进日本的复印机，并通过逆向工程，从外向内分析其零部件，并学习日本企业推动全面质量管理，从而在复印机上重新获取竞争优势。

标杆管理法就是将本企业各项活动绩效与从事该项活动最佳者的绩效进行比较，从而提出行动方法，以弥补自身的不足。标杆即将本企业经营的各方面状况和环节与竞争对手或行业内外一流的企业进行对照分析的过程，是一种评价自身企业和研究其他组织的手段，是将外部企业的持久业绩作为自身企业的内部发展目标并将外界的最佳做法移植到本企业的经营环节中的一种方法。实施标杆管理法的公司必须不断对竞争对手或一流企业的产品、服务及经营业绩等进行评价来发现自身的优势和不足。

总的来说，标杆管理法就是对企业所有能衡量的东西给出一个参考值。标杆管理法可以是一种管理体系、学习过程，它更注重对流程的研究与分析。菲利普·科特勒解释说："一个普通的公司和世界级的公司相比，在质量、速度和成本绩效上的差距高达10倍之多。标杆管理法是寻找公司在执行任务时如何比其他公司更出色的一门艺术。"其实我国古代战略名著《孙子兵法》也有提到"知己知彼，百战不殆；不知彼而知己，一胜一负；不知彼，不知己，每战必殆"。

1. 作用

标杆管理法的主要作用如下。

（1）针对竞争对手做标杆分析，有助于确定和比较竞争对手的经营战略的组成要素。

（2）通过对行业内外一流企业的标杆分析，可以从任何行业中最佳的企业那里得到有价值的情报，用于改进本企业的内部经营，建立起相应的赶超目标。

（3）做跨行业的技术性的标杆分析，有助于技术和工艺方面的跨行业渗透。

（4）通过对竞争对手的标杆分析，以及对客户的需求的对比分析，可发现本企业的不足，从而将市场、竞争力和目标的设定结合在一起。

（5）通过对竞争对手的标杆分析，可进一步确定本企业的竞争力、竞争情报、竞争决策及其相互关系，作为进行研究对比的三大基点。

2. 流程

一般的标杆管理法流程包括以下几个方面。

（1）确定要执行标杆法的具体项目。

（2）选择目标。通常，竞争对手和行业领先企业是标杆分析的首选对象。

（3）收集分析数据，包括本企业的情况和竞争对手的情况。分析数据必须建立在充分了解本企业目前的状况及竞争对手状况的基础之上，数据必须主要针对企业的经营过程和活动，而不仅仅针对经营结果。

（4）确定行动计划。找到差距后进一步要做的是确定缩短差距的行动目标和应采取的行动措施，这些目标和措施必须融合到企业的经营计划中。

（5）实施计划并跟踪结果。进行标杆分析是发现不足、改进经营并达到最佳效果的一种有效手段，整个过程必须包括定期衡量评估达到目标的程度。如果没有达到目标，就必须修正行动措施。

最后要注意的是，研究复杂流程需要花费比较多的资源，且容易分散注意力并失去重点；研究相对简单的流程则较为容易，但所能获得的改善成果相对有限。

绩效标杆的实践运作主要包括以下三种类型。

（1）工作任务标杆。搬运装车、成组发运、排货出车时间表等单个物流活动。

（2）广泛的功能标杆。就是要同时评估物流功能中的所有任务，如改进仓储绩效的标杆（从储存、堆放、订货、挑选到运送等每一个作业）。

（3）管理过程的标杆。把物流的各个功能综合起来，共同关注物流的服务质量、配送中心的运作、库存管理系统、物流信息系统及物流操作人员的培训与薪酬制度等，这种类型的标杆更为复杂，因为它跨越了物流的各项功能。

运用绩效标杆法实际上可打破根深蒂固的不愿改进的传统思考模式，将企业经营目标与外部市场有机地联系起来，从而使企业经营目标得到市场的确认而更趋合理化。例如，它建立了物流顾客服务标准，鼓励员工进行创造性和竞争性的思维，并时常增强员工对物流运作成本和物流服务绩效的意识。缺乏准备是绩效标杆法失败的最大原因。对别的企业做现场视察，首先要求物流经理能完全理解本企业内部的物流运行程序，这种理解有助于识别哪些是他们要去完成的，哪些是要从绩效标杆中去寻求的信息。

中国海洋石油公司2001年开始实施标杆管理法，其各项经济技术指标被详细分解，并一一对应地和五家海外石油公司（其中挪威国家石油公司是最主要的一家）进行了比较。中国海洋石油公司在世界石油公司中排名第50位。中国海洋石油公司与五家海外石油公司对标的主要是竞争力。在把有关竞争力的6个大项18个小项进行对照之后，中国海洋石油公司找到了自己与世界大中型石油公司之间的差距。中国海洋石油公司除了销售净利润这一项占优势外，其他各项指标全处于下风。其中，与挪威国家石油公司的资产规模之比为1∶4，年产量之比也是1∶4，营业收入之比为1∶7，国际化程度之比为1∶11，研发费用之比为1∶3.5。

12.3.4 平衡计分卡法

平衡计分卡法（Balanced Score Card，BSC）是由哈佛大学商学院著名教授罗伯特·卡普兰（Robert S. Kaplan）创立的。这种方法的优点在于强调了绩效管理和企业战略之间的紧密关系，提出了一套具体的指标框架体系。

平衡计分卡是一种能够有效反映并将无形资产转化为企业利益的真实价值的工具。传统的财务测评方法在工业化时代是有效的，但对于现代企业力图掌握的技术和拥有的能力而言，已不适用了。平衡计分卡的出现，极大地拓宽了企业绩效评价理论的空间，具有划时代的意义，成为20世纪最有影响力的商业理念之一。

传统的财务绩效指标虽然能够很好地描述企业的"过去"，但对于当前企业依靠无形资产创造真实价值机制的描述却并不全面。财务绩效指标可以称为结果指标（滞后指标），它们衡量的是企业过去经营行为的结果。而平衡计分卡用未来财务绩效动因（先导指标）来补充这些滞后指标，其中所有的先导指标和滞后指标都来自企业组织的愿景和战略。

平衡计分卡在保留以往财务指标的同时，引进了未来财务绩效动因。它们以明确而严谨的手法解释战略组织，形成特定的目标和指标。这些目标和指标从财务、客户、内部业务流程、创新与学习四个层面考查企业的绩效。平衡计分卡与各种绩效测量指标的联系如图12.6所示。

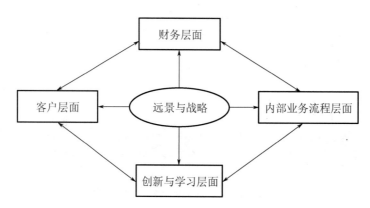

图 12.6　平衡计分卡与各种绩效测量指标的联系

平衡计分卡把经营单位的一系列目标拓展到概括性的财务指标之外。企业管理者可以利用平衡计分卡衡量自己经营的企业如何为目前和将来的客户创造价值，如何提高内部能力并投资于必要的员工、系统和组织程序，以提高未来的业绩。平衡计分卡能捕捉技能高超的、有活力的企业员工创造价值的活动，一方面通过财务视角保持对短期业绩的关注，另一方面可明确解释获得卓越的长期财务和竞争绩效动因。

1. 财务层面

财务绩效指标可以显示企业的战略及其实施和执行是否对企业赢利做贡献。财务目标通常与获利能力有关，其衡量指标为营业收入、资本报酬率或经济增加值。财务目标也可能是销售额的迅速提高或创造现金流。

2. 客户层面

确定企业业务单元将要参与竞争的目标客户和市场。客户层面通常包括几个核心或概括性的指标，这些指标代表一个经过深思熟虑和确实执行的战略应该获得的成果。核心结果指标包括客户满意度、客户保持率、客户获得率、客户赢利率，以及目标市场占有率。

但是，客户层面还应该包括特定的指标以衡量公司提供给目标客户的价值主张。客户层面使业务单元的管理者能够阐明客户和市场战略，从而创造出色的财务成果。

3．内部业务流程层面

要辨认企业组织为了持续地增加客户和股东价值必须做好关键流程，这些流程帮助业务单元提供价值主张，以吸引并留住目标细分市场的客户，满足股东对卓越财务成果的期望。

内部业务流程指标重视的是对客户满意度和实现企业财务目标影响最大的那些流程，主要任务是辨认这些业务流程并制订尽可能好的指标追踪企业绩效的进展。为了满足顾客和股东的要求，可能要制订全新的业务流程，而不仅仅是对现有业务流程进行改造和完善。这些方面包括产品的设计、开发、生产、制造、营销、配送和售后服务。

如果企业还需要倚重供应商或第三方的协助来有效地服务客户，应在业务流程指标设计中体现这些关系。

4．创新与学习层面

在平衡计分卡中，创新与学习层面是实现其他三个层面的"强心剂"，它确立了企业要进行长期的成长和改善就必须奖励的基础框架。企业创新与学习主要有三个来源，即人、系统和组织程序。企业必须要投资于员工技能改造、信息技术和系统的加强，以及梳理组织程序和日常工作，这样才可以弥补企业中人、系统和组织程序的实际能力与企业所要实现的突破性绩效所必需的能力之间的巨大差距。

平衡计分卡法认为财务、客户、内部业务流程、创新与学习四个层面具有内在关系：创新与学习解决企业长期生命力的问题，是提高企业内部战略管理的素质与能力的基础；企业通过管理能力的提高为客户提供更大的价值；客户的满意导致企业良好的财务效益；财务性指标是结果性指标，而非财务性指标是决定结果性指标的驱动指标，强调指标的确定必须包含财务性和非财务性，强调对非财务性指标的管理。

12.3.5　360度评价法

传统的绩效评价方法仅从一个角度对各项工作进行评价，导致过去的考核往往不够全面，在一定程度上失去了绩效评价原有的意义。360度评价法就是全方位、全面地对物流工作进行评价，如图12.7所示。

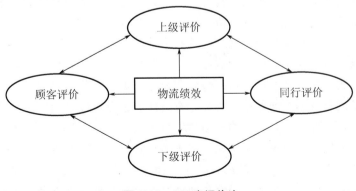

图 12.7　360 度评价法

12.4 企业物流绩效管理的持续改进

物流活动包含效率和效益两个方面，其最终目的是满足客户与企业战略目标的需要，包括整个供应链的物流成本、客户服务水平和企业投资收益的权衡取舍。另外，物流活动是一项十分复杂但又十分重要的企业管理活动，其跨度之大、功能范围之广是其他任何活动所无法比拟的。物流管理绩效的提高实质上就是物流效率和效益的提高。

12.4.1 完善物流管理绩效评价标准

明确绩效评价的对象是企业制定完整统一的评价标准的首要任务，在企业物流运行过程中，对于不同的物流部门要根据自身实际需要来进行评价。针对这一问题，不仅要制定符合各部门特点的评价标准，还应该从各部门中找出共同点，以此来制定一个统一的评价标准，促进对不同部门的物流管理。

在进行物流管理绩效评价时要注重对企业有形资产的绩效评价。对企业的无形资产进行评价时要遵循定性的原则。在绩效评价过程中，如果忽略对无形资产的投入和建设，只注重有形资产的绩效评价，那么会对企业的发展产生非常不好的影响。因此，对无形资产和有形资产应同等对待，扩大评价指标内容范围。首先，要扩大企业物流绩效评价的指标内容范围，全面真实地评价管理绩效。其次，要明确绩效评价的对象。物流管理的绩效评价主要包括生产、包装、仓储、流通加工等不同部门，评价对象是企业物流运行过程中的每个关键环节，涉及的范围比较广。应根据实际需要，针对我国企业物流管理绩效评价的标准进行物流管理绩效评价。要针对各部门的特点，对不同的物流部门根据实际需要进行评价，以促进不同部门之间的物流管理。有时需要找出不同部门的共同点进行物流管理绩效评价，制定相应的物流管理绩效评价标准，例如货物的费用控制、存储环境、售后服务等要有统一的评价标准。

12.4.2 控制物流运作成本

物流运作成本控制是影响物流绩效最重要的因素。通过研究控制企业物流运作成本可知，在物流工作的具体操作中，注重效率与成本的平衡，服务水平与成本的平衡，物流规模、结构、资源与物流总体成本的平衡等，应从以下几个方面控制物流运作成本。

（1）通过效率化的配送来降低物流成本。提高绩效物流实现效率化的配送，减少运输次数，提高装载率及合理安排配车计划，选择最佳的运送手段，从而降低配送成本。

（2）实现物流专业化运营降低物流成本。专业化运营可以降低物流设施投资成本，使社会物流结构趋于合理。企业把物流外包给专业化的第三方物流公司，可以缩短商品在途时间，减少商品周转过程中的费用和损失。有条件的企业可以采用第三方物流公司直供上线，实现零库存，降低成本，实现物流绩效的总体提高。

（3）现代化的信息管理系统是实现物流成本有效控制的必要手段。在传统的手工管理模式下，企业的成本控制受诸多因素的影响，往往不易也不可能实现各个环节的最优控制。一方面企业采用信息系统标准，使各种物流作业或业务处理准确迅速地进行；另一方面企业通过信息系统的数据汇总，进行预测分析，可控制物流成本发生的可能性。

（4）加强企业职工的成本管理意识，使由生产企业、第三方物流企业、销售企业及消费者组成的供应链实现整体化和系统化运行，实现物流一体化，寻求整个供应链利益最大化，从而有效降低企业物流成本，实现物流系统总体绩效最优。

12.4.3 建立多重权重评价体系

在未来的发展中，历史成本能为企业提供一个很好的判断依据。在物流管理绩效评价体系的构建过程中，在对绩效进行评价的时候，要有效地利用历史成本，重视对历史成本的编制。企业物流管理的历史成本涉及包装成本、生产成本、加工成本等方面，并且这些历史成本的每个环节都能清晰地反映出企业的物流成本。因此，为了能更好地为企业的未来发展提供分析，在进行绩效评价时，企业要用历史成本反映出企业以往的经济活动情况，要合理地编制历史成本，从而预测企业未来的发展趋势。

另外，在进行绩效评价的过程中，为了能真实地评价企业的经营状况，要建立多层次、多方面的评价体系，以促进企业进行自我完善和自我提升。同时，在绩效评价过程中，为满足不同利益人群的需要，应在固定权重评价体系的基础上，设计并建立多权重的多元化绩效评价体系评价企业各方利益群体。

小　　结

本章主要介绍了企业物流绩效的内涵、企业物流绩效评价体系、企业物流绩效评价指标、企业物流绩效管理方法和企业物流绩效管理的持续改进等有关问题。企业物流绩效是指在一定的经营期间内企业的物流经营效益和经营者的物流业绩，就是企业根据客户要求在组织物流运作过程中的劳动消耗和劳动占用与所创造的物流价值的对比关系。它是物流运作过程中投入的物流资源与创造的物流价值的对比。一个合理有效的企业物流绩效评价体系主要由评价主体、评价客体、评价目标、评价指标、评价标准五个基本要素构成。从物流职能的角度，可以从客户服务评价标准体系、运输绩效评价标准体系、仓储绩效评价标准体系、配送绩效评价标准体系等方面来构建企业物流绩效标准体系。企业物流绩效管理的主要方法有：目标管理法、关键绩效指标法、标杆管理法、平衡计分卡法和360度评价法。企业物流绩效可以通过完善物流绩效管理评价标准、控制物流运作成本、建立多重权重评价体系等方面的变革来持续改进。

 关键词

绩效管理（Performance Management）　　物流绩效（Logistics Performance）
企业物流绩效（Enterprise Logistics Performance）
企业物流绩效管理（Enterprise Logistics Performance Management）
企业物流绩效评价（Enterprise Logistics Performance Evaluation）
企业物流绩效评价指标体系（Enterprise Logistics Performance Evaluation Index System）

思考与练习

1. 填空题

(1) _____是指在物流运作全过程中针对物流绩效的产生及形成所进行的计划、组织、指挥、控制和协调。

(2) 物流绩效评价标准来自_____和_____两个方面。

(3) _____的显著特征是向业内或业外的最优企业学习。学习是手段，超越才是目的。通过学习，企业重新思考、定位、改善经营实践，不断完善自己，创造自己的最佳业绩，这实际上就是模仿创新的过程。

(4) 360度评价主要包括上级评价、下级评价、同行评价和_____。

2. 选择题

(1) 一个合理有效的企业物流绩效评价体系主要包含（　　）。
A. 评价主体　　　B. 评价客体　　　C. 评价目标　　　D. 评价指标
E. 评价标准

(2) 企业物流绩效评价的原则包含（　　）。
A. 平衡原则　　　B. 战略原则　　　C. 目标原则　　　D. 效益原则

(3) 物流绩效标准体系主要包含（　　）。
A. 客户服务标准体系　　　　　　　B. 运输绩效评价标准体系
C. 仓储绩效评价标准体系　　　　　D. 配送绩效评价标准体系

(4) 企业物流绩效管理方法主要有（　　）。
A. 目标管理法　　　　　　　　　　B. 关键绩效指标法
C. 标杆管理法　　　　　　　　　　D. 平衡计分卡法
E. 360度评价法

3. 思考题

(1) 企业如何构建科学的物流绩效指标体系？

(2) 绩效管理的演进过程说明了什么？

(3) 如何认识物流绩效评价的平衡原则？

(4) 谈谈你对企业选择物流绩效评价方法的建议。

4. 案例分析题

李宁公司成立于1990年，经过长期探索，已逐步成为国际领先的运动品牌公司。李宁公司采取多品牌业务发展策略，除自有核心李宁品牌（LI-NING）外，还拥有乐途品牌（LOTTO）、艾高品牌（AIGLE）、新动品牌（Z-DO）。此外，李宁公司还控股上海红双喜股份有限公司、全资收购石狮凯胜体育用品有限公司。

每一个优秀团队的背后，必然有一套卓有成效的管理方法。李宁公司也是如此。在实践与探索中，李宁公司形成了一套适合自身的战略规划模式和管理体系，使公司组织运作顺畅无阻，战略执行果断快速。

在选择物流公司时，国内的很多企业总是选择大型物流公司。而李宁公司不找最大的物流公司，只找最适合的物流公司。

李宁公司选择的物流服务商都是一些中等规模的物流公司或运输公司。李宁公司的管理者认为，大的物流公司可能有更大的客户，如果自己在行业里排第二，那么肯定会有更大的客户排在前面，大客户的受重视程度肯定要比自己高。有了这种思考之后，李宁公司转变思路，开始选择一些中等规模的物流运输公司作为合作伙伴。这样，李宁公司的货物开始备受重视，物流公司在服务上尽心尽力。同时，李宁公司在物流承运合同中加上了一条：无论发生什么情况，李宁公司的货物首先发。在确定承运商之后，李宁公司还非常重视对承运商的动态管理，并对其进行绩效考核、末位淘汰和追踪控制。李宁公司的承运商和物流代理公司都必须接受严格的绩效考核。李宁公司共有五个考核指标，分别是准时提货率、及时正点率、货损货差率、服务态度和完美回单率。针对专线承运商，李宁公司物流部会亲自监控每一个指标的完成情况，而对于代理公司则进行整体考评。所有物流承运商都要把他们的信息管理系统与李宁公司物流部的管理系统进行对接，通过该系统及时反馈运输监控信息。他们必须每天上报报表，包括货单号、提货时间、发货时间、在途时间、长途运输中不同地点的报告和事故分析原因等。与此同时，李宁公司物流部设有运输追踪机构，专门负责电话追踪经销商、专卖店，把自己得到的信息与承运商反馈的数据统一做成一个文件，形成承运商在一个月内的编程。参照这些编程，李宁公司每个月都会给承运商打分，每个季度集中一次，把数据报表向承运商公布，要求其针对不足限期整改。

依靠这种严格的动态管理制度，承运商的服务水平不断提高。现在与李宁公司合作的承运商不仅有招标入围的，还有曾经被淘汰后又提高自身水平再次得到李宁公司认可的。而李宁公司的货物运输在业内也受到广泛的赞许，赢得了广大经销商的信赖：只要货款到账，货物就一定会按时送到。

资料来源：[2020-01-06]. https://wenku.baidu.com/view/3411011714791711cc791701.html.

分析：
（1）李宁公司如何实现对物流服务商的绩效管理？
（2）李宁公司的做法对我们有哪些启示？

应用训练

实训项目： 某企业物流绩效管理现状调查。
实训目标： 结合某企业的物流绩效评价指标分析该企业物流绩效管理的现状。
实训内容： 实地走访一家企业，了解其指标体系的构成，进行物流绩效管理的现状调查。
实训要求： 学生以小组为单位调查当地的一家企业，调查该企业的物流绩效管理的现状，对其绩效管理过程中存在的问题进行分析，给出改进意见，并形成一份调查报告。

参 考 文 献

A. V. 菲根堡姆，1991. 全面质量管理［M］. 杨文士，等译. 北京：机械工业出版社.
S. 托马斯·福斯特，2013. 质量管理：整合供应链［M］. 4 版. 何桢，译. 北京：中国人民大学出版社.
W. 爱德华兹·戴明，2003. 戴明论质量管理［M］. 钟汉清，戴久永，译. 海口：海南出版社.
岑詠霆，2005. 质量管理教程［M］. 上海：复旦大学出版社.
陈长在，2013. 基于 Milk-run 的电子料件供应物流干扰管理研究［D］. 北京：北京工商大学.
陈心德，吴忠，2005. 生产运营管理［M］. 北京：清华大学出版社.
程相勋，2012. 大规模定制型企业车间物流优化管理方法研究及应用［D］. 重庆：重庆大学.
储雪俭，2012. 物流配送中心管理［M］. 北京：高等教育出版社.
付吉灿，2014. 绿色包装趋势分析与对策研究［J］. 印刷质量与标准化（4）：12-15.
付蓬勃，2015. 制造类企业物流一体化发展战略与管理模式研究［D］. 北京：北京交通大学.
傅莉萍，2009. 企业物流管理［M］. 北京：北京大学出版社，中国农业大学出版社.
傅莉萍，姜斌远，2014. 物流管理信息系统［M］. 北京：北京大学出版社.
甘卫华，2012. 逆向物流［M］. 北京：北京大学出版社.
高举红，王术峰，2015. 物流系统规划与设计［M］. 2 版. 北京：清华大学出版社，北京交通大学出版社.
顾建跃，2006. 逆向物流的成因及经济价值分析［J］. 价格月刊（8）：43-44.
何燕，2012. 企业物流系统研究［M］. 北京：中国社会科学出版社.
黄福华，邓胜前，2010. 现代企业物流管理［M］. 北京：科学出版社.
黄由衡，2012. 企业物流管理［M］. 北京：中信工业出版集团，电子工业出版社.
黄有方，2010. 物流管理信息系统［M］. 北京：高等教育出版社.
霍红，2017. 物流企业管理［M］. 北京：人民邮电出版社.
霍家震，周敏，2009. 物流绩效管理［M］. 北京：清华大学出版社.
克劳士比学院（中国）·克劳士比管理顾问中心，China Institute for the 21st Quality，2003. 质量工程师国际注册考试新概念［M］. 北京：中国城市出版社.
孔继利，2012. 企业物流管理［M］. 北京：北京大学出版社.
李文君，2013. 循环经济下的再生资源回收体系物流网络构建研究——以重庆市为例［D］. 重庆：重庆交通大学.
李雪松，等，2007. 现代物流仓储与配送［M］. 北京：中国水利水电出版社.
刘浩华，李振福，2010. 物流战略管理［M］. 北京：中国物资出版社.
刘丽文，2011. 生产与运作管理［M］. 4 版. 北京：清华大学出版社.
罗纳德·H. 巴罗，2014. 企业物流管理——供应链的规划、组织和控制［M］. 王晓东，胡瑞娟，等译. 北京：机械工业出版社.
马士华，2013. 新编供应链管理［M］. 2 版. 北京：中国人民大学出版社.
米歇尔·R. 利恩德斯，P. 弗雷泽·约翰逊，安娜·E. 弗林，等，2009. 采购与供应管理（原书第 13 版）［M］. 张杰，等译. 北京：机械工业出版社.
乔志强，2010. 现代企业物流管理实用教程［M］. 北京：北京大学出版社.
秦立公，2006. 现代物流管理［M］. 北京：北京理工大学出版社.
石川馨，1984. 日本的质量管理［M］. 李伟明，译. 北京：企业管理出版社.
隋鑫，2010. 企业物流管理［M］. 北京：中国物资出版社.

孙秋菊,2007. 物流包装废弃物资源的综合利用 [J]. 中国市场 (36): 50-51.
孙瑛,韩杨,刘娜,2011. 物流运输管理实务 [M]. 北京: 清华大学出版社.
田宇,2013. 物流管理 [M]. 广州: 中山大学出版社.
田宇,杨艳玲,2016. 基于物流企业的服务创新研究: 互动导向视角 [J]. 科研管理 37 (2): 116-123.
庹秀兵,赵小惠,张莹,2006. 基于 PDM 与 CRM 的逆向供应链产品回收管理 [J]. 工业工程, 9 (4): 83-88.
万志坚,单华,2005. 企业物流管理 [M]. 广州: 广东经济出版社.
王道平,张大川,2014. 现代物流信息技术 [M]. 北京: 北京大学出版社.
王东林,2012. 基于项目管理的物流企业发展研究 [D]. 长春: 吉林大学.
王国华,2004. 中国现代物流大全: 现代物流管理 [M]. 北京: 中国铁道出版社.
王海波,2012. GD 公司多品种小批量生产物流研究 [D]. 武汉: 华中科技大学.
王汉新,2010. 物流信息管理 [M]. 北京: 北京大学出版社.
王喜富,2016. 大数据与智慧物流 [M]. 北京: 清华大学出版社,北京交通大学出版社.
王晓艳,2016. 企业物流管理 [M]. 合肥: 中国科学技术大学出版社.
王艳珍,2009. 中小企业发展逆向物流的对策 [J]. 中国流通经济 (9): 52-54.
王之泰,2012. 新编现代物流学 [M]. 3 版. 北京: 首都经济贸易大学出版社.
魏嫄,2013. 需求波动下的 Milk-Run 模式库存运输联合优化研究 [D]. 济南: 山东大学.
魏兆中,2007. 企业物流管理 [M]. 北京: 科学出版社.
吴怡,诸大建,2008. 生产者责任延伸制的 SOP 模型及激励机制研究 [J]. 中国工业经济 (3): 32-39.
休伯特·K. 兰佩萨德,2004. 全面质量管理——持续改进指南 [M]. 卞晓云,译. 北京: 中国人民大学出版社.
徐杰,2010. 基于再利用比例和随机需求的闭环供应链研究 [D]. 南昌: 江西财经大学.
杨巨龙,2014. 大数据技术全解: 基础、设计、开发与实践 [M]. 北京: 电子工业出版社.
姚冠新,赵艳萍,贡文伟,2004. 物流工程 [M]. 北京: 化学工业出版社.
伊俊敏,2009. 物流工程 [M]. 2 版. 北京: 电子工业出版社.
尤西·谢菲,2015. 物流集群 [M]. 岑雪品,王微,译. 北京: 机械工业出版社.
于航,2015. 企业发展中物流管理所起到的作用探讨 [J]. 赤子 (上中旬) (3): 141.
约瑟夫·M. 朱兰,A. 布兰顿·戈弗雷,2003. 朱兰质量手册 [M]. 5 版. 焦叔斌,等译. 北京: 中国人民大学出版社.
张理,梁丽梅,2014. 现代企业物流管理 [M]. 2 版. 北京: 中国水利水电出版社.
张念,2012. 仓储与配送管理 [M]. 大连: 东北财经大学出版社.
张旭辉,孙晖,2013. 物流项目管理 [M]. 北京: 北京大学出版社.
赵启兰,2011. 企业物流管理 [M]. 2 版. 北京: 机械工业出版社.
周宏明,2013. 设施规划 [M]. 北京: 机械工业出版社.
周兴建,张北平,2012. 现代仓储管理与实务 [M]. 北京: 北京大学出版社.
朱占峰,2016. 物流工程导论 [M]. 北京: 人民邮电出版社.